BEITRÄGE ZUR WESTFÄLISCHEN FAMILIENFORSCHUNG
Band 50

BEITRÄGE ZUR WESTFÄLISCHEN FAMILIENFORSCHUNG

HERAUSGEGEBEN
IM AUFTRAG DER
WESTFÄLISCHEN GESELLSCHAFT FÜR GENEALOGIE
UND FAMILIENFORSCHUNG
VON
WOLFGANG BOCKHORST

BAND 50
1992

ASCHENDORFF MÜNSTER

Westfälische Gesellschaft für Genealogie und Familienforschung

Schirmherr: Landschaftsverband Westfalen-Lippe

Ehrenmitglieder

Dr. Franz Josef Bender, Angermunder Weg 17, 4030 Ratingen
Wilhelm Honselmann, Kamp 6, 4790 Paderborn
Dr. August Schröder, Roxeler Str. 547, 4400 Münster
Clemens Steinbicker, Prinz-Eugen-Straße 16a, 4400 Münster
Dr. Wilfried Vogeler, Hendrik-Witte-Str. 4, 4300 Essen 1

Korrespondierende Mitglieder

Dr. Ursula Budde-Irmer, Falkenweg 4a, 4330 Mülheim/Ruhr
Friedrich Wilhelm Euler, Ernst-Ludwig-Str. 21, 6140 Bensheim/Bergstr.
Margarete Joachim, Rudolstädter Str. 30, 1000 Berlin 31
Hans Georg Volkhardt, Diedrich-Dannemann-Weg 182, 2906 Wardenburg-Südmoslesfehn

Verlag: Aschendorffsche Verlagsbuchhandlung GmbH & Co., Münster

Satz: Josef Kleyer, Münster-Roxel

Druck und Bindung: Regensberg, Münster

ISSN 0067-5261 – ISBN 3-402-05098-6

Inhalt

Mitarbeiter dieses Bandes

Bockhorst, Dr. Wolfgang, Arndtstraße 49, 4400 Münster; Dahlkötter, Dr. Eva-Maria, Qualenbrink 9, 4780 Lippstadt; Decker, Dr. Rainer, Paderstraße 13, 4790 Paderborn; Deisting, Heinrich Josef, Kaiserin-Gisela-Straße 5, 4760 Werl; Derks, Professor Dr. Paul, Herwarthstraße 83, 4300 Essen 1; Dethlefs, Gerd, Ringoldsgasse 3, 4400 Münster; Kohn, Werner, Im Westenfeld 32, 4760 Werl; Steinbicker, Clemens, Prinz-Eugen-Straße 16a, 4400 Münster; Veldtrup, Dr. Dieter, Geiststraße 112, 4400 Münster; Walberg, Dr. Hartwig, Qualenbrink 16, 4780 Lippstadt.

Alexander Kisker (1819–1907)

Ein Beitrag zur Geschichte der Familie Kisker auf dem Hintergrund der wirtschaftlichen, gesellschaftlichen und politischen Verhältnisse in Lippstadt

von Eva-Maria Dahlkötter

Inhalt

I. Vorbemerkungen

Diese Arbeit ist erwachsen aus der Beschäftigung mit den Stammtafeln der Familie Kisker in Halle/Westf., besonders des Zweiges Alexander Kisker und Wilhelmine (Minna) Epping in Lippstadt. Zuerst wollte ich nur eine Kurzbiographie schreiben. Die Aufgabe erweiterte sich dann in der Richtung auf einen Beitrag zur Lokalgeschichte.

Mein Urgroßvater Alexander Kisker war mir bis dahin nur bekannt durch die Erzählungen meiner Großmutter, durch meinen häufigen Aufenthalt im Stammhaus an der Poststraße und durch seinen eigenhändigen Bericht über die Katastrophe, bei der Minna Kisker ums Leben kam. Dieser Bericht (1882) ist ein „Denkmal" für die so tragisch ums Leben Gekommene und gibt darüber hinaus manches zu erkennen vom Erleben des Schreibers und von seiner Persönlichkeit.

Bei meinen Nachforschungen entdeckte ich mehr Material, als ich erwartet hatte. Etliche Firmenunterlagen hatten die Plünderung im April 1945 und das Hochwasser vom Juli 1965, das alle Keller überschwemmte, überstanden.

Die sechs Zweige der Nachkommen konnten mit Briefen, Bildern und anderen Dokumenten zur Erstellung der Biographie beitragen. Gespräche mit der Enkelgeneration brachten weitere Bausteine. Die innere Biographie des Lebens von Alexander Kisker bleibt uns jedoch im wesentlichen verschlossen. Hinweise finden sich – neben dem oben erwähnten Bericht – in ganz wenigen seiner Briefe und in einigen Briefzeugnissen seiner Töchter. Seine Verhaltenheit erschwert den Versuch des sich „Hineinlebens". Psychologische Kategorien und Fragestellungen werden nicht ausdrücklich berücksichtigt, obwohl sie des öfteren recht naheliegen und mich auch beschäftigt haben. Das gilt besonders für den Bereich des Zusammenlebens in der Familie.

Im Stadtarchiv Lippstadt fanden sich viele Spuren der kommunalpolitischen Tätigkeit, ebenso im Archiv der Evangelischen Kirchengemeinde.

Die Darstellung erwies sich schwieriger als ich erwartet hatte: wie weit mußte die Entwicklung der Lippstädter Verhältnisse dargestellt werden, wie weit mußten zeitgeschichtliche Zusammenhänge des weiteren Umfeldes berücksichtigt werden, um die Persönlichkeit, ihre Einstellungen und ihr Handeln verständlich zu machen?

Damit weitete sich auch der Horizont: zeittypisches Verhalten und Selbstverständnis der großbürgerlichen Schicht – in einer Kleinstadt – in der Entwicklung der deutschen Gesellschaft des 19. Jahrhunderts werden an einem Beispiel verdeutlicht. Diese Blickrichtung findet, wie die Fragestellungen und Forschungen zu „Bürger und Bürgerlichkeit im 19. Jahrhundert" zeigen, ein gesteigertes Interesse.

Bei der Berücksichtigung dieser übergreifenden Fragestellungen haben meine Materialien jedoch deutliche Defizite: Es fehlen Aussagen Kiskers zu den großen politischen Entscheidungen seiner Zeit. Nur mittelbar läßt sich einiges erschließen. Leider gibt es auch keine Aussagen zum Kulturkampf, der in Lippstadt recht tiefe Spuren hinterließ.

Bild 1 Alexander Kisker (1819-1907)

II. Herkunft, Lehr- und Wanderjahre

Die Familie Kisker (Kistker) wird zuerst urkundlich erwähnt als eine bäuerliche Familie im Ravensberger Land. Jost Kisker erscheint in einem Schatzregister von 1601 als Sohn auf Gut (Hof) Kisker. Sein Sohn ist Johann Jost Kisker, geb. 1629 in Bulsten bei Melle, gestorben 1692 als Freibauer und Handelsmann in Rödinghausen bei Herford. Durch die Heirat mit Katharina Gertrud gen. Melman wird er der Besitzer des Melmanschen Hofes in Rödinghausen.

Sein ältester Sohn Wilken Christoph Kisker (1659–1722) ist der Verwalter des Gutes Werburg bei Spenge. Er ist verheiratet mit Margarethe Sophie Hambach (1666–1723), Tochter des Pfarrers H. J. Hambach in Rödinghausen. Einer seiner Söhne, Johann Anton (1705–1757), siedelt als Kaufmann in die benachbarte Kleinstadt Halle über. Es gibt Unterlagen darüber, daß er Leinen nach Bremen und Holland verkaufte, 1755 für 3570 Thaler nach Amsterdam.[1]

Der Kiskerhof in Bulsten bei Melle und das Gut Werburg bei Spenge sind auf Photographien aus dem Jahre 1926 noch festgehalten.[2]

Dank der Familienforschung, die in der Familie Kisker schon um 1880 beginnt, ist einiges über die ersten Generationen der Kiskers in Halle bekannt.[3]

„Die Familie Kisker ist ... in Halle/W. ansässig und mit der Geschichte dieser Stadt und im allgemeinen auch mit derjenigen der Grafschaft Ravensberg innig verwachsen. Mit allen Niedersachsen teilt sie den zähen, aber auch praktisch-verständigen Sinn, die sparsame, aber wenn es darauf ankommt, auch vor größeren Opfern nicht zurückschreckende Art, das Haften am Bewährten und Überlieferten, ohne doch wirklichen Verbesserungen den Blick zu verschließen. Poesie und Gefühlsleben sind hier weniger zu Haus als Treue und Zuverlässigkeit. Diese niedersächsischen Züge haben im Ravensbergischen einen besonderen Charakter noch dadurch erhalten, daß die Grafschaft zeitig einem großen, vorwärts strebenden und auf das Praktisch-Nützliche gerichteten Staat angegliedert wurde. Daß dieser ebenfalls der protestantischen Lehre zugetan war, kam der Verbindung der Länder natürlich sehr zustatten ....

Brandenburg-Preußen hat, ohne gerade das Dogma zu sehr zu betonen, doch durch die evangelische Lehre seine besondere Stellung in Deutschland gewonnen und ebenso ist Ravensberg dadurch nicht unbeeinflußt geblieben, daß es, selbst durch und durch evangelisch, ringsum von streng katholischen Bistümern umschlossen war .... Den Gegensatz spürte man sogar auf wirtschaftlichem Gebiete. Ringsum war Stilleben, im Ravensbergischen dagegen eine Regsamkeit, die auch vor der Ausnutzung der Kräfte von sechsjährigen Kindern und betagten Greisen nicht zurückschreckte. Bei solcher Anspannung konnte man dem vielfach mageren Boden nicht bloß die unmittelbare Nahrung abgewinnen, sondern auch noch den Flachs und Hanf, mit deren Verarbeitung man zugleich industrielle und kaufmännische Talente entwickelte.

Die staatliche Verbindung, die sich so wohl bewährte, begründete in der Bevölkerung einen lebhaften Sinn für Vaterland und Kirche, Züge, die auch in der Kiskerschen Familie niemals verleugnet wurden.“[4]

Das Leben von Christoph **Wilhelm** Kisker (1781–1856) wird mitbestimmt durch den Zusammenbruch Preußens, die Napoleonische Herrschaft in Westfalen, die Neuordnung Westfalens unter preußischer Herrschaft, den langsamen Wiederaufbau und die einsetzende Industrialisierung. Als seine Mutter Margarethe Clara geb. Delius (1739–1803) dem früh verstorbenen Vater Christoph Henrich Kisker (1735–1786) folgte, übernahm Wilhelm Kisker mit 22 Jahren das Geschäft. Er erwies sich als ein weitsichtiger Kaufmann, dessen vielseitiges Geschäft sich den jeweiligen Verhältnissen anzupassen verstand.

„Altüberliefert war ja der Handel mit Segeltuch, das bis nach Amerika versendet wurde. Schon 1633 hatte ein Wilken Christoph Kisker größere Mengen Linnen – vielleicht über den Ravensberger Hafen Vlotho – nach Bremen verkauft. Dies Geschäft mit Flachs und Hanfleinen wurde nicht bloß festgehalten, sondern auch erweitert, so durch die Anlage einer Bleiche ......
Inzwischen veränderten sich auch die Verhältnisse des Kleingeschäftes. Die neuere Zeit brachte einen größeren Verbrauch an Kolonialwaren ......"
Die wachsende Rinder- und Schweinezucht führte Kisker dazu, Butter und Schinken als wichtige Waren zu vertreiben. „Alles, was je der Ravensberger gebrauchte, konnte er in dem Geschäft W. Kisker finden. Alles, auch guten Rat ... selbstverständlich gehörten dazu auch Geldfragen."[5]

Die starke Persönlichkeit Wilhelm Kiskers wird durch den Hinweis auf seine kaufmännischen Leistungen nur unzureichend charakterisiert. Seine Tätigkeit galt auch der Stadt und dem neugegründeten Kreis Halle. Dabei nahm er die Anregungen des Oberpräsidenten Ludwig von Vincke auf, der das Zusammenwachsen Westfalens zu einer preußischen Provinz wesentlich gefördert hat. (*„Uns will scheinen, als ob der fleißige bedürfnislose Mann im blauben Kittel der Kiskerschen Familie in besonderem Maße vorbildlich gewesen sei."*[6])

Wilhelm Kisker organisierte und finanzierte den Bau einer Chaussee und damit die Anbindung an die im Bau befindliche Köln-Mindener Eisenbahn. Er förderte die Anfänge modernerer sozialer Einrichtungen in der Stadt Halle und ihrer Umgebung.

Aus seiner Ehe mit Wilhelmine Schwarze (1784–1833), Tochter des Johann G. E. Schwarze (1731–1794), Kaufmann in Enger und der Margarethe geb. Hoffbauer (1741–1832), entsprossen neun Söhne und eine Tochter, vier Söhne starben schon früh. Ein Bild von Wilhelmine Kisker ist nicht erhalten. Sie kränkelte früh. Ihr Sohn August Wilhelm hatte nur eine dunkle Erinnerung an eine sanfte, gütige Mutter, die wegen ihres Gichtleidens nur wenig wirken konnte.
Der Vater scheute keine Kosten für die Ausbildung seiner Söhne. Die Tochter Mathilde (1809–1852) heiratete den Kreisgerichtsdirektor Heinrich Karl Lampe (1800–1850) und hatte neun Kinder.

Wilhelm Kisker beharrte in seiner einfachen Lebenshaltung und duldete keinen „Luxus". Bei der Bewirtung von Gästen wollte er das rechte Maß eingehalten wissen: *„Minna, 'n Schölken Koffi künnt wie jeden chiewen, Wuin is nich nuidich!"*
„Sparsam! sprach der alte Kisker. Und als er starb, war er 'n reicher Mann", hieß es vom Kommerzienrat Wilhelm Kisker bei seinen Haller Mitbürgern.[7]

Seine starke Persönlichkeit, in der ein *„eiserner, unbeugsamer Willen"* ein hervorstechender Charakterzug war, hat den Weg der nächsten Kiskergeneration stark bestimmt.

Otto **Alexander** Kisker wird am 29. Juli 1819 als zweitjüngstes Kind geboren.[8] Er wächst in einem Lebenskreis heran, in dem Privatbereich, Arbeitswelt und Wirken in der Öffentlichkeit aufs engste miteinander verbunden sind. Seine älteren Brüder bekommen ihren Unterricht in der Privatschule des Kandidaten Weber und gehen anschließend auf das Gymnasium in Bielefeld oder in die Schule von Chr. G. Salzmann in Schnepfenthal. Mit zwölf Jahren wird auch Alexander nach dort geschickt, für damalige Verhältnisse weit fort in die Umgebung von Gotha in Thüringen, nur einmal im Jahr kann er in den Ferien ins Elternhaus reisen. Seine Mutter stirbt, als er dreizehn ist.

„Oft hat er mir erzählt, welches Heimweh die drei jungen westfälischen Vettern: Florenz, Julius und Alexander Kisker ausgeweint haben, als auf der dreitägigen Reise von Halle nach Schnepfenthal sie zum ersten Male die Nacht in einem wildfremden Hause ganz allein zubringen mußten, welche Nöte und Sorgen sie ausgestanden, als der Familienwagen vor Eisenachs Toren hätte Halt machen müssen, weil eine Torsperre zu einer Reisesperre zu werden drohte. Andererseits aber auch welch unbeschreibliche Freude sie erfüllt hätte, als beim Eintritt in den Schnepfenthaler Mittagssaal Vater Salzmann und alle Zöglinge sie umringt und mit einem Freudenliede begrüßt hätten:
Sei in unserer stillen Flur lieber kleiner Gast begrüßt,
Wo Schmerz und Gram verbannt sind, wo Unschuld Freude wohnt,
Wo im mütterlichen Schoße der Natur wir wachsen auf
Und werden stark und werden brav und unsres Daseins froh."[9]

Was mag die Eltern Kisker bewogen haben, ihre Söhne auf diese Schule zu schicken? In diesem Zeitraum waren außer den Kiskers nur zwei andere Knaben aus Westfalen dort. Die Wahl der Schule zeigt, daß die Kiskers zu den Kreisen des selbstbewußter werdenden Bürgertums gehörten, in denen man ein lebhaftes Interesse an pädagogischen Fragen hatte.
Schnepfenthal gehörte zu dem kleinen Kreis der Schulen, in denen damals „moderne" Erziehungsprinzipien verwirklicht wurden.[10] Als Anreger für diese Anstalt gilt G.B. Basedow (1723–1790), Vorbild ist das „Philanthropin" in Dessau, an dem Christian Gotthilf Salzmann (1744–1811) zuerst unterrichtet hatte. Er kann charakterisiert werden als einer der „Philanthropen", die das Elend des Volkes tatkräftig beheben wollten. Er publizierte Schriften, die der „Vernunft" zum Durchbruch verhelfen sollten:

„Nach den Beobachtungen, die ich angestellt habe, ist die verkehrte Art, wie der Mensch erzogen wird, eine sehr ergiebige Quelle seines Elends. Er wird gleich bei seinem Eintritt in die Welt verdorben, und die gewöhnliche Erziehung, die man ihm sowohl in den Familien als auch in Schulen und Pensionsanstalten gibt, scheint mir ein beständiges Bestreben zu sein, seinen zur Tätigkeit bestimmten Körper untätig zu machen, in seiner Seele das Gefühl für Wahrheit auszulöschen und ihr Vorurteile einzuflößen, die den Grund zu lebenslangen Torheiten, Lastern und Elend enthalten; deswegen

will ich meine Kraft dazu anwenden, junge Menschen, die man mir anvertraut, nach meinem Plane zu erziehen, der ihrer Natur gemäß ist. Ich will nicht bloß Erziehungsregeln geben, noch eine Schule errichten, sondern eine kleine Gesellschaft stiften, deren Hauptgeschäfte die Erziehung ist, und deren Glieder vermöge ihrer Konstitution gehalten sind, in ihrem Betragen das zu sein, wozu sie ihre Zöglinge bilden will ...... "[11]

Die Zeitgenossen rühmten an Salzmann seine *„unbestechliche Lauterkeit, eine unermüdliche Arbeitsamkeit und bedürfnislose, durch die Freude an der Natur gewürzte Einfachheit"*.[12] Schnepfenthal nannte sich nicht Schule, sondern „Erziehungsanstalt". „Leben lehren" war das oberste Prinzip, dazu diente eine allseitige harmonische Ausbildung ohne Examina. Die Knaben blieben bis zum 16. Lebensjahr und gingen dann auf weiterführende Schulen bzw. in die berufliche Ausbildung – wie die Kiskers. Der Kreis der Zöglinge umfaßte nie mehr als 40 - 50. Die Atmosphäre war familiär, der Leiter (hier Carl Salzmann, 1811–1848), die Erzieher und ihre Familien lebten mit den Zöglingen zusammen.

Die ethische Erziehung wuchs aus einem selbstverständlichen Gottvertrauen und der herzlichen Frömmigkeit, die die Salzmanns beseelte. Die Dogmen traten dagegen in den Hintergrund. Das Wahrzeichen der Anstalt war die aufgehende Sonne über der Natur, im Vordergrund der Spaten, gekrönt von den Buchstaben E A N – en auto nika – in diesem Zeichen siege. Er sollte ein Hinweis sein auf die Liebe zur Natur, den Gebrauch einfacher Mittel, die Selbsttätigkeit – wer den Spaten führt, spricht nicht viel von dem, was er tut, sondern er tut es![13]

Erziehung und Ausbildung richteten sich besonders auf die körperliche Ertüchtigung (Turnen, Schwimmen, Wandern), das Leben mit der Natur, die Naturwissenschaften und die modernen Sprachen.
Naturgeschichte wurde gelehrt auf Spaziergängen, bei der Garten- und Landarbeit und im Naturalienkabinett.

Die politische Einstellung war die der aufgeklärten Reformer, die auch den Stifter der Schule, Herzog Ernst II. von Sachsen-Coburg-Gotha, kennzeichnete. In der Zeit, in der Alexander Kisker in Schnepfenthal war, trugen die Knaben auf ihrer Festkleidung, dem roten Frack mit den sandfarbenen Beinkleidern, das schwarz-rot-goldene Band der Burschenschaft. Das nationale Zusammengehörigkeitsgefühl wurde geweckt, manche der Lehrer waren Mitglieder der Burschenschaft gewesen. Das Turnen blieb in Schnepfenthal auch dann erhalten, als es politisch anrüchig geworden war. Einer der Lehrer von Alexander Kisker war Joh. Chr. Fr. Gutsmuths (1759–1839), der 1793 die erste „Gymnastik für die Jugend" (Leibesübungen, Schwimmen, Spiele) lange vor dem Turnvater Jahn herausgegeben hatte.

Das Wandern konnte auch schon mal übertrieben werden: 1833 wanderten Lehrer und Knaben vom Reinhardsbrunner Tal bis nach Oberhof im Thüringer Wald und zurück. Sie berichteten stolz, daß sie von 7^{00} - 23^{00} Uhr unterwegs gewesen seien.

Es gibt kein Selbstzeugnis des heranwachsenden Alexander, aber sein weiterer Lebensweg zeigt, daß er stark geprägt war durch das intensive Zusammenleben und Arbeiten in diesem Kreis. Salzmann und Schnepfenthal blieben ihm sein Leben lang in dankbarer Erinnerung. Als seine Kinder zu seinem 65. Geburtstag einen Stammbaum zusammenstellten, sollte auch das Emblem von Schnepfenthal auf die Schmuckleiste: *„es muß etwas von Schnepfenthal sein, denn Schnepfenthal ist bei allen Kiskers hoch im Ansehen.“*.[14] Antonie Meinecke (geb. 1875), die ihm wohl von seinen Enkelkindern am nächsten stand, hat festgehalten:

„... die dortige Einfachheit und Naturverbundenheit hatten einen bleibenden Einfluß auf Großvater, ...
zogen wir singend in Schreiberhau auf die Berge, dann klopfte er uns auf die Schulter: das würde meinen alten Salzmann freuen.“[15]

Der Siebzigjährige schreibt einer anderen Enkelin in das Poesiealbum:
„Schön ist es auf Gottes Welt, wo mit jedem neuen Morgen die Natur freigebig öffnet Freudenquellen ohne Zahl dem, der für Natur hat Sinn.
Schön ist es auf Gottes Welt, wo die Menschen gern uns helfen gute Zwecke zu erreichen, wenn wir klug und redlich sind.
O, der Mensch hat viele Kraft, Gutes um sich her zu wirken, Widerstand zu überwinden, wenn er nur nicht mutlos ist.
aus Chr. G. Salzmann“.[16]

Als er anläßlich eines Jubiläums 1893 in öffentlicher Rede dankt, führt er aus, *„er habe aus Schnepfenthal den Grundsatz mitgebracht, man müsse auf der Welt auch noch etwas mehr tun, als nur für sich selbst sorgen. Danach zu handeln, sei sein Bestreben gewesen.“*[17]

Mit 16 Jahren verließ Alexander Kisker Schnepfenthal, das *„fröhliche Arbeitsparadies seiner Jugend“* und begann seine kaufmännische Ausbildung mit der Lehre im väterlichen Geschäft in Halle/W. Nebenbei ging er seinen naturwissenschaftlichen Interessen nach, indem er bei dem dortigen Apotheker Rudolf Schaeffer (1808–1847) Chemie lernte. Später schrieb er an dessen Sohn: *„Ich glaube, ich habe Ihnen schon erzählt, daß ich einst gegen Ende der 30er Jahre als Lehrling in meinem elterlichen Hause bei Ihrem Vater eine sehr freundliche Aufnahme und Unterweisung in den Anfangsgründen der praktischen Chemie gefunden habe, und daß die Anleitung wesentlich dazu beigetragen hat, mich dem Destillierfache mit ganzer Lust und Liebe zu widmen.“*[18] Im Rückblick hat er in Gesprächen mit seinem Schwiegersohn über die Zeit in Halle zu erkennen gegeben: *„Der Vater war bei aller Liebe zu seinen Söhnen die Verkörperung eines eisernen, unbeugsamen Willens .... gehorchen, entsagen, arbeiten, die drei wichtigen Dinge habe er oft in schwerem Kampfe mit seinem jungen Herzen lernen müssen.“*[19]

Kisker erweiterte seine kaufmännischen Kenntnisse anschließend in Wolmirstedt und Halberstadt,[20] wahrscheinlich in dem Bereich der Tätigkeiten, die das väterliche Geschäft besonders pflegte: Verkauf von Leinen, Schinken, Fleischwaren, Kolonialwaren und der Betrieb einer Kornbrennerei.

Die durch die Lehre und erste Erfahrungen in fremden Unternehmungen gewonnenen Kenntnisse sollten dann vertieft werden zu Einsichten in die Regeln des kaufmännischen Geschäfts, ferner sollte der Gesichtskreis erweitert werden. Dazu diente der Besuch der Gewerbeschule in Magdeburg. Die preußischen Gewerbeschulen waren seit den 30er Jahren im Gebiet des

Deutschen Bundes führend für die gewerbliche Ausbildung in den verschiedensten Zweigen. Sie differierten allerdings stark in ihrem Angebot. Es wurden u.a. gelehrt: einfache und doppelte Buchführung, kaufmännisches Rechnen, Arbitragen, Handelskorrespondenz, Handelsrecht, Staatspapiere.

Eine weitere Stufe der Ausbildung war für alle Söhne von Wilhelm Kisker der Auslandsaufenthalt als Commis (Handlungsgehilfe) oder als Volontär. Alexander Kisker ist offensichtlich in Antwerpen gewesen.[21] Belgien war in diesen Jahrzehnten wegen seiner Lage, den Bodenschätzen und der Nähe zu England auf dem Kontinent das fortschrittlichste Land im Hinblick auf die industrielle Entwicklung und die Handelsverbindungen, Antwerpen also ein äußerst günstiger Ausbildungsort. Schon der ältere Bruder August Wilhelm hatte dort 1830 seine Ausbildung fortgesetzt. Die Erweiterung der englischen und französischen Sprachkenntnisse wurde ernstgenommen. Alexander Kisker wird später bei der Ausbildung seiner Söhne darauf großen Wert legen und die Korrektheit im schriftlichen Gebrauch der Muttersprache noch bei den erwachsenen Söhnen anmahnen.[22]

Nachdem er den damals üblichen Dreischritt einer qualifizierten kaufmännischen Ausbildung durchlaufen hatte, unternahm er den ersten Versuch, vom väterlichen Geschäft ausgehend sich eine selbständige Position aufzubauen: Er vertrieb Segeltuch aus dem Ravensberger Land über Stettin. Dieser Vertriebsweg in die Häfen der Ostseeküste bestand seit längerem, noch in den 60er Jahren des 19. Jahrhunderts erwähnen die Jahresberichte der Handeskammer Bielefeld diesen Geschäftszweig. Obwohl Alexander Kisker erfolgreich war (*„sein erster Versuch, sich ... eine selbständige Stellung zu sichern, zeigte früh seinen kaufmännischen Blick und seine glückliche Hand“*[23]), führte er diese Arbeit nicht weiter, sondern gründete 1845, im Alter von 26 Jahren, in Lippstadt ein Handelsgeschäft und einen Gewerbebetrieb: „Destillation, Liqueurfabrikation, Colonialwaaren“.

Das Vertrauen des Vaters in die Persönlichkeit und solide kaufmännische Ausbildung des Sohnes zeigte sich in der Tatsache, daß er ihm ein erhebliches Startkapital gab.[24]

Einige Jahre später erweiterte der junge Unternehmer seinen Gesichtskreis durch den Besuch der 1. Weltausstellung in London. Erst kürzlich fand sich ein von ihm verfaßter Reisebericht in Stichworten über die Reise der fünf Brüder Kisker vom 11.–24. Mai 1851, davon fünf Tage in London.[25]
Es reisten:

Eduard Kisker (1804–1882),	Juniorchef in der Firma des Vaters
Georg Kisker (1806–1880)	Kreisgerichtsrat in Arnsberg
August Wilhelm Kisker (1817–1881)[26]	Begründer der Firma A.W. Kisker (Leinen), Bielefeld
Alexander Kisker (1819–1907)	Begründer der Firma in Lippstadt
Oscar Kisker (1821–1892)	Begründer der Firma Oscar Kisker in Stettin (Fettwaren, Segeltuch, später Getreide).

Am 1. Mai 1851 eröffnete Königin Viktoria nach einem Gebet unter den Klängen des Händelschen „Halleluja“ im Kristallpalast die Ausstellung.[27] Es waren noch keine vierzehn Tage vergangen, da trafen die Brüder Kisker ein.[28] Sie hatten sich in Köln getroffen und waren auf der erst kürzlich eröffneten Bahnlinie über Herbesthal („*schöner Bahnhof*“) 1. Kl. nach Ostende gereist. Dort vermißte „*Ed seinen Mantelsack*“. Nach einer Nachtüberquerung des Kanals („*Nacht auf dem Verdeck – Mondschein – Frischer Wind*“) traf man um 8 3/4M. in London ein. Dort wartete schon ein Lohndiener/ Interpreter (1 3/4 £ pro Tag) mit einer Kutsche zur ersten Stadtrundfahrt.

Das Gelände der Weltausstellung besuchten die Kiskers viermal. Die Nachrichten sind knapp: „*Elberfeld ist unter Bavaria eingerichtet, Solingen ist gut placiert, sonst der Zollverein schlecht vertreten*“. Zweimal am Tag werden 40 000 Besucher in das Gelände transportiert. Alexander ist sehr beeindruckt von der Eleganz der Equipagen.

Die Brüder absolvierten in der Stadt das damalige Standardprogramm der Touristen, aber darüber hinaus machen sie Unternehmungen, die ihre weitgefächerten Interessen zeigen. Das British Museum und die National Gallery sehen sie wohl nur von außen (?), aber sie nehmen teil an einer „*Polizeisitzung mit dem Lord Mayor*“. Sie besichtigen Barkley's Brewery, ein Manufakturgeschäft mit 330 Angestellten, in dem u.a. „*pro Tag 100 Teppiche*“ verkauft werden. Sie besuchen einen Viehmarkt in Smithfield mit „*4000 Ochsen und 30 000 Hämmeln*“.

Ein tagesfüllendes Programm ist die Teilnahme an den „Epsom Races“, dem Derby. Auf jedes Pferd setzt man 55 £ Einlage – nicht die Kiskers! „*Polizei bewundernswert*“, die „*Wachen mit Knitteln*“. Welch ein Gewühl von Menschen, ein „*Pickpocket*“ wird erwähnt. Die Leute „*hängen wie Trauben an den Kutschen*“. Für die Rückkehr von dem beeindruckenden Spektakel brauchen die Kiskers 6 1/2 Stunden wegen des Gewühls.

Für Alexander sind die Theater- und Konzertbesuche Höhepunkte: „Fidelio“, am nächsten Abend eine „italienische Oper Don Juan“, in Vauxhall ein Konzert mit anschließendem Ballett. Aber auch der Besuch des Zoos ist ein Erlebnis („*2 Löwen, 4 Löwinnen, 3 prächtige Elefanten, 6 Giraffen!*“).

Der sonntägliche Gottesdienstbesuch: „*Kirche ganz ohne Schmuck, ohne Orgel, schöner Gesang, schlechter Redner*“. Alexander hat mit jemandem über „Bischof Spencer“ disputiert. Er vermerkt auch das Gehalt des Predigers.

Ein besonderes Erlebnis ist die Besichtigung der East India Docks, „*ein schöner Dreimaster eben ankommend*“. Einen sehr positiven Eindruck macht in Greenwich das Invalidenhospital für 2 700 Personen, „*schönes Gebäude, namentlich die Colonaden.*“

Geschäftsbesuche werden gemacht, Alexander gibt Bestellungen für Rum auf. An einem Abend sind die Herren in einer englischen Familie eingeladen, sie treffen dort auf „*drei Kinder, die sich sehr ungeniert bewegen*“.
Hier reisen Kaufleute, leider erfährt man jedoch nur wenig über die Kosten der Reise. In ihrem Logis haben sie vier Zimmer und bezahlen pro Tag pro Person 13 sh.6d. (Logis 2 sh. Breakfast 2 sh. Dinner 4 sh. Wine 1 1/2 sh. Coffee 6d.)

Für den 22. Mai hält der Bericht fest: *„10 UM. – Trennung – O.C. u. W. nach Liverpool"*. Alexander und Georg fahren mit dem Dampfboot die Themse herunter nach Antwerpen, wo sie sehr angenehm übernachten. Sie freuen sich an der Ausschmückung der *„Kathedrale mit Orangenbäumen und Blumen"*.
In Köln treffen sie Vetter Florenz Kisker, in Soest trennen sich ihre Wege. Alexander Kisker trifft am 24. Mai um 10 1/2 abds. in Lippstadt ein.

Der Abstecher der drei Brüder nach Liverpool muß geschäftliche Gründe gehabt haben. Liverpool war das Zentrum des englischen Exports, besonders auch für die Textilindustrie in Yorkshire und Lancashire. August Wilhelm Kisker hatte dort von 1833–1835 seine Ausbildung erweitert. Oscar Kisker hatte gerade ein Import-Exportgeschäft in Stettin eröffnet, da darf ebenfalls ein Interesse vorausgesetzt werden.
Was die früher Zurückkehrenden betrifft: Georg hatte als Beamter nicht unbegrenzt Urlaub, Alexander drängte nach Lippstadt zurück, wo nur drei Wochen später ein Sohn geboren wurde.

Der Bericht vermittelt bei aller Knappheit den Eindruck, daß die Brüder mit lebhaftem Interesse und großer Aktivität soviel wie möglich von dem Angebot der Weltstadt in sich aufnahmen. Sie waren beeindruckt von der Großzügigkeit des Lebens und Treibens. Irgendwann hatten sie Gewissensbisse im Gedanken an ihre bei der Kinderschar zurückgebliebenen Ehefrauen – drei der Brüder waren verheiratet. So kaufte jeder eine Gemme, als Brosche gefaßt, als Reisegeschenk.[29]

III. Ansiedlung und erste Kontakte in Lippstadt

Das von der „Ressourcen-Gesellschaft" gekaufte Grundstück hatte eine ausgezeichnete Lage im Zentrum der Kleinstadt. Es war von der Poststraße und der Judenstraße (später Rathausstraße) her erschlossen und war mit 3 700 qm gut geeignet für einen größeren Handels- und Gewerbebetrieb. Der Ausgang auf die Judenstraße führte zum Rathaus und zur Marienkirche, die damals noch vom Kirchhof umgeben war. Am anderen Ende der Poststraße war die Posthalterei, dort fand auch der Wochenmarkt statt.

Das große Wohnhaus mit einer Front von je 9 Fenstern in drei Stockwerken war wohl im 18. Jahrhundert gebaut worden und hatte zeitweilig als Gasthof (Schlüter) gedient. Bis 1844 war es das Versammlungsgebäude der „Ressourcen-Gesellschaft" (später „Eintracht"), des bürgerlichen Klubs. Die Vorderseite war mit Schiefer verkleidet, an den Seiten und auf der Rückseite war das Fachwerk sichtbar. Nach rechts und links schlossen sich schlichtere Häuser an, jeweils getrennt durch eine finstere schmale „Gasse", die nur dem Wasserabfluß diente. Die schlichte Freitreppe führte zu einer schweren Eichentür mit Schnitzereien – Weintrauben, Flasche und Kelch –, die auf den Gasthof hinweisen, aber ebenso für das Gesellschaftsgebäude der „Ressource" oder das Haus eines Brennereibesitzers paßten.

Das Haus enthielt in drei Stockwerken 24 luftige, gut geschnittene Räume und eine Küche. Die Zimmer im 2. Stock behielten noch lange die alten Nummernschilder der ehemaligen Gästezimmer. Der mit Steinfliesen belegte Flur führte zur Rückseite des Hauses in den Hof, in dem zwei Scheunen standen (die eine mit einer Kegelbahn) und ein kleiner Garten gelegen war. Zwischen Haus und Garten war die Abortanlage.

Grundstück und Baulichkeiten (Flur VII, No.427) wurden am 4. April 1844 von der „Ressourcen-Gesellschaft“ an A. Kisker verkauft zum Preis von 7.800 Thalern. Die gesamten Unterlagen für diese Transaktion sind noch erhalten,[30] u.a. der Kaufvertrag mit den eigenhändigen Unterschriften der 71 Mitglieder der Ressource. Bei den Verhandlungen wird protokolliert:
„... der Herr Wilhelm Kisker bemerkend, daß sein Sohn Otto Alexander bisher noch unter seiner väterlichen Gewalt gestanden habe, genehmigte als Vater, daß derselbe durch den Herrn Fr. Evertsbusch wie vorbemerkt das Ressourcen-Gesellschaftsgebäude angekauft, den Contract vom 4ten April 1844 bestätigt habe, und wollte seinerseits für die Erfüllung der durch denselben übernommenen Verbindlichkeiten hiermit eintreten.“

Der alte Herr hat eine handschriftliche Bestandsaufnahme vorgenommen.[31] Er ist durch alle Räume gegangen, hat das noch vorhandene Mobiliar vermerkt *„auf dem Gange (2. Stockwerk) steht eine große Flügel Thür mit weißem Anstrich und Eichenholz so auf den Saal gehöret“*.
Er macht Bemerkungen über den Zustand des Hauses bis zur Art der „Bedielung“ auf dem oberen Hausboden. Zuletzt wird noch vermerkt, daß zu dem Haus ein *„Sitz in der Marienkirche“* gehört. Er schreibt einen Dankesbrief an den Vermittler, Herrn Bürgermeister Evertsbusch. Die Höhe der Provision wird nicht genannt, dafür erfährt man aber: *„Für Ihre liebe Frau habe ich ein paar Schinken bestimmt, die ich aber erst interim 8 Tagen durch meinen Dienst einsenden kann.“*[32]

Der Vermittler hat weiter ein wachsames Auge für das Haus, denn der neue Eigentümer zieht erst 1845 ein. So schreibt er im Winter:
„... daß bei Schnee und Regen an vielen Stellen Wasser auf dem Boden stand, was ich habe aufnehmen lassen, daß es nicht durchdrang. Sodann waren die Dachrinnen so voll Unreinigkeiten, daß das Wasser nebenher am Hause herunter lief. Es war daher nicht zu säumen, und daß ich ohne vorher anzufragen, alles habe in Ordnung bringen lassen, hielt ich für meine Pflicht, und werde, so lange Ihr Herr Sohn noch nicht hier ist, sein Eigentum wie das Meinige überwachen.“[33]

Zwanzig Jahre später leben in dem Haus 15 Personen: das Ehepaar Alexander und Minna Kisker, sechs heranwachsende Kinder im Alter von 2 bis 17 Jahren, drei Mägde, ein Buchhalter, ein Commis, ein Reisender und ein Lehrling.[34]

Links vom Eingang des Hauses befinden sich zwei Comptoirs, an sie anschließend, einige Stufen tiefer, der Laden für den offenen Verkauf. Vom Comptoir kann man heruntersehen durch eine Öffnung in der Wand mit Gardine. An der Hofseite links ist das große Comptoir, hier arbeitet der Prinzipal an seinem Stehpult, der Blick kann über den Hofraum schweifen. Rechts von der Haustür sind das Eßzimmer und das Wohnzimmer, zur Hofseite die große Küche mit der Falltür zum Keller, ferner ein Badezimmer und eine Toilette. Geheizt wird durch Öfen, neu ist die Gasbeleuchtung in einigen Räumen.

Bild 2 Wohn- und Geschäftshaus, Lippstadt, Poststraße 5

In diesem Wohnhaus und Gewerbebetrieb ist bis in die ersten Jahre des 20. Jahrhunderts eine selbstverständliche Einheit von Wohnen und Arbeiten praktiziert worden. Zum Mittag- und Abendessen versammelten sich alle Hausbewohner, der Prinzipal präsidierte an der Tafel, ein gemeinsames Gespräch fehlte. Es wurde intensiv dem Essen zugesprochen, das einfach, aber sehr gehaltvoll war.

Das Haus in der Poststraße bot Raum genug für die wachsende Familie und den großen Haushalt, aber der Garten war sehr klein, dazu umgeben von der Unruhe des sich vergrößernden Betriebs. Alle Lippstädter Bürger, die es sich leisten konnten, hatten zusätzlich zu dem Hofraum oder Garten hinter dem Haus ein Stück Gartenland vor der Stadt; besonders geschätzt waren die Grundstücke außerhalb der Nördlichen Umflut und der Lippe.

Alexander Kisker konnte sich glücklich schätzen, als er am 19. Juli 1853 den großen Delhaes'schen Garten (11.400 qm) von Marianne Delhaes geb. Brinkmann (1766–1855) kaufen konnte:
„Die Parzellen der Steuergemeinde Lippstadt Flur drei Nummer 131, 132, 133, 134 mit aufstehendem Hause und sämtlichen darauf und darin befindlichen Tischen, Bänken, Blumenstöcken für den vereinigten Kaufpreis von Zweitausendvierhundert Thaler. Die Übergabe der verkauften Parzellen an Käufer hat stattgefunden, doch behält sich Verkäuferin die diesjährige Nutzung vor ...“[35]
Marianne Delhaes hat in Gegenwart von zwei Zeugen mit drei Kreuzen „unterkreuzt“, sie konnte wegen der gichtverkrümmten Hände keine Unterschrift leisten.

Der Garten hatte eine außergewöhnlich begünstigte Lage im Bereich des aufgelassenen Festungsgürtels. Er wurde vom Westen und Süden von der „Nördlichen Umflut“, im Osten vom „Teich“ und im Norden von einer später gebauten Mauer begrenzt. Justizrat Brinkmann hatte die erste Anlage gemacht. Gilles Delhaes ließ ein Gartenhaus im Stil des Biedermeier errichten. Alexander Kisker pflegte den Garten – zeitweilig „Lippepark“ genannt – für mehr als fünfzig Jahre nach seinen Vorstellungen. Die von ihm gestaltete Anlage behielt ihre wesentlichen Züge bis zum Jahre 1958, als sie in drei Grundstücke aufgeteilt wurde.

Alexander Kisker hat im Rückblick auf die Zeit seines Anfangs in Lippstadt gesagt, daß er sich dort sofort wohlgefühlt habe und die Stadt bald als seine Heimat betrachtet habe.
Schon bestehende geschäftliche Beziehungen und persönliche Bekanntschaften wurden schnell erweitert durch eine verwandtschaftliche Beziehung zu der großen Eppingschen Sippe.[36] Am 12. September 1846 heiratete Alexander Kisker Wilhelmine (Minna) Epping, die älteste Tochter des Kommerzienrates Johann Diedrich Epping und seiner Ehefrau Charlotte geb. Koch.
Minna (1826–1882) war mit sieben jüngeren Geschwistern aufgewachsen. Es gibt nur eine Nachricht aus ihrer Jugend: ihre Konfirmationsurkunde, ausgestellt in Berlin (1842). Dort hat sie wohl ihr Pensionsjahr verbracht. Vier ihrer Geschwister blieben in Lippstadt und damit im engeren Kreis der persönlichen Beziehungen der jungen Kiskers.

Der 25jährige Alexander Kisker wurde sofort ein Mitglied der „Ressource“, bald „Eintracht“ genannt,[37] deren Gesellschaftsgebäude in der Poststraße er ja gekauft hatte. Sie war ein Klub von Kaufleuten, Oekonomen, Angehörigen

der freien Berufe und Beamten, also vorwiegend von Mitgliedern der Lippstädter Oberschicht.
In den Räumen der „Eintracht" traf man sich zum Abendschoppen und las dort die Zeitungen. Dieser Treffpunkt bot den Herren die Möglichkeit zum Gedankenaustausch, zur politischen Meinungsbildung und zu wirtschaftlichen und politischen Absprachen. Hier war sozusagen das wichtigste Vorfeld für die Arbeit in den politischen Gremien der Stadt. Im Saal der „Eintracht" wurde am 1. März 1893 auch das „Bürgerfest" anläßlich des 25jährigen Jubiläums von Kisker als Stadtverordnetenvorsteher gefeiert.[38]
Anläßlich von Vorträgen oder bei Konzerten mit anschließendem Ball wurde der Kreis der „Eintracht" durch die Damen erweitert.

„Eintracht" und Schützenverein waren damals die Pfeiler der bürgerlichen Geselligkeit in Lippstadt, das „Schützenfest" das Volksfest der Stadt. Die Mitgliedschaft im Schützenverein, der 1827 neu gegründet worden war, war für Kisker eine Selbstverständlichkeit, aber als Schütze ist er nicht hervorgetreten. Er scheint kein Freund von ausgelassener Geselligkeit in einem größeren Kreis gewesen zu sein. Als er 1857 zum Hauptmann gewählt worden war, lehnte er das Amt ab.[39] In den 60er und 70er Jahren gehörte er zu den 12 Deputierten, die den Vorstand wählten.

Alexander Kisker war als Schüler in Schnepfenthal im Geiste der deutschen Turnbewegung erzogen worden. In Lippstadt war er jedoch nur ein „Turnfreund",[40] d.h. ein zahlendes, passives Mitglied.

Kaum hatte Kisker sich in Lippstadt niedergelassen, da wurde er aufgefordert, in die „Lippstädter Liedertafel" einzutreten (17. Okt. 1845).[41] Diese erst kürzlich gegründete Vereinigung hatte ca. 30 Mitglieder aus den bürgerlichen Familien der Stadt (vorwiegend Kaufleute und Lehrer), *„der Hauptzweck ... der musikalischen geselligen Vereinigung besteht in der Vervollkommnung des Männergesangs"*.[42] Das noch erhaltene Notizbuch und die Chronik des Vereins lassen erkennen, daß die Mitglieder nicht nur mit großer Freude bei der Sache waren, sondern auch den äußeren Ablauf bis ins Detail regelten.
Man begann des Abends um 8.00 Uhr, vor 9.00 Uhr durfte nicht geraucht werden. Wer unentschuldigt fehlte, zahlte 2 1/2 Sgr. – eine erhebliche Buße!

1847 wurde fleißig geübt für die Teilnahme am mehrtägigen „Märkisch-Westfälischen Sängerfest" in Dortmund.[43] Sieben „Liederbrüder" fuhren im Kutschwagen nach Dortmund. Die Unternehmung muß ein großes Erlebnis gewesen sein. Auf 20 Seiten berichtet der Chronist davon.
Es wurde gesungen, geschmaust und gebechert. *„Der Tenor der meisten Toaste betraf das Wohl und Gedeihen des Sängervereins, Deutschlands Einigkeit und Tremonias Wohl."*
Die Versammlung mündete an einem Tag in ein rechtes Volksfest ein: *„... letzteres war wirklich ein Volksfest zu nennen und dürfte sich vielleicht Liederbruder Kisker veranlaßt fühlen, nächstens eine kurze Beschreibung darüber herauszugeben"*. – Am nächsten Tag fiel der Gesangsbeitrag der Lippstädter aus, *„da Blankenburgs Unsichtbarkeit Kisker ebenfalls bewegt hatte, zu verschwinden und die fünf übrigen Lippstädter ohne zweiten Baß sich nicht dazu ermutigt fühlten"*.[44]

Die „Liedertafel" hatte bestimmte Höhepunkte. Dazu gehörten im Sommer das Stiftungsfest und eine „Ausflucht". Einer der Liederbrüder machte sich auf der Fahrt im Leiterwagen nach Benninghausen das Vergnügen, den Kutscher auf Irrwege zu führen, der Wagen kippte um! *„Besonderes Bedauern erregte der gute Kisker mit seinem neuen Sonntagsrock, der sich im Schlamme wälzte."*[45]
Ein lustiger Einfall eines Liederbruders führte zur Ausstellung fiktiver Reisepässe für einige Mitglieder. Ihm verdanken wir einige Details über den jungen Kisker. Er ist weniger als 1,70 m groß, hat einen blonden Bart, seine Gemütsart wird als „gemütlich" charakterisiert, sein Durst als „reell" und er spielt beim Glase Wein gern 66.[46]

Die Ereignisse des Revolutionsjahres 1848/49 finden ihren Niederschlag in der Liedertafel: *„Politik über Politik, bedeutende Diskussion über Bürgerwehrorganisation"* wird festgehalten.[47]
Einige Wochen später gilt das Konzert in der „Eintracht" der Sammlung von Geldern für die zu schaffende deutsche Flotte. Das Geld wird erst einmal auf die Sparkasse gelegt (60 Thaler), welchem Zweck diente es wohl, als die hochfliegenden nationalen Pläne gescheitert waren?[48]
Im Juli 1849 kommt der Erlös eines Konzertes den *„bedürftigen Frauen der nach Schleswig-Holstein ausgerückten Landwehrmänner"* zugute.[49]
Das Notizbuch erwähnt ein eingegangenes Schreiben des Central-Dombau-Vereins in Cöln. Es wendet sich an alle „Liedertafeln" Deutschlands und bittet darum, ein öffentliches Konzert zum Besten des Domes zu geben, *„dieses großartigen Denkmals für Religion, Kunst und Nationalität"*.[50]

In den Jahren der Resignation nach der gescheiterten Revolution fehlt dem Vereinsleben offensichtlich der rechte Schwung, die Chronik setzt aus, 1852 hält das Notizbuch fest, daß man erst einmal pausieren wolle wegen der *„Lauigkeit im Besuch unserer Liedertafel"*.[51] Als 1855 eine umgestaltete „Liedertafel" wieder aktiv wird, wird Kisker nur noch als Passivmitglied geführt.[52]

Sängerbünde, Turnerbünde und Schützenvereine waren Kristallisationspunkte für die bürgerliche Gesellschaft des 19. Jahrhunderts und spielten eine Rolle bei der Entwicklung des deutschen Nationalgefühls.

Lippstadt 1850 - 1900

Im folgenden sollen einige Hinweise zu Wirtschaft und Struktur der Bevölkerung in Lippstadt zwischen 1850 und 1900 die Gegebenheiten zeigen, in deren Rahmen sich Kiskers berufliche Tätigkeit entfaltete und seine Mitarbeit in der städtischen Selbstverwaltung sich vollzog.[53]

Die Bevölkerung verdreifachte sich:

1849	–	4.845 Einwohner
1900	–	12.533 " [54]

Die Landwirtschaft behielt während des gesamten Zeitraums eine zentrale Stellung innerhalb der städtischen Wirtschaft – „Ackerbürgerstadt".

Der Handelsort Lippstadt entwickelte sich im Zusammenhang mit dem Ausbau des Verkehrswesens (Chausseebau, Eisenbahnbau, Kanalbau).

Die gewerblichen Betriebe modernisierten sich (Aufstellung von Dampfmaschinen).

Erste industrielle Ansiedlungen fanden statt, strukturelle Veränderungen der Wirtschaft blieben jedoch aus; erst in den 90er Jahren setzte ein spürbarer industrieller Ausbau ein, der nun auch durch das Bürgertum gefördert wurde.[55]

Der Bevölkerungsanstieg führte zu einer deutlichen Verschiebung in der Konfessionsstruktur der Stadt:

	Protestanten	Katholiken	Juden
1849	40,5%	58,0%	1,5%
1871	35,7%	61,1%	3,1%
1895	28,3%	69,4%	2,3%
1910	25,8%	72,9%	1,2% [56]

Lippstadt bot in der zweiten Hälfte des 19. Jahrhunderts das Bild einer mittelständisch geprägten Kleinstadt, deren Oberschicht kaufmännisch bestimmt war.[57]

Als grundsätzliche Entwicklungstendenzen wurden sichtbar:
- relativer Bedeutungsverlust der Landwirtschaft
- starker Rückgang der wechselnden Lohnarbeit
- absolute und relative Zunahme der Abteilungen Industrie und Handwerk, Handel und Verkehr, öffentliche Dienste und freie Berufe.[58]

Die Einkommensunterschiede waren kraß: Es „... *bezogen im Jahr 1895 77,6% der Steuerpflichtigen ein Einkommen zwischen 900 und 3000 Mark jährlich, 18,9% ein Einkommen zwischen 3000 und 9500 Mark, und bei 3,5% lag es über 9500 Mark.*“[59]

Der Aufbau der Sozialgesetzgebung brachte für diesen Zeitraum noch keine Entlastung des städtischen Armenwesens.[60].

Die Bedingungen des Dreiklassenwahlrechts führten dazu, daß die kleine, wirtschaftlich führende Schicht einen dominierenden Einfluß auf die städtische Selbstverwaltung hatte.

Der „Kulturkampf“ (1871–1878), verbunden mit dem schnellen Anwachsen des katholischen Bevölkerungsteils durch Zuwanderung, führte zu veränderten politischen Mehrheitsverhältnissen (die katholische Partei des Zentrums), die sich wegen des Dreiklassenwahlrechts noch nicht in den politischen Gremien der Stadt niederschlagen konnten, aber das konfessionelle und politische Klima in der Stadt spannungsreich machten.

IV. Die Entwicklung des Betriebs 1845 - 1880

Kornbrennereien waren in Westfalen in den 20er und 30er Jahren des 19. Jahrhunderts in übergroßer Zahl vorhanden. Die meisten brannten nur für den lokalen Bedarf, sie hatten feste Abnehmer. Ihre wirtschaftliche Lage war in der Regel dadurch gesichert, daß sie mit einem landwirtschaftlichen oder, zumeist in der Stadt, mit einem kleinen gewerblichen Betrieb wie einer Bäckerei verbunden waren. Noch herrschte die handwerkliche Arbeit vor, die Geräte waren unvollkommen, die Alkoholausbeute beim Brennvorgang darum gering; daß auch unter solchen Bedingungen ein guter Branntwein hergestellt wurde, ist unbestritten. Die neuen technischen Erfindungen hätten Verbesserungen möglich gemacht, das betrifft besonders den in diesen Jahrzehnten zuerst eingesetzten 2 Blasen-Apparat und die Destillation durch Dampf. Diese Erfindungen führten zu vermehrter Ausbeute und zu besserer, d.h. reinerer Qualität des Destillats, ganz abgesehen von der Arbeitserleichterung und der Brennmaterialersparnis. Die landwirtschaftlichen Brennereien legten jedoch weniger Wert auf die technische Verbesserung des Betriebs und die hohe Spiritusausbeute als auf die Gewinnung guter Schlempe für die Viehmast im Winter.

In Preußen waren seit 1812 schrittweise die Gewerbefreiheit und die Niederlassungsfreiheit eingeführt worden. So konnte ein Unternehmer recht frei entscheiden, wo er sich niederlassen wollte. Als weiterer Anreiz für die Unternehmensgründung muß die geringe Branntweinbesteuerung genannt werden.

Die Vorgänge bei der Ansiedlung Alexander Kiskers in Lippstadt weisen darauf hin, daß sein Vater maßgeblich an der Entscheidung beteiligt war.[61] Er kannte Johann Diedrich Epping („*Großhandel in Colonialwaaren nebst Wechselgeschäften*") durch geschäftliche Beziehungen (Wilhelm Kisker und I.D. Epping sind überregionale Handelshäuser) und hatte wohl bei ihm Erkundigungen und Rat eingeholt. Für die Ansiedlung in Lippstadt[62] sprach einiges: Die Landwirtschaft und die Art der Gewerbe gaben Grund zu der Annahme, daß ein fundierter Brennereibetrieb mit moderner Produktion und einer von Anbeginn bestehenden Diversifizierung in der Stadt und im Umland gute Chancen haben würde. Der Schiffahrtskanal (1832) und die projektierten Eisenbahnlinien deuteten darauf hin, daß Lippstadt sich zu einem Verkehrsknotenpunkt in der Lippeniederung zwischen Sauerland und Münsterland, im Osten bis nach Paderborn, im Westen bis in die Richtung von Hamm und Unna würde entwickeln können. Allerdings sollte aus Gründen, die hier nicht erwähnt zu werden brauchen, diese Entwicklung doch langsamer vor sich gehen als erwartet.

Kisker hatte eine günstige Ausgangsposition. Er hatte eine praktische und kaufmännische Ausbildung durchlaufen und erste Erfahrungen mit selbständiger Tätigkeit schon in einer anderen Branche (Vertrieb von Segeltuch) gewonnen. Bis zu seiner Übersiedlung und Geschäftseröffnung sollte noch fast ein Jahr verstreichen, diese Zeit wird er – wie ich annehme – zur Erweiterung seiner Kenntnisse und Erfahrungen im Bereich der Destillation verwandt haben. Der Vater stattete den Sohn mit einem für die damalige Zeit erheblichen Kapital von 50 000 Thalern aus.[63] So stand am Anfang und in der Aufbauphase die Selbstfinanzierung, nicht eine Kreditaufnahme. Die

Bild 3 Blick auf den Betrieb von Norden

wirtschaftliche Situation wurde nach zwei Jahren noch günstiger. Kisker heiratete die älteste Tochter von Joh. Diedr. Epping, die gewiß eine gute Mitgift mitbrachte. Nach weiteren acht Jahren kam nochmals mit dem Erbe von Wilhelm Kisker (15 000 Thaler) ein weiterer Kapitalzufluß.

Wenn der junge Unternehmer erfolgreich sein wollte, mußte er sich der neuen Brenntechniken bedienen. Er mußte einen überörtlichen Absatzmarkt aufbauen und versuchen, sich mit Qualitätsware gegen die Konkurrenten durchzusetzen. Wie er dies in den ersten Jahrzehnten gemacht hat, läßt sich leider aus Mangel an Quellen nicht belegen. Daß er erfolgreich war, beweist die Tatsache, daß der Betrieb in den 60er Jahren zur größten gewerblichen Brennerei in Lippstadt wurde.[64] Er entwickelte sich auf dem Grundstück zwischen der Poststraße und der Judenstraße (heute Rathausstraße). Dies war eine ganz zentrale Lage, nur einen Steinwurf vom Rathaus und dem Marktplatz, der Marienkirche und dem alten Friedhof entfernt. Die alten Scheunen wurden umgebaut, angrenzende kleinere Grundstücke erworben (1863; 1866).[65]

Die zweite Phase der Betriebsentwicklung begann mit dem Bau des Kesselhauses und der Umstellung auf den Dampfmaschinenbetrieb, 1858. Es liegen noch viele Unterlagen vor, die zur Genehmigung und zum Bau der Anlage benötigt wurden.[66] Das Kesselhaus war ein Gebäude, das Elemente der englischen Fabrikarchitektur aufnahm. Zusammen mit dem hohen Schornstein war es der „hervorragende" Komplex. Der Gesamteindruck blieb für mehr als 60 Jahre der eines typischen Gewerbebetriebs im Kern einer Kleinstadt, überschaubar, beengt, mit nur wenigen Mitarbeitern. Erst 1906/08 wurde ein Teil des damals schnell expandierenden Betriebs in den Neubau an der Wiedenbrückerstraße verliegt.

Der Vertrieb der Ware erfolgte in Holzfässern, in großen Korbflaschen oder als Flaschenware in Fächerkisten aus Holz. In den ersten Jahren war Kisker sein eigener Reisender, zu Pferd unterwegs, angetan mit der ledernen Reithose, dem Reitfrack und der Schirmmütze, das Gepäck hinter dem Sattel aufgeschnallt, die Reisekasse im Schuhschaft, denn auf den Geschäftsreisen wurden auch die Außenstände kassiert.
Wenn er nach Medebach kam, wo Händler, Kaufleute und Bauern aus der Umgebung zusammenkamen, ging der Gemeindediener mit der Schelle durch den Ort: *„Kisker ist da!"*
Dann wurden die Bestellungen aufgegeben. Die im Herbst gelieferte Faßware wurde von einem Bauern oder einem anderen Fuhrwerksbesitzer, der sich damit einen willkommenen Nebenverdienst machte, zu den Gasthöfen und Bauernhöfen gebracht. Ein weiterer Anlaß für Geschäftsreisen war der Aufkauf von Getreide im Spätsommer oder auch im Frühjahr (*„Ernte auf dem Halm" – ein Risikogeschäft!*). Erst ab 1883 erleichterte die Bahnverbindung nach Warstein den Versand. – In all den Jahren bestand im Haus an der Poststraße der Laden für den Einzelverkauf.

Kisker nahm in seinem Betrieb in den ersten Jahren folgende Funktionen wahr: Er war der Destillateur, überwachte die Abfüllung und den Versand und erledigte im „Comptoir" wesentliche Teile der Korrespondenz und der Abrechnung. Für diese frühe Zeit gibt es einige Angaben über das Personal der Firma. 1855 waren in dem Haus an der Poststraße gemeldet: 2 Commis (Handlungsgehilfen) und 3 Lehrlinge.[67] Sie waren alle in Kost und Logis bei Minna Kisker. 1858 waren es 3 Commis, 1 Lehrling, 1 Destillateur, 1 Läufer.[68] Die Zahl der Arbeiter (dazu 1 Küfer und 1 Kutscher) ist nicht bekannt. Sie wohnten in der Stadt, gingen in der 1 - 1 1/2 stündigen Mittagspause nach Hause. 1893 hatte die Firma 11 Angestellte und Arbeiter.[69]

Im Büro arbeitete Kisker ebenso wie seine Angestellten am Stehpult. Von dort ging der Blick über den Hof bis zum jenseitigen Ausgang des Betriebs

Bild 4 Im Hof des Betriebes

auf der Judenstraße. Es war ein lebhafter Betrieb: Anlieferung von Getreide, Fässern, Flaschen, Expedition der Ware, Abfuhr von heißer Schlempe. Man hörte das Pfeifen aus dem Kesselhaus, das Bummern aus der Böttcherei. Pferde wurden über den Hof geführt, Holz- und Metallfässer gerollt. Über dem Ganzen lag der Duft einer Mischung von Sprit, Wasserdampf, Schlempe, Pferdestall. Die Arbeit begann um 7 Uhr, mittags herrschte für eine Stunde Ruhe auf dem Hof. Die Arbeitszeit dauerte an fünf Tagen der

Woche bis 18 oder 19 Uhr, sonnabends war gegen 16 Uhr Feierabend. Lange Arbeitszeiten! Aber das Tempo war in einem solchen Betrieb gemächlich. Es gab Zeit für ein Schwätzchen bei der Aufsicht im Kesselhaus, oder man war viele Stunden mit Pferd und Wagen unterwegs. Der Rhythmus des Betriebs war u.a. auch durch die Verbindung zur Landwirtschaft gekennzeichnet. Ruhige Wochen wechselten mit Zeiten, in denen das Geschäft besonders „flott" lief.

Die Entwicklung des Betriebs muß vor dem Hintergrund der Entwicklung des Brennereiwesens in Deutschland gesehen werden. Sie war in den Jahren von 1831 - 1865 gekennzeichnet durch

- die schnelle Steigerung der Branntweinherstellung, die im wesentlichen eine Steigerung der Kartoffelbranntweinherstellung war; der geschmacklich differenziertere und höherwertige Kornbranntwein konnte seinen Absatz nur geringfügig erweitern,
- den Konzentrationsprozeß bei den Betrieben.[70]
  Letzteres läßt sich für Lippstadt belegen. Die Zahl der gewerblich betriebenen Brennereien in der Stadt ging von 13 im Jahre 1864 auf 6 im Jahre 1872 zurück. Kisker setzte mit 810 000 l Branntwein und Likör mehr als die Hälfte der für Lippstadt geschätzten Mengen um.[71]

Die Firma entwickelte nach und nach ein gut sortiertes Angebot.[72] Der „Preis-Courant" 1872 führt ca. 100 Positionen auf: von Spiritus und Franzbranntwein über Kornbranntweine und Extrakte aller Art zu Halblikören, Likören, französischen Weinlikören, Ferner sind im Angebot: Dessertweine, Sherry, Rum, Arrak, dazu noch französische Rotweine und Rheinweine. Aber auch in diesen Jahren wurde noch mit anderen Waren gehandelt. Die Eintragung ins Gewerberegister wies schon darauf hin: „Colonialwaaren". 1879 erwähnt der Sohn Alexander in einem Brief aus Bordeaux, daß die westfälischen Schinken den Zoll passiert hätten und daß man am folgenden Tag mit dem Verkauf beginnen werde, für den er sich durchaus einen Gewinn errechne.[73] Diese Sparte der Firma hatte aber wohl nie eine größere Bedeutung. Das Hauptabsatzgebiet der Brennereierzeugnisse war das Sauerland. Die Jahresberichte der Handelskammer für die Kreise Brilon, Meschede und Arnsberg für die Jahre 1873 - 1890 zeigen, daß es dort in dieser Branche nur wenige Betriebe gab und ihre Produktionsmengen überhaupt nicht mit den Kiskerschen zu vergleichen waren.[74] Weitere Absatzgebiete lagen östlich von Lippstadt über Paderborn hinaus bis zur Weser und zunehmend im östlichen Ruhrgebiet.

Konkrete Angaben zur Wertschöpfung der Firma in diesem Zeitraum sind kaum vorhanden. Die Gewerbestatistik wird auf der Grundlage der freiwilligen Angaben (oder Verweigerung der Angaben!) der Betriebe erstellt. 1872 nimmt Kisker auf ausdrückliche Aufforderung des Bürgermeisters die Schätzung für Lippstadt vor. Seine Angaben für den eigenen Betrieb lauten: *„Umsatz – – – genau nach meinem Lagerbuche: 5 400 Ohm (à 150 Liter, 40 %) im Wert von ca. 115 000 Rtlr"*.[75] Im Bericht des Landrats anläßlich der Beantragung des Kommerzienratstitels (1871) heißt es: *„Kisker ist der Inhaber eines bedeutenden kaufmännischen Geschäftes in Colonialwaaren und Destillation. Er zahlt: 60 Thaler Gewerbesteuern, 180 Thaler Einkommenssteuer und 33 Thaler Grund- und Gebäudesteuer..."*[76] Steuerangaben

Bild 5 Das bekannteste Produkt der Brennerei

waren im 19. Jahrhundert wenig aussagekräftig, immerhin sind sie Anhaltspunkte.

Die Ausbildungsschritte, die Kisker für seinen ältesten Sohn Alexander (1854–1911) vorsah, lassen erkennen, daß er dabei Möglichkeiten zur Erweiterung des Geschäftes ins Auge faßte. Nach dem Abschluß der kaufmännischen Lehre und der Ausbildung im Bereich des Brennereiwesens war der Sohn in den Jahren 1878 und 1879 in England und Frankreich (vorwiegend Cognac). Es sind 15 Briefe von ihm erhalten, einige im Briefkopf mit den Notizen des Vaters für die Beantwortung.[77] Die Absichten des Vaters waren folgende:

- Kennenlernen der Branntwein- und Likörfabrikation in Frankreich,
- Anknüpfen von Geschäftsbeziehungen zu Weinkellereien und Weinhandlungen zwecks Import von Madeira, Rum, Sherry, Likören, Champagner und Rotwein,
- Sondierungen für eventuelle Exporte der Fa. Kisker nach Frankreich,
- Vervollständigung der englischen und französischen Sprachkenntnisse des Sohnes.

Den Briefen des Sohnes ist zu entnehmen, welche Modernisierungsschritte in der Brennerei und im Vertrieb ihm bei Hennessy und Martell zukunftweisend erscheinen und was er für den eigenen Betrieb vorschlägt:
„Die Einführung von Handelsmarken wird in Deutschland wohl in einigen Jahren allgemein werden, und ich bin entschieden dafür, daß wir uns gegen die Konkurrenz einer etwa sehr gangbaren Sorte auf diese Weise schützen. Ob die Schutzmarke ein Hampelmann, Kartoffelstrauch oder irgend sonst etwas sein soll, darüber habe ich noch keine bestimmten Wünsche, ... bitte laß von den Chartreuse Etiquettes keine neue Auflage drucken, falls das deutsche Gesetz auch verbietet, einen Schnaps Chartreuse zu nennen ...“[78]

V. Kommunalpolitische Tätigkeit

1. Die politische Prägung

Die politische Einstellung des jungen Alexander Kisker wurde durch die Kreise gebildet, in denen er aufwuchs und seine Ausbildung empfing. Der Vater war ein selbstbewußter liberaler Bürger, loyal gegenüber dem preußischen Königshaus, überzeugt davon, daß Reformen auf wirtschaftlichem und politischem Gebiet den Einfluß seiner Schicht stärken und dem Ganzen zum Wohl gereichen würden. Die Erziehung in Schnepfenthal hatte bei Alexander Kisker die nationale Komponente hinzugefügt.

Sein Schwiegervater Johann Diedrich Epping, eine der einflußreichsten Persönlichkeiten in Lippstadt, war ein recht typischer Vertreter des liberalen Bürgertums der preußischen Westprovinzen Rheinland und Westfalen. Er war Stadtverordnetenvorsteher und 1847 als ein Vertreter der Städte Mitglied des Vereinigten Landtags. Dort gehörte er zu der kleinen Gruppe unter der Führung von Georg von Vincke, die den Antrag auf Fortführung der Judenemanzipation stellte.[79] Dabei ging es um folgendes: die Zulassung zu Staatsämtern, die Ausübung ständischer Rechte auf dem Lande, die Zulassung zu akademischen Lehrämtern und die Zulassung jüdischer Korporationen. Die Gruppe unterlag bei der Abstimmung. Die vorausgehende Debatte hatte gezeigt, daß diese fortschrittlichen westfälischen Adeligen und Bürger ihre demokratischen Rechte nicht aus dem Gedankengut der Französischen Revolution herleiteten, sondern sich an dem demokratischen Vorbild Englands orientierten. Gleiches Recht für alle (d.h. hier: Aufhebung der ständischen Vorrechte) war ihr Grundsatz. Dieses Recht war nicht durch Revolution, sondern allein durch Reformprozesse, die von der Volksvertretung und der Verwaltung in die Wege geleitet werden sollten, zu erreichen.

Wie Alexander Kisker die Unruhen des März 1848 in Lippstadt beurteilte, kann daraus erschlossen werden, daß er wie andere Schützen ein Mitglied der Bürgerwehr wurde, die die *„Polizei in Aufrechterhaltung der öffentlichen Ordnung bei etwaigen Angriffen auf Personen und Eigentum auf Erfordern"* unterstützen wollte.[80]
Kennzeichnend für die politische Entwicklung in Lippstadt 1848/49 war *„ein hohes Maß an politischer Mobilisierung gerade auch der unterbürgerlichen Schichten, ... eine substantielle politische Organisiertheit des katholischen Bevölkerungsteils"* und eine *„besondere Bedeutung des konfessionellen Faktors auch bei den Abgeordnetenwahlen"*.[81] In den beiden Urwahlen im Mai 1848 wurde nicht einer der Lippstädter Honoratioren gewählt. Ohne Zweifel ein Schock für die Herren! Das liberale Bürgertum organisierte sich in der Folgezeit locker im „Konstitutionellen Verein". Im Januar 1849 wurden J.D. Epping und A. Kisker als Wahlmänner für die Wahlen zur Berliner Nationalversammlung gewählt. Das Ergebnis dieser Wahl zeigte die *„wiedergewonnene Führungsrolle der Honoratiorenschaft"*.[82]

Eine konstitutionelle Monarchie in Preußen und eine führende Stellung dieses Staates in Deutschland, diese in weiten Kreisen des Bürgertums, so auch im „Konstitutionellen Verein" vertretene Meinung dürfte auch Alexander Kisker gehabt haben. In die gleiche Richtung weist eine von 256 Bürgern der Stadt unterzeichnete *„Adresse an das Staatsministerium, worin demselben volles Vertrauen ausgesprochen und um die Rückberufung des Prinzen von Preußen gebeten wurde"*. Sie war von 256 Bürgern der Stadt unterzeichnet, darunter befanden sich sämtliche Mitglieder der „Liedertafel".[83] Diese gab im Sommer 1848 in ihrer nationalen Begeisterung ein Konzert zum Besten der deutschen Flotte, damit wollte sie einen Beweis liefern, *„daß sie mit warmem Eifer der guten Sache ergeben war und gern ein Scherflein dazu beitrug, um Unheil von unserem lieben Vaterlande abzuwenden und dasselbe groß zu machen"*.[84] Der Chronist der „Liedertafel" wird mit seiner überschwänglichen Formulierung wohl kaum bei allen Mitgliedern die volle Zustimmung gefunden haben, aber die Richtung traf er schon.

Im Revolutionsjahr 1848/49 machte Kisker als knapp Dreißigjähriger seine ersten politischen Erfahrungen. Ausgehend von Prädispositionen, die durch Herkunft, Erziehung und Milieu gegeben waren, entfaltete sich seine politische Einstellung. Sein lebenslanges kommunalpolitisches Engagement begann in diesen Jahren. Politische Diskussionen in der Familie drehten sich gewiß auch um das Wirken eines ihrer bedeutenderen Glieder.

Auf der gesamtpreußischen Bühne in Berlin war ein Vetter von Alexander Kisker vertreten: Gustav Wilhelm Kisker (1803–1854) war Justizminister im reformerischen Beamtenkabinett des Generals von Pfuel (24. Sept. bis 12. Nov. 1848). Als Präsident des Appellationsgerichtes in Naumburg, als Justizminister und nach 1850 als Mitglied der Zweiten Kammer des Abgeordnetenhauses hat er die bahnbrechende Modernisierung auf dem Gebiet der Prozeßordnung durch die Aufhebung der Privatgerichtsbarkeit und des eximierten Gerichtsstandes auf den Weg gebracht. Als Minister fiel er in dem Augenblick bei seinem König in Ungnade, als er sich in der Volksvertretung für die Abschaffung des Titels „Von Gottes Gnaden“ aussprach. Er wurde nicht mehr zum Vortrag beim König zugelassen![85]

Gustav Kisker wurde in den Auseinandersetzungen um die Reform des Gerichtswesens tatkräftig unterstützt von dem Vortragenden Rat im Justizministerium August von Bernuth (1808–1889). Dieser wurde später Justizminister, wurde im Verfassungskonflikt von Bismarck in den Ruhestand versetzt, gehörte von 1862 - 1889 dem Preußischen Herrenhaus und ab 1871 dem Deutschen Reichstag als Mitglied der nationalliberalen Partei an. Er war verheiratet mit Marie Delhaes (1820–1863) aus Lippstadt und unterhielt während seines ganzen Lebens mannigfache Beziehungen zu den Familien Delhaes, Epping und Kisker in Lippstadt.[86]

Der preußische Verfassungskonflikt (1862–1867), der sich an einer Militärvorlage entzündet hatte und sich ausweitete zu einem Kampf zwischen der Krone und dem Parlament, das um die Erweiterung seiner Rechte kämpfte, brachte in allen politisch engagierten Kreisen lebhafte Diskussionen und je länger desto mehr scharfe Reaktionen auf die Bismarcksche Politik. Die Liberalen gaben sich in diesem Zusammenhang festere Organisationsformen, auch in Lippstadt.[87]

Am 10. November 1861 stellte eine Urwählerversammlung zur Vorbereitung der Landtagswahl ein Wahlprogramm auf und bildete ein Wahlkomitee aus 6 Liberalen, darunter auch Alexander Kisker.[88] Die im Wahlprogramm enthaltenen Forderungen nach der Beseitigung des ständischen Prinzips in den Kreis- und Provinzialordnungen, der Umgestaltung des Herrenhauses, der Verminderung der Heeresausgaben, der Verantwortlichkeit der Minister und schließlich nach geheimen Wahlen entsprachen grundlegenden Forderungen des Liberalismus in Preußen.

Seit 1861 führten die Urwahlen in Lippstadt stets zu liberalen Mehrheiten.[89] 1863 wurden sogar alle Kandidaten gewählt. Kisker gehörte nur dem ersten Wahlausschuß an, daß er aber weiter tätig die Bestrebungen der Liberalen unterstützte, darf angenommen werden.

Der sich verschärfende Verfassungskonflikt führte dazu, daß Bismarck nur noch gegen die Mehrheit des Abgeordnetenhauses, unter Rückgriff auf zweifelhafte Verfassungskonstruktionen und in offener Fehde mit den Wortführern der öffentlichen Meinung regieren konnte – auch Disziplinierungsmaßnahmen gegen preußische Beamte (s.o.!) fruchteten wenig.

Welche Position nahmen Kaufleute und Industrielle in den Monaten des preußisch-österreichischen Konflikts und den Wochen vor dem Ausbruch des Krieges 1866 ein? –
Dies zeigt die Kollektivpetition der 17 Handelskammern von Rheinland und Westfalen an den preußischen König.[90] Sie lag sofort gedruckt vor und hatte als Beilage lange Unterschriftenlisten. Lippstadt war damals wegen seiner wirtschaftlichen Rückständigkeit noch ein „handelskammerfreier“ Bezirk, jedoch waren einige Verwandte von Alexander Kisker Mitglieder der Handelskammer Bielefeld, die sich an der Petition beteiligte.

Die Petition hatte eine deutliche Stoßrichtung gegen die Politik des Ministeriums Bismarck, die zu einem Krieg mit Österreich zu führen drohte. Sie wurde auch im Hinblick auf die verfassungsmäßige Ordnung und auf das Geschäftsleben auf das Schärfste abgelehnt. Der König wurde gebeten, sich von seinem Ministerpräsidenten zu trennen.[91]

Wie verhielten sich diese Kreise in der veränderten Situation von 1867? Der Krieg war für Preußen siegreich beendet, der Norddeutsche Bund war gegründet worden, und im innenpolitischen Konflikt war es zu einem Kompromiß zwischen Bismarck und den Liberalen gekommen.
Der Jahresbericht der Handelskammer Bielefeld für 1866 erwähnt die Petition nicht einmal, ihr Inhalt klingt nur hier und da noch an. Jetzt begrüßt man die neue Epoche:
„... *frisches Leben pulsiert wieder in dem werdenden deutschen Reiche, ... Einheit der politischen und materiellen Kräfte, ... Einheit der Gesetze und Rechte kommen nach langen schweren Wehen zur Neugeburt, ... eine Ära deutscher Machtherrlichkeit öffnet sich vor den Augen der erstaunten Nachbarvölker .....* “.[92]

In diesen Kreisen las man die „Kölnische Zeitung“[93], das führende, liberal tendierende Presseorgan in Westdeutschland, bis 1879 das größte deutsche Tageblatt. Auch Alexander Kisker war durch Jahrzehnte ihr Abonnent. Die „Kölnische Zeitung“ war in den ersten Jahren des „Ministeriums Bismarck“ kritisch gegenüber seiner Politik, Formulierungen wie die der o.g. Petition von 1866 hätte auch die „Kölnische Zeitung“ bringen können. Sie wandelte in den folgenden Jahren ihre Einstellung gegenüber Bismarck, hatte zeitweilig den „Ruf der Offiziosität“, bewahrte sich aber die innere Unabhängigkeit, auch gegenüber der Partei der Nationalliberalen. Während des Kulturkampfes führte sie heftige Kontroversen mit dem Sprachrohr des Zentrums, der „Kölnischen Volkszeitung“.

Viele Unterzeichner der Petition der Handelskammern waren später im Lager der Nationalliberalen, etliche als Reichstagsabgeordnete. Auch Alexander Kisker ließ sich 1874 für die Nationalliberale Partei als Kandidat für den Reichstag aufstellen. Die näheren Umstände werfen ein Licht auf die besonderen Lippstädter Verhältnisse.[94]

2. Kisker als Stadtverordneter

Herkunft und Erziehung führten dazu, daß Alexander Kisker es als eine Selbstverständlichkeit ansah, an der Gestaltung des Gemeinwesens mitzuwirken, außerdem hatte er als Gewerbetreibender ein ganz persönliches Interesse an der Entwicklung der Stadt.
Die Verbindungen in der Stadt erleichterten ihm den Beginn ganz wesentlich. Der Dreißigjährige wurde 1850 Stadtverordneter und folgte 1868 seinem Schwiegervater Joh. Diedr. Epping im Amt des Stadtverordnetenvorstehers, ein Amt, das er für dreißig Jahre bekleidete. Dieser Tätigkeit, abgesehen von anderen ehrenamtlichen Tätigkeiten, z.B. im Kuratorium des Realgymnasiums, im Presbyterium der Marien-Kirchengemeinde, im evangelischen Hospitalvorstand, galt zweifellos ein hoher Teil seines Interesses

und seiner Arbeitskraft. Sie hat wesentlich zur Prägung seiner Persönlichkeit beigetragen.

Es ist darum erforderlich, hier einiges über die Städtische Selbstverwaltung in Preußen in der zweiten Hälfte des 19. Jahrhunderts zu sagen. Sie basierte auf der Städteordnung des Freiherrn vom Stein, dessen Anliegen es gewesen war, auf „Bürgersinn“ und „Gemeingeist“ zu bauen. Diese Ordnung hatte in der Folgezeit manche Einschränkung und Verbiegung erfahren, besonders deutlich in der westfälischen Städteordnung von 1856 mit ihrem Dreiklassenwahlrecht. Damals wird eine *„umfassende staatliche Aufsicht über die städtische Selbstverwaltung eingerichtet. Das feindliche Mißtrauen der staatlichen Bürokratie richtet sich sowohl gegen die konstitutionelle Volksvertretung wie gegen die moderne bürgerliche Selbstverwaltung. Letztlich ist jedoch nicht zu verhindern, daß auf längere Sicht, so auch in Lippstadt, sich trotzdem eine lebendige und tüchtige städtische Verwaltung etabliert. Dies ist das Verdienst des Bürgertums als Träger der städtischen Kommunalverwaltung“.*[95]

In Lippstadt hat die Kontinuität in der Zusammensetzung der Stadtverordnetenversammlung, insbesondere in ihrer Leitung, und in den Ämtern des Magistrats, besonders im Bürgermeisteramt (Schultz 1848–1871, Bleek 1872–1880, Haumann 1880–1900), wesentlich dazu beigetragen.
Von Alexander Kisker heißt es:
„Diese einmütige Arbeit zu erhalten und zu fördern sei das stete Streben des Jubilars gewesen ... in Hunderten von Stadtverordneten-Sitzungen, in Tausenden von Kommissionsverhandlungen ... Sein praktischer Sinn, seine reiche Lebenserfahrung haben ihn in hervorragender Weise befähigt, die Verhandlungen gut zu leiten, knapp bei der Sache zu halten, etwaige Abweichungen abzuschneiden. Solchem Fleiße und solcher Energie sei man denn auch gerne gefolgt ...“[96]
In seinen Anfängen war Kisker „redeschüchtern“, aber *„sein Freund Ostendorf habe ihm den Mut zum Reden durch die Versicherung gegeben: wenige Worte von ihm wirkten mehr als bei anderen lange Reden“.*[97]

Die Bedingungen des Dreiklassenwahlrechts, das in Preußen bis 1918 bestand, führten dazu, daß in den Städten das besitzende Bürgertum (vornehmlich die wohlhabende Oberschicht!) in der Stadtverordnetenversammlung die Entscheidungen bestimmte und den Bürgermeister und die übrigen Magistratsmitglieder wählte. Die konfessionelle Struktur in der Stadt Lippstadt brachte es mit sich, daß innerhalb dieser Gruppe die evangelischen Bürger die Mehrheit hatten, das *„Stadtverordnetenkolleg bleibt in protestantischer Hand“.*[98]

Im Rückblick werden die Jahrzehnte, in denen Kisker an führender Stelle die Entwicklung der Stadt beeinflußte, *„fast als Lippstadts zweite Gründungszeit“* bezeichnet.[99] Daß das Aufblühen der Stadt seinen eigenen wirtschaftlichen Interessen entgegenkam, ist einleuchtend. Daß es in der Stadtverordnetenversammlung dabei zu Kontroversen kommen mußte, läßt sich an dem einen und anderen Fall auch heute noch erkennen. Viele Zusammenhänge bleiben jedoch dunkel, denn Absprachen werden mündlich getroffen (die Gesellschaft „Eintracht“ ist dafür der geeignete Ort!), die Protokolle sind im wesentlichen Ergebnisprotokolle, die Presseberichterstattung ist ganz lückenhaft. Verlautbarungen der Parteien auf Kommunalebene gibt es kaum. Parteipolitik spielt in jenen Jahren auf der kommunalen politischen Bühne, abgesehen von den spektakulären Auseinandersetzungen in den Jahren des „Kulturkampfes", eine geringe Rolle. In den Briefen und anderen persönlichen Dokumenten von Kisker findet sich kein Niederschlag bestimmter Kontroversen und Entscheidungen.

Für Menschen unserer Zeit erhebt sich die Frage: Wie weit handelten die Stadtverordneten und der Magistrat sozusagen „abgehoben von der Basis", wie weit wurden sie und ihr Handeln akzeptiert? Lassen sich Respekt und Wertschätzung, die man in Lippstadt „dem Kommerzienrat" entgegenbrachte, nur ablesen an dem Tatbestand, daß er in der Stadtverordnetenversammlung und im Magistrat, aber auch in der preußischen Verwaltung (Landrat, Regierungspräsident) ein hohes Ansehen genoß?

Einmal hatte er die Gelegenheit, sich zu den Bedingungen des allgemeinen, direkten und geheimen Wahlrechts zur Wahl zu stellen. Für die Reichstagswahl 1874 wurde er als Sammelkandidat aller liberalen Parteien im Wahlkreis Lippstadt-Brilon als „Nationalliberaler" aufgestellt und gewann in der Stadt 52,7% der Stimmen bei der für die damalige Zeit hohen Wahlbeteiligung von 69,9%.
Der Wahlkreis ging jedoch mit 90,4% der Stimmen an die katholische Zentrumspartei.[100]

Im Wahlaufruf für Kisker heißt es:
„... wir stellen in unserem Kandidaten einen Mann auf, der auf dem Standpunkt entschiedener Treue für KAISER UND REICH steht, – ein Mann, dessen wohlbekannte Tüchtigkeit und dessen Interesse für öffentliche Angelegenheiten seinen Wählern die Garantie bieten, daß er sein Mandat zum wirklichen Besten des Landes ausüben werde; – einen Mann, dessen selbständiger und dabei doch milder und versöhnlicher Charakter, dessen bürgerliche Unabhängigkeit und dessen genaue Kenntnis der Verhältnisse unserer Kreise die beste Empfehlung sind ..... "[101]

In der polemischen Wahlpropaganda eines Anonymus werden die Akzente schärfer gesetzt: Der Zentrumskandidat Schröder *„kennt unseren Kreis nicht weiter, als was er bei gelegentlichen Besuchen davon gesehen und gehört haben mag; und das ist gewöhnlich nicht viel ... Kisker wohnt seit 25 Jahren in unserem Kreise, kennt viele Leute und viele Verhältnisse in demselben und ist von Vielen gekannt und geachtet, ... wer Kisker kennt, der wählt ihn auch, WEIL er ihn kennt ..... "*[102]

Hier finden sich noch einmal die Argumente aus der ersten Hälfte des 19. Jahrhunderts, das noch keine Parteiorganisationen kannte: der angesehene und unabhängige Bürger mit Erfahrungen auf dem wirtschaftlichen und politischen Gebiet, kann doch noch am ersten die Belange des Wahlkreises wahrnehmen. Mit der Entwicklung der politischen Parteien werden dann andere Argumente in den Vordergrund treten.

Zurück zu den Wahlen zur Gemeindevertretung in Lippstadt: Sie geschahen bis 1918 unter den Bedingungen des preußischen Dreiklassenwahlrechts, das Bürger nach ihrem Steueraufkommen in drei Klassen einteilte. In diesem Zusammenhang galt das Steuergeheimnis nur begrenzt: Die Namen der Wahlberechtigten der ersten und zweiten Klasse wurden in der Zeitung veröffentlicht. 1892 stand Kisker in der ersten Klasse an dritter Stelle, 1904 stand er an zweiter Stelle.[103]

„In der I. Abteilung sind zwischen 1850 und 1890 30-50 Personen, nach einer Änderung der Steuerberechnung 10-17 Personen wahlberechtigt. In der II. Abteilung schwanken die Zahlen zwischen 90 und 135, in der II. Abteilung findet jedoch ein Anstieg von 390 auf 975 statt. Entsprechend zeigt ein Blick auf die Wahlbeteiligung das zu erwartende Bild: hohe bis durchschnittliche Wahlbeteiligung in der I. Klasse, durchschnittliche Beteiligung in der II. und niedrige Zahlen in der III. Klasse".[104]

Eine politische Ordnung, in der die Beteiligung der Bürger zu diesen Bedingungen erfolgte, wurde je länger desto stärker anachronistisch, der Grad der Akzeptanz sank.

Wie stand Alexander Kisker zu diesem System? – Ich habe keine Äußerungen von ihm dazu gefunden, aus seinem Handeln lassen sich jedoch einige Rückschlüsse ziehen.

3. Beispiele für die Tätigkeit in der Kommune

50 Jahre Mitarbeit in den Gremien der städtischen Selbstverwaltung! Aus der Fülle der Beispiele werden hier einige ausgewählt, die für die städtische Entwicklung[105] wichtig sind und die Kiskers Engagement deutlich werden lassen.

In der Phase der Entfaltung der städtischen Leistungsgesellschaft stellte sich immer wieder die Frage: Welche Aufgaben bleiben im Bereich der privaten Initiative und Fürsorge, wo stützt sich die Stadt auf Spenden von Privaten, wo wird eine Aktiengesellschaft gegründet, oder wo übernimmt die Stadt selbst den Aufbau eines neuen Leistungsbereiches?

Die Initiative für die Einführung der Gasbeleuchtung in der Stadt[106] stammte von den Bürgern von Drenkhahn, Grünebaum, Kisker, Sterneborg und A. Zurhelle. Sie wurde am 8. Februar 1857 im „Patriot" veröffentlicht: die von den Herren zu gründende „Gasgesellschaft" verpflichtet sich, aus gemeinsamen Mitteln die Anlagen zu erstellen und 25 Jahre für die Stadt zu betreiben. Die Herren drängen auf eine schnelle Entscheidung des Magistrats und der Stadtverordnetenversammlung, da sie *„dringend wünschen, das Unternehmen so zu beschleunigen, daß die Beleuchtung schon im nächsten Winter zur Anwendung kommen kann"*.[107] Es ist leicht einzusehen, daß die fünf Initiatoren sich eine Rentabilität des privaten Unternehmens ausgerechnet hatten. Mit der Schnelligkeit wurde es aber nichts. Die Überlegungen in den Gremien der Stadt, die Vorlage von Angeboten über die Finanzierung und die Rechtsform der Gasanstalt ziehen sich hin. Kisker hat als Mitglied der städtischen Gaskommission und Stadtverordneter daran einen wichtigen Anteil.

Das Ergebnis ist die Gründung der städtischen Gasanstalt im Jahre 1863, bei deren Verwaltung Kisker bis 1897 tätig war. Mit der Entscheidung, die Gasanstalt für alleinige Rechnung der Stadt anzulegen und zu betreiben, hatte Lippstadt einen Weg beschritten, den in den folgenden Jahren viele andere Städte ebenfalls gingen.

1869 wurde eine städtische Kommission bestellt, die sich mit Überlegungen zur Beschaffung von gutem Trinkwasser beschäftigen sollte.[108] Als nach 1881 viele Brunnen in der Stadt wegen der schlechten Wasserqualität geschlossen werden mußten, wurde der Wunsch vieler Bürger nach einer Wasserleitung immer drängender. Kisker gehörte zu ihnen, er war ja auch in seinem Betrieb auf eine gute Wasserqualität angewiesen. Er wünschte die Projektierungsphase abzukürzen und erbot sich, die gesamten Vorarbeiten zu finanzieren. Der Scheck über 2.756,75 M wurde *„mit tiefem Dank"* für die *„so richtig angewandte Freigebigkeit unseres Mitbürgers"* vom Magistrat entgegengenommen.[109] Der Vorgang wirft ein Licht auf die finanziell beengte Lage der Stadt. Der städtische Etat für 1881/82 betrug 120.000 Mark!
Eine Spende dieser Art war für Kisker charakteristisch: hier führte sie zur Beschleunigung eines Vorgangs, in einem anderen Zusammenhang deckte sie die Restkosten ab, damit ein Vorgang abgeschlossen werden konnte.

Es ist bekannt, daß im 19. Jahrhundert wohlhabende Bürger Garantien für bestimmte städtische Ausgaben übernahmen. Ein Lippstädter Beispiel: sieben Bürger (darunter Kisker) verpflichten sich, einen Garantiefonds für die Gewerbeausstellung einzurichten. Die Unterverteilung der Summe *„auf die Einzelnen erfolgt nach der Veranlagung zur klassifizierten Einkommensteuer"*.[110]

Im Zusammenhang mit der Choleraepidemie 1850 wurde in Lippstadt im Gebäude der Kaserne ein interkonfessionelles temporäres Seuchenlazarett errichtet. Im folgenden Jahr traten die evangelische und die katholische Kirchengemeinde an die Stadt heran mit der Bitte um die kostenlose Überlassung von zwei Grundstücken im Bereich des Klostergartens an der Klosterstraße für die Errichtung von zwei Hospitälern (für Waisenkinder, arme Alte und arme Kranke). Magistrat und Gemeinderat – hier ist Kisker seit 1850 Mitglied – diskutierten die mögliche Verpflichtung der Stadt zum Bau eines Krankenhauses und das Pro und Contra für zwei konfessionelle Hospitäler.[111]

Aus der Stellungnahme des Magistrats für den Gemeinderat geht hervor: ein angemessenes Krankenhaus ist ein *„städtisches Bedürfnis"*.[112] Die Einrichtung eines solchen Hauses wird städtischerseits nicht ins Auge gefaßt, der Grund wird nicht genannt, er ist aber in der finanziellen Beengtheit der Stadt zu suchen. Dem Bedürfnis der Stadt wird man nachkommen, indem man zwei Grundstücke kostenlos zur Verfügung stellt. Jedoch ist die Errichtung von zwei Krankenhäusern nur die zweitbeste Lösung:
... als Stadtbehörde glauben wir in allen Gemeindeangelegenheiten die Stadt als ein Ganzes und nicht geteilt in verschiedene Kirchen-Verbände betrachten zu müssen, wir halten für Pflicht, in der Gemeindeverwaltung konfessionelle Unterscheidungen durchaus zu vermeiden; und deshalb tragen wir Bedenken ..... Anstalten ins Leben zu rufen, die geeignet sind, auch außerhalb der Kirche, die Trennung der christlichen Konfessionen selbst da sichtbar herzustellen, wo es sich nicht um kirchliche, sondern um leibliche Bedürfnisse handelt, wo bisher eine solche Trennung nicht bestanden hat. Umgekehrt finden wir unseren Beruf als städtische Behörde darin, die verschiedenen Konfessionen einander anzunähern, jeglicher Differenz, die sich

im Bereich unserer Amtstätigkeit besorgen läßt, vorzubeugen, und die etwa zur Wirklichkeit werdenden Mißverständnisse auszusöhnen, wenn es uns möglich ist. Wir sind weit entfernt, die Schwierigkeiten zu verkennen, welche sich bei der Gründung und Verwaltung einer gemeinschaftlichen Krankenanstalt in den Weg stellen, jedoch halten wir eine solche nicht für unmöglich ..."[113]
Es werden auch Bedenken laut, daß zwei Anstalten der Stadt, *„wenn auch nicht direkt in der Eigenschaft als bürgerliche Gemeinde, doch jedenfalls indirekt in den einzelnen leistungsfähigen Gliedern, eine Last aufbürden, die gewiß nicht unbedeutend sein wird"*.[114]
Diese Argumente des Magistrats zeigen klassische Prinzipien der preußischen Verwaltung des 18. und 19. Jahrhunderts.
Die Entscheidung des Gemeinderates fällt denkbar knapp aus: mit sieben gegen sechs Stimmen wird für die Überlassung der zwei Grundstücke an die beiden Kirchengemeinden gestimmt.[115] *„Der Gemeinderat erwartet demnächst die Vorlegung der Bedingungen und behält sich eine Prüfung resp. die Genehmigung derselben vor."*[116]

Leider ist es nicht möglich, die Position des Stadtverordnetenvorstehers Joh. Diedr. Epping und seines Schwiegersohnes Alexander Kisker zu erheben. Die Tatsache, daß die beiden Herren (und weitere Familienmitglieder) in der Folgezeit zu den großzügigsten Spendern des evangelischen Hospitals wurden und Alexander Kisker seit 1858 für Jahrzehnte im Auftrag des Presbyteriums im Krankenhausvorstand tätig war, sind noch kein Beweis dafür, daß sie schon 1851 mit der Zustimmung oder Ablehnung für die Überlassung der Grundstücke auch den Bau zweier konfessioneller Krankenhäuser befürwortet haben.
In Kopf und Herz von Alexander Kisker mögen argumentiert haben der liberale Bürger, der davor zurückschreckt, der Kommune weitere Pflichten aufzubürden, und der evangelische Christ, der dem Ruf nach Verantwortung und Einsatz für die Schwächsten der Gesellschaft zuerst einmal im Bereich seiner Kirchengemeinde nachkommen will. Die entscheidende Frage, wie weit Kisker 1851 in der Entfaltung seiner religiösen Überzeugungen schon geprägt war von Pfarrer Gangolf Dreieichmann, seinem späteren Freund, jenem Überzeugungs- und tatkräftigen Begründer der neuen sozialen Einrichtungen der evangelischen Gemeinde, kann leider nicht beantwortet werden.[117]

Alexander Kisker war ein naturverbundener Mann mit der Freude an gärtnerischer Gestaltung und Betätigung. Zusammen mit dem Stiftsrentmeister Blankenburg und anderen Bürgern legte er die Allee an der Lipperoder Landstraße und das Friedhofswäldchen an. In der Friedhofskommission kümmerte er sich um die Gestaltung des „Todtenhofes". Er stiftete das Haus für den Friedhofswärter:
„das in dem letzten Bericht als wünschenswert bezeichnete Haus ist durch die bekannte Liberalität des Herrn K.R. Kisker in einem zur Umgebung passenden Style in solidester Weise erbaut worden".[118]
Das Haus steht inzwischen unter Denkmalschutz.

Die Förderung des Höheren Schulwesens, d.h. der Realschule und ihr Ausbau zu einem Realgymnasium war ein wichtiges Anliegen der Bürgerschaft.

Kisker schickte seine drei Söhne auf diese Schule, er entschied sich nicht für das von ihm so hochgeschätzte Schnepfenthal, denn die junge Generation wuchs nun in einer Gesellschaft auf, in der Qualifikation durch Examina und die Professionalisierung eine immer größere Rolle spielten. Da Schnepfenthal in der Regel nur bis zum 17. Lebensjahr ausbildete, mußten die Zöglinge dann auf weiterführende Schulen gehen. Daraus ergaben sich des öfteren Schwierigkeiten beim Anschluß an unterschiedliche Anforderungen.

Für die Wahl der Lippstädter Realschule sprach u.a. das große Ansehen, das Direktor Julius Ostendorf genoß.[119] Das Profil der Schule hatte manches mit Schnepfenthal gemeinsam: Die Ausbildung in den Realien, in den modernen Sprachen, die Förderung des Sports und des Wanderns. In Ostendorfs Realschulprogramm von 1857 zeigten sich wegweisende moderne Ansichten bei der Begründung der Fächer, der Stoffauswahl und der Methoden. Der Ruf der Schule war gut. Es gab Jahre, in denen bis zu 50% der Schüler von außerhalb kamen, sie wohnten als Pensionäre in der Stadt.

Die Schule erfreute sich des Wohlwollens und der Förderung der Stadtväter. Die Vertreter der Kaufmannschaft sahen hier eine Ausbildung, die günstige Vorbedingungen bot für eine spätere Ausbildung zum Kaufmann, in den Naturwissenschaften und den technischen Berufen. 1865 wurde für 30 000 Mark der Neubau der Schule errichtet.

Kisker war als Stadtverordneter und Mitglied des Kuratoriums tatkräftig an der Förderung der Schule beteiligt: *„Veränderungen im Kuratorium: eingetreten ist Herr Alexander Kisker, der sein reges Interesse für alle städtischen Angelegenheiten und namentlich das Gedeihen der Schule schon in zahlreichen Fällen so, wie kaum ein anderer Bürger der Stadt, betätigt hat.“*[120] – Für den Neubau und die Ausstattung der Schule wurden von der Stadtverordnetenversammlung hohe Beträge bewilligt. In den Kuratoriumssitzungen überlegte man, wie man die Schule für tüchtige Lehrer attraktiv machen könnte, und wie die Gehälter und Pensionen der Lehrer gesichert werden sollten. Es gab intensive Bemühungen darum, auf die Liste der Schulen zu kommen, die einen Staatszuschuß erhielten. Jahr um Jahr galt es dann, der Schulbehörde die Notwendigkeit von substantiellen Zuschüssen vor Augen zu führen. Bei diesen Angelegenheiten war ein koordiniertes Vorgehen des Direktors, des Magistrats, der Stadtverordnetenversammlung und des Kuratoriums wichtig. Kisker war hier die Schlüsselfigur. In diesen Zusammenhang gehört auch die Stiftung des Kisker-Fonds.

„Aus Veranlassung des heute bestandenen Abiturientenexamens und in dankbarer Anerkennung der Verdienste der Lehrer um die Ausbildung meines Sohnes Alexander schenke ich unserer Realschule die beiligenden M 1.000 preuß. cons. 4 1/2% Anleihe B 16037 mit Zinsen seit dem 1. Oktober d.J. ..... A. Kisker.“[121]

Anläßlich des Abiturs des zweiten Sohnes macht er 1876 eine Schenkung von M 3.000. Was die Verwendung des Geldes betrifft, so hat er darüber klare Vorstellungen, die er Bürgermeister Bleek, dem Vorsitzenden des Kuratoriums, vorträgt.[122] Die Bestimmungen für die Errichtung des Kisker-Fonds und zur Verwendung der Gelder lassen Überlegungen zur Sicherung der Schule erkennen, die zwar im Aufblühen begriffen ist, für die man aber schlechtere Zeiten nicht ausschließen kann. Der rechnende Kaufmann, der

Sparsamkeit als ein leitendes Prinzip hat, legt fest: Zuerst sollen die Zinsen angesammelt werden. Was die Wiederanlage des Geldes und die Verwendung der Zinsen angeht, so sitzt er selbst im Kuratorium, in dem die Beschlüsse gefaßt werden.

Die Unterlagen über die Verwendung der Gelder des Kisker-Fonds erschließen dem modernen Betrachter unerwartete Engpässe. Mehrmals wurden Zuschüsse zu den Pensionen der Lehrer oder ihrer Hinterbliebenen geleistet; z.B. zu einer Jahrespension von 900 M kommt ein Zuschuß von 300 M aus dem Kisker-Fonds.[123] – In den Jahren von 1871 bis ca. 1900 vollzog sich in Preußen bei der Lehrerbesoldung ein langsamer Wechsel zum Besseren. Der Staat setzte Normen für Besoldung, Wohnungsgeld, Funktionszulagen, Pensionen. Schrittweise paßten sich die Schulträger an. Die Lehrer zahlten aber noch bis gegen Ende dieses Zeitraums Beiträge in die „allgemeine Wittwen-Verpflegungsanstalt". Die Lehrer am Lippstädter Realgymnasium hatten eine gesonderte Kasse, der Schulträger leistete ebenfalls Beiträge. Als 1882 vom preußischen Staat eine Minimalpension festgesetzt wurde, waren die Kassen damit überfordert, die Stadt bekam vom Staat einen Zuschuß. Als 1894 (nun Besoldung und Pension nach staatlichen Normen!) die „Lehrer-Wittwen- und Waisenkasse am Realgymnasium" aufgelöst wurde, wurde ihr Vermögen dem Kisker-Fonds zugeschlagen – bei getrennter Kassenführung. Daraus wurden die Pensionen weitergezahlt für die bis dato Anspruchsberechtigten, die nun keine Beiträge mehr zu leisten brachten.[124]

Auf dem Hintergrund solcher finanzieller Schwierigkeiten sind Kiskers Absichten zu sehen. Hier spendete ein dankbarer Vater, der als Stadtverordneter und Kuratoriumsmitglied wußte, daß die Schule auf Spenden wirklich angewiesen war. Als die Engpässe bei der Pensionszahlung überwunden waren, wurden die Zinsen des Fondsvermögens für Aufgaben verwandt, die auch heute von Elternvertretungen und Ehemaligenvereinen bezuschußt werden könnten: Fahrt einer Gruppe an die Nordsee, Teilnahme an Bannerwettkämpfen, Zuschuß zum Druck des jährlichen Osterprogramms (Jahresbericht) etc.

Nach dem 1. Weltkrieg führte die Inflation zur Auflösung des Fonds.

Die Jahresberichte der Schule zeigen, daß Kisker immer wieder seine Hilfsbereitschaft bewies:

„Nachdem es, großenteils wieder durch die gütige Beihilfe des Herrn Commerzien-Raths Al. Kisker, möglich geworden ist, die Schule mit Gasbeleuchtung zu versehen, wurde der chemische Lehrapparat (Dr. Müller) durch Anschaffung der zum Gebrauche des Gases notwendigen Brenner ... vervollständigt ...".[125]

Neben weiteren Geldspenden tauchen auch Sachspenden auf: „Ein Schwimmfaß" (ein Ponton für den Steg der Lippebadeanstalt?), „Bäume um den Schwimmplatz", Ausschmückung der Aula bei festlichen Gelegenheiten, Neuerscheinungen zur vaterländischen Geschichte usw.

In den Jahren des „Kulturkampfes" kam es zu Auseinandersetzungen mit den Vertretern des katholischen Bevölkerungsteils, besonders in der Frage des paritätischen Charakters dieser Schule, die laut Statut eine evangelische war. Schon seit den 50er Jahren hatten sich Magistrat und Kuratorium um eine Statutenänderung bemüht – dies war immer von der preußischen

Schulbehörde abgelehnt worden, 1873 wurde dem Antrag stattgegeben: *„Unter dem Vorsitz des Kgl.Reg.P. Delius aus Münster erklärte sich der Magistrat einstimmig und die Stadtverordnetenversammlung mit überwiegender Majorität für den vollständig paritätischen Charakter der Schule und Unabhängigkeit der Lehrerschaft und des Kuratoriums vom religiösen Bekenntnis ..... am 14. Januar 1873 wurde diese petition pure genehmigt."*[126]

Im Kulturkampf erhob sich auch die Frage, ob die von Katholiken für erforderlich gehaltenen Lehrinhalte berücksichtigt wurden. Im „Fall Müller", auch „Darwinismusstreit" genannt, ging es konkret um die Zulässigkeit der Darlegung wissenschaftlicher Hypothesen im Naturkundeunterricht der Oberstufe.[127]
Es kam *„in der ultramontanen Presse zu einer lebhaften Agitation gegen die Lippstädter Realschule"*, ausgelöst durch den Dechanten Böddiker, ein Mitglied des Kuratoriums. In den Jahren von 1877–79 ging die Zahl der Schüler von 326 auf 265 zurück, *„dabei veränderten sich die Zahlen der Evangelischen relativ stärker als die der nur zu rund 20 - 25% vorhandenen Katholiken."*[128]
Dies wiederum konnte das Kuratorium der Schule, das die Finanzen mitverantwortete, nicht unberührt lassen. Die Protokolle geben darüber keinerlei Hinweis, obwohl in diesem Kuratorium alle Richtungen in diesem Streit vertreten waren. Man hielt sich strikt an die Kompetenzenregelung für dies Gremium.
Der Streit wurde auf anderen Ebenen in der Stadt geführt und als „Lippstädter Fall" 1879 im preußischen Landtag in Berlin verhandelt.
Die Hochschätzung, die Hermann Müller als Wissenschaftler, Pädagoge und als Persönlichkeit bei den Vertretern der Stadt, der Schulleitung und der preußischen Schulbehörde genoß, wurde durch den Streit nicht berührt.

Alexander Kisker war Direktor Julius Ostendorf (1823–1877) durch Jahrzehnte freundschaftlich verbunden. Er begleitete dessen Ringen um die Modernisierung der höheren Schulbildung (in Richtung auf den Typ des Realgymnasiums) und unterstützte ihn tatkräftig in Lippstadt. Von ihm und dem Bürgermeister Bleek ging nach dem frühen Tod von Ostendorf die Initiative zur Errichtung des Ostendorf-Denkmals aus, das noch heute vor der Schule steht. Aus dem Restbestand der Spendengelder wurde die Ostendorf-Stiftung errichtet,[129] deren Zinsen zuerst der Witwe und den noch in der Ausbildung begriffenen Kindern zukamen und später als Stipendien für „würdige und bedürftige Schüler" verwandt wurden.

Die wirtschaftliche Entwicklung in der Stadt in den 80er Jahren gab Alexander Kisker Grund zu einiger Sorge. Leider gibt es dazu nur recht allgemein gehaltene Ausführungen, und diese auch nur in der Wiedergabe einer Ansprache im Kreisblatt vom 4. März 1893. Anläßlich seines 25-jährigen Jubiläums als Stadtverordnetenvorsteher führte er aus:
„für unsere Stadt Lippstadt seien leider recht ungünstige Verhältnisse eingetreten. Die wertvolle Lippe-Schiffahrt sei zugrunde gegangen, die Garnison hätten wir verloren und noch manches andere, und einen Ersatz dafür nicht erhalten. So sei es denn gekommen, daß unsere Nachbarstädte uns überflügelt hätten. Aber wir dürften darum den Mut nicht sinken lassen.

Hoffentlich würden wieder bessere Zeiten kommen. Wir müßten treu zusammenhalten, unsere Kräfte sammeln für neues Wirken und neues Leben und damit für einen neuen Aufschwung unserer guten Stadt Lippstadt .... "[130]

Maron[131] weist darauf hin, daß die gewisse Stagnation, die sich trotz der infrastrukturellen Verbesserung der 80er Jahre für Lippstadt erkennen läßt, im Verlauf des konjunkturellen Aufschwungs der 90er Jahre mit tatkräftiger Hilfe des Magistrats und unter finanziellem Einsatz des kaufmännischen Bürgertums durch neue Industrie-Ansiedlungen überwunden wurde.

Die Beispiele sind aus einer großen Zahl ausgewählt worden, weil an ihnen Kiskers Mitarbeit bei zeittypischen Aufgaben der städtischen Selbstverwaltung gezeigt werden kann. Seine kontinuierliche Arbeit vollzog sich von 1868–1898 in der Leitung der Stadtverordnetenversammlung, die in allen wesentlichen Fragen der Stadt das beschließende Organ war. Und wo heute die städtische Verwaltung plant und vorbereitet, erledigten damals in vielen Fällen die Kommissionen diese Aufgaben. Für Kisker ist charakteristisch, daß er neben den genannten Beispielen, die ihn ins Licht der Stadtöffentlichkeit rückten, auch die „Kärrnerarbeit" in weniger wichtigen Kommissionen leistete. (Ausrichtung von Festlichkeiten, Empfang der Kriegsteilnehmer, Einquartierung 1881, Steuer-Reklamationen u.a.m.)
Die Leitungsfunktion hat ihm neben der Verantwortung und Arbeit offensichtlich auch Freude gemacht.

4. Auszeichnungen: Ehrenbürger, Kommerzienrat

Die damalige politische Ordnung erwartete die Mitarbeit der Wohlhabenden, besonders in den Ehrenämtern der Kommunen und in der Verwaltung der sozialen Einrichtungen. Die Wahlmodalitäten und die Überschaubarkeit der Verhältnisse erleichterten diese Tätigkeiten, der Einsatz wurde belohnt durch Ansehen und Auszeichnungen.

Die Ehrenbürgerwürde der Stadt Lippstadt wurde Alexander Kisker anläßlich seines 80. Geburtstages verliehen. Die Stadtverordnetenversammlung hatte in nichtöffentlicher Sitzung beschlossen,
„dem Kommerzienrat Kisker in Anerkennung seiner großen Verdienste um die Stadt, im Besonderen als langjährigem Vorsitzenden der StVV, das Ehrenbürgerrecht zu verleihen und diesen Beschluß in corpore in Gemeinschaft mit dem Magistrat ... am 29. Juli, 1/2 12 Uhr, mitzuteilen. "[132]

Dies geschah in schlichter Form im Hause des Jubilars; dem Dank der „Stadtväter" schloß sich der Direktor des Realgymnasiums an. Das Diplom folgte nach einigen Tagen.

Schon recht früh, 1870, war Kisker Königlich Preußischer Kommerzienrat geworden. Da dieser Vorgang so gut dokumentiert ist, soll er ausführlicher dargestellt werden.
Mit diesem Titel wurden in Preußen verdiente Kaufleute ausgezeichnet. In der Regel machte der Landrat ein Gutachten, das den Dienstweg ging über den Regierungspräsidenten in Arnsberg, den Oberpräsidenten in Münster bis zum Minister für Handel, Gewerbe und öffentliche Arbeiten in Berlin. Auf Vorschlag des Ministers verlieh der König den Charakter als Königlich Preußischer Commerzienrath. Der Landrat überreichte die vom König sig-

nierte Urkunde. Der Geehrte zahlte die Gebühr für die Ausfertigung (15 Sgr.) an die Oberpräsidial-Kanzlei.
Das Gutachten führt aus:
Kisker ist Inhaber eines bedeutenden kaufmännischen Geschäftes in Colonial-Waren und Destillation. Er zahlt 60 Thaler Gewerbesteuer, 180 Thaler Einkommensteuer und 35 Thaler Grund- und Gebäudesteuer. Er hat sich den städtischen Angelegenheiten mit Interesse gewidmet, ist zur Zeit Stadtverordneten-Vorsteher, genießt das Vertrauen seiner Mitbürger und zeichnet sich durch Privatwohltätigkeit und opferwillige, reichliche Beteiligung bei allen gemeinnützigen Unternehmungen vorteilhaft aus. Er erfreut sich zugleich in kaufmännischen Kreisen allseitigen Vertrauens und erscheint nach seiner ganzen äußeren Stellung sowie nach seiner patriotischen Gesinnung der nachgesuchten Auszeichnung vollkommen würdig....."[133]

Die Verleihungsurkunde ist ein gutes Beispiel für das Selbstverständnis des preußischen Königtums, wie es sich seit dem 18. Jahrhundert entwickelt hatte:
„Wir, Wilhelm, von Gottes Gnaden König von Preußen etc. tun kund und fügen hiermit zu wissen, daß Wir allergnädigst geruhet haben, dem Kaufmann Alexander Kisker zu Lippstadt den Charakter als Commerzienrath zu verleihen.
Es ist dies in dem Vertrauen geschehen, daß der nunmehrige Commerzienrath Kisker Uns und Unserem Königlichen Hause in unverbrüchlicher Treue ergeben bleiben und fortfahren werde, nach Kräften zum allgemeinen Besten beizutragen, wogegen derselbe sich Unseres Allerhöchsten Schutzes bei den mit seinem gegenwärtigen Charakter verbundenen Rechten zu erfreuen haben soll."[134]

Was die weitverbreitete Meinung betrifft, „man bezahlte für den Orden", dies trifft so nicht zu. Es ging immer um den Zusammenklang von persönlicher Ehrenhaftigkeit, wirtschaftlicher Unabhängigkeit, Loyalität und erheblichen Beiträgen zum politischen und sozialen Leben des Staatswesens. – Die Verleihung war in Westfalen in diesem Jahrzehnt (1860 - 1870) noch selten. Das ist wohl auch ein Hinweis darauf, daß die wirtschaftliche Expansion erst nach der Mitte des Jahrhunderts einsetzte; auch achtete das Ministerium darauf, daß die Qualität der Auszeichnung nicht durch die Häufigkeit ihrer Verleihung gemindert wurde. Die Anlässe für die Verleihung sollten keine privaten sein, wie Geburtstage und Geschäftsjubiläen, es waren vorzugsweise Jubiläen des Herrscherhauses und der Besuch der hohen Herrschaften in der Provinz, etc.

Es wird Alexander Kisker mit Stolz erfüllt haben, daß er nun den Titel trug, mit dem vorher sein Vater, sein Schwiegervater und sein Bruder Eduard ausgezeichnet worden waren. In Lippstadt blieb er für mehrere Jahrzehnte der einzige Träger dieser Auszeichnung.[135]

Im Zuge der allgemeinen wirtschaftlichen Expansion gegen Ende des 19. Jahrhunderts fiel der Kiskersche Betrieb, obwohl ständig expandierend, zurück. Als 1893 der Regierungspräsident den Titel „Geheimer Kommerzienrath" erwirken wollte, wurde dies abgelehnt,
„weil die Bedeutung seines Geschäftes den Voraussetzungen für Verleihung des höchsten, einem Kaufmann zugänglichen Titels nicht entspricht und

seine Verdienste mehr auf dem Gebiete der Gemeindeverwaltung als der kaufmännischen Tätigkeit liegen...."[136]
Es wird der Vorschlag gemacht, ihm den Königl. Kronenorden 3. Klasse zu verleihen.

VI. Mitarbeit in der evangelischen Kirchengemeinde

Mit der Übersiedlung nach Lippstadt wurde Alexander Kisker 1845 Glied der Großen-Marien-Gemeinde.
Lippstadt war als eine der ersten westfälischen Städte in der Reformationszeit evangelisch geworden. Das Hinterland blieb (oder wurde wieder) katholisch. Um 1850 hatte die Stadt ca. 5000 Einwohner, von denen ca. 40% evangelisch waren. Die Große-Marien-Gemeinde zählte 1857 1200 Seelen, sie hatte 34 Konfirmanden, 13 Trauungen fanden statt, 700 Abendmahlsbesucher wurden gezählt.[137]
Die zweite evangelische Gemeinde war die Vereinigte-Reformierte-Stifts-Jakobi-Gemeinde, die 1842 mehr oder minder unter dem Druck des preußischen Königs zusammengelegt worden war.

Pfarrer der Mariengemeinde war von 1840 - 1890 Gangolf Dreieichmann (1810–1895). Er wurde der „geistliche Freund und Berater" Alexander Kiskers.[138] Darum sei hier einiges zu seiner Charakterisierung gesagt. Zusammen mit einem anderen Westfalen nahm er an dem ersten evangelischen Kirchentag in Wittenberg (1848) teil, auf dem Johann Hinrich Wichern zu Arbeiten der „Inneren Mission" aufrief, zum Dienst an den durch Verelendung und Verwahrlosung bedrohten Menschen. Die Kirche müsse erkennen: „Die Liebe gehört mir wie der Glaube!"
Auf diesem Gebiet sah der junge Pfarrer seinen Auftrag in dem kleinen Lippstadt mit seinen sozialen Nöten, hervorgerufen durch Rückständigkeit, Armut, schlechte hygienische Verhältnisse. Dreieichmann blieb in seiner ganzen Lebensarbeit geprägt durch den diakonischen Geist. Er gründete fast alle neueren karitativen Einrichtungen der Lippstädter Kirchengemeinden. Sein Einfluß auf die Menschen war groß:
„Ein kindlich frommer Sinn machte ihn geschickt, auf die ihm anvertraute Jugend einen nachhaltigen Einfluß auszuüben. Seine Konfirmanden hingen mit großer Liebe an ihm. In seinem liebewarmen Herzen liegt das Geheimnis seiner Wirksamkeit, seines Einflusses auf die Gemeindeglieder und seine über Bitten und Verstehen gehenden Erfolge....
Er war ein Meister des Bettelns. Immer wieder ist es ihm gelungen, die freiwillige Liebestätigkeit seiner Gemeinde so zu wecken, daß er in fünf Jahrzehnten mehr als 100000 Mark in freiwilligen Gaben für edle Gemeindezwecke zusammenbrachte."[139]
In seinen letzten Amtsjahren arbeitete er mit seinem Hilfsprediger und späteren Nachfolger Heinrich Niemöller (1887–1900 Pfarrer in Lippstadt) zusammen.

Alexander Kisker wurde am 15. September 1855 als Repräsentant in die Größere Gemeindevertretung gewählt. Seit dem 24. Januar 1858 war er Mitglied der engeren Gemeindevertretung als einer der 12 Presbyter. Dieses Amt hatte er (turnusgemäß nach jeweils vier Jahren wiedergewählt) bis zu seinem Tode 1907 inne.[140]

Nach der Kirchenordnung der Evangelischen Kirche von Westfalen hatte das Presbyterium erhebliche Befugnisse. Die kirchliche und landesherrliche Aufsicht setzte den Rahmen, konnte gegebenenfalls auch massiv eingreifen (s.o.). Jedoch war die Bürokratie gering, es gab aber auch nur geringe Zuschüsse, z. B. zum Pfarrergehalt.
Die Mariengemeinde mußte sich also im wesentlichen auf ihre eigene Finanzkraft verlassen. Das Presbyterium verwaltete das Kirchenvermögen, das Liegenschaften, Wertpapiere, Stiftungen, Kirchen und andere Gebäude umfaßte. Es traf die Entscheidung über das Gehalt des Pfarrers und die „Remuneration“ der beiden nebenamtlichen Hilfskräfte, Organist und Küster.
Das Presbyterium organisierte die Arbeit in den karitativen Einrichtungen und war für deren Finanzierung verantwortlich. Es war auch berechtigt, eine zeitlich begrenzte Kirchensteuer für bestimmte Zwecke zu erheben. Es verantwortete die Renovierung der „Großen-Marien-Kirche“ und die Instandhaltung der übrigen Gebäude.
Zu seinen Aufgaben auf dem Gebiet der geistlichen Leitung der Gemeinde gehörte die Wahl des Pfarrers, die Bestellung der Hilfskräfte, die Entscheidung über die Gottesdienstordnung, den kirchlichen Unterricht und die Ausübung der „Kirchenzucht“ (z. B. bei Mischehen und der kirchlichen Kindererziehung).

In diesen vielseitigen Aufgabenbereichen war der Pfarrer also auf sein Presbyterium angewiesen, dessen Mitglieder in den Ausschüssen die Entscheidungen vorbereiteten. Dabei kamen ihnen ihre Kenntnisse und Verbindungen zustatten. Die Akten des Kirchenarchivs zeigen, wer jeweils Entwürfe angefertigt, Kostenanschläge eingeholt und Rechnungen überprüft hat, wer Erkundigungen eingezogen hat und die Reisen zu den vorgesetzten Behörden in Münster und Berlin machte.[141] Die Mehrzahl der Presbyter stammte aus den alteingesessenen Bürgerfamilien. Aber Neuankömmlinge wie Alexander Kisker, Julius Ostendorf, Eduard Lottner, Jacob Henrich Sterneborg u.a. standen bald an wichtigen Stellen. In diesen Zusammenhang gehört, daß der Bürgermeister und der Landrat über Jahrzehnte Mitglieder des Presbyteriums waren.
Die Größere Gemeindevertretung (24 Repräsentanten) war schon eher ein Abbild des sozialen Gefüges der Gemeinde, hatte aber geringe Kompetenzen und keinen Durchsetzungswillen gegenüber dem sehr angesehenen Pfarrer und den „Honoratioren“ im Presbyterium.[142]

Alexander Kisker wird vom Presbyterium zu folgenden Aufgaben außerhalb dieses Gremiums bestimmt: Er ist seit 1858 Mitglied des Hospitalvorstands, ab 1873 des öfteren Deputierter der Synode des Kirchenkreises Soest.[143]
Innerhalb des Presbyteriums liegt das Schwergewicht seiner Arbeit im Rechnungsausschuß, in der Baukommission und der Kommission, die sich mit der Zusammenlegung der beiden Kirchengemeinden beschäftigt, die endlich 1887 vollzogen wird.[144]

Zur Verdeutlichung diene die Bemühung der Gemeinde um die Renovierung der Marienkirche.[145] Die Arbeiten beginnen 1866 und sind 1886 im wesentlichen abgeschlossen.

„Es ist nicht ein Jahr vergangen, in dem die Kirche nicht die bessernde und verschönernde Hand erfahren hätte. Unter 50.000 Mark hat das ganze Restaurierungswerk gekostet. Und dazu ist kein Pfennig der Kirchenkasse entnommen, von der Kirchensteuer zwangsweise aufgebracht worden, sondern die freiwillige Liebe hat die ganze Summe gespendet...“[146]
Zur Finanzierung hatte das Presbyterium u.a. einen Verschönerungsverein, „Groschenverein“, gegründet. Auch Spenden von 10 Pfennig waren willkommen, jedes Gemeindeglied sollte die Verpflichtung und den Stolz verspüren, zur Renovierung beigetragen zu haben.[147]

Alexander Kisker hatte die neue „Bestuhlung“ der Kirche finanziert. Die Rechnung weist aus, daß darunter folgende Arbeiten fallen: Ebnung des Kirchenbodens, Plattierung, neue Stufen in der Kirche, Sitzbänke, Arbeiten im Chor, Versetzung der Kanzel und eine neue Kanzeltreppe. Die Kosten belaufen sich auf 2 937 Thaler, 11 Silbergroschen, 5 Pfennige.[148]

1872/73 werden die neun Chorfenster erneuert – 3 211 Thlr. 2 Sgr. 9 Pf. Diese Arbeiten werden durch Schenkungen finanziert, die Namen der Spender sind in das Glas eingelassen. Alexander Kisker legt dem Presbyterium die Gesamtabrechnung vor. Seine eigene Schenkung beträgt 1 240 Thlr. 16 Sgr., damit ist die Rechnung dann ausgeglichen.[149]

1881 stiftet er die neue Orgel. In der Sitzung des Presbyteriums dankt Pfarrer Dreieichmann für die „Freigebigkeit, mit der er das schöne Orgelwerk der Gemeinde geschenkt hat.“[150] Sein praktischer Sinn, seine Selbständigkeit und Großzügigkeit zeigen sich in solchen Spenden, die das Protokollbuch eher nebenbei festhält: „Herr C.R. Kisker stiftet eine neues Trottoir um die Kirche“, – „hat Reparaturen in der Kirche ausführen lassen.“[151]

Die Höhe der Beträge wird nicht erwähnt. Spendenquittungen für die Steuer waren noch nicht erfunden. Für die Annahme von Spenden über 1.000 Mark mußte die Gemeinde allerdings die landesherrliche Erlaubnis einholen!
1903 stiftet Kisker 10.000 Mark für die Anlage einer Heizung in der Kirche.[152] Der 84jährige überwacht selbst die Arbeit und bricht sich dabei einige Rippen, ohne viele Worte über das „Malheur“ zu verlieren.[153]

Seit 1858 arbeitete Kisker im Hospitalvorstand mit. Das kleine evangelische Hospital, eines der ersten Krankenhäuser in Westfalen, war 1851/52 von der Gemeinde ganz aus Spenden erbaut worden, die Bausumme betrug 5 600 Thaler. Die Kollekten wurden immer wieder für das Krankenhaus verwandt. Die Arbeit für „ihr“ Hospital führte die beiden evangelischen Gemeinden in gemeinsamer Tätigkeit zusammen. Sie forderte von den wohlhabenden Bürgern, daß sie sich mit der Übernahme von Verantwortung und mit Spenden für „ihr“ Hospital einsetzten. An beidem hat es Kisker in den langen Jahrzehnten nicht fehlen lassen. In seinem Testament bedenkt er das evangelische Hospital mit 10.000 Mark,[154] das katholische Haus bekommt 5.000 Mark.[155] In den Jahrzehnten seiner Tätigkeit im Hospitalvorstand fanden folgende wichtige Veränderungen statt: Die Entwicklung zu einem vollwertigen Krankenhaus – Statuten für das Haus und die Verwaltung – Instruktionen für den Hausarzt – Einrichtung einer Infektionsabteilung – Sanitätskontrollen – Herausnahme der Waisenkinder aus dem Haus – Ausbau der Gebäude an der Klosterstraße – Verleihung von Korporationsrechten (1883) – Bau einer Leichenhalle.[156] Während der gesamten Phase blieb das Krankenhaus ohne Zuschüsse von außen, abgesehen von privaten Spenden.

Wer heute den Friedhof durch das Haupttor betritt, findet gleich rechts das Denkmal, das die dankbare evangelische Gemeinde ihrem Seelsorger Dreieichmann setzte. Es entstand aus der Initiative seines Freundes Kisker. Dieser führte die Korrespondenz mit den Steinmetzwerkstätten. Die Vorstellungen zur Gestaltung des Denkmals waren beeinflußt von den neuen Grabstätten seiner Verwandten Kisker und Delius in Bielefeld und Halle i.W.
Der Grabstein wurde finanziert in der Weise, die sich unter Dreieichmann in der Gemeinde eingebürgert hatte: Straßenweise wurde bei den Gemeindegliedern gesammelt. Was darüber hinaus erforderlich war, um die 1.590 Mark zu erbringen, gaben zwei Spender.[157]

Aus welchen Motiven hat Alexander Kisker durch mehr als fünfzig Jahre so aktiv in seiner Kirchengemeinde mitgearbeitet?
Die Kontinuität und das Ausmaß sind u.a. aus der persönlichen Verbindung zu seinem Pfarrer zu verstehen.
Im Nachruf der Gemeinde heißt es:
„Sein Name ist mit der Geschichte unserer evangelischen Gemeinde unlösbar verbunden, der er mit seinen Gaben und seinem Vermögen, vor allem aber mit ganzer Liebe und Treue in vorbildlicher Frömmigkeit gedient hat.“[158]
Grundlagen für diese Haltung finden sich auch in Herkunft und Erziehung. Der Betrachter entdeckt bei seinem Vater, seinen Brüdern und Neffen ähnliche Einstellungen. Sie hatten stets eine offene Hand für die Gemeinde, besonders für ihre karitative Arbeit. So haben die Bielefelder Kiskers seit der Gründung der von Bodelschwinghschen Anstalten in Bethel bis zum heutigen Tag Mitglieder resp. den Vorsitzenden des Vorstands gestellt.

Alexander Kiskers Tätigkeit ist ein gutes Beispiel für die Mitarbeit des Bürgertums in der jeweiligen Kirchengemeinde und in der städtischen Selbstverwaltung. Diese Arbeit war mit einem hohen Einsatz von Zeit, Geld und Verantwortung verbunden. Sie wurde erleichtert durch die Tatsache, daß der Kreis der Handelnden überschaubar blieb. Man kannte sich nicht nur aus der Arbeit in den verschiedensten Gremien, man war oft auch verwandtschaftlich verbunden. Kisker arbeitete zeitweilig mit seinem Schwiegervater J.D. Epping und später mit zwei Schwägern – C.D. Epping und J.H. Sterneborg im Presbyterium zusammen.[159] Die Arbeit in den Gremien gab den Herren einen erheblichen Informationsvorsprung und einen starken Einfluß auf vielen Gebieten des städtischen Lebens.

Der Kulturkampf zusammen mit dem deutlichen Ansteigen des katholischen Bevölkerungsanteils führte bei den evangelischen Bürgern zu einem verstärkten Selbstbehauptungswillen auf politischem und Gesellschaftlichem Gebiet. Scharfe Äußerungen von Alexander Kisker sind nicht zu finden, doch machte seine Position in der politischen Führungsgruppe der Stadt und in der evangelischen Gemeinde ihn zu einem der prominentesten Repräsentanten des evangelischen Bürgertums.

Es ist schwierig, die Dimensionen von Alexanders Selbstveständnis als Christ zu erfassen: das gesprochene Wort ist verflogen, einige Briefe dieses Mannes, der seine Vorstellungen zu artikulieren verstand, der aber immer Distanz wahrte, sind mehr zufällig erhalten. Sein Selbstverständnis ist daher nur mittelbar zu erschließen.

„Es war ein einfacher Gottesglaube, den sein über alles verehrter Erzieher Salzmann einst den Knaben gelehrt hatte. Ernste Gottesfurcht, unerschütterliches Gottvertrauen, Pflicht und Tugend, Arbeit und Frohsinn, Nächstenliebe und Naturfreude, das waren die Faktoren dieser Frömmigkeit.“[160]

Welche Entwicklung, von dieser Grundlage ausgehend, ist zu erkennen? Da ist zunächst bemerkenswert, daß bestimmte Überzeugungen und Töne, die für seine Zeit und Umgebung charakteristisch sind, bei ihm nicht zu belegen sind. Bei einer optimistischen Grundstruktur findet sich keine Äußerung von Fortschrittsoptimismus und keine Selbstsicherheit. Es gibt aber auch keine Hinweise für die pietistische Haltung, die im Ravensberger Land für die Erweckungsbewegung des 19. Jahrhunderts charakteristisch war: „dem Ruf des Herrn folgen“, das antithetische Denken des „Entweder-Oder“. Es fehlt jeder Zug des Eiferns.

Diese Erweckungsbewegung[161] erfaßte hauptsächlich die ländlichen Schichten, weniger das städtische Bürgertum. Sie war monarchisch-konservativ eingestellt. Alexander Kiskers politische Einstellung war nationalliberal. Spannungen im Verhältnis zu seinem Schwiegersohn Hermann Bansi können u.a. mit der Prägung Bansis durch eine von der Schweiz ausgehende Erweckungsbewegung („Chrischona-Gemeinden“)[162] und seine politisch konservative Haltung erklärt werden, die ihn in den Umkreis der Christlich-Sozialen Partei Adolf Stöckers führten.[163]

Bei Alexander Kisker ist jedoch ein Zug pietistischer Frömmigkeit des 19. Jahrhunderts zu erkennen: In dieser Zeit der Umbrüche und der damit verbundenen Gefährdungen müssen die Christen auf die Herausforderungen antworten mit der Hilfe für die wirtschaftlich und gesellschaftlich Schwachen und mit dem Aufbau neuer sozialer Einrichtungen der Kirche.
Wenn er hierfür freudig Arbeit und Geld einsetzte, dann geschah es aus dem Gefühl des Dankes – die Ethik des Großbürgers, der sich der Schwachen annimmt, ist anders motiviert. Er sprach immer wieder davon, daß er viel Grund zum Danken habe und daß es seine größte Freude sei, schenken zu können. Sein Schwiegersohn sagte von ihm in der Trauerfeier im Kreis der Familie – nicht in der Öffentlichkeit –, daß er sich der täglichen Sündenvergebung getröstet habe und daß es ihm ein „Herzensbedürfnis“ gewesen sei, die „Predigt des Wortes und die Feier des hlg. Abendmahls nicht (zu) versäumen.“[164] Wenn er so verwurzelt war, dann sind seine liebevolle Zuwendung und sein Dank aus christlicher Wurzel zu verstehen: „gratiam referre“ – Dank sagen, d.h. auf die göttliche Gnade mit Danksagung und Tat antworten. Dann ist in seiner Ergebung nicht das stoische, sondern das christliche Element das bestimmende.

Für die evangelische Kirchengemeinde Lippstadt ist für diese Epoche festzuhalten, daß sie mit ihren breitgefächerten Einrichtungen der „Inneren Mission“ Aufgaben übernahm, die Staat und Gesellschaft damals noch nicht als ihre Aufgaben erkannten:

Das Krankenhaus (1852) war eines der ersten in Westfalen. Lippstadt hatte das erste evangelische Gemeindehaus (1863) mit Räumen für die „Herberge zur Heimat“ (für Nichtseßhafte) und einer Naturalverpflegungsstation. Es gab eine „Volksbibliothek“ und Räume für Gemeindegruppen. Die Gemeinde unterhielt ferner eine Kleinkinderschule und Kinder-Bewahranstalt u.a.m. Diese Einrichtungen verdanken Wesentliches der vertrauensvollen Zusammenarbeit von Gangolf Dreieichmann und Alexander Kisker.

VII. Die Brennereien von 1880 - 1911

In den Jahren von 1880 - 1895 verursachten die Fortschritte im Kartoffelanbau, in der Kartoffelverwertung und in der technischen Entwicklung einen starken Anstieg der Produktion von billigem Kartoffelbranntwein, übrigens nicht nur im Deutschen Reich. Konsumrückgang und Exportrückschläge riefen den Gesetzgeber auf den Plan: 1887 wurde die Produktion kontingentiert (Brennrechte) und neue Steuerarten und Steuersätze beschlossen.[165] Die gewerblichen Kornbrennereien waren von dem Rückschlag in geringerem Maße betroffen, sofern sie hochwertige Ware produzierten. Dies traf auch auf die Firma Kisker zu. Vor 1889 wurde eine Wacholder-Steinhäger-Brennerei eingerichtet.[166] Von 1888 - 1895 bestand eine Filiale der Firma in Berlin.[167] 1895/96 wurden die beiden wichtigsten Produkte: „Auf's Blatt“-Edelkorn und der Edel-Likör „Lucullus in der Römerflasche“ in das Warenzeichen-Register eingetragen.[168] Mit der Werbung für diese Markenartikel (Edles Glas, edles Naß', Lucullus in der Römerflasch') hoffte man, einen überregionalen Absatzmarkt aufbauen zu können, bei „Lucullus“ in der Konkurrenz zum „Danziger Goldwasser“. Zwischen Vater und Söhnen Kisker wurden Überlegungen angestellt, wie der Betrieb auf die höhere steuerliche Belastung, sprich Reduzierung der Gewinnspanne, reagieren solle. In diesem Zusammenhang ist wohl die Errichtung einer landwirtschaftlichen Genossenschafts-Kornbrennerei auf dem Gelände des Betriebs (1897) zu sehen.[169] Die bäuerlichen Genossen profitierten von den technischen Anlagen des Betriebs, ferner von der anfallenden Schlempe für die Rinderaufzucht und die Schweinemast.
Die Firma kam für diesen Branntwein in den Genuß bestimmter steuerlicher Vorteile, die für landwirtschaftliche Brennereien galten. 1906 wurden zwei weitere landwirtschaftliche Kornbrennereien und eine (zunächst ringfreie) Spiritus-Reinigungsanstalt errichtet.[170] Die hohen Brennrechte der drei landwirtschaftlichen Kornbrennereien geben keine Hinweise auf die tatsächliche Produktion, die von den jeweiligen Absatzchancen abhängig war.

Für den Betrieb einer großen Brennerei war damals nur eine kleine Zahl von Angestellten und Arbeitern erforderlich. Leider sind die Unterlagen hierfür nur dürftig. 1893 hatte die Firma zehn Angestellte und Arbeiter, abgesehen vom Firmengründer und seinem Sohn Alex in der Geschäftsführung und dem Sohn Oscar im Kundendienst und der Betriebsaufsicht.[171] Zwei Arbeitsverträge sind erhalten. Ein 22jähriger Handlungsgehilfe tritt am 1. Oktober 1895 in das Geschäft ein,

„derselbe übernimmt in dem Geschäfte den Detailverkauf nebst Fertigstellen von Flaschen bestehend im Füllen und Etiquettieren und die ihm angewiesenen schriftlichen Arbeiten auf dem Contor und Geschäftstouren ... verspricht, das Interesse seines Geschäfts mit aller Treue und Gewissenhaftigkeit zu fördern, stets die größte Verschwiegenheit im Geschäfte und um dasselbe zu beachten und sich allen vorkommenden Arbeiten früh oder spät zu unterziehen ... Als Gegenleistung zahlt Alexander Kisker bei freier Kost und Wohnung ein jährliches Gehalt von Mark 600. Es soll vollständig von den Leistungen abhängen, ob das Gehalt vom 1. Juli 1896 oder früher erhöht wird ...“
Ein späterer Zusatz: *„..... bezieht vom 1. April 1908 ab 3 000 Mark pr.a. und nicht mehr steigend.“*[172]
Es ist davon auszugehen, daß B. inzwischen verheiratet ist und nicht mehr im Hause des Prinzipals wohnt.

Lohnlisten der Arbeiter liegen nicht vor, sie sind in einem solchen Betrieb wahrscheinlich auch nicht üblich gewesen. Die Löhne waren gering[173], zumal der größte Teil der Arbeit von angelernten Kräften geleistet wurde. Anläßlich des 50jährigen Betriebsjubiläums hat Alexander Kisker auf einem Zettel die Namen und die Höhe der jeweiligen Gratifikationen (von 50 - 300 Mark) – gestaffelt nach Betriebszugehörigkeit – festgehalten.[174]

Der Umgangston blieb in dem überschaubaren Betrieb patriarchalisch, dazu trug schon bei, daß die drei Kiskers selbst mitarbeiteten und Anna Kisker (die Frau von Oscar K.) in ihrer frischen und zupackenden Art bei Festtagen oder in Notfällen mit Rat und Tat zur Stelle war. „Anton“ oder „Ludwig“, später „Onkel Ringsdorf“ waren für alle Kiskerkinder Respektspersonen. Die Dauer der Betriebszugehörigkeit war oft lebenslang, womöglich trat der Sohn auch in die Firma ein. Ludwig Biere[175] diente dem Kommerzienrat in mancherlei Funktionen: als Arbeiter im Betrieb, einige Jahre wohnte er in der Gärtnerwohnung im „Großen Garten“, seine Frau half im Haushalt. Bei größeren Einladungen zog er die weißen Baumwollhandschuhe an und servierte. Als der alte Herr hinfälliger wurde, schlief er bei ihm, bis dann ein gelernter Pfleger an seine Stelle trat. Bieres brachten es durch Sparsamkeit und die Mithilfe der Frau dazu, sich nach 1900 ein Haus zu bauen.

Für die weitere Entwicklung der Firma sollte die Mitgliedschaft in der „Spirituszentrale GmbH“ (ab 1899) sehr wichtig sein. Sie war u.a. durch die Vermittlung des Sohnes Wilhelm Kisker, Vortragender Rat im Ministerium für öffentliche Angelegenheiten in Berlin, zustandegekommen.[176] Eine begrenzte Zahl von Betrieben hatte zwischen den Erzeugern der Rohware und den gewerblichen und öffentlichen Abnehmern fast ein „Monopol“ der Spritreinigung und des Zwischenhandels.

Dieses „Spirituskartell“ hatte bis zum Ausbruch des Krieges 1914 einen dominierenden Einfluß auf die Entwicklung des deutschen Branntweinmarktes. Nach dem Krieg trat die staatliche Monopolverwaltung an seine Stelle. Die Firma Kisker blieb im Kreis der Firmen, die bestimmte Aufgaben der Monopolverwaltung wahrnehmen konnten. Gerade diese Produktions- und Betriebserweiterung sollte für die weitere Entwicklung der Firma von großer Bedeutung sein.[177]

ECKERT & PFLUG Kunstanstalt LEIPZIG
BRENNEREIEN VON
KORNBRANNTWEIN
SPEZIALITÄT: AUFS BLATT
DEUTSCHEM COGNAC STEINHÄGER
FRUCHTSAFTPRESSEREI
LIKÖRFABRIK:
SPEZIALITÄT:
LUCULLUS in der RÖMERFLASCHE
SPRITREINIGUNGSANSTALT.
der im April 1907 eröffneten erweiterten Betriebsanstalten
ALEXANDER KISKER in LIPPSTADT.

Bild 6

Die Modernisierung und Expansion in den Jahren um 1900 war vorwiegend der Initiative und Geschäftsführung von Alexander Kisker jun. zu verdanken. Die Firma war im Begriff, in den Kreis der Marktführer in Deutschland einzutreten. Die optimistische Beurteilung der weiteren Entwicklung führte dazu, daß der lange geplante Neubau an der Wiedenbrücker Straße, d.h. am Stadtrand und mit Bahngleisanschluß, nun erstellt wurde.
Den Geschäftsunterlagen ist zu entnehmen, daß die Geamtanlagen (Grundstückskosten, Gebäude, Maschinen, Einrichtungen) ca. 250 000 Mark gekostet haben. Das Geld wurde auf dem Weg interner Finanzierung, d.h. aus erwirtschafteten Gewinnen, erbracht.[178] Die Firma bewies damit ihre wirtschaftliche Leistungsfähigkeit.

Die noch vorhandenen Unterlagen[179] geben Hinweise auf die Zusammensetzung des Privatvermögens von Alexander Kisker. Zuerst sind da die Gewinne aus dem krisenfesten Gewerbe, der Brennerei und dem Verkauf von Alkoholika. In den Jahren bis 1890 war der Betrieb nicht sehr kapitalintensiv, noch weniger lohnintensiv. Die Steuersätze waren niedrig. Der Lebenszuschnitt der Familie war, was das tägliche Leben betrifft, nicht aufwendig, wie u.a. das Haushaltskonto des alten Kommerzienrats zeigt.

Die Gewinne wurden – zusammen mit dem Kiskerschen und Eppingschen Erbe – kontinuierlich angelegt. Bei der Anlage bevorzugte Alexander Kisker wachstumskräftige Branchen wie den Ruhrbergbau.[180] und die Bielefelder Textilindustrie. Es wurde investiert im Betrieb des Bruders A.W. Kisker und in der „Bielefelder AG für mechanische Weberei“ (seit 1862).[181] Das Portefeuille wurde abgerundet durch Bankaktien (Rhein. Westf. Disconto Gesellschaft) und Immobilien (Grunderwerb in Lippstadt, ferner in Brakel und Hörde).
Nachdem er die Firma 1903 an die Söhne Alexander und Oscar übertragen und seinen sechs Nachkommen darüber hinaus einen substantiellen Vorgriff auf ihr Erbe ausgezahlt hatte, verfügte er noch über ein siebenstelliges Privatvermögen, das er mit 3% in der Firma stehen ließ.
Einzelne Entscheidungen und sein Testament lassen erkennen, daß ihm die Sicherung der Unternehmenskontinuität vorrangig war.

Zur Rechtsform des Unternehmens

Alexander Kisker begann in Lippstadt als selbständiger Unternehmer. Die kleine Firma wurde ohne Fremdkapital geführt. 1868 nahm er seine Ehefrau Minna geb. Epping als Gesellschafterin auf. Die Firma wurde damit eine Handelsgesellschaft.[182] Beiden Gesellschaftern stand die Befugnis zu, die HG zu vertreten. Über die Gründe, die zu diesem Schritt geführt hatten, lassen sich nur Vermutungen anstellen:
- wollte er die Kontinuität der Firma damit sichern?
- wollte er seine Frau wirtschaftlich absichern?
- hatte es steuerliche Gründe?
- war es schon die Planung im Hinblick auf das Erbe der Ehefrau, deren Vater schon über 70 war?

Minna Kisker war ihrem Mann eine Partnerin, mit der er sich über die Angelegenheiten des Betriebs zumindest austauschte. In den Zeiten, in denen er auf Reisen war, vertrat sie ihn in der Aufsicht über den Betrieb. 1882 machte das Ehepaar die erste gemeinsame längere Reise, „da namentlich Alex und Maria unserem Haus in Lippstadt geschäftlich und häuslich vorzustehen wohl geeignet waren".[183] Minna Kisker verunglückte auf dieser Reise tödlich – sie ertrank im Lago Maggiore. Noch vor ihrem Tod war der älteste Sohn, Alexander (geb. 1854), als Gesellschafter in die Firma eingetreten. Der Vertrag ist leider nicht erhalten. Anderen Geschäftsunterlagen ist zu entnehmen, daß Alexander (Alex) in den 90er Jahren mit 50% am „Geschäftseinkommen" beteiligt war.[184]

Der jüngere Sohn, Oscar (geb. 1862), arbeitete seit den späten 80er Jahren als Angestellter in der Firma mit. Der Vater hatte es als seine Aufgabe angesehen, diesem Sohn, dem er eine selbständige kaufmännische Tätigkeit an einem fremden Ort offensichtlich nicht zutraute, eine Tätigkeit zu geben, die ihn ausfüllte und absicherte.

Der Übertragungsvertrag zwischen dem Vater und den beiden Söhnen und der Gesellschaftsvertrag zwischen den beiden Brüdern (14. April 1903)[185] setzen folgendes fest: Alexander Kisker jun. ist der Universalerbe mit dem Recht der Erbfolge für seinen Sohn. Ihm wird der gesamte Grundbesitz übertragen (nur der „Große Garten" sollte den Brüdern zusammen gehören). Nach außen „steht die Geschäftsführung und die Zeichnung der Firma Dritten gegenüber einem jeder dem Gesellschafter zu". Im Innenbetrieb jedoch ist der jüngere Bruder in allen seinen Entscheidungen an die Zustimmung seines älteren Bruders gebunden.

Die Intentionen des Vaters und seines ältesten Sohnes sind aus dem Vertrag klar zu erkennen: Die Kontinuität der Firma in der Familie des ältesten Sohnes soll gesichert werden. – Wie weit der Vertrag die geschäftliche Zusammenarbeit und das Zusammenleben der Brüder belastete, kann der spätere Betrachter kaum beurteilen.

Unvorhersehbare Schicksalsschläge veränderten die Situation bald:
Alexander Kisker jun. starb nach längerem Leiden 56jährig schon 1911. Die Geschäftsführung lag in der Folgezeit bei Oscar Kisker und dem Prokuristen Hans Minck.
Oscar Kisker wurde 1921 im Alter von 59 Jahren das Opfer eines Autounfalls seines Neffen Alexander (III). Dieser, der Erbe der Firma, starb 1925 erst 38jährig an den Folgen einer Blinddarmoperation.

Die Firma (Alexander Kisker – Spirituosenfabrikation und Alkoholvertrieb) befindet sich heute in der fünften Generation im Familienbesitz und wird als GmbH u. Co- KG geführt.
Neue familiäre Verbindungen mit der Familie Epping wurden durch die Heirat der Witwe von Alexander Kisker (III), Marie-Margarethe geb. Staats (1899–1979) mit August Epping (1885–1936) geknüpft. Ihr Sohn Dieter Epping (geb. 1930) führte zusammen mit seinem Halbbruder Alexander Kisker (IV) bis zu dessen Tod (1987) die Firma. Dieter Epping ist augenblicklich der geschäftsführende Gesellschafter. Axel (Alexander) Kisker (geb. 1958) ist Kommanditist und Assistent der Geschäftsführung.

VIII. Die Familie Kisker in Lippstadt

Das Leben in der großen Familie zusammen mit den Hilfskräften im Haushalt und einigen Angestellten des Betriebs wurde von dem Ehepaar Kisker gemeinsam gesteuert. Ihr Zusammenleben prägte das Miteinander in dem großen Kreis, der sich zumindest zweimal am Tag zu den Mahlzeiten zusammenfand.
Die Ehe war wohl ein partnerschaftliches Verhältnis, aufbauend auf Toleranz und Zuneigung. „Mutter ist mein bester Compagnon." das war ein häufiges Wort des Ehemanns, das nicht nur auf die Tatsache zurückzuführen war, daß die Eheleute die Firma als „Handelsgeschäft" führten.
Auf den Werbebrief des künftigen Schwiegersohnes Wilhelm Rothert antwortet Alexander Kisker:
„Sobald ich von meiner Frau Antwort habe, schreibe ich Ihnen wieder, ob wir beide unsere Einwilligung geben, sich um die Hand unserer Tochter zu bewerben."[186]

Bild 7 Minna Kisker geb. Epping (1826-1882)

Die Belastungen von acht Schwangerschaften und das Wirtschaften für einen so großen Kreis führten bei Minna Kisker dazu, daß sie sich oft überforderte. Sie war in der Ehe diejenige, die einen gewissen Aufwand, ihrem Herkommen und ihrer Stellung entsprechend, wohl für erforderlich hielt. Der Ehemann war in den Dingen des Lebens wie Wohnen, Essen, Kleidung von großer Bescheidenheit, ganz in der Tradition seines Vaters und der spartanischen Erziehung in Schnepfenthal.
„Mama regt sich sowieso um so mancherlei auf... daß ich mich freue, wenn Papa wieder da ist und ihr einmal vorstellt, wie alles noch zur rechten Zeit fertig werden kann, wie sie namentlich nicht so beständig an der Arbeit sitzen darf....doch Papa kann sie ja... einzig beruhigen."[187]
Die Enkelin Antonie Meinecke erinnert sich:
„Sie war eine sehr geschäftige Schaffnerin, die immer sorgte und arbeitete und einen ausspannenden Lebensgenuß gar nicht kannte, so verlangte sie auch von ihren Töchtern fleißiges Helfen im Hause."[188]

Über die Silberhochzeit der Eltern schreibt die älteste Tochter an ihren Verlobten:
„... jene feiern einen Tag großer Freude, großen Dankes, trotz des mannigfachen Leidens, das auch ihnen geschickt wurde, war es gewiß eine glückliche Ehe. Möge Gott auch die Zukunft ihnen erhellen, sie noch lange in Gesundheit und Glück erhalten...".[189]
„... alle waren so froh und heiter, und mit Freuden bemerkte man immer wieder, wie jeder an Papa und Mama hängt. Ich kann gar nicht genug sagen, wie dankbar ich es fühle, solche Eltern zu besitzen..."[190]

Bei Minna Kisker zeigte sich eine recht früh einsetzende nervliche Schwäche im Zittern der Hände (feinfädiger Tremor). Seit den 60er Jahren reiste sie regelmäßig zur Kur.
„... auf Deinen Brief würde sie wohl schon geantwortet haben, wenn ihr arges Zittern sie nicht etwas schwerfällig beim Schreiben machte..."[191]

Der vierseitige Brief, den sie wenige Monate vor ihrem Tod an den 20jährigen Sohn Oscar schreibt, zeigt in seinem Schriftbild, daß er nur unter Aufbietung äußerster Disziplin geschrieben worden sein kann.[182] Es ist der einzige Brief, der von ihr erhalten ist. Nur wenige Erinnerungen an sie, die 25 Jahre vor ihrem Ehemann starb, sind für den späteren Betrachter greifbar.

Eine gute Ausbildung der Kinder, dazu eine zielbewußte konsequente Erziehung – darüber gab es keine Diskussionen zwischen den Ehepartnern. Sie waren bereit, dafür nicht nur erhebliche Mittel einzusetzen, sondern auch ihre Vorbildfunktion bis in die kleine Dinge des täglichen Lebens wahrzunehmen. Von den Kindern wurden vorerst Fleiß, Disziplin, Beherrschung, Verläßlichkeit erwartet. Jedes von ihnen sollte lernen, seinen Beitrag zum Zusammenleben der Familie zu leisten.

Ein sehr hohes Ziel war die Harmonie in der Familie. Diese Ermahnung, fast Beschwörung, taucht wiederholt in den Briefen des Vaters auf. Dies ist mehr als das stereotype „Vertragt Euch!", mit dem Kinder von ihren Eltern „genervt" werden. Harmoniebedürfnis war ein hervorstechender Zug der Persönlichkeit von Alexander Kisker: durch allen Konflikt hindurch muß und soll es zur Harmonie kommen. Wahrscheinlich liegt in diesem Zug eine

Erklärung für die Wertschätzung, der er sich bei den Menschen erfreute, mit denen er in Beruf und Politik zusammenarbeitete. Die erwachsene Tochter charakterisiert den Vater: „Papas friedfertiger Sinn“, und „mein völlig selbstloser Papa“.[193]
Alle Kinder haben den Wunsch des Vaters beherzigt. Der Geschwisterzusammenhalt blieb erhalten, auch nach dem Tod der Eltern und im Fortgang der Erbteilung und im Zusammenarbeiten der zwei Söhne in der Firma. Die Briefe und verschiedene Ereignisse zeigen aber auch, wer aus dem Kreis der zweiten Generation sich ein besonderes Maß an Selbstüberwindung abverlangte. Die Kinder waren alle recht willensstarke Menschen, einige von ihnen mit mehr Ecken und Kanten als der verehrte Vater.

Die Eltern versuchten, die heranwachsenden Kinder in Richtung auf eine rationale Lebensführung zu erziehen:
„Jeder hat die Pflicht, seine Kräfte möglichst gut zu verwerten...“[194]
Was diesen Punkt betrifft, so konnte der Vater sehr deutlich und insistierend werden oder seinem Kummer beredt Ausdruck verleihen.

Man mag erwarten, daß in den Briefen viel von Geld und Sparsamkeit die Rede ist, das ist jedoch nicht der Fall. Der Vater und Großvater war recht großzügig. Dies zeigte sich u.a. in der Aussteuer und der Mitgift, in den jährlichen Zuwendungen an die verheirateten Kinder und dem substantiellen Vorgriff auf ihren Erbanteil, den er ihnen drei Jahre vor seinem Tode gab. Seine Großzügigkeit war ein Zeichen seines Dankes für das, was ihm zuteil geworden war. Aus seinen Briefen läßt sich erkennen, daß ihm das Schenken Freude machte:
„Du weißt ..., daß es für mich einen Hauptreiz des Lebens gibt, jederzeit schenken zu können, und da Du nun mein Schwiegersohn bist, mußt Du Dir auch in dieser Beziehung etwas gefallen lassen.“[195]

Die Töchter Antonie (geb. 1847), Johanna (geb. 1849) und Maria (geb. 1860) erhielten eine ähnliche Ausbildung: Nach dem Besuch der Töchterschule (daneben Klavierunterricht) wurden sie von der Mutter im Haushalt angelernt und gingen mit ca. 17 Jahren für ein Jahr in ein Pensionat (Zürich, Gotha, Wiesbaden).

Antonie besuchte die „Mädchen-Erziehungsanstalt der Familie Kapp“ in Zürich, die versprach,
„Töchter aus den sogenannten höheren Ständen durch Unterricht und Erziehung soweit auszubilden, daß dieselben dereinst selbst auf ihre eigenen Familien, wie durch diese auf das allgemeine und öffentliche Leben, nach den gesteigerten Anforderungen unserer Zeit, erfolgreich einzuwirken im Stande sind... Der Unterricht ist bemüht, überall entweder das entwickelnde Denken durch Veranschaulichung vorzubereiten oder diese nach dem ersteren folgen zu lassen und das schon erzeugte mannigfache Wissen und Können durch gegenseitige Beziehung stets lebendig zu erhalten und durch die Richtung auf die Gegenwart so fruchtbar als möglich zu machen...“ Die Erziehung wird in sittlich-religiösem Geiste geleitet. Die jungen Mädchen sollen es lernen, sich den Pflichten gegen Andere „ohne Widerstand“ hinzugeben und damit in eine „beglückende Harmonie mit ihrer gesamten Umgebung (zu) treten...“[196]

Antonie hat das Zusammenleben mit den vielen Ausländerinnen sehr genossen, namentlich auch die Reisen.

Johanna traf es in Gotha weniger gut:
„Die Eltern brachten sie nach Gotha zu einer wohl reichlich unfrohen älteren Dame, die auch nur spärlich für gute Verpflegung sorgte... Sie genoß sehr den guten Unterricht in Gotha und bereicherte sich sehr. Der Vater holte sie ab, zusammen besuchte man die Kasseler Galerie und daheim erfreute ein lang ersehnter Flügel...
Sie wurde Schützenkönigin – nicht zur Freude der Mutter, die für den benötigten Kleideraufwand der gewählten Königin sorgen mußte, in Nachtstunden erstanden die Roben zum Zapfenstreich und den folgenden Festen. Tante Paula... unterwies die Königin im Hofzeremoniell, sie stand beim Fakkelzug hinter der Gardine und raunte der jungen Königin zu: „huldvoller grüßen, liebenswürdiger verbeugen!“[197]

Der Vater wollte beiden Töchtern die Weltstadt Paris zeigen, die Koffer waren schon gepackt. Da brach der Deutsch-Französische Krieg aus. Antonie und Johanna halfen in den Lazaretten und zupften Scharpie.

Nach ihrer Rückkehr aus dem Pensionat lebten die beiden ältesten Töchter zu Hause und gingen der Mutter zur Hand. Die Anforderungen waren nicht gering. Neben dem Nähen und Bügeln, den Vorbereitungen für Einladungen und Feste, war es die Verantwortung für die jüngeren Geschwister, besonders ihre Beaufsichtigung bei den Schularbeiten, die Zeit und Nerven forderte. „Johanna mußte dem jüngsten, schwer lernenden Bruder Oscar das Lernen erleichtern und die Geduld, die sie später bewies, hat sie in Jugendtagen sich angeeignet.“[198]
Die Brautbriefe von Antonie zeigen, wie sie mit der Mutter in mühevoller Kleinarbeit die Aussteuer zusammenstellt und verpackt.[199] Der Lebenszuschnitt blieb durch Sparsamkeit in den Dingen des täglichen Lebens und durch die ständigen Anforderungen an Selbstdisziplin und Arbeitsamkeit bestimmt. Die beiden Schwestern fanden Erfüllung in ihrer engen Gemeinsamkeit und ihrem gemeinsamen Zimmer, ihrem kleinen Reich. In der Regel saß man als Familie zusammen:
„Die Gewohnheiten fangen an, ganz winterlich zu werden, mit der Dämmerung findet sich einer nach dem anderen ein und bittet ‚zündet die Lampe an!‘ Hier unten in der Eßstube sitzen Maria und Oscar unter Johannas oder meiner Aufsicht, oben arbeiten Alex und Willy ... es scheint mir überhaupt, daß die Geschwister recht an uns hängen, mir sind sie wirklich in den mit ihnen verlebten Jahren recht fest ans Herz gewachsen. Durch das Beschäftigen mit ihnen und durch das Sorgen, welches gerade uns Ältesten zufiel, ist das Band so fest geworden...“[200]

Die vielseitige Tätigkeit des Vaters brachte mancherlei Abwechslung:
„Papa ist eigentlich wieder ganz wohl, nur hat er sehr viel zu tun, da ein Bürgermeister nach dem anderen seine meldende Aufwartung macht. Wir sind heute nicht weniger als 4 mal aus dem Zimmer geflohen. Diesen Morgen fand die Direktorwahl statt .... die Bestätigung wird wohl nicht ausbleiben und Ostendorf mag ruhig zu Ostern fortziehen...“[201]

Die drei Schwestern blieben ihr Leben lang eng verbunden. Die Sorgfalt ihrer Briefe und die sprachliche Gewandtheit sind beeindruckend. Der jüngste Bruder, Oscar, verbrachte in schwierigen Phasen seiner Entwicklung, später während seiner Erkrankungen und seiner Ausbildung lange Monate (oder gar Jahre?) bei den jungen Eheleuten Rothert und Delhaes.
Während es 1. Weltkrieges lebten die Delhaes, W. Kiskers, Bansis und Meineckes in Berlin: „Wie wären wir durchgekommen, wenn nicht Bruder Oscar uns nachhaltig und regelmäßig versorgt hätte!"[202]

Die Eheleute Kisker machten sich natürlich Gedanken über die „Plazierung" ihrer Söhne und Töchter. Für die jüngere Generation dieser Kreise boten Familienfeste, Verwandtenbesuche und Ferienaufenthalte die Gelegenheit, wünschenswerte Partner aus dem Freundeskreis der Verwandten kennenzulernen. Die Eltern sahen nicht darauf, daß „Geld zu Geld" kam, jedoch war eine solide finanzielle Basis eine „conditio sine qua non". Die Partner suchte man in den Kreisen der Kaufmannschaft und des Bildungsbürgertums. Hingegen hatten Offiziere es schon schwerer, bei den Kiskers akzeptiert zu werden.

Als die älteste Enkelin, Antonie Delhaes (1875–1971) sich mit dem Archivrat Dr. Friedrich Meinecke verlobte, schrieb Alexander Kisker an seine Tochter Johanna Delhaes:
„Wenn eine so gereifte Tochter Herz und Hand dahingibt für das Leben, dann darf man gewiß sein, daß sie dafür auch dauerndes Glück und Befriedigung empfangen wird. Du selbst hast einstmals mit Deiner Schwester Toni und der Cousine Luischen geschworen, nur einen bedeutenden Mann zu heiraten, und Euch beiden Schwestern ist es geglückt, solches Gelöbnis zu erfüllen. Sollte Deine Tochter, wenn auch jung, nicht dieselben Ansprüche machen dürfen?"[203]

Die drei Kiskertöchter heirateten Männer ihrer Wahl, sie gingen keine arrangierten Ehen ein.[204] Sie lernten ihre zukünftigen Partner bei Festen im Kreis der Verwandten kennen. Antonie machte einen großen Eindruck auf den Theologiestudenten Wilhelm Rothert (1842–1915). Es vergingen fast fünf Jahre ohne brieflichen Kontakt. Erst als der junge Geistliche eine Hilfspredigerstelle hatte, wandte er sich in einem formvollendeten Brief[205] mit der Darstellung seines Werdeganges, seiner augenblicklichen Verhältnisse und der Bitte, sich Antonie nähern zu dürfen, an die Eltern Kisker. Er war später Pfarrer zu Heisede und Loccum und Superintendent in Clausthal und Nienburg. Er trat hervor mit Veröffentlichungen zur hannoverschen Geschichte und Kirchengeschichte.[206]

Wilhelm Delhaes[207] hatte schon als Sekundaner eine Neigung zu der kleinen Johanna gefaßt. Nach einer gelungenen Liebhaberaufführung sagte er in einem gewissen Überschwang: „Herr Kisker, Ihr Johannaken soll mal meine Frau werden!" – „Gut, junger Mann, dann gehen Sie erst mal hin und lernen etwas Tüchtiges!"[208] – Wilhelm Delhaes wurde „dirigierender Arzt" am Elisabeth-Krankenhaus in Berlin. Er war der Hausarzt von Theodor Fontane. Dazu schrieb Marcel Reich-Ranicki kürzlich:
„Wir haben allen Anlaß, des weisen Berliner Arztes Wilhelm Delhaes dankbar zu gedenken; denn ohne ihn hätten wir wohl kaum einen der schönsten Romane, die je in deutscher Sprache geschrieben worden sind: ‚Effi Briest'."[209]

Delhaes hatte Fontane in einer Lebenskrise geholfen. Dr. Rummschüttel in „Effi Briest" hat Züge von Wilhelm Delhaes.

Alexander Kisker hatte zu diesen Schwiegersöhnen, die geistig beweglich und vielseitig interessiert waren (mit Wilhelm Delhaes verband ihn außerdem die Freude am Gärtnern), ein ausgezeichnetes Verhältnis. Er korrespondierte mit ihnen, mit Wilhelm Delhaes ging er auf Reisen. Seinem Schwiegersohn Rothert schickte er zur Rekonvaleszenz nach längerer Krankheit eine Kiste Wein und 100 Mark, damit er einen Vertreter für die Amtshandlungen bezahlen konnte.[210]

Die jüngste Tochter, Maria, die nach dem Tode der Mutter dem Vater das Haus geführt hatte, heiratete Hermann Bansi (1853–1919), Teilhaber in der bekannten Likörfabrik Joh. Bansi[211] in Bielefeld, und trat damit in den Kreis der Bielefelder Verwandten und Freunde ein. Nach einigen Jahren glaubte Hermann Bansi es nicht mehr mit seinem Gewissen vereinbaren zu können, in der Alkoholbranche tätig zu sein. Diese Entscheidung geschah offensichtlich unter dem Druck der Antialkoholbewegung in Bethel. Vorausgegangen waren lange innere Kämpfe. Seine Frau schreibt an ihre Schwester:
„Wo Hermann es schon lange als Unrecht betrachtet hat, dieses Geschäft zu betreiben, da kann ich jetzt nur beistimmen, den alten Weg nicht mehr zu begehen. Du kannst mir jetzt wohl nachfühlen, wie weh mir gerade Papas wegen dies alles ist und wie ich nicht hoffen darf, bei ihm Verständnis für unsere Wege zu finden."[212]

Alexander Kisker ist die Frage, ob er es als Christ verantworten könne, sein Geld in der Alkoholbranche zu machen und gleichzeitig in seiner Kirchengemeinde nicht nur aktiv tätig zu sein, sondern auch an führender Stelle zu stehen, wohl nicht zu einem ernsten Problem geworden. Seine Position ist mangels Aussagen nicht zu belegen, sie läßt sich aber in etwa wie folgt umreißen: „Der Umgang mit ... Alkohol zählt zu den Selbstverständlichkeiten des Alltags. Er wird erlernt, und der überwiegenden Mehrzahl der Konsumenten entstehen weder körperliche oder seelische, noch soziale Schwierigkeiten aus ihren Trinkgewohnheiten."[213] Eine Erziehung zu Disziplin und Mäßigkeit ist erforderlich. Sie muß in der Familie, in der kirchlichen Unterweisung, in der Schule und am Arbeitsplatz geleistet werden. Bei der Bekämpfung des Alkoholmißbrauchs muß gegebenenfalls die Polizei Unterstützung leisten. Für „Suchtkranke" muß gesorgt werden, z.B. in Fürsorgeeinrichtungen, wie sie gerade in Bethel entstehen.

Hermann Bansi war mehr als 40 Jahre, als er das Abitur machte und begann, Theologie zu studieren. Dies sollte sich als ein langwieriges Unternehmen mit manchem Hin und Her erweisen und die Ehefrau und Mutter von vier heranwachsenden Kindern recht belasten.[214] Alexander Kisker war über diesen Gang der Dinge im Hinblick auf die Tochter und die Enkelkinder nachhaltig verstimmt.

Der älteste Sohn, Alexander (1854–1911), ging nach dem Abitur auf der Lippstädter Realschule I. Ordnung in eine kaufmännische Lehre und absolvierte außerdem eine Ausbildung im Bereich des Brennereiwesens und der Destillation. Aus einigen Hinweisen läßt sich für die Jahre von 1873 - 1878 nur erschließen, daß er die Lehrstelle im Geschäft des Onkels Eduard Kisker in Halle/W. hatte und später u.a. in Wolmirstedt und Stettin war.[215] Die Verbindung nach Wolmirstedt bestand schon seit der Zeit seines Großvaters Wilhelm Kisker. In Stettin konnte er sich auf die Hilfe seines Onkels Oscar Kisker verlassen, der dort einen Getreidehandel betrieb.[216] Im Anschluß war er im Ausland.

Die Empfehlungen des Vaters wiesen den Sohn zuerst an das Handelshaus A.C. Meukow u. Co. in Cognac und London, zu dem Alexander Kisker in geschäftlichen Beziehungen stand. In London arbeitete Alex für einige Wochen in der Filiale der Weinhandlung Müller-Eltville. Er erwähnt als das beste Weinhandelshaus die Fa. Reinach.

Die fünfzehn erhaltenen Briefe (1878/79)[217] sind sehr sorgfältig geschrieben, sie sind ausführlich, wo es um den Bericht über Neuerungen im Brennereiwesen und der Destillation geht. Die neuen Kenntnisse setzt der Sohn gleich in Vorschläge für den väterlichen Betrieb um:
„..... *was den geschäftlichen Teil des Meukowschen Briefes angeht, so kann ich demselben nur in jeder Hinsicht beipflichten. Wenn ich irgendwelches Vermögen besäße, so würde ich sicherlich nicht zögern, augenblicklich 8 000 Fcs. in Cognac anzulegen, wenn nicht 10 000 Fcs. und zwar nicht in dem 72er Cognac, sondern namentlich in frischer Ware. Die Zinsen, welche der Cognac durch den Mehrwert nach einigen Jahren bringt, sind sicher, auch weiß man dann sicher Cognac von dem oder dem anderen Alter zu haben, und nach meiner Meinung ist eine Preissteigerung sicher. Außer dem ganz sicheren Nutzen, den ich bei dem jetzigen Einkauf sehe, sehe ich einen ferneren großen Vorteil darin, daß uns die Firma A.C. Meukow u. C. noch mehr verpflichtet sein wird. Durch seine Gastfreiheit und durch seine Geschäftsausdehnung hat E.C.M. überall Freunde und Bekanntschaften ... dadurch wird bei einem späteren Besuche Londons meinerseits mir die beste Empfehlung zur Seite stehen, um Whisky, Ale, Porter Fabriken besuchen zu können ...*“[218]

Der Sohn verschweigt nicht, daß es trotz der Empfehlungen des Vaters schwierig ist, eine Volontärstelle zu bekommen, er läßt nicht unerwähnt, daß er Wochen hat, in denen er sich unterbeschäftigt vorkommt. Eine Bildungsreise nach Oberitalien wird erwähnt, ferner eine Wanderung in Südfrankreich, ein Treffen mit dem studierenden Bruder Wilhelm in Paris und eine sich daran anschließende Fahrt in die Touraine. Der Vater hat dem 25jährigen Sohn offensichtlich ein großes Vertrauen geschenkt und ihn auch mit den nötigen Mitteln ausgestattet.[219] Die Briefe vermitteln insgesamt den Eindruck, daß der Sohn an Kenntnissen und Selbstgefühl gewonnen hat. Er hat die Unabhängigkeit schätzen gelernt und will sie sich auch nach seiner Rückkehr nach Lippstadt erhalten. Er schreibt aus London:
„..... *was zunächst meine Stellung im Geschäft anbetrifft, so kann sie auf die Dauer nur eine angenehme sein, wenn sie eine möglichst selbständige ist, wenn ich meinen bestimmten Wirkungskreis habe, in dem ich volle Befriedigung finde. Wie gut auch das Verhältnis zwischen Vater und Sohn sein möge, so läßt es sich im Geschäft namentlich ja auch nicht vermeiden, daß man verschiedener Meinung über schließlich nur kleine Punkte ist. Dadurch entstehen Zwistigkeiten, die beiden Teilen das Leben verbittern. Mein Wunsch ist nicht der, die Gesamtleitung eines Geschäftes zu bekommen, das*

Papa mit vielem Fleiß zu seiner eigenen Freude aufgebaut hat, sondern einen bestimmten, möglichst unabhängigen Wirkungskreis zu bekommen. Eine gewisse Stellung muß ich gleich von Anfang an dem ganzen Personal gegenüber haben. Wann Ihr mich als Teilhaber in das Geschäft aufnehmt, wie Ihr mich pekuniär im Anfang stellen werdet, das weiß ja Papa am besten und richtigsten zu beurteilen ..."[220]

Abgesehen von der Regelung der Arbeit im elterlichen Betrieb geht es ihm auch um die Gestaltung seines persönlichen Lebensbereiches. Wohlüberlegt teilt er den Eltern seine Vorstellungen schon von England aus mit:
„*Wie es geschäftlich mein Wunsch ist, eine gewisse Selbständigkeit zu erlangen, so auch privatim. Die Vorschläge, welche ich in dieser Beziehung mache, mögen anfangs ein Mutterherz schmerzlich berühren. Jedoch genauer betrachtet, wird Mama diese Ansprüche sehr begründet finden, und werdet Ihr hoffentlich beide anerkennen, daß deren Ausführung nur dazu dienen kann, das gute Verhältnis zueinander zu erhalten. Ich wünsche nämlich meine eigene Wohnung außerhalb des Elternhauses zu haben. Ich müßte ein ziemlich großes Schlafzimmer mit zwei Betten und zwei Wascheinrichtungen haben, um ev. auch einen Freund bei mir beherbergen zu können. Außerdem würde ich ein behagliches Wohnzimmer haben. Meinen Morgen-Caffee und mein Abendbrot nehme ich in meiner Wohnung. Des Mittags dagegen würde ich, falls es Euch recht ist, Euer Gast sein... Eine solche Mietwohnung wird wohl hoffentlich nicht schwer zu finden sein, freilich eine solche mit gutem Meublement schwer oder gar nicht in Lippstadt. Deshalb werde ich, falls Ihr mir die Auslage gewährt, vollständig mich selbst equipieren, sowohl was Meublen als Bettwäsche und Handtücher etc. betrifft.*"[221]

Die Antwort des Vaters muß eine zustimmende gewesen sein:
„*Es freut mich, daß wir beide vollkommen derselben Meinung in betreff meiner künftigen Stellung sind. Mama wird nach reiflicher Überlegung auch wohl mit meinem Wohnen außerhalb des Elternhauses einverstanden sein.... Mama muß nicht vergessen, daß auch das dankbarste Kind in einem gewissen Alter den Wunsch hat, selbständig, möglichst unabhängig zu sein. Die Kinder, welche sich außerhalb des Heimatortes ein neues Heim suchen, bei denen findet sich diese Stellung von selbst, die Kinder, welche in der Heimat bleiben, bei denen ist dieser Zeitpunkt die Heirat. So liegt die Sache augenblicklich freilich und man mag mit solch altem Herkommen nicht gern brechen. Das praktische Leben zeigt jedoch, daß mein Wunsch reichlich begründet ist. Ich bitte Mama, nur einmal ruhig die Verhältnisse in uns bekannten, befreundeten, verwandten Familien zu übersehen. Wie häufig ist das zu enge Zusammenleben der Eltern und des Sohnes Grund zu ewigem Hader gewesen. Wenn auch bei uns kein Grund dazu vorliegt, solche Befürchtungen zu hegen, so kann aber niemand wissen, wie die Verhältnisse sich im feindlichen Leben gestalten werden.*"[222]

Am 27. Juli 1881 wird Alex Kisker als Gesellschafter in die Firma aufgenommen.
Am 27. Januar 1883 heiratet er Clara Müller[223], die Tochter des Tuchhandelskaufmanns Reinhard Müller und der Eugenie geb. Haßelkus in Hückeswagen/Bergisches Land. Das Paar bezieht eine Wohnung in der Poststraße,

dem Elternhaus und dem Betrieb gegenüber. Wenige Jahre später kauft Alex Kisker die Bergenthalsche Villa, Lange Straße 1.

Alex Kisker war eine dynamische Unternehmerpersönlichkeit. Er verfolgte zielstrebig die Erweiterung des Betriebs, jedoch gingen seine geschäftlichen Interessen über diesen Betrieb hinaus. Was die Mitarbeit in der Kommune und der Kirchengemeinde betraf, so trat er in die Fußstapfen des Vaters.

Der zweite Sohn, Wilhelm (1858–1928), ging nach dem Abitur in Lippstadt (Realschule I. Ordnung) auf das Humanistische Gymnasium in Burgsteinfurt, um mit dem dortigen Abitur die Zulassung zum Jurastudium zu bekommen. Nach der Assessorprüfung im Mai 1887 wäre er gerne Richter geworden, aber die Aussichten in der Richterlaufbahn waren in jenen Jahren wenig günstig. So arbeitete er in der öffentlichen Bauverwaltung und wechselte 1898 in das Ministerium für Öffentliche Arbeiten in Berlin über. Dort wurde er Wirklicher Geheimer Oberregierungsrat, später Senatspräsident.

In den an die Ausbildung anschließenden Jahren in Gelsenkirchen und Hamm gab es noch kein Gehalt, nur Diäten. Das bedeutete, daß der Vater Kisker weiter Geld zuschießen mußte, wenn der Sohn auch nach der Heirat mit Elisabeth Schulz, Tochter des Kaufmanns Hermann Schulz und der Laura geb. Müllensiefen in Dortmund, von dort Unterstützung erfuhr.[224] (Die schmalen Anfangsgehälter der preußischen Verwaltung hatten den Nebeneffekt, den Söhnen unbemittelter Kreise diese Berufswege nicht gerade nahezulegen!)

Das Heiratsverhalten der fünf Söhne und Töchter der Kiskers war das in jener Zeit für ihre Kreise übliche: Bevorzugt gewählt wurden Partner aus Kaufmannsfamilien, aber auch aus akademischen Kreisen.

Die Erziehung und Ausbildung des jüngsten Kindes, Oscar (1862–1921), brachte manche Schwierigkeiten mit sich. Bei einer guten praktischen Begabung und einer gutmütigen Disposition war Oscar kontaktschwach und hatte Lernschwierigkeiten.

„Oscar kann ja nicht dafür, daß er so zurück ist; ein unglücklicher Fall von der Treppe in seinem 5 ten Jahre und die damit verbundene Gehirnerschütterung mag Schuld daran sein, daß sein Geist nicht Schritt halten will mit der Entwicklung des Körpers.“[225]

Als junger Mann litt er unter körperlichen Beschwerden (Wirbelsäule, Ischias, chronische Infektionen), die zeitweise so stark waren, daß auch medizinische Behandlungen, u.a. durch den Schwager in Berlin, und eine Kur in Oeynhausen sie nicht durchgreifend besserten.

Neben der Mutter nahm sich Antonie des jüngeren Bruders an, überwachte seine Körperpflege, seine Kleidung, die Schularbeiten und die Gestaltung der Freizeit.

Als ihr Verlobter ihn nach Bardowick mitnimmt, bringt das nur eine Verlagerung der Schwierigkeiten. Der Neunjährige wird schnell zurückgeschickt, als in der Nachbarschaft von Hamburg Cholerafälle auftreten und der junge Pfarrer bei der Beerdigung „3/4 Stunde am offenen Sarg eines an Cholera gestorbenen Kindes gestanden“ hatte, „ich kann unter diesen Umständen schon Mama gegenüber Oscar nicht behalten“.[226] Zwei Brüder Oscars waren als Kleinkinder an Infektionen gestorben! – Als sich zeigte, daß der Unterricht auf der Realschule den Knaben überforderte, mußte überlegt werden, wie es weitergehen solle. Die Erziehung dieses Kindes sahen die Eltern als eine Aufgabe, bei deren Bewältigung sie des öfteren ratlos waren und sich überfordert fühlten. Charakteristisch für das Familienleben ist, daß sie bei der ältesten Tochter und dem Schwiegersohn Wilhelm Rothert Rat und Hilfe suchen und daß der Vater sich nicht scheut, seine Beunruhigung und Unsicherheit zu formulieren:

„... in meinem Brief... habe ich Dich gebeten, ein passendes Unterkommen für Oscar zu ermitteln und hinsichtlich der dadurch entstehenden Kosten nicht ängstlich zu sein. Ich habe solches im Einverständnis mit Mama getan, aber nicht ohne inneren Kampf und ohne schmerzliche Herzensbewegung. Und je mehr ich ruhig still darüber nachdenke, je mehr steigt der Wunsch in mir auf, es möge nicht gelingen, eine solche Pension zu finden... Sollte sich keine passende Pension finden, „dann denke ich, versuchen wirs getrost im Elternhaus, wo ich mir vornehme, ihm in seinen Freistunden und in seiner körperlichen Pflege etwas mehr Zeit zu widmen als bisher.... wo ich einen gewissenhaften Elementarlehrer zu gewinnen suche, ...der ihn in seinen Aufgaben überwacht und durch Nachhilfe zu selbständigem Arbeiten anleitet. Finde ich einen solchen Lehrer nicht in Lippstadt, so will ich ihn von auswärts heranzuziehen suchen und auch in mein Haus aufnehmen, wo er den größten Teil des Tages seiner eigenen Fortbildung widmen mag... von Schnepfenthal habe ich in Gedanken ganz abgelassen, namentlich auch weil Oscar schon zu alt an Jahren für dort ist; in seinem zehnten wäre er dort vielleicht richtig aufgehoben gewesen!“[227]

Im Winter 1874 siedelt Oscar zu Rotherts nach Heisede bei Hannover über. Der Vater schreibt an seinen Schwiegersohn:

„Es wird... Dir gelingen... ihn nach 3 1/2 und schlimmstens 4 1/2 Jahren so weit gebracht zu haben, daß er zur Tertia der hiesigen Realschule zurückkehren kann.“ Oscar wird dann „mit 20 Jahren spätestens die Reife der Sekunda, d.i. das Militärzeugnis haben. Seine praktischen Anlagen lassen es mir wünschenswert erscheinen, daß er einst mit seinem Bruder Alex mein Geschäft fortsetze.“[228]

Das Militärzeugnis ist das „Einjährige“, d.h. die Berechtigung zum nur einjährigen Militärdienst. Alle schulisch geringer Qualifizierten hatten drei Jahre zu dienen. Es gibt keine Aussagen darüber, ob dieses Ziel erreicht wurde. Am 24. Juli 1884 wurde Oscar Kisker als „dauernd untauglich“ ausgemustert.[229]

Ob Oscar eine Neigung zum kaufmännischen Beruf verspürte, ist nicht zu erschließen. Er war als einziger in der Familie kein Briefschreiber.[230] Während der Ausbildung war er längere Zeit in Berlin, damit er Anschluß an die Geschwister Delhaes hatte. Der berufliche Weg, den der Vater für den Zwölfjährigen skizziert hatte, wurde erfolgreich beschritten. Oscar war nach seiner Ausbildung zuerst Angestellter – mit einem sehr guten Gehalt[231] –, dann Teilhaber, allerdings mit deutlichen Einschränkungen, in der Firma Kisker.

Der Vater hatte es als seine Aufgabe angesehen, diesem Sohn, dem er eine selbständige kaufmännische Arbeit an einem fremden Ort nicht zutraute, eine Tätigkeit zu geben, die ihn ausfüllte und absicherte. Im heimatlichen

Umfeld und in der väterlichen Firma sollte mit der wirtschaftlichen Sicherung zugleich auch der soziale Status gewährleistet werden. – Die Planung des Vaters und der Geschwister Rothert brachte denn auch die Ehe des 34jährigen zustande. Auf der Hochzeit der Tochter Elsbeth Rothert mit dem Bergrat Alfred Siemens lernte er Anna Hormann[232] kennen, die Tochter des Bauern und Färbers August Hormann und der Anna geb. Bußmann aus Loccum. Sie war als Kind in Loccum mit den Rothertschen Töchtern privat unterrichtet worden. Die Freude des alten Herrn und der übrigen Familie war groß, zumal die junge Schwiegertochter, die ihren Schwiegervater sehr verehrte, alles tat, sich in die Kiskersche Familie einzufügen.[233] Die Eheleute führten einen gemeinsamen Haushalt mit dem Vater und seiner Hausdame, der alte Herr erlebte noch die Geburt von vier Enkelkindern.
Nach dem Tod des Bruders Alexander hat Oscar von 1911 - 1920 in den schwierigen Jahren des Krieges und der Nachkriegszeit mit der Hilfe eines Prokuristen die Firma verantwortlich geführt, bis dann der Neffe Alexander (III) eintrat.

Aus all dem Vorausgegangenen geht hervor, daß die Kiskers ein starkes Familenbewußtsein hatten. Das hatte sich schon im Verhältnis von Alexander Kisker zu seinem Vater und in dem lebenslangen Kontakt zu seinen Geschwistern gezeigt. Die Erziehung seiner Kinder und seiner Enkelgeneration war darauf angelegt, die Kinder und die Enkel in der Großfamilie auf Dauer zu verwurzeln.
Der spätere Betrachter sieht von einer gewandelten Auffassung von Erziehung und Familie aus manches mit Bedenken: die massiven Wünsche und Erwartungen der Elterngeneration, die präzisen Rollenzuweisungen usw. Unter welchen Spannungen glückte es, die jeweilige Identität zu finden bzw. dabei zu unterliegen? Wie regulierte sich das Verhältnis zwischen den Starken und den Schwächeren? Zu welchen Deformationen kam es dabei?

Im Zusammenleben der Familie Kisker zeigen sich deutlich Elemente und Strukturen der bürgerlichen Großfamilie des 19. Jahrhunderts, abgemildert durch die Tatsache, daß der Vater eher durch sein Sosein und sein Harmoniebedürfnis als durch Befehle wirkte. Um den hier skizzierten Verhältnissen Gerechtigkeit angedeihen zu lassen, bedenke man auch folgendes: so wie die damaligen wirtschaftlichen und sozialen Verhältnisse waren, war die Familie in viel stärkerem Maße als heute Lebensraum, Schutz und Stabilisierungsfaktor, besonders für die Schwächeren und die Alten.

In den noch erhaltenen Unterlagen gibt es viele Hinweise auf Alexander Kiskers Beweglichkeit und Reisefreudigkeit von der Jugend bis ins hohe Alter. Der Zusammenhalt der Großfamilie wurde intensiv gepflegt. Dazu dienten die alljährlichen Reisen nach Halle/Westf. zum Geburtstag des Vaters und des Bruders Eduard. Heute legt man die Strecke in 40 Minuten im Auto zurück, damals hatte Alexander Kisker die Wahl: Er konnte die 45 km mit dem Kutschwagen von Lippstadt über Gütersloh nach Halle zurücklegen, oder er konnte mit dem Postwagen (Omnibus) fahren, der den Anschluß an den Zug in Rheda brachte, dort den Zug nach Brackwede besteigen und dann mit der Kutsche oder dem Lokalzug („Haller Wilhelm") Halle erreichen.

Des öfteren machte Alexander Kisker eine kurze Sommerreise nach Helgoland, um dort mit der Familie der Haller Kiskers zusammenzutreffen. Von Eduard Kisker berichtet die Familiengeschichte:
„In das Seebad kam er immer mit großem Gefolge. Ausgestattet mit vielen westfälischen Schinken und mit noch mehr preußischem Kleingeld sammelte er die Familie so zahlreich wie möglich um sich und freute sich mit allen ebenso der Gemeinschaft wie der herrlichen erfrischenden Seeluft. Konnte er doch von dieser niemals genug bekommen. So blieb er einmal bei einer Überfahrt nach Helgoland, als alles vor dem Unwetter in die Kajüten flüchtete, unentwegt auf dem Verdecke; zum Schutze aber gegen Wind und Wellen ließ er sich auf seinem Sitze festbinden...“[234]

Gemeinsame Bildungs- und Vergnügungsreisen der Ehepaare waren auch bei wohlhabenden Kaufleuten die Ausnahme. Der Betrieb und der große Haushalt erforderten die ständige Leitung durch einen der Ehepartner. Minna Kisker weilte des öfteren in Bad Schwalbach, in Schlangenbad oder Marienbad zur Kur, in den späteren Jahren begleitet von einer ihrer Töchter.

Die erste gemeinsame große Reise des Ehepaars zusammen mit dem Neffen Eduard Rothert wurde für den August 1882 geplant. Für die Monate Juni und Juli lassen sich für Alexander Kisker folgende Reisen belegen:
- Anfang Juni drei Geschäftsreisen nach Königsborn, Geseke und Olsberg,
- am 17. Juni nach Marienbad, um seine Frau und den Sohn Oscar abzuholen, die dort zur Kur waren,
- Mitte Juli nach Düsseldorf zu dem Neffen Rothert und anschließend nach Hückeswagen im Bergischen Land, um die Familie der zukünftigen Schwiegertochter Clara Müller kennenzulernen.

Über die Reise in die Schweiz und nach Oberitalien, die nach wenigen Tagen mit dem Tod von Minna Kisker ihr jähes Ende fand, hat Kisker ausführlich berichtet: „Für meine Kinder und Enkel zur Erinnerung an ihre Mutter und Großmutter“.[235]
Von Kandersteg kommend wandern die vier Reisenden über die Gemmi nach Leukerbad:
„... gegen 12 Uhr begannen wir den Aufstieg, Minna zu Pferde, wir Andern zu Fuß, nachdem wir unsere Überzieher und Plaids dem Pferde mit aufgebürdet hatten. Der gut gehaltene Schlangenweg führte anfangs vielfach im Schatten hinan, und höher kommend erleichterte uns die schöne frische Bergluft das Steigen; das Gasternental zu unserer Linken gewährte uns einen grausigen Blick in seine Tiefen. Gegen 5 bei den einsamen Sennerhütten überraschte uns Regen, eine Zeitlang fanden wir daselbst Schutz; aber dann mußten wir vorwärts und erreichten Schwarenbach gegen 7 ganz durchnäßt. Des Tages Ziel sollte die Daube sein, aber zunehmender Wind und Regen nötigten uns hier zu bleiben. Erst am nächsten Morgen gegen 7 ließ das Unwetter nach, u. erlaubte uns unsere Fußwanderung fortzusetzen. Minna, froh ihres Pferdes ledig zu sein, ging frisch und rüstig mit uns durch dieses Felsenmeer auf dem Hochplateau (2700 meter) der Daube zu, an Schneebergen, Gletschern und auch an einem See vorbei. Nur wenige Augenblicke genossen wir den schönen freien Blick in die Tiefe des Leukertales auf Leukerbad und Leuk, auf das grüne Wiesental von der Leuk silbern durchschlängelt; dann war alles in Nebel gehüllt. Auch unser 2 stündiges

Warten bis 11 ward kaum belohnt. Wir mußten weiter, die Gemmi gar steil hinunter, auf theilweise durch das Wetter der Nacht gar arg beschädigten Wegen. Minna freute sich ihrer Kraft und Ausdauer im Hinuntersteigen und wurde an den schroffsten Stellen von mir unterstützt. Oftmals gar freudig aufgemuntert durch die hervorbrechende Sonne, und durch den freien Blick auf das Matterhorn, erreichten wir Leukerbad (Loèche les bains) gegen 2 Uhr. Einen so schmutzigen Ort habe ich selten gesehen; auch der Gasthof und das Essen ließen viel zu wünschen. Die Bäder aber vollends, ihre Einrichtung, und die Art des Aufenthalts von männlichen und weiblichen Badegästen in ein und denselben Bassins bunt durcheinander, sowie ihr gemeinsamer Gesang erregten unseren Ekel und konnten uns trotz des Ungewohnten Neuen nicht lange fesseln."[236]

Am nächsten Tag fahren die Reisenden im Kutschwagen über die von Napoleon erbaute Simplonstraße herunter an den Lago Maggiore:
„... Die Straße ist heute noch immer ein Kunstwerk zu nennen, ist schön erhalten, und bietet der Abwechslungen unendlich viele. Bei jeder Wendung gewährte sie rückwärts blickend eine neue Sicht auf das zurückbleibende Brieg mit den dahinteremporsteigenden schneebedeckten Alpenspitzen, dem Breithorn, der Jungfrau und dem Mönch; und wiederum hinunter in die tiefen Gründe. Die Zahl das Brücken und Schutzhäuser mehrt sich mit der Höhe, und wiederholt führt der Weg durch Tunnels, über deren Wölbung die Schneewasser schäumend hinunterstürzen in unendliche Tiefen. Staunend und bewundernd haben wir gehalten, zurückschauend mit dem Lauf der Wassers nach dem Tale, und wiederum hinauf zu den seitwärts stehenden höheren Bergen, von denen wir den Anfang dieser Bäche wie Silberstreifen hoch herunter kommen sahen. Niemals habe ich mich dem wolkenlosen Himmelszelte näher gefühlt als in diesen reinen Höhen unter den denkbar glücklichsten Verhältnissen."[237]

In Pallanza am Lago Maggiore machte man Quartier und ließ sich von einem Fischer zur Isola Bella hinüberrudern.
„Ein gewandter Gärtner führte uns durch die Anlagen mit einem Reichtum an edlen grünen Gewächsen und einer Fülle von seltenen Blumen, die jeder Beschreibung spotten. Nach beendigtem Rundgange hatte Minna aus den Abschnitten des Gärtners ein Bouquet gesammelt, wie sie es in ähnlicher Größe und Pracht noch nie besessen hatte; mir aber schwirrte der Kopf von all den darin aufgenommen werden wollenden Namen der Pflanzen. Die höchste Befriedigung erfreute uns alle vier, und nachdem wir uns noch mit am Ufer feilgebotenen Früchten versehen hatten, bestiegen wir gegen 3 1/2 wieder unsere Gondel, um nach Isola Madre hinüber zu fahren. – Und wir sollten sie nicht erreichen, so stand es in Gottes unerforschlichem Ratschluß geschrieben."[238]

Ein schnell aufziehender Sturm brachte das Fischerboot zum Kentern. Ehe von Land Hilfe herkommen konnte, versank Minna Kisker, die sich in ihrer nervlichen Schwäche nicht länger am Boot festhalten konnte und von ihren schweren Kleidern in die Tiefe gezogen wurde. Der Verzweiflung ihres Mannes: „Minna ist fort, ich gehe auch – leb wohl", antwortete der Neffe: „Onkel, denk an Deine Kinder, wir können uns retten!"[239] Von der Rettungsmannschaft an das Ufer gebracht, versank der 63jährige in eine tiefe Ohnmacht.

Zwei Tage später fahren „die drei Leidensgenossen" im Dampfboot nach Locarno, allein mit den fünf Schiffsleuten.
„Ich saß mitten auf dem Verdeck, den Arm auf den Sarg gelehnt und nach Pallanza rückwärts schauend, da warf die aufgehende Sonne ihre ersten Strahlen auf die Schneefelder der südlichen Alpenriesen, darunter den Monte Rosa, der erst matt, dann golden und endlich weißglühend in den Himmel hineinragte mit seinen Spitzen. Und daneben, darunter lag die ganze Reihe der Wunder Gottes, immer heller hervortretend im Lichte der Sonne, bis hinunter zur Stadt Pallanza und den Nachbarstädten des schönen Seeufers, mit seinen reichen Villen und dem ruhigen, von keiner Welle bewegten klaren, durchsichtigen See. Und meiner Minna in ihrer Behausung war es nicht vergönnt, diese Herrlichkeit zu schauen, sie, die das meiste Sehnen danach gehabt hatte."[240]

Vier Wochen später schreibt der Witwer an seinen Neffen:
„... Ja, lieber Rothert, es geht mir gut, den Umständen nach eigentlich recht gut mit Maria, meiner lieben treusorgenden Hausvorsteherin. So werden rasch aus Kindern Leute, wenn das Schicksal jäh eingreift in den ruhigen Gang unseres Lebens. Auch mich hat es ruhig, tief, ernst gemacht, aber wie gesagt, ruhig und ergeben. Der wilde innere Schmerz, der oftmals sich regende Unwillen ist einer ruhigen Klarheit gewichen. Ich will ferner doppelt treu denen zu leben suchen, die mir geblieben sind, die mir in den Stunden der Gefahr und des Schmerzes gezeigt haben, daß sie mich lieb, hoch und wert halten .... auch meine Schwiegermutter hat sich tapfer gehalten und so werden wir uns allmählich in dem zusammenschmelzenden Familienkreise wieder traulich beisammen finden, des gebliebenen vielen Guten und der Erinnerung der früher genossenen Vorzüge uns erfreuend..."[241]

Diesem Vorsatz ist er in den 25 Jahren seines weiteren Lebens treu geblieben. In dem langen Bericht über die letzte Reise hat er seiner Frau ein liebevolles Denkmal gesetzt.

Es würde ein für Kisker charakteristischer Zug fehlen, hätte der Bericht nicht auch detailliert die Kosten aufgeführt, die der Rücktransport in die Heimat verursachte.
Außer den frcs 710 für die Rettungsmannschaft, den Doktor und die Einsagung, ferner frcs 360 für den Leichenpaß *„hatte ich frcs 190 für das Dampfboot, frcs 247 und 12 für den Transport von Locarno nach Basel und frcs 243 bis Darmstadt, zus. frcs 1712 oder M 1374 zu zahlen. Der fernere Transport bis Lippstadt erforderte noch M 344, und ich würde in Geldverlegenheit geraten sein, trotz der Aushülfe Rotherts, wenn ich nicht am 28. Abends auf meine telegraphische Bitte von Locarno aus in Basel Gelder aus Lippstadt an der Post vorgefunden hätte..."*[242]

Briefe und Berichte der Kinder und Enkel zeigen, daß Alexander Kisker sein Haus an der Poststraße und den „Großen Garten" an der Umflut weit öffnete für die Kinder- und Enkelgeneration.[243] Dabei wurde er zuerst unterstützt von seiner Hausdame Auguste Rexroth, später außerdem von seinem Sohn Oscar und seiner Schwiegertochter Anna.

Bild 8 Die Familie im „Großen Garten“ um 1905

Der parkähnliche Garten läßt Anregungen der englischen Landschaftsgärtnerei des 19. Jahrhunderts erkennen. Seine Großräumigkeit wird betont durch zwei große Rasenflächen, die sich vom Gartenhaus in sanftem Gefälle, von geschwungenen Wegen begrenzt, zum Fluß senken. Einzeln stehende Bäume und immergrüne Gehölze schaffen den Eindruck von Weite und Natürlichkeit. Eine Grotte am Fluß paßt in diese Vorstellungswelt, aber es gibt im Garten keine Sandsteinfiguren, Brücken oder Pavillons, die im 19. Jahrhundert so oft den deutschen Garten beleben.

Die persönliche Note des Besitzers zeigt sich auch im mittleren Teil der Anlage. Hier sind die Gemüserabatten und Beerensträucher. Das „Warmhaus“ dient der Aufzucht von Blumen und der Überwinterung der großen Kübelpflanzen, besonders der Lorbeer- und Orangenbäume. Kisker versucht sich an der Blumenzucht, er beschickt eine Chrysanthemenschau und zieht Azaleen. Koniferen und Kübelpflanzen schickt er für den neuangelegten Garten des Schwiegersohnes Delhaes nach Schreiberhau im Riesengebirge.

Der östliche Teil des Gartens besteht vorwiegend aus Obstbaumwiesen. Von der alten Linde oberhalb des Teiches, dem Lieblingsplatz des Gartenfreundes, schweift der Blick weit hinaus in die für Lippstadt so charakteristische Landschaft: Kämpe in der Flußniederung. Der alte Herr hat sich auf diesem Platz photographieren lassen. Der Blick schweift nicht in die Weite, er ist ruhig und wie prüfend auf den Betrachter gerichtet.

Bild 9 Alexander Kisker im Garten um 1900

Die gepflegte Gartenanlage, die eine Reihe sehr guter Photographien von 1908[244] zeigt, konnte nur mit Hilfe eines Gärtners instandgehalten werden. Im Untergeschoß des Gartenhauses war die Gärtnerwohnung, im Hauptgeschoß der große Wohnraum der Kiskers und zwei Nebenräume.
Kisker legte selbst Hand an bei der Pflege seines Gartens, noch der Siebzigjährige stellte die Leiter an den hochgeschätzten Speckbirnenbaum und pflückte die Früchte. Im Weidenkorb wurden sie bis nach Schreiberhau gesandt!

Der Garten war für Alexander Kisker nicht nur der Besitz, auf den er stolz war. Leben, Planen und Arbeiten im Garten erfüllten ihn mit Befriedigung und Glück. Seine Naturverbundenheit und die Lust an der Gestaltung der Natur fanden hier ihre Erfüllung. Darüber hinaus wollte er seine Familie „zur Freude an der Natur erziehen und sie damit beglücken".[245] Der nach dem Verlust seiner Ehefrau einsamer Gewordene schuf mit dem Garten ein Zentrum für vier Generationen seiner Familie und für sich einen Kraftquell.

Alexander Kisker führte bis weit in das 8. Lebensjahrzehnt bei voller Gesundheit ein tätiges Leben in Beruf und Ehrenämtern und in seinem Garten. Leise Mahnungen seines Sohnes Wilhelm anläßlich seines Amtsjubiläums 1893 nahm er wohl gar nicht wahr:
„Nach 25 Jahren treuer Tätigkeit würde man es Dir nicht verdenken können, wenn Du die Bürde anderen Schultern auferlegen wolltest. Ich würde nach dem Jubiläum jedenfalls meine Entlassung erbitten, dann scheidest Du hochgeehrt, ehe die Zeit in den Anschauungen unüberwindliche Veränderungen hervorriefe, denen Deine Kräfte nicht mehr gewachsen wären..."[246]

Als er in das 9. Lebensjahrzehnt eintrat, begannen die Zeichen des Alterungsprozesses für alle deutlich zu werden. Bei körperlicher Gesundheit zeigte sich das Nachlassen der geistigen Kräfte. Entschlußlosigkeit und Starrheit hinderten ihn daran, sich rechtzeitig aus der Geschäftsführung zu lösen. Der Schwiegersohn und Arzt Wilhelm Delhaes fand bei seinem Besuch im März 1903 eine total verfahrene Situation vor:
„Wenn auch das Befinden des lieben Großvaters weit besser war als bei unseren Besuchen der letzten Jahre, so werfen doch seine zunehmende Unklarheit, die ewigen Widersprüche in seinen Ansichten und die daraus sich ergebende Unsicherheit für das gegenseitige Verhältnis der beiden Schwäger einen fortwährenden Druck auf die Atmosphäre der Familie. Ich suchte meinen Einfluß zur Klärung dieser trüben Verhältnisse einzusetzen, indem ich mit Onkel Alex einen Vertrag zu Papier brachte, der nach erlangter väterlicher Sanktion notariell festgelegt werden sollte, allein zu Stande kam deshalb doch nichts. Der alte Herr schwankt zwischen lauter Widersprüchen hin und her und läßt sich von augenblicklichen Launen beherrschen .... wohin man sah, erblickte man sorgenvolle Gesichter, ein jeder trug schwer an der ihm auferlegten Bürde, sodaß der Aufenthalt im Vaterhause wenig Erquickung und Erheiterung bot..."[247]

Aber nach wenigen Monaten kommt es dann doch zu der Geschäftsübergabe und dem Gesellschaftervertrag zwischen den Söhnen. Die Befreiung von den täglichen Reibereien und Entscheidungen bringt offensichtlich eine gewisse Belebung für den alten Herrn. Er reist zu den Kindern nach Nienburg, er freut sich über das Abitur seines Enkels:

„Ich verkündete in der Freude meines Herzens noch dem guten Alten in Lippstadt das Ereignis in einem ausführlichen Briefe und hatte die Genugtuung, bei dem lieben Großvater dem wärmsten Interesse zu begegnen, das er mir durch einen eigenhändigen Brief bestätigte, sowie durch Übersendung von 300 Mark für den strebsamen Enkel. Das Abiturientenexamen hat für den alten Herrn von jeher eine hohe Bedeutung gehabt.“[248]

Er nimmt seine Aufgaben im Presbyterium wahr:
„Großvater hat vor acht Tagen das Pech gehabt, einen Rippenbruch zu erleiden durch Sturz in der Marienkirche, wo er die von ihm veranlaßten Arbeiten bei der Heizungsanlage besichtigte. Abgesehen von heftigen Schmerzen ergeht es ihm aber verhältnismäßig gut, sodaß man hoffen darf, daß er das Mißgeschick trotz seines hohen Alters glücklich überwindet.“[249]

Im Januar 1904 schreibt er mit ganz zittriger Schrift an seinen Sohn Alexander:
„... wir haben uns der guten Nachrichten... erfreut, so weit es unser Befinden erlaubt, denn Frl. Rexroth leidet noch immer unter... der Erkältung... und ich kann Jugend und Heiterkeit nicht wiedergewinnen, muß auch wohl auf deren Wiederkunft verzichten...“[250]

Auguste Rexroth (1854–1940) war für mehr als 20 Jahre seine Hausdame. Sie stand nicht nur dem Haushalt vor, sie erwarb sich im Lauf der Zeit eine Vertrauensstellung innerhalb der Familie, der sie bis zu ihrem Tode verbunden blieb. Durch ein Legat des Kommerzienrats und die Aussetzung einer Rente durch die Erben konnte sie zuerst sorgenfrei leben, bis die Folgen der Inflation eine Neuregelung durch die dritte Generation erforderten.[251] Auguste Rexroth verbrachte immer wieder lange Wochen im Kiskerschen Hause, hoch geachtet und von Anna Kisker oft um ihren Rat gebeten. Sie starb in Lippstadt und wurde im Erbbegräbnis von Oscar Kisker beigesetzt.

Als die Gebrechlichkeit wächst, wird der alte Herr im Rollstuhl gefahren. Dank der Organisation und dem Einsatz der Hausdame und seiner Kinder Oscar und Anna kann er bis zuletzt im Kreis seiner Familie bleiben. Zuerst schläft einer der Arbeiter aus dem Betrieb des Nachts bei ihm, später ist ein Wärter da, zuletzt ein Pfleger. Im Rollstuhl wird er durch die Stadt in seinen Garten gefahren. Er sieht den Neubau der Brennerei vor den Toren der Stadt und sagt zu dem Pfleger: „Wer kann denn das bezahlen??“ – „Sie, Herr Kommerzienrat!“

Alle seine Freunde sah er vor sich sterben, alle Stadien des Altersprozesses mußte er durchmessen, bis der Tod dann als ein sanftes Einschlafen kam. Seine Kinder waren erfüllt vom Gefühl des *„Dankes für alle treue Fürsorge, für alle gebende und vergebende Liebe, die er in Freud und Schmerz unserem Familienleben auch dann noch geschenkt hat, als ein neues Geschlecht seinem Gesichtskreise zu entwachsen drohte.“*[252]

IX. Würdigung

Als Alexander Kisker am 8. Juni 1907 starb, kam der Tod nach dem langen Kräfteverfall als eine Erlösung. In den letzten Jahren hatte er kaum noch Anteil nehmen können am Geschehen in der Familie und in der Stadt. Auch seine Epoche war zu Ende gekommen. Aufgewachsen in der Zeit des Biedermeier, erzogen im Geist einer Reformpädagogik, die starke Wurzeln in der Aufklärung hatte, in seinen beruflichen Anfängen noch in den Produktionsformen und dem Verkehr der vorindustriellen Welt, patriarchalisch gestimmt, war er ein tüchtiger Kaufmann und Unternehmer, aufgeschlossen für den technischen Fortschritt. Geprägt von liberalen Grundvorstellungen war er ein loyaler Preuße, ein konstitutioneller Monarchist. Sein bürgerliches Bewußtsein hatte eine spezifische Färbung durch sein starkes Familiengefühl – es gab in der damaligen Generation so etwas wie ein Kiskersches Selbstbewußtsein.

Das Kommunalwahlrecht brachte es mit sich, daß Kisker als Repräsentant der kaufmännischen Oberschicht in Lippstadt gewählt wurde. Wie stand er zu dem Dreiklassenwahlrecht und dem daraus resultierenden System, dessen negative Züge sich gegen Ende des 19. Jahrhunderts verstärkten und das in deutlichem Gegensatz zu den Tendenzen der damaligen Zeit stand? Kisker war keine Natur, die zum Problematisieren neigte. Brachte diese Ordnung seiner Schicht einen überproportionalen Einfluß, so mußten – dies läßt sich aus seinem Verhalten erschließen – die Vertreter dieser Schicht in der Weise darauf antworten, daß sie sich in dieser Ordnung auch mit Verantwortungsbereitschaft, Zeit und Geld für die Kommune einsetzten. Diese Überzeugung hat er in den Jahrzehnten seines Wirkens in die Tat umgesetzt. Daß er tätig war, ist also nicht bemerkenswert, es wurde erwartet. Bemerkenswert sind die Kontinuität, die Schwerpunktsetzungen und die Übernahme der Leitungsfunktion in der Stadtverordnetenversammlung für dreißig Jahre! Das evangelische Bürgertum sah in ihm den Exponenten seines Behauptungswillens in den Jahrzehnten der großen Veränderungen, die der starke Zuzug von außen und der Kulturkampf mit sich brachten.

Die führende Stellung in der Stadt füllte er aus mit Autorität und Freundlichkeit, aber auch mit einer gewissen Distanziertheit. Er lenkte keine Aggressionen auf sich, war aber auch kein Mann, der zu Vertraulichkeiten ermunterte. Respekt und Hochachtung brachte man ihm aus allen Kreisen entgegen. Der letzte Nachklang, den ich während meiner Nachforschungen zu hören bekam: „Der Kommerzienrat? Das war ein Herr!“

Die Höhe seines Lebens fiel in das Zeitalter der nationalen Bewegung und der Reichsgründung. Er las Sybel und Treitschke, später Meinecke, denn er hatte das bildungsbürgerliche Interesse der Orientierung an der Vergangenheit. In seinem Zimmer hing ein Portrait von George Washington, der von seiner Nation geschieden war mit der Warnung vor innerer Zwietracht und dem Geist der Parteilichkeit.

Wie stand Kisker zu den heraufziehenden Veränderungen im sozialen und politischen Leben und den damit verbundenen Konflikten, dem Kulturkampf, dem Sozialistengesetz, der Wirtschaftspolitik? Leider sind dazu keine Aussagen erhalten. Im Familien- und Freundeskreis wurden nationalliberale bis konservative Überzeugungen vertreten, wie sie auch seiner Interessenlage und Persönlichkeitsstruktur entsprechen mochten. Was die sozialen Nöte und die Aufgabe der „sittlichen Erziehung" betraf, so gehörte er zu den Persönlichkeiten, die für die kirchliche Arbeit neue Aufgaben sahen und in Angriff nahmen. Jedoch gibt es Hinweise, daß die christlich-konservativen Vorstellungen Stöckers, die bis zur Gründung einer christlich-konservativen Partei führten, ihm fremd waren.

Im folgenden wird versucht, die Position Alexander Kiskers im Rahmen der Entwicklung des deutschen Bürgertums im 19. Jahrhundert zu umreißen.[253]

Ein Entwicklungsschritt ist zu erkennen im Fortgang der Generationen vom Vater Wilhelm Kisker (1781–1856) zu den vier unternehmerisch tätigen Söhnen. Beim Vater war es die erfolgreiche wirtschaftliche Tätigkeit in einer Gesellschaft, die sich langsam aus den Begrenzungen durch die ständische Ordnung löste und größere wirtschaftliche Freiheit und vermehrte bürgerliche Freiheiten gewann. Er gehörte zu der Gruppe des Bürgertums, auf deren tätige Mitarbeit bei der Entwicklung der neuen Provinz Westfalen zu einem großen Wirtschaftsraum die preußische Verwaltung sich verlassen konnte. Die Fortschritte vollzogen sich in Jahrzehnten schwerer wirtschaftlicher Nöte (1800-1850), verursacht u.a. durch Kriege und politische Umgestaltungen. Der Pauperismus des Vormärz und die langsam einsetzende Industrialisierung betrafen gerade auch das Ravensberger Land.

Der Sohn Alexander machte seinen Weg – ähnlich wie seine Brüder – in den Zeiten des wirtschaftlichen Aufbruchs nach 1850 und des raschen Aufstiegs der deutschen Wirtschaft nach 1870. Die großen Chancen, die sich ihm boten, konnte er voll nutzen. Am Ende seines Lebens übergab er ein fundiertes und expandierendes Unternehmen und hinterließ ein bedeutendes Privatvermögen.

Er gehörte zu der Gruppe von Kaufleuten und Unternehmern, die *„durch das plutokratische Wahlrecht zur führenden Rolle im städtischen Leben bestimmt.... außerhalb des Betriebs ihr größtes Interesse der Kommunalpolitik (zuwandten). Der Drang, sich öffentlich zu betätigen und dem eigenen Prestige durch gemeinnützige Tätigkeit zu dienen, fand hier meist seine Befriedigung."* Diese Unternehmer *„leisteten für die Entwicklung ihrer Städte teilweise Hervorragendes, sei es auf dem Gebiet des Straßen- oder Wohnungsbaus, des Verkehrswesens, der Gasversorgung, in der Armen- und Krankenbetreuung oder im Bildungswesen".*[254]

Einige Charakteristika „bürgerlicher Kultur" sind bei Alexander Kisker recht gut zu erkennen. Da ist als erstes seine Überzeugung, daß es auf die individuelle Leistung ankomme und daß diese sich nicht nur im beruflichen Leben zu zeigen habe. Der gerade Weg zur Leistung ist immer der Weg der rationalen Planung und der starken Selbstdisziplinierung. Beides bezieht sich auf die Organisation der Arbeit ebenso wie auf die Gestaltung der übrigen Lebensbereiche wie Wohnen, Essen und Trinken, den Umgang in der Familie und Stunden der Muße. Ganz selbstverständlich werden der Arbeitsbereich und der private Bereich ineinander übergehend erlebt. Man ist in der Arbeit genau so bei sich selbst wie in der Gestaltung der „Freizeit".

Ein Gefühl der „Entfremdung“, welcher Art auch immer, zu haben, wäre Kisker nie in den Sinn gekommen („und namentlich auch ich bin immer fröhlich und tätig“).

Das Streben nach selbständiger Gestaltung beschränkt sich nicht auf das eigene Unternehmen. Die Tätigkeit in Kommune und Kirchengemeinde wächst aus einer Mentalität, die erst einmal die jeweilige Gruppe aktivieren will (jeden nach seinen Möglichkeiten und Fähigkeiten) und nicht darauf wartet, daß staatliche oder kirchliche „Obrigkeiten“ den Anstoß geben. Aus dieser Wurzel, nicht nur aus „Nächstenliebe“, aus Prestigedenken oder gar aus Schuldgefühlen wächst Alexander Kiskers Aktivität im karitativen Bereich oder in der Organisation und Finanzierung der Aufgaben seiner Kirchengemeinde.

Im Rahmen der Entwicklung des bürgerlichen Selbstverständnisses war er eine Persönlichkeit, deren politische Vorstellungswelt dem gemäßigten Liberalismus der ersten Hälfte des 19. Jahrhunderts entstammte. In einer Stadt wie Lippstadt, die sich relativ langsam, wenn auch im Rahmen eines der führenden deutschen Wirtschaftsgebiete entwickelte, war er vielleicht so etwas wie der „ideale“ Repräsentant der bürgerlichen Führungsschicht. Für Maron ist er die „hervorragendste Persönlichkeit“ der politischen Führungsschicht in Lippstadt in der zweiten Hälfte des 19. Jahrhunderts.[255]

Das Verhältnis zwischen Wirtschafts- und Bildungsbürgertum scheint bei ihm wenig Spannungen gekannt zu haben. Dazu mag beigetragen haben, daß bei den Kiskers Ehen zwischen Mitgliedern dieser Gruppen häufig waren. Es mag auch verständlich sein aus der Entwicklung der deutschen Gesellschaft gegen Ende des 19. Jahrhunderts: Bourgeoisie und Bildungsbürgertum rückten zusammen, als die Kluft zum Kleinbürgertum sich vertiefte.

Alexander Kisker gehörte zu der kleinen Gruppe der Gesellschaft, die die ökonomischen Voraussetzungen zur Teilnahme an der bürgerlichen Kultur im Bereich von Wissenschaft, Literatur, Kunst und Bildungsreisen hatte. Die Freude an der gärtnerischen Gestaltung gehört ebenfalls in diesen Zusammenhang. Es ist bei ihm erkennbar die Hochachtung vor der Wissenschaft, das Interesse vorwiegend an historischer Literatur, die Freude an Bildungsreisen. Über sein Verhältnis zu den bildenden Künsten ist nichts bekannt; als Mäzen hat er sich wohl nicht betätigt. – Wo Familienglieder im beengteren finanziellen Rahmen des Bildungsbürgertums (zumeist als Pfarrer und Juristen) lebten, hat er sie selbstverständlich unterstützt. Ein vertrauensvolles Verhältnis verband den Alternden mit seinen beiden akademischen Schwiegersöhnen W. Rothert und W. Delhaes.

Alexander Kisker hatte das Selbstgefühl eines Bürgers, der sich als Mitglied nicht nur einer aufsteigenden, sondern auch einer prägenden Schicht verstand. Seine Persönlichkeit und sein erfolgreiches Wirken beeindruckten seine Umgebung. In allen Würdigungen und Nachrufen schwingt ein warmer Ton mit. Sie heben seine Einfachheit und seine „Lauterkeit“ hervor – heute würde man das Integrität nennen.

Benutzte Archive

STA LP – Stadtarchiv Lippstadt
A ev. KG LP – Archiv der Evangelischen Kirchengemeinde Lippstadt
WWA DO – Westfälisches Wirtschaftsarchiv Dortmund
STA MS – Staatsarchiv Münster
A BA B – Archiv der von Bodelschwinghschen Anstalten Bethel

Abkürzungen

„Patriot“	Der Patriot, Lippstädter Zeitung (Laumanns Druck und Verlag, Lippstadt)
Heimatbl.	Heimatblätter, gegr. 1914, Beilage zum „Patriot“

Mein Dank gilt den Verwandten, die mir in Gesprächen und durch die Einsicht in Dokumente, Briefe und weiteres Material behilflich gewesen sind, besonders:

Alexander (Axel) Kisker, Lippstadt,	Pr. Bes. A.K.
Elisabeth Schäfer, Künzelsau,	Pr. Bes. E.S.
Roswitha Classen, Göttingen,	Pr. Bes. R.Cl.
Elisabeth Koffmane, Stuttgart,	Pr. Bes. E.K.
Eberhard Halbrock, Hamburg,	Pr. Bes. E.H.
Firma Alexander Kisker, Lippstadt,	Fa. A. Kisker

Mein Dank gilt ferner Dr. Walberg, dem Leiter des Stadtarchivs Lippstadt, und Dr. Reininghaus vom Westfälischen Wirtschaftsarchiv in Dortmund.

Anhang

Nachfahrentafeln der Familien:
Wilhelm Kisker – Tafel 1
Johann Diedrich Epping – Tafel 2
Alexander Kisker – Tafel 3
Auszug aus der Stammtafel der Familien Epping/Kisker/Sterneborg/Mumme – Tafel 4

Tafel 1

Nachfahrentafel Christoph Wilhelm Kisker

	Christoph Wilhelm Kisker	1781–1856 Halle i.W. Begründer der Fa. Wilhelm Kisker in Halle i.W.
	⚭ 1803 Wilhelmine Dorothea Schwarze	1784–1833 Tochter des Kaufmanns Johann G.E. Schwarze in Enger i.W.
1.	Wilhelm Eduard 1804–1882 ⚭ 1834 Wilhelmine Steller 1814–1876	Inhaber der Fa. Wilhelm Kisker in Halle i.W.
2.	Georg Carl 1806–1880 ⚭ 1838 Clara König 1816–1877	Kreisgerichtsrat zu Arnsberg
3.	Wilhelmine Jeanette Mathilde 1809–1852 ⚭ 1828 Heinrich Karl Lampe 1800–1850	 Kreisgerichtsdirektor
4.	August Wilhelm 1809–1811	
5.	Wilhelm August 1812–1881 1) ⚭ 1840 Wilhelmine Krönig 1821–1843 2) ⚭ 1853 Emmeli Consbruch 1828–1920	Begründer der Fa. A. W. Kisker in Bielefeld
6.	Chr. Fr. Alexander 1813–1817	
7.	Ein Sohn 1815	
8.	Theodor Adolf 1817–1839	Apotheker
9.	Otto Alexander 1819–1906 ⚭ 1846 Wilhelmine Epping 1826–1882	Begründer der Fa. Alexander Kisker in Lippstadt
10.	Oscar Kisker 1821–1892 ⚭ 1853 Valesca Scalla 1834–1916	Begründer der Fa. Oscar Kisker in Stettin

zusammengestellt von Verf.' im Anschluß an ROTHERT, 1906, Tafeln 3 - 9.

Tafel 2

Nachfahrentafel Johann Diedrich Epping

Johann Diedrich Epping	1794–1869 in Lippstadt Fa. J. D. Epping – Kolonialwaren – Großhandel
⚭ 1824 Charlotte Koch	1804–1890 Tochter des Kaufmanns Joh. Conr. Koch in Detmold und der Friederike W. Epping

---

1.	Wilhelmine (Minna) 1826–1882 ⚭ 1846 Alexander Kisker 1819–1906	Begründer der Fa. A. Kisker in Lippstadt (Brennerei u. Kolonialwaren)
2.	Johann Diedrich Wilhelm 1828–1867 ⚭ 1860 Martha Delhaes 1840–1893	
3.	Amalie 1832–1855 ⚭ 1854 Hermann Rhenius	Oberstabsarzt
4.	Caroline 1834–1918 ⚭ 1855 Jacob Henrich Sterneborg 1828–1903	Oekonomie- u. Commissionsrath in Lippstadt
5.	Pauline 1836–1912 ⚭ 1877 August von Delhaes 1822–1888	Gutsbesitzer in Borowko
6.	Carl Diedrich 1838–1916 ⚭ 1873 Ida Redicker 1853–1932	Inhaber der Fa. J. D. Epping in Lippstadt
7.	Marie 1840–1936	
8.	Aline 1846–1924 ⚭ 1865 G. F. Overbeck 1837–1905	Kaufmann in Bremen

zusammengestellt von Verf.' nach Angaben von Dieter Epping u. Hilde Leimbrock, Lippstadt.

Tafel 3

ALEXANDER KISKER *** 29.07.1819 - Halle /Westf. † 08.06.1907 - Lippstadt**

Begründer der Firma A. Kisker in Lippstadt, Kommerzienrat
Stadtverordnetenvorsteher 1868-1898
Ehrenbürger der Stadt Lippstadt

Antonie
* 31.05.1847 - Lippstadt
† 30.10.1924 - Hannover
⚭ 08.11.1871 mit
Wilhelm Rothert
* 28.04.1842 - Lingen
† 06.10.1915 - Hannover
Pfarrer in Heisede,
Loccum, Superintendent
in Clausthal und Nienburg

1. Johanna
   * 17.07.1873 -
   † 15.06.1893 - Leopoldshall
   ⚭ 16.08.1892 mit
   Alfred Siemens
2. Ida
   * 27.07.1874 -
   † 11.03.1958 - Bethel
   ⚭ 09.10.1894 - mit
   Otto Doeltz
   * 22.11.1863 -
   † 15.03.1948 - Jeggen
   Professor/Mineralogie
3. Elsbeth
   * 08.10.1876 - Heisede
   † 17.04.1970 - Scherfede
   ⚭ 01.09.1896 mit
   Alfred Siemens
   * 20.12.1864 -
   † 23.12.1920 - Halle/S.
   Bergrat
4. Willi
   * 01.11.1877 -
   † 26.08.1893 -
5. Antonie
   * 06.03.1881 -
   † 09.09.1974 - Hannover
   ⚭ 07.06.1904 mit
   Otto Koellner
   * 03.02.1875 - Hannover
   † 17.09.1939 - Hannover
   Regierungsdirektor

Familien
Alfred Siemens
Otto Koellner

Johanna
* 05.09.1849 - Lippstadt
† 30.06.1924 - Berlin
⚭ 05.09.1873 mit
Wilhelm Delhaes
* 01.02.1843 - Lippstadt
† 21.11.1912 - Berlin
Dr. med. Geheimer
Sanitätsrat, Berlin

1. Antonie
   * 31.01.1875 - Berlin
   † 02.02.1971 - Berlin
   ⚭ 21.06.1895 mit
   Friedrich Meinecke
   * 30.10.1862 - Salzwedel
   † 06.02.1954 - Berlin
   Prof. Dr. phil.
2. Martha
   * 27.06.1876 - Berlin
   † 13.12.1876 - Berlin
3. Aline
   * 14.02.1878 - Berlin
   † 22.08.1881 - Berlin
4. Alexander
   * 01.02.1881 - Berlin
   † 03.05.1980 - Tübingen
   Dr.jur., Regierungsdirektor
   ⚭ 16.10.1912 mit
   Elly Carp
   * 10.02.1891 - Jüterbog
   † 17.02.1966 - Tübingen
5. Wilhelm
   * 31.10.1883 - Berlin
   gef. 25.09.1915 - bei
   La Bassée
   Dr. rer. nat.
   ⚭ 24.06.1911 mit
   Margarethe Lisco
   * 03.07.1890 -
   † 02.09.1969 - Berlin
6. Dorothea
   * 16.05.1888 - Berlin
   † 31.11.1960 - Göppingen
   Fürsorgerin in Liegnitz
7. Johanna
   * 27.04.1890 - Berlin
   † 03.06.1930 - Neubran-
   denburg

Familien
Friedrich Meinecke
Alexander Delhaes
Wilhelm Delhaes

Eduard Wilhelm
* 09.06.1851
 - Lippstadt
† 29.09.1851
 - Lippstadt

Alexander
* 22.02.1854 - Lippstadt
† 06.02.1911 - Lippstadt
Teilhaber der Firma
A. Kisker
⚭ 27.01.1883 mit
Clara Müller
* 02.05.1860 - Hückeswagen
† 17.11.1941 - Lippstadt
Tochter des Fabrikbesitzers
Reinhard Müller
und der Eugenie geb. Haßelkus
in Hückeswagen

1. Minna
   * 16.01.1884 - Lippstadt
   † 05.03.1976 - Kassel
   ⚭ 06.08.1910 mit
   Hans Schwacke
   * 24.06.1876 -
   † 22.09.1955 -
   Major a.D.
2. Margarethe
   * 04.03.1885 - Lippstadt
   † 14.02.1941 -
   Gemeindeschwester in
   Lengerich
3. Alexander
   * 18.11.1886 - Lippstadt
   † 20.10.1925 - Lippstadt
   Besitzer der Firma A. Kisker
   ⚭ 10.08.1920 mit
   Marie-Margarethe Staats
   * 21.09.1899 - Lippstadt
   † 12.01.1979 - Lippstadt
4. Clara
   * 27.02.1889 - Lippstadt
   † 01.01.1983 - Lippstadt
   ⚭ 26.09.1911 mit
   Waldemar Christ
   * 31.03.1883 - Glogau
   † 14.01.1929 - Witten
   Major a.D., Kaufmann
5. Martha
   * 27.10.1893 - Lippstadt
   † 21.02.1974 - Lippstadt
   ⚭ 1936 (gesch.)
   Friedrich Weller
   * 05.10.1879, Kaufmann
6. Eugenie
   * 18.01.1895 - Lippstadt
7. Else
   * 30.05.1896 - Lippstadt
   ⚭ 14.04.1920 mit
   Fritz Epping
   * 25.03.1885 - Lippstadt
   † 13.09.1938 - Lippstadt
   Kaufmann

Familien
Alexander Kisker
Waldemar Christ
Fritz Epping

Tafel 3 - zusammengestellt von Verf.' nach
– ROTHERT, 1906, Tafel 8
– Ergänzungen, s. Anm. 1
– eigenen Nachforschungen

Eine Fortsetzung dieser Nachkommentafel bis Stand 1986, Maschinenschrift, im Besitz der Verf.'

⚭ 12.09.1846 mit

WILHELMINE EPPING

Tochter des Kommerzienrates Joh. Dietrich Epping und der Charlotte geb. Koch in Lippstadt
* 25.05.1826 in Lippstadt, ertrunken 26.08.1882 bei Pallanza, beerdigt in Lippstadt

---

Wilhelm
* 26.11.1858 - Lippstadt
† 25.01.1928 - Berlin
Jurist, wirkl. Geh. Oberregierungsrat, Senatspräsident, Berlin
1 ⚭ 20.08.1887 mit
Elisabeth Schulz
* 14.09.1864 - Dortmund
† 16.09.1919 - Berlin
Tochter des Kaufmannes Hermann Schulz u. der Laura geb. Müllensiefen Dortmund
2 ⚭ 25.03.1922 mit
Marie verw. Erdmann geb. Bruns
* 08.11.1875 - Bremen
† 18.10.1945 - Regensburg

Maria
* 26.10.1860 - Lippstadt
† 23.04.1953 - Bielefeld
⚭ 10.02.1887 mit
Hermann Bansi
* 19.07.1853 - Bielefeld
† 31.07.1919 - Berlin
Fabrikant in Bielefeld
Pfarrer in Bredereiche (Altmark)

Oscar
* 21.07.1862 - Lippstadt
† 14.05.1921 - Arnsberg
Teilhaber der Firma A. Kisker
⚭ 01.12.1896 mit
Anna Hormann
* 27.10.1875 - Loccum
† 21.04.1962 - Lippstadt
Tochter des Bauern und Färbers A. Hormann und der Anna geb. Bußmann in Loccum

Eduard Carl
* 19.09.1865 - Lippstadt
† 11.12.1865 - Lippstadt

---

1. Wilhelmine
   * 12.12.1888 -
   † 13.12.1888 -

2. Hans
   * 13.04.1891 -
   † 02.09.1919 - Keighley (engl. Kriegsgefang.)
   Rechtsreferendar

3. Elisabeth
   * 23.04.1894 - Bonn
   † 24.01.1959 -
   ⚭ 06.09.1920 mit Karl-Ludwig Berger
   * 16.02.1895 - Witten
   † 12.08.1951 - Witten
   Dr. jur. Rechtsanwalt

4. Dora
   * 17.09.1896 - Berlin
   † 05.08.1933 - Düsseldorf
   ⚭ 15.11.1919 mit
   Werner Freund
   *
   †
   O-Regierungsrat

5. Wilhelmine (Minta)
   * 24.09.1901 - Berlin
   † 28.02.1962 -
   ⚭ 20.06.1929 mit
   Felix Roch
   * 20.05.1901 - Brehna
   † 18.09.1975 - Venedig
   Dr. phil. Meeresbiologe

---

1. Minna
   * 01.03.1890 -
   † 25.08.1969 - Bielefeld
   ⚭ 08.11.1911 mit
   Georg Halbrock
   * 22.09.1877 -
   † 29.09.1939 - Bielefeld
   Kaufmann

2. Heinrich
   * 04.09.1891
   vermißt 1945
   Pfarrer in Jübar (Altmark)
   ⚭ 27.04.1921 mit
   Elisabeth Gravemann
   * 23.02.1896 -
   † 09.11.1978 - Bielefeld

3. Magdalene
   * 18.12.1898 -
   † 11.03.1916 -

4. Alexander
   * 22.11.1900 -
   † 09.05.1954 - Unna
   Pfarrer in Unna
   ⚭ 14.10.1930 mit
   Gertrud Walter
   * 09.05.1902 -
   † 29.10.1983 - Unna

---

1. Erna
   * 03.09.1897 - Lippstadt
   † 09.01.1976 - Osnabrück
   ⚭ 18.09.1919 mit
   Wilhelm Saalbach
   * 04.10.1891 -
   † 16.11.1962 - Osnabrück
   Pfarrer in Osnabrück

2. Johanna
   * 30.10.1899 - Lippstadt
   † 30.01.1967 - Lippstadt
   ⚭ 20.06.1922 mit
   Paul Dahlkötter
   * 12.10.1889 - Steinhagen
   † 23.03.1973 - Lippstadt
   Pfarrer in Lippstadt

3. Oskar
   * 13.12.1901 - Lippstadt
   † 05.11.1988 - Swakopmund
   Pflanzer in Alto Cubal/Angola
   ⚭ 04.08.1934 mit
   Liselotte John
   * 28.10.1915 -

4. Ida
   * 17.05.1906 - Lippstadt
   ⚭ 17.10.1939 mit
   Walter Neuhaus
   * 24.11.1904 -
   gef. 06.01.1943 - Stalingrad
   Dipl.-Ing. Düsseldorf

5. Anneliese
   * 04.03.1910 - Lippstadt
   Dr. med.
   ⚭ 04.07.1936 mit
   Günther Blauel
   * 14.01.1908 - Tübingen
   gef. 30.06.1941 - Rußland
   Dr. med.

6. Marie-Margret
   * 11.12.1914 - Lippstadt
   Landwirtschaftslehrerin
   ⚭ 01.07.1939 mit
   Alfred Pechtol
   * 29.12.1910 - Dolaz/Ungarn
   † 22.03.1983 - Bad Salzuflen I

Familien
Karl-Ludwig Berger
Felix Roch

Familien
Georg Halbrock
Alexander Bansi

Familien
Wilhelm Saalbach
Paul Dahlkötter
Oskar Kisker
Walter Neuhaus
Günther Blauel
Alfred Pechtol

Tafel 4

Auszug aus der Stammtafel der Familien Epping / Kisker / Sterneborg / Mumme

- Großkaufmann Johann Epping (1761–1824)
  - Kommerzienrat Großkaufmann Johann Diedrich E. (1794–1869) SV 1836–1869 StV bis 1869
    - Schwiegersohn Kommerzienrat Brennereibesitzer Alexander Kisker (1819–1907) SV 1851–1898 StV 1869–1898
      - Brennereibesitzer Alexander Kisker (1854–1911) SV 1899–1911
    - Großkaufmann Carl Diedrich E. (1838–1916) SV 1877–1884 Mag 1884–1908
    - Schwiegersohn Ökonomie-kommissionsrat Jacob Sterneborg (1825–1903) Mag 1871–1878, 1881–1884
      - Gutsbesitzer Theodor Sterneborg (1856–1916) SV 1889–1910 StV 1898–1910
      - Eisenbahndirektor Hermann Sterneborg (1860–1929) SV ab 1911
  - Großkaufmann Hermann E. (1808–1877)
    - Großkaufmann Carl Hermann E. (1841–1915) SV 1885–1911
      - Schwiegersohn Eisenbahndirektor Hermann Mumme (1864–1937) SV ab 1913

SV - Mitglied der Stadtverordnetenversammlung; StV - Stadtverordnetenvorsteher; Mag - Magistratsmitglied
Aufgeführt sind nur diejenigen Nachkommen, die in Lippstadt politische Ämter innehatten.
Zusammengestellt nach: Kirchenbücher der evangelischen Gemeinde; Ergebnisse der Stadtverordneten- und Magistratswahlen. (MARON, 1988, S. 229)

Anmerkungen

1) Eduard ROTHERT, Die Familie Kisker, 1. Aufl., Düsseldorf 1891; 2. erw. Aufl. 1906. Dr. Eduard Rothert (1839–1916), Gymnasialprofessor in Düsseldorf, verheiratet mit Ida Kisker (1484–1913). s.o. Tafel 5.
Weitere Ergänzungen durch: Hans Kisker, 1924; Karl Kisker, 1926; Georg Kisker, 1951. Neuerdings Carl Friedrich Classen, 1987/89.
2) Im Privatbesitz von Axel Kisker; dazu der Brief von Karl Kisker an die Verwandten vom 10.8.1926.
3) s. Anm. 1; die nun folgende Passage ist u.a. auch ein Beleg für die preußisch-deutsche Geschichtsauffassung des ausgehenden 19. Jahrhunderts.
4) Ebd., S. 1f.
5) Ebd., S. 3f., ferner der Text zu Tafel 3.
6) Ebd., S. 3.
7) Reinold HARTWIG, eine Familienchronik, II. Band, 1985 (Maschinenschrift), S. 8–11. Dieser Band beschäftigt sich u.a. mit dem Bielefelder Zweig der Familie Kisker. Ich danke Rudolf Hartwig für die Einsichtnahme und für manche Hinweise.
Das Leben und Wirken von August Wilhelm Kisker (1812–1881), dem älteren Bruder von Alexander Kisker, hat eine neue Würdigung erfahren: Thomas WELSKOPP, „August Wilhelm Kisker", in: Rhein.-Westfäl. Wirtschaftsbiographien, Band 14, (Hg. Jürgen Kocka u. Reinhard Vogelsang), Münster 1991, S. 125–142. – Bei der Abfassung meiner Arbeit konnte ich sie noch nicht berücksichtigen.
8) E. ROTHERT, 1906, Tafel 3.
9) Wilhelm ROTHERT, Worte der Erinnerung, 11.6.1907 (Privatdruck, Lippstadt), S. 2f.
10) Grundlage für meine Ausführungen über Schnepfenthal sind die Festschriften 1884 und 1934.
Ich danke Herbert Kisker, Halle/W., für die Einsichtnahme und weitere Auskünfte. Zwischen 1817 und 1939 haben 13 Kiskers diese Internatsschule besucht.
Zu Chr. G. Salzmann neuerdings: Rainer WINKEL, Lehrerfortbildung heute – ein Plädoyer für die „Erziehung der Erzieher" in: Bericht über den 20. Seminartag des Bundesarbeitskreises der Seminar- und Fachleiter, Soest 1986, S. 52–56.
11) zitiert nach „Festschrift" Schnepfenthal 1934, S. 32.
12) E. ROTHERT, 1906, Text zu Tafel 8.
13) Festschrift Schnepfenthal 1934, S. 43.
14) Wilhelm Rothert an Alex Kisker, Loccum, 19.12.1883 (Pr. Bes. A.K.).
15) Antonie Meinecke, Lebenslauf meiner Mutter Johanna Delhaes geb. Kisker (Maschinenschrift), 1929 (Pr. Bes. R.Cl.).
16) Für Minna Kisker, 9.3.1896. (Im Besitz von Alexander Christ, Lippstadt).
17) Kreisblatt-monatlicher Anzeiger für den Kreis Lippstadt, Nr. 18, 4.3.1893.
18) Alexander Kisker an Rudolf Schaeffer, Lippstadt, 24.9.1876, in: HARTWIG, 1985, S. 16f.
19) Wilhelm ROTHERT, 1907, S. 3, s. Anm. 9.
20) E. ROTHERT, 1906, Text zu Tafel 8.
21) „Festschrift" Schnepfenthal 1934, S. 63, dort wird aus Schulunterlagen zitiert: „Alexander Kisker sammelte Hummern und Krebse für das Naturalienkabinett."
22) Während seines Frankreichaufenthaltes 1878/79 schreibt der Sohn Alex einige Briefe an den Vater auf französisch, um ihm seine Fortschritte zu zeigen. (Priv. Bes. A.K.).
23) E. ROTHERT, 1906, Text zu Tafel 8.
24) Vgl. S. 18 u. 24
25) WWA DO, Bestand Alexander Kisker.
26) Vgl. Anm. 7.
27) Martin SCHUMACHER, Auslandsreisen deutscher Unternehmer 1750–1851, Köln 1968 (Rhein.-Westf. Wirtschaftsarchiv Band 17), S. 175.
28) Die folgenden Ausführungen stützen sich auf die Stichwortaufzeichnungen des Reisetagebuchs von Alexander Kisker, vgl. Anm. 25.

29) Auskunft von Elisabeth Schäfer, 12.4.1988.
30) Im Privatbesitz von Axel Kisker.
31) Ebd.
32) Ebd.
33) Ebd., Bürgermeister Evertsbusch an Wilhelm Kisker, Lippstadt, 26.11.1844. (Pr. Bes. A.K.).
34) StA LP, D 105, Zivileinwohnerliste von Lippstadt, 1864.
35) Im Privatbesitz von Axel Kisker.
Die 87jährige Dame war noch ein Verbindungsglied zum 18. Jahrhundert. Ihr Vater, Justizrat Jacob Diedrich Brinkmann (1735–1785), hatte nach 1766 diesen Teil des aufgelassenen Festungsgeländes gekauft und den Garten angelegt.
Sie heiratete Gilles Delhaes (1754–1840), der als junger Kaufmann von Eupen nach Lippstadt gekommen war, um im Wollgeschäft seines Schwagers Joh. Diedr. Zurhelle zu arbeiten.
Er erbaute das elegante Haus am Marktplatz, das heutige „Stadtpalais" (vor 1788) und war nach 1794 mehrmals einer der zwei Bürgermeister der Stadt.
Ihr jüngster Enkel Wilhelm Delhaes heiratete 1873 Johanna Kisker, die zweite Tochter von Alexander Kisker.
Vgl. S. 78f, Tafel 3.
36) Vgl. S. 77, Tafel 2.
Unterlagen über die Familie Johann Diedrich Epping und die Firma J. D. Epping bei Hilde Leimbrock, Lippstadt, der ich für die Einsichtnahme danke.
Einen guten Einblick in das Leben der Eppingschen Familien (hier: Heinrich Hermann Epping (1807–1877) und Angelika geb. v. Bernuth (1812–1898) gibt Hermann ROTHERT, „Chronik eines reichen Lebens: Großmutter Angelika Epping" in: Heimatbl. 56/1976, Folge 1 - 3.
37) Zu bürgerlichen Vereinen wie der „Eintracht": Wolfgang HOFMANN, Die Bielefelder Stadtverordneten. Ein Beitrag zu bürgerlicher Selbstverwaltung und sozialem Wandel 1850–1914, Lübeck u. Hamburg 1964 (= Historische Schriften, Heft 390), S. 40–45.
38) Ausführlicher Bericht in: Kreisblatt – monatlicher Anzeiger für den Kreis Lippstadt, Nr. 18, 4.3.1893.
39) STA LP, Dep. 4: „Schützenverein", hier Protokollbuch 26.4.1857.
40) STA LP, Dep. „Turnverein", hier: Mitgliederlisten.
41) STA LP, Dep. „Liedertafel", besonders das „Notizbuch" und die „Chronik", (letztere für die Jahre 1844–1848, 1854–1861).
42) s. Anm. 40. Hier: Statuten in: Chronik, S. 4–11.
43) s. Anm. 40. Chronik, S. 105–145, Bericht über das Fest vom 14. - 17. August 1847 in Dortmund.
44) Ebd., S. 128f.
45) Ebd., S. 100.
46) s. Anm. 40. Hier: „Album".
47) s. Anm. 40. Hier: „Notizbuch", 14.4.1848 und „Chronik", S. 155f.
48) s. Anm. 40. Hier: „Chronik", S. 163–166, Bericht über das Konzert vom 30.7.1848.
Das „Notizbuch" hält für die Sitzung vom 12.3.1852 fest, daß beraten wurde über eine Bitte des Comitees des evangelischen Hospitals, das Kapital für die Flotte doch dem Hospital zu spenden. Dies wird mit folgender Begründung abgelehnt: „die Frage über das Bestehen oder Nichtbestehen der deutschen Flotte von Seiten des Deutschen Bundes ist noch nicht gelöst ..... Wir haben nicht das Recht, über die Deutsche Flotte anderweitig zu verfügen, sondern (müssen) erst das Schicksal der deutschen Flotte abwarten."
49) s. Anm. 40. Hier: „Notizbuch", 6.7.1849.
Besonders beliebte Lieder, die auf den Konzerten vorgetragen wurden:
Auf, Matrosen, die Anker ...
Frisch, ganze Compagnie ...
Komm, Liebchen ...
Stumm schläft der Sänger ...
Wir jungen Musikanten ...

50) Ebd., 16.11.1849.
51) Ebd., 26.3.1852.
52) s. Anm. 40. Hier: Mitgliederliste 1860.
53) Die folgenden Ausführungen stützen sich auf die Arbeit von Wolfgang MARON. Wirtschaft, Gesellschaft und Politik in Lippstadt 1815–1914, Lippstadt 1988. Vgl. besonders S. 67–80; 115–121; 142–148.
54) MARON, 1988, Tabelle 13, S. 34; Tabelle 30, S. 101.
55) Ebd., S. 80.
56) Ebd., Tabelle 38, S. 114.
57) Ebd., S. 121.
58) Ebd., S. 115f.
59) Ebd., S. 118f.
60) Ebd., S. 134f.
61) Vgl. S. 18.
62) Heinz-K. JUNK, Stadt und Stadtraum im 19. und 20. Jahrhundert in: Lippstadt – Beiträge zur Stadtgeschichte (Hg. Wilfried Ehbrecht), Teil II, Lippstadt 1985, S. 642–646;
MARON, 1988, S. 29–32.
Günter HAGEMANN, Die Festung Lippstadt, Bonn 1985, S. 134–136.
63) Die Angaben über die Kapitalausstattung verdanke ich Wilken Kisker, Halle/W.
64) STA LP, D 133, „Acta betr. die Anfertigung der Gewerbetabellen 1820–1879; Angaben über Brennereien gibt es erst ab 1862.
65) Preise: 600 Thlr. und 227 Thlr, in: „Kurze Chronik des Hauses Alexander Kisker", (Maschinenschrift, 6 Seiten, o.J.), (Pr. Bes. A.K.).
66) STA LP, F 763a; F 737; ferner Unterlagen im Privatbesitz von Axel Kisker. Die erste Dampfmaschine wurde in Lippstadt 1851 aufgestellt.
67) STA LP, D 104, 105, 107. Listen der Zivileinwohner für 1855, 1858, 1861, 1864 sind erhalten.
68) STA LP, F 775.
69) STA LP, F 775.
70) Wilhelm PETZOLD, Branntweinwirtschaft und Branntweinsteuergesetzgebung in Deutschland. Diss. Heidelberg 1928; S. 20f.
71) STA LP, D 133.
72) Im Privatbesitz von Alexander Christ, Lippstadt.
73) Alex Kisker an Alexander Kisker, Bordeaux, 26.2.1879 (Pr. Bes. A.K.).
74) WWA DO, Jahresberichte der Handelskammern für die Kreise Arnsberg, Meschede, Brilon, Angaben für die Jahre von 1873–1890; sie sind insgesamt sehr dürftig.
75) STA LP, D 133.
76) STA MS, OP 1514, Band 1, Blatt 86f.
77) Priv. Bes. A.K.
78) Alex Kisker an Alexander Kisker, London, 18.6.1879 (Pr. Bes. A.K.).
79) Arno HERZIG, Judentum und Emanzipation in Westfalen, Münster 1973 (= Veröffentlichungen des Provinzialinstituts für westfälische Landes- und Volkskunde, Reihe 1, Heft 17), S. 106f.
80) Jörg DRESP, Die Mitglieder der Lippstädter Bürgerwehr Anno 1848, Lippstadt 1979, S. 6 u. 15.
81) Hans-Josef SPRENGKAMP, Die ersten freien und demokratischen Wahlen in Lippstadt, in: Heimatbl. 70/1990, S. 158.
MARON, 1988, S. 52f.
82) MARON, 1988, S. 55, bs. Anm. 43.
83) Hier zitiert nach: Chronik der „Liedertafel", STA LP, Dep. „Liedertafel". – Die Initiative zu der „Adresse" ging von der Liedertafel aus.
84) Ebd.
85) Wilhelm KISKER, Gustav Wilhelm Kisker, ein Lebensbild aus der Zeit der preußischen Verfassungskämpfe von 1848, Berlin 1919 (Maschinenschrift), S. 9. (Pr. Bes. Verf.)

Gustav Wilhelm Kisker war der Bruder von Florenz und Julius Kisker, die mit Alexander Kisker in Schnepfenthal erzogen wurden. Die familiären Bande der Kiskers wurden noch dadurch verstärkt, daß drei Schwestern Krönig (Töchter des Kaufmanns Fr. W. Krönig und der Friederike geb. Scherr aus Bielefeld) drei Kiskers heirateten:

Mathilde Krönig	verh. mit Gustav Wilhelm Kisker
Clara Krönig	verh. mit Georg Kisker
Wilhelmine Krönig	verh. mit August Wilhelm Kisker,

die letzteren sind zwei Brüder von Alexander Kisker,
vgl. E. ROTHERT, 1906, Stammtafeln 2, 5, 7.

86) Seine Schwester Angelika (1812–1898) heiratete 1839 Heinrich Hermann Epping (1807–1877), Kaufmann (Tuchhandel) in Lippstadt. Vgl. Anm. 36.
Alexander Kiskers älteste Tochter Antonie (1847–1924) war mehrmals für Wochen im v. Bernuthschen Hause in Berlin, als sie dort wegen eines angeborenen Hüftleidens behandelt wurde, (Antonie Kisker an Wilhelm Rothert, Lippstadt, 12.9.1971).

87) MARON, 1988, S. 135–139.

88) Lippstädter Kreisblatt Nr. 91, 16.11.1861,
„Patriot“ Nr. 128, 17.11.1861, abgedruckt in: MARON, 1988, Anhang 5, S. 225f.

89) MARON, 1988, S. 138f.

90) STA MS, Reg. Arnsberg, I. Pr. Nr. 142. Vgl. Friedrich ZUNKEL, Der Rheinisch-Westfälische Unternehmer 1834–1879, Köln 1962, S. 220f., bes. Anm. 58.

91) STA MS, Reg. Arnsberg, 246, Blatt 2. Vgl. Anm. 90.

92) WWA DO, K 3, Jahresbericht der Handelskammer Bielefeld, 1866.
Vgl. ZUNKEL, 1962, S. 223–226.

93) Kurt KOSZYK, die deutsche Presse im 19. Jahrhundert, in: Gesichter der deutschen Presse, Teil 2, Berlin 1955, S. 226f.

94) Vgl. S. 35.

95) Christoph SCHÜTTE, Kommunalwahlen und Kommunalwahlrecht im 19. Jahrhundert in: Lippstadt, Beiträge zur Stadtgeschichte (Hg. Wilfried Ehbrecht), Teil II, Lippstadt 1985, S. 728f.

96) Lippstädter Kreisblatt Nr. 18, 4.3.1893.

97) W. ROTHERT, 1907, S. 6.

98) SCHÜTTE, 1985, S. 737. Vgl. MARON, 1988, S. 120f. und S. 229, „Auszug aus der Stammtafel der Familien Epping/ Kisker/ Sterneborg/ Mumme“, s.o. S. 80, Tafel 4.
Wie Alexander Kisker kam auch der andere Schwiegersohn von J.D. Epping von auswärts und erwarb sich schnell eine führende Stellung in der Stadt: Jacob Henrich Sterneborg (1828–1903), Oekonomie- und Commissionsrath. Im Magistrat: 1871–1878; 1881–1884. Er stammte vom Niederrhein, studierte Geodäsie und Landwirtschaft in Eldena bei Rostock und kam als Landmesser in den Kreis Paderborn. Er heiratete Caroline (Lilli) Epping (1834–1918). Er war ein Förderer der „Sozietät der Boker Heide“ (Meliorationen) und erwarb erheblichen Grundbesitz. Er veröffentlichte Arbeiten zu Meliorationen und zur Obstbaumzucht und legte Spargelplantagen am Qualenbrink an. Außerdem war er Generalagent der Aachen-Münchener Feuerversicherung. – In der evangelischen Kirchengemeinde galt seine Arbeit besonders der Zusammenlegung der beiden Lippstädter Gemeinden, dem Rechnungswesen und der Höheren Töchterschule. Er war dem Pfarrer Dreieichmann in lebenslanger Freundschaft verbunden. Beide Herren waren politisch national-konservativ eingestellt.
(Zusammengestellt nach: Bertha Heck geb. Sterneborg, „Erinnerungen an meinen Großvater“, Maschinenschrift, o.J.)

99) Helmut KLOCKOW, Stadt Lippe - Lippstadt, Lippstadt 1964, S. 261.

100) MARON, 1988, Tabelle X, S. 208; S. 210.

101) „Der Hahn“ Nr. 1, 3.1.1874.

102) Ebd.

103) Lippstädter Kreisblatt Nr. 90, 9.11.1892; „Patriot“ Nr. 251, 31.10.1904.

104) SCHÜTTE, 1985, S. 729 und 733.
105) MARON, 1988, S. 240–259, in diesem Literaturverzeichnis werden alle Darstellungen zur Entwicklung in Lippstadt in der 2. Hälfte des 19. Jahrhunderts angegeben.
106) Hartwig WALBERG, Es begann 1863, Lippstadt 1988, S. 16–32.
107) Ebd., S. 16.
108) Ebd., S. 54–68.
109) STA LP, P 4, Protokoll der Magistratssitzung vom 16.2.1885.
110) STA LP, E 195, 11.9.1880.
111) STA LP, F 663.
112) Ebd.
113) Ebd.
114) Ebd.
115) Ebd.
116) Ebd.
117) Vgl. S. 44, Kiskers Mitarbeit in der Evangelischen Kirchengemeinde.
118) STA LP, Va4 - 3, Verwaltungsbericht der Stadt Lippstadt für die Jahre 1873–1882, S. 13.
119) KLOCKOW, 1964, S. 254–256.
Ders., „Julius Ostendorf, ein Wegbereiter des Schulsports", in: Heimatkalender des Kreises Soest, 1988, S. 64–67.
Ders., „Von Seidenstücker bis Ostendorf", Lippstadt 1991, bes. S. 303–311.
120) STA LP, S Dc 71, Osterprogramm der Realschule, 1868, S. 7f.
121) STA LP, F 537, Sonderakten Kisker-Fonds, 11.2.1873.
122) Ebd., 25.7.1873.
123) Ein Vorbild des Kisker-Fonds mag die „Bansi-Stiftung" für die Witwen und Waisen der Gymnasiallehrer in Bielefeld gewesen sein. (Festschrift des Kindergartens „Stadtheide", Bielefeld 1961, S. 13).
124) STA LP, E 405, 406; ferner: V. Bitter, Handwörterbuch der preußischen Verwaltung, 1906, S. 760ff.
125) STA LP, S Dc 71, Osterprogramm der Realschule 1872, S. 19.
126) Erinnerungsblätter II zur fünfzigjährigen Jubelfeier der Anstalt, Lippstadt 1901, S. 40 (Priv. Bes. Verf.).
127) Philipp DEPDOLLA, Der Fall Müller, Sudhoffs Archiv der Geschichte der Medizin 33/34, 1940/41, S. 313.
128) Ebd., S. 312, 313. Neuerdings: Heiner Kresse, der Lippstädter Fall/ Prof. Dr. Hermann Müller, in: Heimatkalender des Kreises Soest 1981, S. 66–68.
129) Jürgen SCHÖLZEL, „Ein monumentaler Gedenkstein für Herrn Director Ostendorf", in: Heimatbl. 59/1979, S. 81–86.
130) Kreisblatt – Monatlicher Anzeiger für den Kreis Lippstadt, Nr. 18. 4.3.1893.
131) MARON, 1988, S. 80. Neuerdings: W. MARON, Lippstadt in der Industrialisierung, Heimatbl. 69/1989, S. 57–69.
132) STA LP, Pr. 19, Protokoll der Stadtverordnetenversammlung vom 27.7.1899; ferner Pr. 9, Magistratsprotokoll vom 24.7.1899.
133) STA MS, OP 1514, Band 1, Blatt 86–87, Gutachten des Regierungspräsidenten, Arnsberg, 24.5.1870.
134) Hauptquartier Homburg, den 8ten August 1870 (Priv. Bes. A.K.).
135) H. ROTHERT, 1976, vgl. S. 82, Anm. 36.
Als der Landrat von Werthern für Heinrich Hermann Epping die Ernennung zum Kommerzienrat erwirken wollte, winkte dessen Frau Angelika geb. v. Bernuth ab. Sie „konnte sich mit einem derartigen ‚plutokratischen Titel' nicht befreunden."
136) STA MS, OP 1514, Band 1, Blatt 283, Ministerium für Handel und Gewerbe, Berlin 14.4.1893.
137) A ev.KG LP, 1,6: Synodalbericht des Kirchenkreises Soest, 29.10.1857.
138) Carl TOPP, Gedächtnisrede auf Alexander Kisker, 11.6.1907 (Privatdruck).
139) Heinrich NIEMÖLLER, in: Festschrift des Evangelischen Krankenhauses Lippstadt, 1951, S. 22.
140) A ev.KG LP, 1,4; 1,8; HS 2; HS 3;

141) In den 80er und 90er Jahren ist es oft Jac.Henr. Sterneborg (1825–1903). Vgl. Anm. 98.

142) „Wahlen“: A evKG LP, HS 2; HS 3.

143) Ebd.

144) Hier als Beispiele: die Sitzungen des Presbyteriums vom 5. und 11. Juli 1875 mit den Themen: Pfarrergehalt, Steuerkraft der Gemeinde, Erhebung einer Kirchensteuer, A ev.KG LP, HS 2.

145) A ev.KG LP, 6,1–6,12, Renovierung der Marienkirche.

146) Gangolf Dreieichmann an Marie Epping, Lippstadt, 21.9.1884, A ev.KG LP, 6,10. Als Vergleichszahlen: Der Etat der Kirchengemeinde betrug 1885 5990 Mark (HS 3).
Am 21.9.1884 wurde eine Kirchensteuer für die Gemeinde aufgelegt, sie erbrachte 1570 Mark (HS 3).

147) Rundschreiben der Presbyter an die „Mitglieder der Großen Marien-Gemeinde“ (gedruckt), A ev.KG LP.

148) A ev.KG LP, 6,7.

149) A ev.KG LP, 6,9, 23.9.1873.

150) A ev.KG LP, HS 3. In diesen Zusammenhang gehört das Dankschreiben des Presbyteriums an Alexander Kisker vom 9.7.1881 (Pr. Bes. A.K.).

151) A ev.KG LP, HS Protokollbuch, 15.12.1897.

152) A ev.KG LP, HS Protokollbuch, 13.4.1903.

153) Vgl. S. 71.

154) Alexander Kisker jun. an das Hospital, 15.10.1907 (Pr. Bes. A.K.).

155) Pfarrer Cramer an Alexander Kisker jun., Lippstadt, 14.6.1907, mit dem Dank für das „wahrhaft nobele Legat“ von 5000 Mark für das katholische Hospital (Pr. Bes. A.K.).

156) STA LP, F 663 – Sonderakten evangelisches Hospital.

157) A ev.KG LP, 6,56.

158) „Patriot“, 9.6.1907.

159) Vgl. S. 77, Tafel 2 und Anm. 98.

160) W. ROTHERT, 1907, S. 6.

161) Zur Erweckungsbewegung: „Frommes Volk und Patrioten“, Erweckungsbewegung und soziale Frage im östlichen Westfalen 1800–1900, herausgegeben von J. Mooser, R. Krull, B. Hey, R. Gießelmann, Bielefeld 1989.

162) Zur Förderung von „Evangelisation und Gemeinschaftspflege“ entwickelten sich nach 1869 in der Schweiz und in Deutschland „Chrischona-Gmeinden“. Die „Pilgermission St. Chrischona“ bei Basel ist eine der größte pietistischen Organisationen im deutschsprachigen Europa.

163) Seine Tochter Minna arbeitete ehrenamtlich in Stöckers „Berliner Stadtmission“ mit. – Ihrem Sohn Eberhard Halbrock danke ich für Auskünfte über die Familie Bansi.

164) W. ROTHERT, 1907, S. 5.

165) Hans Hölzlein, Chronik des deutschen Branntweinmonopols, herausg. v.d. Bundesmonopolverwaltung, o.J. (1987/88), S. 1–18.

166) Kurze Chronik des Hauses Alexander Kisker, Lippstadt, o.J. (Maschinenschrift). Sie hatte ein Brennrecht von 1.000 Ltr. Steinhägergeist (r.a.). Diese Menge reichte für die Herstellung von ca. 300.000 Ltr. Steinhägergeist 38%.

167) Ebd.

168) Ebd.

169) Ebd. Sie hatte ein Brennrecht von 55.662 Ltr. (r.a.)

170) Ebd., Brennrechte von 79.395 Ltr. und 64.950 Ltr. (r.a.)

171) STA LP, F 775.

172) Vertrag zwischen der Firma Alex. Kisker und dem Handlungsgehilfen Bernh. Bartels (Priv. Bes. A.K.).

173) MARON, 1988, S. 125, Tabelle 44 – Arbeitslöhne in Lippstadt 1882/84. Man mag von einem Tageslohn von 2,00 - 2,50 Mark ausgehen.

174) Priv. Bes. A.K. 1895 hatte die Firma 14 Angestellte und Arbeiter.

175) Ich danke Frau Hanna Schulze geb. Biere, Lippstadt, für ihre Auskunft am 20.3.1988.
176) Wilhelm Kisker spielte als juristischer Berater der Familie, besonders auch in Testamentsangelegenheiten, eine wichtige Rolle.
177) Auskunft von Dieter Epping, Geschäftsführender Gesellschafter der Fa. A. Kisker, Lippstadt.
178) Aktenbestand Firma A. Kisker.
179) Die Testamente, der Übertragungsvertrag von 1903, die „Geheimjournale" der späten Jahre, die Unterlagen über die Erbauseinandersetzung von 1907.
180) An den Zechen: Sieben Planeten, Blankenburg, König Wilhelm, Meteor, s. Anm. 179.
181) Ich danke Wilken Kisker in Halle/W. für seine Auskunft.
182) Urkunde des Königlich Preußischen Kreisgerichts in Lippstadt vom 9. September 1868 (Priv. Bes. A.K.).
183) Alexander Kisker, Für meine Kinder und Enkel zur Erinnerung an ihre Mutter und Großmutter, AUFZEICHNUNG vom September 1882 (mehrere Abschriften im Familienbesitz).
184) Aktenbestand Fa. A. Kisker.
185) Notar Hermann Dunker. (Mehrere Abschriften im Familienbesitz).
186) Alexander Kisker an Wilhelm Rothert, Lippstadt, 20.7.1871 (Pr. Bes. A.S.).
187) Antonie Kisker an Wilhelm Rothert, Lippstadt, 31.8.1871, in: „Des Lebens Goldene Zeit" – Briefwechsel des Brautpaars (Pr. Bes. E.S.).
188) s. Anm. 207. In dieser Charakteristik von Minna Kisker fließen zusammen die Erinnerungen ihrer Tochter Johanna und ihrer Enkelin Antonie.
189) s. Anm. 187; Lippstadt, 11.9.1871.
190) Ebd., Lippstadt, 12.9.1871.
191) Ebd., Lippstadt, 31.8.1871.
192) Minna Kisker an Oscar Kisker, Lippstadt, 4.3.1882 (Pr. Bes. Verf.).
193) s. Anm. 187.
194) Alexander Kisker an Wilhelm Rothert, Lippstadt, 6.12.1874 (Pr. Bes. E.S.).
195) Alexander Kisker an Wilhelm Rothert, Lippstadt, 19.1.1872 (Pr. Bes. E.S.).
196) Prospekt der „Mädchen-Erziehungsanstalt der Familie Kapp in Zürich, auf der Platte, Januar 1863 (i. Pr.Bes. E.S.).
197) s. Anm. 207.
198) Ebd.
199) s. Anm. 187.
200) Ebd., Lippstadt, 12.10.1871.
201) Ebd., Lippstadt, 16.10.1871.
202) Aus Gesprächen der Verf.' mit Brigitte und Agathe Meinecke, Adelheid und Karl Berger u.a.
203) Lippstadt, 14.11.1894 (Pr. Bes. R.Cl.).
Friedrich Meinecke (1862–1954), Professor für Mittlere und Neue Geschichte, zuletzt in Berlin. Mitbegründer und Ehrenrektor der Freien Universität Berlin.
Zur Verbindung mit den Familien Delhaes und Kisker: Friedrich MEINECKE, Erlebtes 1862–1901, Leipzig 1941, S. 187–193.
204) Alexander Kisker an Johanna Delhaes, Lippstadt, 14.11.1894: „Bei meinen eigenen Kindern bin ich daran gewöhnt, daß sie mich nicht ins Vertrauen gezogen haben ..." (Pr. Bes. R.Cl.).
205) Bardowick, 18.7.1871, s. Anm. 187.
206) Angaben in „Allgemeine Hannoversche Biographie", Hannover 1914:
W. ROTHERT, „Die Innere Mission in Hannover", ders., „Im alten Königreich Hannover (1814–1866)". Ferner als Manuskript die „Selbstbiographie" in: „Goldenes Buch der Familie Rothert", herausgegeben von E. Rothert (Pr. Bes. E.S.).
207) Seine Eltern: Wilhelm Delhaes (1801–1843) und Dorothea geb. Schmidt (1810–1892).
Zur Familie Delhaes: s.o. S. 20, bes. Anm. 35.
Dr. Wilhelm Delhaes (1843–1912) heiratete 1873 Johanna Kisker (1849-1924), s.o. S. 78, Tafel 3.

Die Tochter Antonie Meinecke (1875–1971) berichtet über ihre Eltern: „Der Lebenslauf meines Vaters Wilhelm Delhaes" (Maschinenschrift, 1934) und: „Der Lebenslauf meiner Mutter Johanna Delhaes geb. Kisker" (Maschinenschrift, 1929), (Pr. Bes. R.Cl.).
Es bestanden verwandtschaftliche Verbindungen zu den Eppings:
Karl Delhaes (1791–1831) ⚭ Charlotte Epping (1799–1858),
zu weiteren Verbindungen s.o. S. 77, Tafel 2.

208) Vgl. Anm. 207.

209) Marcel REICH-RANICKI, „Fachleute für menschliche Leiden", in: Literaturbeilage der „Frankfurter Allgemeine Zeitung", 9.12.1986, ferner: Antonie MEINECKE, „Erinnerungen an Theodor Fontane und seinen Hausarzt Dr. Wilhelm Delhaes", in: Jahrbuch für brandenburgische Landesgeschichte, Band 15/1964, S. 161–164. Mete Fontane schenkt der 15jährigen Antonie Meinecke den neusten Gedichtband ihres Vaters mit der Widmung: „Möchten Sie meinen Vater so lieb gewinnen, wie ich den Ihren." (Ebd. S. 161).

210) Alexander Kisker an Wilhelm Rothert, Lippstadt, 19.1.1872 (Pr. Bes. E.S.).

211) Sein Großvater Johann Fortunat Bansi (1792–1875), Sohn des calvinistischen Predigers aus Silvaplana/Engadin, war als Heranwachsender nach Bielefeld gewandert, um von seinem Bruder als Konditor ausgebildet zu werden. Er übernahm die Konditorei, gliederte eine Weinstube an und eröffnete später die erste deutsche Likörfabrik („Bansitropfen"), die seine Söhne Gottfried und Heinrich weiterführten. – Die Familie Bansi gehörte zu den tatkräftigsten Förderern der v. Bodelschwinghschen Anstalten in Bethel; Gottfried Bansi (der Onkel von Hermann Bansi) war bis 1896 Vorstandspräses der Anstalten.
Hinweise verdanke ich Eberhard Halbrock und dem Archiv der v. Bodelschwinghschen Anstalten.

212) Maria Bansi an Antonie Rothert (ohne Datum, wohl 1896) (Pr. Bes. E.S.).

213) Heinrich TAPPE, Der Kampf gegen den Alkoholmißbrauch als Aufgabe bürgerlicher Mäßigkeitsbewegung und staatlich-kommunaler Verwaltung, in: H.J. Teuteberg, der Durchbruch zum modernen Massenkonsum (Studien zur Geschichte des Alltags), Münster 1987, S. 190.

214) Hermann Bansi war im 1. Weltkrieg Hilfsprediger in Berlin, 1919 wurde er Pfarrer in Bredereiche/Altmark.

215) E. ROTHERT, 1906, Text und Tafel 9.

216) Vgl. S. 15.

217) Priv. Bes. A.K.

218) Alex Kisker an Alexander Kisker, Cognac, 17.8.1878 (Pr. Bes. A.K.).

219) Einige Überweisungen werden erwähnt: 600 frcs, 500 frcs. L 20.

220) Alex Kisker an Alexander Kisker, London, 9.7.1879 (Pr. Bes. A.K.).

221) Alex Kisker an Alexander Kisker, London, 9.7.1879 (Pr. Bes. A.K.).

222) Alex Kisker an Alexander Kisker, London, 2.8.1879 (Pr. Bes. A.K.).

223) S. 78, Tafel 3.

224) Zur Familie H.C. Schulz: WWA DO, Bestand Berger.
H.C. Schulz (1825–1889): Sägewerk, Holzhandel, Immobilien in Dortmund.
Seine Frau Laura (1836–1889) aus der Familie Müllensiefen, Besitzer der Glashütte in Crengeldanz.

225) Alexander Kisker an Wilhelm Rothert, Lippstadt, 31.7.1874 (Pr. Bes. E.S.).

226) Wilhelm Rothert an Antonie Kisker, Bardowick, 31.8.1871, s. Anm. 187.

227) Alexander Kisker an Wilhelm Rothert, Lippstadt, 13.8.1874 (Pr. Bes. E.S.).

228) Alexander Kisker an Wilhelm Rothert, Lippstadt, 6.12.1874 (Pr. Bes. E.S.).

229) Ausmusterungsurkunde des Aushebungsbezirks Berlin I. (Pr. Bes. Verf.).

230) Es sind nur zwei Briefe an seine Braut erhalten: 1.10.1896 und 25.11.1896 (Pr. Bes. Verf.').

231) Aktenbestand Fa. Kisker.

232) S. 79, Tafel 3.

233) Für den Zeitraum von September 1896 - September 1900 sind neun Briefe von Alexander Kisker an seine Schwiegertochter Anna erhalten. Sie sind ausführlich und in einem sehr herzlichen väterlichen Ton gehalten (Pr. Bes. Verf.').

234) E. ROTHERT, 1906, S. 4.
235) Alexander Kisker, Aufzeichnung ..., s.o. S. 87, Anm. 183.
236) Ebd.
237) Ebd.
238) Ebd.
239) Ebd.
240) Ebd. – Weitere Berichte über die Katastrophe:
1) Alexander Kisker an seine Kinder, Pallanza, 26.8.1882,
2) Eduard Rothert an seine Frau Ida, Pallanza, 27.8.1882,
3) Eduard Rothert an seine Frau Ida, Düsseldorf, 30.8.1882,
4) Bericht „Hannoverscher Kurier“, 2.9.1882,
(1 im Privatbesitz von Anneliese Blauel, Dabringhausen,
2–4 WWA DO, Bestand Berger).
241) Alexander Kisker an Eduard Rothert, Lippstadt, 22.9.1882 (Pr. Bes. E.S.).
242) Alexander Kisker, Aufzeichnung ..., s.o. S. 87, Anm. 183.
243) Eine anschauliche Schilderung von Alexander DELHAES in seinem „Lebensbericht“, (Maschinenschrift, unveröffentlicht (Pr. Bes. E.K.). Ferner: Eva-Maria DAHLKÖTTER, „Der große Garten an der Lipperoder Landstraße – ein Beispiel bürgerlicher Gartenkultur des 19. Jahrhunderts“, Heimatbl. 71/1991, Folge 8.
244) Im Besitz von Elisabeth Koffmane, Stuttgart. Negative im StA LP.
245) Carl TOPP, 1907.
246) Wilhelm Kisker an Alexander Kisker, Berlin, 25.2.1893 (Pr. Bes. A.K.).
247) Wilhelm Delhaes an seine Tochter Antonie Meinecke, Berlin, 22.3.1903 (Pr. Bes. R.Cl.).
248) Wilhelm Delhaes an Antonie Meinecke, Berlin, 11.9.1903 (Pr. Bes. R.Cl.).
249) Wilhelm Delhaes an Antonie Meinecke, Berlin, 23.10.1903 (Pr. Bes. R.Cl.).
250) Alexander Kisker an Alex Kisker, Lippstadt, 13.1.1904 (Pr. Bes. A.K.).
251) Verträge und Briefe (Priv. Bes. Verf.’).
252) W. ROTHERT, 1907, S. 6.
253) Anregungen für meine Arbeit, besonders für dies Kapitel, verdanke ich: Jürgen KOCKA (Hg.): „Bürger und Bürgerlichkeit im 19. Jahrhundert“, Göttingen 1987. Vgl. besonders S. 30–63.
254) ZUNKEL, 1962, S. 157.
255) MARON, 1988, S. 120f.

Der Marschall als Bannerträger des Bischofs von Paderborn

von Rainer Decker

Eine bisher wenig beachtete Urkunde und weitere Aufzeichnungen im Archiv der Familie von Spiegel zu Peckelsheim in Helmern (Kreis Höxter) enthalten wichtige Angaben zur Bedeutung des Marschallamtes für die Bischöfe von Paderborn im Mittelalter[1]. Bevor darauf näher eingegangen wird, seien einige Bemerkungen zur Geschichte der Hofämter vorausgeschickt[2].

Wie an vielen anderen geistlichen und weltlichen Höfen des Reiches entstanden auch in Paderborn um 1180/90 die Ämter des Truchseß (Drosten), Kämmerers, Mundschenks und Marschalls[3]. Nach dem Vorbild des Königshofes umgab sich der Paderborner Bischof fortan mit vier obersten Hofbeamten. Dies hatte einen praktischen Nutzen im Hinblick auf die immer wichtiger werdenden weltlichen Aufgaben eines geistlichen Reichsfürsten. Die vier klassischen Hofämter, neben denen es kleinere Stellen, z.B. die des Kochs, des Bäckers oder des Jägermeisters gab, unterstrichen aber auch durch ihren repräsentativen Charakter den hohen Status des Dienstherrn, wogegen rangniedrige Adlige und manche geistlichen Gemeinschaften sich mit einem einzigen Hofbeamten begnügten, wenn sie nicht ganz auf dieses Amt verzichteten. So standen dem Dompropst und dem Abt des Benediktinerklosters Abdinghof in Paderborn lediglich Truchsesse zur Seite, während die Reichsabtei Corvey und die – teilweise aus Hochadligen bestehenden – Damenstifte Neuenheerse und Böddeken sich auch Marschälle, Kämmerer und Mundschenken leisteten.

Diese Hofbeamten gehörten dem Ministerialen-Stand an. Sie bildeten die oberste Schicht der „familia", der Gemeinschaft der unfreien Bauern, Knechte und Diener eines weltlichen oder geistlichen Herrn.

Über die Amtspflichten der vier obersten Hofbeamten des Bischofs von Paderborn liegen nur spärliche Angaben vor. Lediglich für den Kämmerer findet sich in einer Urkunde von 1334 eine genaue Aufzeichnung seiner Rechte und Pflichten[4]. Für den Marschall und die anderen Beamten konnten die Kompetenzen bisher nur indirekt, durch Analogieschluß, d.h. durch den Verweis auf die entsprechenden Ämter in anderen Territorien, wo die Quellenlage besser ist, ermittelt werden. So wurde vermutet, daß der Paderborner Marschall wichtige militärische Funktionen im Dienste seines bischöflichen Herrn wahrnahm[5].

Diese Annahme erhält durch die erwähnte Urkunde von 1451 eine willkommene Bestätigung und Präzisierung. In dem Vertrag zwischen den Brüdern Gerd und Jürgen Spiegel einerseits sowie Albert von Flechten andererseits wurde ein Erbschaftsstreit beigelegt. Dieser war im Jahre 1425 nach dem Tode des Knappen Ludolf Marschall, des letzten Mitgliedes dieser Paderborner Ministerialenfamilie entstanden[6]. Es ging darum, wer die umfangreichen bischöflichen Lehen des letzten Marschalls erben sollte. Der Lehnsherr, Erzbischof Dietrich von Köln als Administrator des Bistums Paderborn, belehnte 1425 Ludolf von Flechten, den Vater Alberts, mit den Gütern

Ludolf Marschalls. Dem traten aber die Angehörigen der Familie Spiegel zu Peckelsheim entgegen. Sie verwiesen darauf, daß Ludolf Marschall schon im Jahre 1408 mit Zustimmung des damaligen Bischofs das Amt seinem Neffen Hermann Spiegel, dem Vater Gerds und Jürgens, übertragen hatte, weil Ludolf, wie es 1451 hieß, keinen lehnsfähigen Leibeserben hatte und er sein Amt aus Altersgründen nicht mehr ausüben konnte. Der Streit wurde nun dadurch beigelegt, daß die Spiegel die bischöflichen Lehen des letzten Marschalls erhielten, aber an Albert von Flechten weiterverliehen. Für den Fall, daß Albert ohne lehnsfähige Leibeserben starb, fielen auch diejenigen Güter, die er unmittelbar vom Bischof zu Lehen besaß, an die Spiegel. Dies trat schon 1462 ein, so daß die Spiegel zu Peckelsheim fortan sowohl über die ursprünglich der Familie Marschall als auch die den von Flechten gehörenden bischöflichen Lehen verfügten[7].

Über diese genealogischen Einzelheiten hinaus ist die Urkunde von 1451 aber für die Geschichte des Marschallamtes von Interesse. Besonders aufschlußreich wird sie durch den Hinweis auf das Banner, das der Marschall führte. Mit der Übergabe des Amtes habe Ludolf, von Bischof Wilhelm dazu ermächtigt, auch das Banner des Stiftes Paderborn an Hermann Spiegel übertragen. Man erinnerte sich noch 1451, daß dieser es verwahrte und vielfach in Feldzügen führte („unde des stichts van Padeburn banner mannige tiid to velde unde to striide vorde"), so etwa, als Bischof Wilhelm dem Kölner Erzbischof Friedrich eine Niederlage bereitete („den scyn affwan") und auch Herzog Adolf von Kleve, Graf zur Mark, im Delbrücker Land war. Damit ist die Schlacht bei Delbrück im Dezember 1410 gemeint, über die wir durch den Bericht eines Zeitgenossen, des Paderborner Geistlichen Gobelin Person, gut unterrichtet sind[8]. Erzbischof Friedrich und Graf Adolf waren an der Spitze eines Heeres im Raum Delbrück in das Hochstift Paderborn eingefallen, aber dank des Einsatzes der Delbrücker Bauern und eines von Bischof Wilhelm rasch zusammengestellten Aufgebotes, bestehend aus seinen Vasallen und aus Paderborner Bürgern vertrieben worden.

An dieser Schlacht nahm demnach Hermann Spiegel als der neue Marschall des Bischofs teil und trug dabei, seinem Amt entsprechend, das Banner des Stiftes Paderborn. Seitdem führte Hermann, der bislang nur Knappe gewesen war, den Ritter-Titel – vielleicht hatte er sich besonders tapfer geschlagen[9].

Über Größe und Aussehen dieses Banners werden keine Angaben gemacht. Immerhin läßt der Urkundentext den Schluß zu, daß der Marschall das Banner reitend führte. Es wurde also nicht an einem hohen Mast hängend auf einem Fahnenwagen transportiert, wie dies für das Hochstift Würzburg und das Erzstift Köln aus dem letzten Drittel des 13. Jahrhunderts belegt ist[10]. Das Würzburger Banner ist erhalten. Das rechteckige Fahnentuch aus grauweißem Leinen ist fast 5 Meter hoch und drei Meter breit. Es zeigt die überlebensgroße Figur des Bistumspatrons, des hl. Kilian, mit Schwert und Stab. Das Gesicht ist aufgemalt, das Gewand aus gelber und grüner Seide aufgenäht, anderes wird durch Lederstreifen ausgedrückt[11].

Das Paderborner Banner dürfte nicht die Ausmaße des Würzburgers gehabt haben, wurde es doch, wie erwähnt, nicht auf einem Fahnenwagen befestigt, sondern der Marschall führte es vom Pferde aus. Auf dem Fahnentuch war vermutlich der Hauptpatron der Paderborner Kirche, der hl. Liborius, dargestellt.

Neben der Urkunde von 1451 enthält eine bislang unbekannte Aufzeichnung, die Dr. Bockhorst in einem Kopiar des Helmerner Archivs fand (A. Helmern, A 170), noch zusätzliche wertvolle Angaben zum Recht des Paderborner Marschalls. Sie besteht aus 3 Teilen: Einer niederdeutschen „Nachricht, was zum Erbmarchallat gehört", sowie zwei Gruppen von erläuternden Anmerkungen („Notae") in Hochdeutsch. Der Gesamttext ist – der Schrift nach zu urteilen – Anfang des 18. Jahrhunderts zu Papier gebracht worden, der wichtige erste Teil muß aber auf eine spätmittelalterliche Vorlage zurückgehen. Er lautet (die Nummern beziehen sich auf die „Notae"):

Nachricht, was zum Erbmarchallat gehört

Düt nagesettete ys, dat tom Marchalampt höret.
Wenn man einen heren invoert, den hengst, dar he up rydet. [1]
Item so sall de Marchal vodern, wat havern avelöped, de ys syn. [2]
Item wenn man eine name [Viehraub während der Fehde] *nemed, alle schwartbunte koyge; van schwinename 4 schwin; item van scapen achte scape. [4-5]*
Item wan he van eenes heren wegen eine kökenspiese nemet, alle hüde syn. [6]
Item wor een here einen krieg hövet, dar sal he teken geven, dar ys alle banneergeld syn. [7]
Item wor he eenes heren banneer up dem velde hövet, war men darvor dinget, de teynde pennig ys syn. [8]
Item alle perde, de man to höve antwurdet, der sall he sik underwinden und holden se mit des heren vodre veer weken. Wult denn dejenne weder, de se geantwordet hebbet, den sall he se weder doen, wilt se er averst nicht, so sind se syn. [9]

Von den beiden erläuternden Texten sei hier nur der zweite, längere wiedergegeben, weil der kürzere vollständig in ihm enthalten ist:

Dieses ambts beneficia sind:

1. Wenn der Fürst eingeführt wird, bekombt er den Hengst, darauf er reitet.[12]
2. Alle der Habern, so überbleibt, ist sein.
3. Er führt das Pannier oder Haubtfahne und ist der Generalissimus.
4. So auf Parthey die Kühe genommen werden, alle schwarzbunte sind sein.
5. Bringt die Parthey Schweine, so nimbt er 4 davon, bringt sie Schafe, so nimt er 8 stück.
6. Wann der Landsherr tractiert und hohe Gäste hat, alle Häute des geschlachteten Viehs sind sein.
7. Wann der Landsherr Krieg führet, theilet er die Zeichen aus und alle Pannier oder Fahnengeld ist seyn (wird wohl Contribution vor das Hauptquartier seyn):
8. Wo er sein Panier auf das Feld steckt und man accordiert mit den Leuten, so ist der zehende Pfennig sein.

9. Alle Pferde, so man ans Hauptquartier bringet, soll er 4 Wochen mit seines Herrn Futter erhalten. Kommen dann diejenigen wieder, so sie geliefert, soll er dieselben wiedergeben. Wollen sie sie aber nicht wiederhaben, so sind sie alle sein.

Festzuhalten bleibt, daß der Marschall des Bischofs von Paderborn im 15. Jahrhundert nicht ein lediglich repräsentatives Amt bekleidete, sondern daß er konkrete militärische Pflichten zu erfüllen hatte. Dies dürfte bis zum Ende des Zeitalters der Fehden, also bis um 1500, so geblieben sein. Erst danach wurde daraus ein reines Ehrenamt, das nur noch bei feierlichen Anlässen wie dem Einzug eines neuen Bischofs in die Landeshauptstadt Paderborn in Erscheinung trat.

Exkurs: Die Verwandtschaft zwischen den Familien Marschall und Spiegel zu Peckelsheim

Der letzte Marschall, Ludolf, überließ sein Amt einem Verwandten, Hermann Spiegel. In der betreffenden Urkunde von 1408 bezeichnete er Hermann und dessen Brüder als seine „Vettern“[13]. Diese Angabe ist so unbestimmt, daß hiermit die verwandtschaftliche Beziehung nicht sicher ermittelt werden kann. So wurde vermutet, Ludolf und Hermann seien Halbbrüder gewesen[14]. Mit Hilfe der neu herangezogenen Urkunde von 1451 sowie einer weiteren von 1388 läßt sich das Problem eindeutig lösen.

1388 bezeichnet Ludolf Marschall den Gerd Spiegel als seinen Bruder[15]. 1451 wird ausgeführt, daß „Ludolf de Marschalk saligen hern Gerd Spegels, ritters, <de vader wa>s hern Hermans vorgenant, broder was van moder wegene“[16]. Ludolf Marschall war also ein Halbbruder des Ritters Gerd Spiegel. Sie hatten eine gemeinsame Mutter. Gerd Spiegel war der Vater des neuen Marschalls Hermann Spiegel, so daß dieser ein Neffe Ludolf Marschalls war, was in der Urkunde von 1408 mit dem Wort „Vetter“ ausgedrückt wird.

Nähere Angaben zu der Mutter der beiden Halbbrüder und zu ihren Ehepartnern lassen sich mittels einer ebenfalls jetzt erst zugänglichen Urkunde von 1342 machen[17]. In diesem Jahr verkaufte Olgarde, die als Witwe des Widekind Spiegel bezeichnet wird, zusammen mit ihren Söhnen Eckbrecht und Gerd einen Hof. Sie ist sehr wahrscheinlich mit der 1320 genannten Schwester Olike des Knappen Gerhard von Selingdorf identisch[18]. Ihr Bruder, der in Minden Hausbesitz hatte, kam wohl mit dem Paderborner und Mindener Dompropst Bernhard zur Lippe nach Paderborn, wo er Bernhard auch nach dessen Wahl zum Bischof als Amtmann (officiatus) zur Seite stand[19]. Gerhard war 1338 einer der Zeugen in dem Erbteilungsvertrag zwischen der Familie Spiegel zur Desenberg und der anderen Linie Spiegel (Johann und dessen Bruderssöhne Widekind und Ekbert), die sich später nach Peckelsheim benannte[20]. In dieser Stadt gehörte vielleicht schon Gerhard, auf jeden Fall aber seinen (mutmaßlichen) Söhnen Gerhard und Albert ein Burglehen, das sie 1355 an den Bischof zurückgaben[21]. Das Engagement Ritter Gerd Spiegels in diesem Raum ging daher möglicherweise auf erste Besitzungen in der Familie seiner Mutter zurück. Zwischen

1374 und 1411 wird Gerd Spiegel vielfach in den Quellen genannt. Von ihm ging die Linie Spiegel zu Peckelsheim aus, der er aufgrund einer planmäßigen Erwerbspolitik eine glänzende wirtschaftliche Grundlage schuf.[22]

Gerds Vater Widekind Spiegel wird nur 1338 urkundlich erwähnt, er muß wenig später, vor 1342, gestorben sein. Seine Witwe heiratete offensichtlich in zweiter Ehe einen Angehörigen der Familie Marschall. Aus dieser Verbindung ging Ludolf Marschall, der letzte seines Stammes, hervor. Sein Vater war der zwischen 1335 und 1373 urkundlich erwähnte Werner Marschall, der demnach, vermutlich kurz nach 1342, die Witwe Olgarde des Widekind Spiegel zur Frau genommen hatte[23]. Die Verbindung zwischen den Halbbrüdern Ludolf Marschall und Gerd Spiegel blieb offensichtlich so eng, daß Ludolf die Nachkommen seines Halbbruders zu Erben des Marschallamtes bestimmte[24]. Bis zum Ende des Hochstifts Paderborn im frühen 19. Jahrhundert stand jeweils das älteste männliche Mitglied der Familie Spiegel von Peckelsheim als Marschall an der Spitze der Paderborner Ritterschaft.

Anmerkungen

1) Archiv der Familie Spiegel zu Peckelsheim in (Peckelsheim-) Helmern VIII 7. Herrn Landesarchivoberrat Dr. Bockhorst (Münster), der das Archiv neu geordnet hat, danke ich für den Hinweis auf die Urkunde. Sie wurde bisher nur unzureichend ausgewertet von Raban Frhr. Spiegel von und zu Peckelsheim, Geschichte der Spiegel zum Desenberg und zu Peckelsheim Bd. 1 (hektogr., 1956) S. 197. Der Hinweis auf das Banner fehlt.
2) Vgl. grundsätzlich Werner Rösener, Hofämter an mittelalterlichen Fürstenhöfen, in: Deutsches Archiv 45 (1989) S. 485-550.
3) Hermann Aubin, Die Verwaltungsorganisation des Fürstbistums Paderborn im Mittelalter (Münster 1911) S. 39ff.; Ludger Graf von Westphalen, Die Entwicklung der Ministerialität und die Anfänge der Ritterschaft im südöstlichen Westfalen, phil.-Diss. (mschr.) Münster 1938, S. 5ff.; Rainer Decker, Das Paderborner Ministerialengeschlecht v. Osdagessen/Marschall, in: Westfälische Zeitschrift 123 (1973) S. 137-179, hier S. 156f.
4) Ludwig Perger, Über die Münsterischen Erbämter, in: Westf. Zs. 19 (1858) S. 299-354, hier S. 347-351.
5) Aubin S. 57f.
6) Zur Datierung seines Todes siehe Rainer Decker, Die Geschichte der Burgen im Raum Warburg/Zierenberg, in: Zeitschrift des Vereins für hessische Geschichte 93 (1988) S. 9-48, hier S. 46 Anm. 124.
7) Archiv Helmern B 3 u. B 4. Vgl. v. Spiegel S. 198.
8) Max Jansen (Hrsg.), Cosmidromius Gobelini Person (Münster 1900) cap. VI S. 191-193, Übersetzung: Rainer Decker (Hrsg.), Quellen zur Geschichte des Hochstifts Paderborn (Paderborn ²1979), S. 36-39.
9) v. Spiegel S. 29 („Herr“, d.h. Ritter Hermann Spiegel). Hermanns Vater Gerd war 1392/93, während der Bengeler-Fehde, zum Ritter geschlagen worden. Vgl. v. Spiegel S. 125.
10) Zu dem Kölner Fahnenwagen siehe Ernst Voltmer, Fahnenwagen in der Schlacht bei Worringen, in: Der Name der Freiheit 1288-1988. Aspekte Kölner Geschichte von Worringen bis heute (Köln 1988) S. 299-318, ferner Hans Budde, Die Fahnen in der Schlacht bei Worringen, ebendort S. 195-200.
11) Beschreibung und Abbildung in: Max H. von Freeden (Hrsg.), Aus den Schätzen des Mainfränkischen Museums Würzburg (Würzburg ³1976) Nr. 109.

12) Nach dem Einzug in die Stadt stieg der Bischof vor einem Haus an der Kohlgrube (dem heutigen Marktplatz) vom Pferd; das Tier gehörte nun dem Marschall, wenn der Bischof es nicht von ihm zurückkaufte (siehe Modus intronisandi episcopum Paderbornensem, Altertumsverein Paderborn, acta 4). Bei dem Festmahl nach der Huldigung der Stände wies der Marschall die Plätze an der Tafel an. Vgl. Ursula Hoppe, Die Paderborner Domfreiheit (München 1975) S. 161.

13) Staatsarchiv Münster Msc. VII 4509 Bl. 14 (Kopiar des Klosters Hardehausen), Archiv Helmern I 24 c (Abschrift des 15. Jahrhunderts).

14) von Spiegel (wie Anm. 1) S. 131 u. 139; Decker (wie Anm. 6) S. 46 u. Stammtafel S. 37.

15) Archiv Helmern, A 4 (Urkundeninventar von 1577), S. 73.

16) Die in spitze Klammern gesetzten Buchstaben sind in der Originalurkunde wegen eines Wasserflecks nicht mehr lesbar, können aber aufgrund einer vollständigen Abschrift im Archiv Helmern erschlossen werden (andere Deutung noch – ohne Kenntnis der Urkunden von 1388 und 1451 – bei Decker, wie Anm. 6, S. 46 Anm. 125).

17) Archiv Helmern, A 4 (Urkundeninventar voan 1577), S. 75 (frdl. Hinweis von Herrn Dr. Bockhorst).

18) Westf. Urkundenbuch X 709 (a. 1320), vgl. WUB X 997 (a. 1325).

19) WUB IX 621 (a. 1316), 2195 (a. 1322), 2289 (a. 1323).

20) Staatsarchiv Münster, Fürstentum Paderborn Urk. 635 a und Msc. VII 3731. Abschrift auch im Archiv Helmern.

21) Staatsarchiv Münster, Fstm. Paderborn Urk. 769. 1326 übereignete die Äbtissin des Stiftes Heerse Gerhard die „Emmerikeswiese" in dem Dord Ahusen, die er bisher zu Lehen hatte, wegen seiner Verdienste um das Stift. Archiv Helmern, Abschr. des 18. Jahrhunderts.

22) Erste Nennung nach der frühen Erwähnung von 1342: im Jahre 1361, als Ludolf v. Niehusen versprach, seine Güter nicht ohne Zustimmung seines „Ohms" Gerd Spiegel zu veräußern, ferner 1370 (Archiv Helmern, Inventar von 1577, S. 64). Zu den Nennungen ab 1374 siehe v. Spiegel S. 120ff.

23) Ludolf Marschall wird 1381 und 1409 als Sohn des verstorbenen Werner Marschall bezeichnet (Staatsarchiv Münster, Fürstentum Paderborn, Urk. 1075; Archiv Helmern I 21 und I 22); dieser urkundet zum letzten Mal 1373 (Archiv Helmern I 17). Dagegen wurde viel später, 1489, in einem Rechtsstreit um das Erbe der Familie von Flechten, behauptet, Ludolf, der letzte Marschall, sei ein Sohn Goswins gewesen (Staatsarchiv Münster, Dep. Herrschaft Desenberg Urk. 165), doch ist die Angabe in dieser Sekundärquelle offensichtlich falsch.

24) In einer Urkunde vom 29. Mai 1413 bezeichnete Hermann Spiegel sich erstmals als „Erbmarschall". Stadtarchiv Rüthen Urk. 74. – Aber auch die Familie von Flechten erhob Ansprüche auf das Marschallamt, vermutlich infolge verwandtschaftlicher Beziehungen. Ludolf, der letzte Marschall, bezeichnete 1415 Ludolf von Flechten als seinen „Vetter". Staatsarchiv Münster, Kloster Dalheim, Urk. 139.

Verwandtschaftstafel Marschall / Spiegel zu Peckelsheim

Widekind Spiegel ⚭ 1. Olgarde v. Selingdorf ⚭ 2. Werner Marschall

urk. 1338, 1342 † — urk. 1342 — urk. 1335-1373

Eckbrecht Spiegel
urk. 1342

Gerd Spiegel
urk. 1342-1411
⚭ Agnes

Ludolf Marschall
urk. 1377- † 1425

Widukind Spiegel
urk. 1388-
† ca. 1420
Dompropst in Paderborn

Hermann Spiegel
urk. 1388-
† ca. 1420
seit 1408 Marschall

Gerd Spiegel
urk. 1408-29

Spiegel von und zu Peckelsheim
bis heute

Brüchtenregister der Stadt Werl von 1597 bis 1671

Bearbeitet von Werner Kohn und Heinrich Josef Deisting

Vorbemerkungen

Bei dem Amtsbuch C III Nr. 4 des Werler Stadtarchivs handelt es sich um einen Band, der 274 paginierte Blätter enthält, von denen die meisten auf der Vorder- und Rückseite beschrieben sind. Die Eintragungen erstrecken sich über einen Zeitraum von 74 Jahren, beginnen 1597 und enden 1671. Sie stellen, nach Jahren gegliedert, eine protokollarische Wiedergabe der Prozesse dar, die von den Werler Richtern untersucht und entschieden wurden, sind also eine Aneinanderreihung von „Brüchtenregistern" der betreffenden Jahre. Brüchtenfällig und vom Werler Stadtrichter abgeurteilt wurde, wer sich im Gerichtsbezirk der Stadt der Beleidigung, der Körperverletzung, des Betrugs, der Steuerhinterziehung, des Diebstahls, des sorglosen Umgangs mit Feuer, der Widersetzlichkeit gegen Anordnungen des Landesherren und des Stadtrates schuldig gemacht hatte. Die Strafen beschränkten sich meistens auf Geldbußen oder Freiheitsentzug von einigen Tagen. Seltener lautet das Urteil auf „Dorenkasten", also Ausstellung des Delinquenten in einem drehbaren Gitterkasten auf dem Marktplatz. Nach heutigen Begriffen fiele die Mehrzahl dieser Gesetzesverstöße in die Zuständigkeit des Amtsgerichtes.

Gerade die Darlegung von Delikten, die keine Kapitalverbrechen sind, gewährt uns einen Einblick in das alltägliche Leben der Menschen des 17. Jahrhunderts, auch über die schwere Zeit des 30jährigen Krieges hinweg. Der Kampf um das tägliche Brot, die sozialen Bezüge, das Geltungsstreben, die religiöse Vorstellungswelt, Zügelung und Ausbruch von Aggressionen - dem Leser der Brüchtenregister wird ein anschauliches Bild davon vermittelt, wie die Menschen jener Epoche fühlten und dachten.

Um den Text über die Gruppe der Experten hinaus einem größeren Leserkreis zugänglich zu machen, wurde für die Wiedergabe weder die buchstäbliche Übertragung noch die Regestenform gewählt, sondern wir haben in möglichst enger sprachlicher Anlehnung an das Original behutsam semantische und syntaktische Anpassungen an die Gegenwartssprache vorgenommen. Die lateinischen Wendungen wurden übersetzt, Vor- und Familiennamen buchstäblich übernommen, Herkunftsorte und Berufsbezeichnungen der Beteiligten in unserer heutigen Schreibweise festgehalten. Häufig werden Wörter und Passagen zitiert, die - kursiv gesetzt- an Ort und Stelle erklärt sind. Bei einigen Zitaten erübrigt sich die Erläuterung, weil die Ausdrücke zwar nicht unserem heutigen Sprachgebrauch entsprechen, jedoch verständlich und ausdruckskräftiger sind als jede Übertragung, wie z.B. das Partizip „gebluetrunstet". Unseres Erachtens wird bei dieser Art der Transskription die ursprüngliche Lebendigkeit der Vorgänge erhalten und dem Leser zugänglich gemacht.

Wenn auch die Anlage der Fallprotokolle in der Grundstruktur fast immer gleich ist (Kläger - Beklagter - Klage - Abwägung - Urteil) so ist doch der Stil recht unterschiedlich, da eine ganze Reihe von Stadtschreibern am Werke war, am Anfang bis 1608 Christoph Meyer, danach bis 1636 Barthold Cappius, dann bis 1667 dessen Sohn Philipp Cappius. Die Eintragungen der letzten vier Jahre weisen die Handschriften von Gregor Wegmann, Christian Diepenbrock, Christian Westerholt und Christian Wilms auf. Überdies haben auch die westfälischen Brüchtenmeister, von denen die Register jährlich kontrolliert wurden, ihre Entscheidungen in Randbemerkungen zu Papier gebracht.

Die einzelnen Fälle sind fortlaufend numeriert, die Blattnummern des Originals in Klammern dahinter gesetzt. Eintragungen, die sich nicht direkt auf einen Fall beziehen, also z. B. Quittungen oder Abrechnungen, sind nur mit der Seitennummer des Originals bezeichnet und danach thematisiert.

Die beschriebenen Editionsmerkmale und das angefügte Register werden die Auswertungen im Blick auf die verschiedenen historischen und germanistischen Themenbereiche erleichtern.

Die über sieben Jahrzehnte hinweg geführte Protokollierung der Stadtgerichtsprozesse, die in dieser Vollständigkeit eine Rarität ist, verdanken wir u. a. einer Anordnung des Kurfürsten Ernst von Köln aus dem Jahre 1597, die der westfälische Landdroste ausgefolgt hat:
..., das mergemelte unsere statt Werll von den brüchten, so in der statt fällig, gleich uns den halben teil und weiteres nicht genießen und empfangen, aber dieselbe von innen richtig eingebracht und nicht verschwiegen werdten sollen. Würdt aber dasselbig geschehen und solche verschwiegene brüchten durch unsern ambtman oder richter eingebracht werden, sollen dieselbe brüchten uns allein zukommen und denen von Werll nichts davon gefolgt werden. (StA Werl Urk., 432a)

Wir danken Herrn Privatdozent Dr. Paul Derks, Essen, und Herrn Thomas Lehnardt vom Institutum Judaicum Delitschianum Münster für die bereitwillig gewährte Hilfe bei der Ermittlung des Bedeutungsinhaltes einer Reihe von Wörtern.

Literaturhinweis: Werner Kohn, Arme Sünder vor dem Werler Stadtrichter. Das Brüchtenbuch im Werler Stadtarchiv, in: Werl, gestern... heute... morgen. Ein Jahrbuch der Stadt Werl und des neuen Heimat- und Geschichtsvereins Werl e.V., Werl 1992, S. 41-49.

(1) (Brüchtenregister der Stadt Werl 1597)

1(1)
(An der Seite abgerissen, daher nicht vollständig leserlich)
Anno 97 nach Christtag hat *Ridder* geklagt, daß *Brandt* und *Thonies Egenstein* unnütze Worte gegen ihn ausgestoßen haben, den Befehl des Rates mißachtend. Sie haben gesagt, der Teufel solle ihm in den Leib fahren und anderes.
Jeder 3 M
Randnotiz: Brandt und Egenstein haben bezahlt.

2(1)
(An der Seite abgerissen, daher nicht vollständig leserlich)
Anno 97 im Juni hat *Jurgen Papens* Magd geklagt, daß Jurgen eine Kuh, welche ihm auf Befehl des Richters abgepfändet worden war, weggebracht hat.
Randnotiz: bezahlt

3(1v)
(An der Seite abgerissen, daher nicht vollständig leserlich)
Anno 97, 22. Juni, hat Altbürgermeister *Lilie* den *Berghoff* beklagt, daß dieser gegen ihn Unwörter ausgestoßen und gesagt habe, der Teufel möchte ihm wohl in den Leib fahren.

4(1v)
(An der Seite abgerissen, daher nicht vollständig leserlich)
Idem Anno 7. August hat *Ludolf*, der Frone, geklagt, daß ihm *Michael Gulicher* vorgeworfen habe, er sei ein Diebesluder und nicht ehrlich. Er trinke mit jedem Hergelaufenen *auß dem potte*
6 M

(1v) (Brüchtenregister der Stadt Werl 1598)

5(1v)
Im Januar 98 hat *MichaeL Rothovel* geklagt, daß *Diderich Dulman* ihn mit einem Messer in die Schulter gestochen habe.
6 M

6(2)
(Am rechten Rand abgerissen, daher nicht vollständig leserlich)
Anno 98 im Januar hat *Herman Neule* geklagt, daß *Stenfurt* ihn mit einem Besenstiel blutig und blau geschlagen hat.
3 M

7(2)
Degenhardt Scholer hat geklagt, daß *Herman Neule* ihm etliche Pfosten entfernt und dieselben auf das Rathaus gebracht hat.
24 M
Randnotiz: Hierauf 1600, den 18. Januar, 20 M bezahlt.
Noch durch *Eikel* 4 M bezahlt.

8(2)
(Am rechten Rand abgerissen, daher nicht vollständig leserlich)
In *Herman Benedictens* Haus war eine Schlägerei, Dabei sind *Johan Reinhartz* und zwei Schneiderknechte gewesen.
Randnotiz: In Haft zu nehmen!

9(2v)
Franz Scholer hat des Schulten Sohn verwundet.
6 M
Randnotiz: Der Müller zu *Flierich* 10 M.

10(2v)
Am 5. Mai hat *Caspar* von *Hilbeck* sich beklagt, daß *Wilhelm Maesberg* ihm am Maitag auf der freien Kirmes in *Franz Schermedes* Haus das Angesicht blau geschlagen, ihn gestoßen und geschlagen hat.
20 M
Randnotiz: bezahlt

11(2v)
Es ist auf *Ludolf Custers brautloft* (Hochzeit) eine Schlägerei entstanden, wobei *Jurgen* von *Callenhardt* und *Detlef Rham* verwundet wurden.

12(3)
Am 12. Mai hat der *Pelser* geklagt, daß *Everdt, Thiemann Hulsperghs* Knecht, ihn in des *Sauren* Haus mit Zutun von *Johan Telman fast zu dhot verwundet* habe und daß sie ihn, wenn er nicht in *Christoph Papens* Haus Zuflucht gesucht, alsdann *umb das leben gebracht* hätten.
Randnotiz: *Everdt* 20 M. Johan Telman 10 M. Johan Telman zahlt 7 M. *Everdt* 20 M bezahlt,auch die Arztkosten.

13(3)
Am 17. Mai hat *Rembert Schutter* sich beklagt, daß *Michael Gulicher* ihm den Arm entzweigeschlagen habe.Nicht genug damit, habe er ihn auf dem freien Markt ins Angesicht geschlagen, daß im Mund und Nase bluteten.
2 M

14(3)
Vellige hat sich beklagt, daß ihn *Jurgen Sperenmacher* während der Verrichtung seiner Nachtwache schmerzhaft geschlagen habe.
3 M

15(3v)
Anna Munnichs hat sich beklagt, daß sie ein Schneiderknecht, *Joest* genannt, übel geschlagen und in den Dreck geworfen habe.

16(3v)
Herman Kulings Knecht hat am freien Kirmestag in *Grete Slunders* Haus den Jungen des Spielmanns blutig geschlagen.Er ist deswegen in Haft genommen worden, aber aus dem Arrest entwichen.
Randnotiz: Soll dieserwegen an die von *Soest* geschrieben werden.

(Jahresabrechnung): Summa 172 M

(4) (Brüchtenregister) Anno 98

17(4)
Am 11. Juli hat sich *Bernd,* der Jude, beklagt, daß der Glasemacher von Bremen ihm in seinem Haus Gewalt zugefügt und seiner Hausfrau mit einer Barde in den Arm gehauen habe.
4 M
Randnotiz: In Haft zu nehmen!

18(4)
Das Amt der Kaufleute hat *Herman Merting* überführt, mit *unrechtfertigen pfunden umbgegangen* zu sein. Ungeachtet dessen, daß das Amt der Kaufleute ihn in Strafe nahm, hat er gelobt, der Stadt *abtracht* zu zahlen.
8 M

19(4v)
Thönies Steinfurt ist von *Herman Neule* einen Zauberer gescholten worden. In dem Prozeß, der darüber geführt wurde, haben sie unter sich Unwörter gebraucht.
Thönies Stenfurt 4 M, Brandt 4 M
Randnotiz: bezahlt

20(4v)
Michael Gulicher hat sich beklagt, daß *Rottger* von *Hilbeck* ihn auf die Straße geworfen hat und ihm auf die Brust gesprungen ist, wodurch er *schaden im leib bekommen.*
Hilbeck 6 M, Meier 6 M
Randnotiz: bezahlt

(5) (Brüchtenregister der Stadt Werl) Anno 99

21(5)
Am 8. Mai hat *Michael Gulicher* sich beklagt, daß ihn *Wilhelm Schotte* auf dem Weinhaus *ins maul geschlagen* habe.
3 M
Randnotiz: Die Hälfte wurde durch den Brüchtenmeister nachgelassen. 1 1/2 M bezahlt.

22(5)
Der *Ölinghauser* Vogt hat sich beklagt, daß *Heinrich Schimmel* seine Magd geschlagen habe.
1 M
Randnotiz: bezahlt

23(5)
Wulffs Bademeister und sein Vorknecht haben sich am Maitag in der Freiheit (in Werl) geschlagen und gestochen.
Randnotiz: gestorben

24(5v)
Roleff Keven hat sich beklagt, daß ihn *Iste Jude* und sein Sohn in der Steinerstraße auf freier Kirmes geschlagen und mit einem Messer in die Brust gestochen hätten.
52 M
Randnotiz: bezahlt

25(5v)
Moses, der Jude, hat sich beklagt, daß ihm *Roleff Keven* etliche Glasfenster eingeschmissen habe.
2 M

26(6)
Den 6. Januar hat sich des *Kickers* Witwe beklagt, daß *Herman* von *Dinker,* der Jude, zu ihr eingedrungen sei und sie geschlagen habe, weil sie ihn wegen etlicher Malt gemahnt habe, die er ihr schuldig war.

27(6)
Michael Ernst hat sich beklagt, daß *Michael Gulicher* ihm ein Loch in den Kopf geschlagen habe.
5 M

28(6)
Kunne Fette hat sich beklagt, daß die *Schillingsche* sie eine Zaubersche gescholten und ihr ein Loch in den Kopf geschlagen habe.
Randnotiz: Dorenkasten

29(6)
Am Tage Vincula Petri (1. August) ist dem *Helleman* zu *Büderich* hier in Werl in der Gastwirtschaft *Lampe* durch einen Bediensteten des Rittmeisters *Schüngel* ins Gesicht geschlagen worden, daß ihm das Blut aus der Nase gelaufen ist.
12 M

30(6v)
Der *Kumper* hat sich beklagt, daß *Rottger Luwingh* ihm ein Loch in den Kopf geschlagen habe.
6 M
Randnotiz: bezahlt

31(6v)
Michael Rotthovel hat *Steffen Piper* am *Stillenfreitag* (Karfreitag) ein Loch in den Arm gestochen.
5 M
Randnotiz: Rotthovel 3 M bezahlt, Piper 2 M bezahlt

32(7)
Johan Gosselens Sohn hat (Name fehlt) am Kopf schwer verwundet
12 M
Randnotiz: Am 12. 12. Anno 1601 5 M bezahlt, Rest 7 M.

33(7)
Der *Kumper* hat *Schmidt* mit einer Kanne aufs Haupt geschlagen, daß er eine Zeitlang *für dot zur erde gelegen.*
10 M
Randnotiz: bezahlt

34(7)
Eman Krispen hat *Jakob Lilie* mit einer Kanne ein Loch in den Kopf geschlagen.
6 M
Randnotiz: bezahlt

35(7v)
Egenstein hat bei Nacht etliche Hölzer vom Salzplatz weggetragen
6 M
Randnotiz: bezahlt

36(7v)
Johan Slunder und der Knecht des Schmiedes *Troclus* haben dem Juden ein Fenster eingeworfen.
5 M
Randnotiz: bezahlt

37(7v)
Der Schäfer *Gutthoff* klagt, daß ihn der *Deube Gerdt,* als er *an einem arm lahm gewesen,* geschlagen habe.
1 M

38(8)
Die Knechte von *Dietrich Hengst* und *Rottger* von *Hilbeck* haben gegen das Verbot der Herren den Fastentrunk ausgegeben.
Die Knechte zusammen 10 M

(Unterschrift des Brüchtenmeisters) *Wilhelm Brandiß*

39(8)
Der *Uffeler* Müller war wegen einer über ihn gekommenen Klage im Rathaus festgehalten worden. Er hat sich eines ehrsamen Rats Befehl widersetzt, vom *raidhaus nit abzugehen,* und trotzig geantwortet, er wolle gehen, wenn es ihm gefällt

40(80)
Michael Rotthovel hat *Steffen Piper* mit einer *barde* (Beil) vors Haupt geschlagen und verwundet.

41(8v)
Caspar Drese hat dem Büchsenmeister in des Siegelers Haus ein Loch ins Haupt geschlagen.
3 M
Randnotiz: bezahlt

42(8v)
Michael Gulicher, der Alte, hat die Herren Bürgermeistern auf der Kämmerei *trutzigerweis* angeredet.
12 M
Randnotiz: 2 M bezahlt, 5 M bezahlt, 2 1/2 M bezahlt

43(8v)
Die Bäckerknechte haben gleichergestalt den *fastelabend* ausgebracht.
6 M

(8v) (Abrechnung): Sa. 205 M, Halbscheid 102 1/2 M

44(9)
Iste Jude wegen Schlägerei
5 M

(Noch zur Abrechnung): Auf diese Brüchten hat *Johannis Kaumann* dem Drosten 46 1/2 M bezahlt

Anno 16o1, am 6. Juli, wurde in Anwesenheit der beiden Herren Kämmerer *Caspar* Bock und *Jurgen* von *Hilbeck* Abrechnung gehalten und befunden, daß die Abrechnung im Hinblick auf die beiden Jahre in Ordnung ist. Das beurkundet nach obigem Datum

Heneke von *Essen*
Brüchtenmeister

Am 13. Dezember anno 99 hat der ehrbare Rat die Brüchten, die dem gädigsten Kurfürsten und der Stadt verfallen waren und nicht eingetrieben werden konnten, heranschaffen wollen, indem er einen Teil vom Lohn der Stadtbediensteten einbehielt. Die jedoch haben sich mit Ungestüm in der Kämmerei beschwert, daß die Herren sie um das Ihrige bringen wollten. Daraufhin hat sich der *Gulicher* verpflichtet, der Stadt das Fehlende zu erstatten. Meister *Diederich Helling* und *Tigges Luses* haben sich dafür verbürgt.

(11) Brüchten im Jahr 16oo, abgerechnet am 5. Julius 1601

45(11)
Dietrich Hengst, Herman Hengsts Sohn, hat eine mutwillige Schlägerei auf dem Markt angerichtet, und als die Herren gefordert haben, Ruhe zu geben, hat er den Dienern gleichergestalt zugesetzt.
4 M
Randnotiz: bezahlt

46(11)
Der Predikant *Neses* ist durch *Johan Togetman* und *Peter Flerkman* von *Hamm* entführt und 14 Tage lang gefangen gehalten worden.
28 M
Randnotiz: 7 M sind am Tag Mariä Opferung (21.11.) bezahlt worden.

47(11v)
Steffen Vischer und *Claus vom Hagen haben etzlich saltz entführet.*
5 M
Randnotiz: Noch bezahlt 9 1/2 M

48(11v)
Berndt Frieling und *Wilhelm Grote* haben sich vor *Jürgen Hengstes* Haus geschlagen, daß der Grote darüber verwundet wurde.
3 M
Randnotiz: bezahlt

49(11v)
Berndt Frieling und *Herman Wechman* haben sich an den Marktpfosten und folgend auf dem Friedhof geschlagen, daß Frielings Nase und Mund geblutet haben.
Frieling 2 M, Wechman 5 M
Randnotiz: Sie sagen, sie haben das dem Herrn Siegler (2. Richter beim Offizialat) vorgetragen.

50(11v)
Peter Pape und *Arndt Kolter* haben sich in *Christof Papens* Haus geschlagen, mit Füßen getreten und sonst noch Gewalt ausgeübt
6 M
Randnotiz: Sollen zitiert werden.

51(12)
Peter Flerkmann hat *Hinrich Budicker* geschlagen.
5 M
Randnotiz: bezahlt

52(12)
Johan Stademans Hausfrau hat sich beklagt, daß *Dietrich Pape* ihr mit einem *rohr* in die Hand geschossen habe
2 M

53(12)
Johan Tummeken hat *Johan Wagner* auf dem Markt etlichemal mit der Faust *ins maul* geschlagen.
2 M
Randnotiz: bezahlt 1 M, die übrigbleibende Mark will *Hulsberg* bezahlen.

54(12)
Wilhelm Goldtsmitt hat *Hinrich Budicker* ein *haal* ins Haupt geschlagen.
1 M
Randnotiz: bezahlt

55(12v)
Johan Cuppenberg hat sich beklagt, daß *Claes* zum *Blomendall* ihm mit einem *bengel* einen Arm entzweigeschlagen habe, ihm auch mit einer *kufe* nachgelaufen ist und ihn weiterhin schlagen wollte.
6 M
Randnotiz: bezahlt

56(12v)
Hans Teckhaus hat *Steffen Pelser* ein Loch in den Kopf geschlagen.
6 M

57(12v)
Peter Pape ist bei nächtlicher Zeit am Aschermittwoch in das Weinhaus geritten, wo die Herren ein Gelage abgehalten haben, und hat, den befriedeten Status des Weinhauses nicht achtend, sich zwischen die (Feuer)eimer gesetzt und diese verunreinigt.
20 M

58(12v)
Recke und *Joes Togetman* haben sich in Togetmans Haus geschlagen

59(13)
Die Hausfrau von *Johan Rufautz* hat sich beklagt, daß *Wilhelm Berghoff* sie in ihrem Haus blutig und blau geschlagen habe.
6 M

60(13)
Christoff Pape hat sich beklagt, daß *Bertram Pape* ihn an seiner Behausung mit einer gespannten Büchse bedroht habe.
20 M
Randnotiz: bezahlt

61(13)
Herman Molner hat geklagt, daß ihn *Troklus Molner in gehegtem gericht* und vor dem Richter einen lügenhaften Schelm gescholten habe. Deshalb hat das Gericht Troklus Molner Brüchten auferlegt. Daraufhin hat der mit vielen hochmütigen Worten das Gericht beleidigt.
27 M
Randnotiz: bezahlt

62(13v)
Herman Kumper hat dem Schmiede mit einer Kanne ein Loch in den Kopf geschlagen

63(13v)
Wilhelm Rochus, Joachim Coster und *Dierich Hellinghaus* haben Meister *Wilhelm* geschlagen.
Hellinghaus 1 M, die anderen jeder 2 M
Randnotiz: Meister Wilhelm 2 M bezahlt

64(13v)
Die Hausfrau von *Johan Witger* hat sich beklagt, daß *Pavel von Blankenstein* sie mit einem Pferd *überritten und zertreten* habe.
3 M
Randnotiz: Hat der Brüchtenmeister empfangen.

65(13v)
Peter Pelser hat sich beklagt, daß *Themme,* der Einspännige (Kutscher), seiner Hausfrau mit einer *barde* ein Loch in den Kopf gehauen habe.
3 M
Randnotiz: bezahlt.

66(13v)
Herman von *Bunne* (Bonn) hat einen Soldaten mit einem Rohr gestochen.
10 M

67(14)
Hans Springauf hat sich beklagt, daß *Johan Scholer* seinen Sohn mit einer *barde* an der Hand verwundet habe.

68(14)
Meister *Johan Reinardts* hat auf *freier kermiße Philippi et Jakobi* (1. Mai) *Johan Husing* mit einer Kanne ein Loch in den Kopf geschlagen.
18 M
Randnotiz: 5 M weniger 3 ß hierauf bezahlt.

69(14)
Des Juden *Isaaks* Sohn hat auf freier Kirmes den Jungen des Junkers *Hatzfeld* in der Steinerstraße geschlagen.
10 M
Randnotiz: bezahlt minus 6 ß

70(14)
Der Korporal *Hennßleben* hat in dem befriedeten Weinhaus den Freifechter erbärmlich gestochen.

71(14v)
Zwei Knechte des Bürgermeister *Diederich Lobbe* haben auf dem Markt die Knechte des Prokonsuls (Altbürgermeisters) *Bock* geschlagen, daß ihnen *nas und maul geblutet.*
Jeder 4 M
Randnotiz: *Johan Kifestur* (?) 3 M als Abschlag bezahlt.

72(14v)
Die *Tevische* hat sich bekagt, daß *Berckhoff* ihr in ihrem eigenen Haus Gewalt angedroht und ein Loch in den Kopf geschlagen habe.
12 M
Randnotiz: Hierauf bezahlt 10 M, noch bezahlt 3 M

73(14v)
Dietrich Scharrt hat sich beklagt, daß *Gerdt Frone* (?) ihm ein Loch in den Kopf geschlagen habe. Scharrt hat ihn wiedergeschlagen.
4 M
Randnotiz: Scharrt bezahlt

74(14)
Ein Mann von *Hilbeck* hat sich beklagt, daß *Korff* ihn mit einem Scheit geschlagen habe.
4 M
Randnotiz: bezahlt

75(15)
Herman Scheper hat sich beklagt, daß der *Korffmacher* ihn *wegen der missetat* geschlagen habe.
3 M
Randnotiz: Nachgelassen 1M; bezahlt

76(15)
Thonies Sorries hat den Stabel (Konstabel) zu *Bonn* übel geschlagen.
20 M
Randnotiz: bezahlt

77(15)
Christoph Pape hat den Koch des *Caspar Melließ* an Kämmerer *Bocks* Haus auf die Straße geworfen und ihn einen Zauberer gescholten.
13 M
Randnotiz: bezahlt.

78(15)
Der Schäfer *Gudthoff* ist durch den Büttel zu *Neheim* in Neheim in Meister *Dierichs* Haus geschlagen worden und, der *Grugell* hat durch Leichtfertigkeit zu lärmen angefangen.
6 M
Randnotiz: *Johan Schulte* 4 M bezahlt

79(15)
Sensiß (Vinzenz) *Suur* hat bei nächtlicher Zeit einem Kohlenmann (Köhler oder Bergmann) einen Kohlenkorb abgenommen und verbrannt.
32 M
Randnotiz: bezahlt

80(15v)
Potthuß hat *Hermans* Frau geschlagen.
5 M
Randnotiz: bezahlt

81(15v)
Herman Hengst hat *Herman Kickogen* geschlagen.
9 M

82(15v)
Herman Jürgens hat den Pförtner geschlagen.
9 M
Randnotiz: 4 1/2 M bezahlt. Das andere ist ihm vom ehrbaren Rat nachgelassen worden.

83(16)
Johan Benedict dafür, daß er *Jurgen Davidt* geschlagen hat
27 Rt = 83 M 3 ß
Randnotiz: Anno 16o2, 15.Juni, ist Benedicten diese Brüchte nachgelassen worden auf 24 Rt, darauf hat er bezahlt 12 Rt.

(17) Abrechnung 1600

Summa 423 M 3 ß
Halbscheid 211 M 1 1/2 ß

Johan Benedict hat angelobt, die Brüchten, die ihm nicht erlassen sind, auf Sonntag Judica zu bezahlen.
Caspar Mellin hat angelobt, gegen Mitte der Fastenzeit die Brüchten zu bezahlen.

(17) Stadt Werl, Brüchtenregister 16o1

84(17)
Der *Schultze* zu *Flierich* hat sich beklagt, daß *Peter Pelsers* Sohn ihn schwer am Haupt verwundet habe. Peter Pelser wiederum hat sich beklagt, daß der o. a. Schultze ihn mit einem großen Stecken blutig und blau geschlagen habe.
Peter Pelser 8 M
Randnotiz: Hierauf bezahlt 2 Rtlr *mit einem Holze*

85(17)
Everdt Engele hat eine Frau mit einem Stein geschmissen.
1 1/2 M
Randnotiz: bezahlt

86(17v)
Johan Betike hat geklagt, daß *Jurgen Rufoet* ihn in des *Drogen* Haus geschlagen habe.
6 M
Randnotiz: bezahlt

87(17v)
Des kleinen *Hermans* Frau hat sich beklagt, daß *Johan Rokesloe* sie mit einem Beil in den Arm gehauen habe.
3 M
Randnotiz: bezahlt

88(17v)
Simon Nagelsmitt hat sich beklagt, daß *Wilhelm Westerholdt* ihn im Haus von *Franz Schormeß* geschlagen habe.
5 M
Randnotiz: bezahlt

89(18)
Der Schreiber des Frauenstiftes zu *Geseke* hat sich beklagt, daß *Rottger* von *Hilbeck* ihn verwundet habe.
3 M

90(18)
Thonies Wennemar hat sich beklagt, daß *Berndt Semmler* ihn so ins Gesicht geschlagen habe, daß ihm die Nase *gestretzt* hat.
5 M

91(18)
Wilhelm von *Langenscheidt* (Langschede) hat sich beklagt, daß Mattheus Menge ihn an der Steiner Pforte mit einer Barde in den Arm gehauen habe.
2 M

91a(18v)
Die Gebrüder *Ketteler* haben sich beklagt, daß sie, als sie ihre rechtliche Forderung im Haus von *Friedrich Hengst* geltend machten, *durch etliche so sich vermummet, dottlich überfallen, aus dem haus geschmissen und ihres besitzes priviret sein.*

92(18)
Wilhelm Berghoff hat sich beklagt, daß *Michael Henser* ihm im Haus von *Jurgen Mense* mit einer Kanne ein Loch in den Kopf geschlagen habe.
Randnotiz: geflüchtet

93(19)
Gerdt Brosies ist wegen ungebührlichen Hütens gepfändet worden, hat aber die Kuh mit Gewalt wieder genommen.
5 M
Randnotiz: bezahlt

93a(19)
Johan Schulte hat *Herman Brandt etliche wicken entfortiget, die er auch aus seinem hause von ime wiederumb abgehalet.*
26 M
Randnotiz: bezahlt

94(19)
Johan Snap hat auf der Herren Gebot nicht parieren wollen und ist der Stadt verwiesen worden.
3 M

95(19v)
Des *Goldtsmitts* Sohn *Herman* hat sich beklagt, daß *Jurgen Goldtsmitt* ihm mit einem Hammer ein Loch in den Kopf geschlagen habe.
3 M
Randnotiz: bezahlt

96(19v)
Der Knecht von Bürgermeister *Detlef Brandis* hat sich beklagt, daß *Johan Witgerer* ihn auf der Straße geschlagen habe.
5 M
Randnotiz: bezahlt

97(19v)
Everdt Werneke hat bei Nacht dem Prokonsul (Altbürgermeister) *Herman Brandis* etliche Gerste gestohlen, und Wernekes Frau hat ihm unnütze, ehrverletzende Worte nachgeredet.
Wegen verweigerter Ehrerbietung und ausgestoßener Injurien 6 M

98(20)
Buerman zu *Büderich* hat sich beklagt, daß *Berndt Ketteler* ihn im Haus von Franz *Schermeß* einen Zauberer gescholten habe.
5 M
Randnotiz: Berndt Ketteler zahlt 3 M
Buerman zahlt 3M

(20) Summarum 91 1/2 M
Dem Landesherrn 45 1/2 M 3 ß

(21) Stadt Werl Brüchten Anno 1602

99(21)
Diderich Schufer hat *Everdt* von Hilbeck in der Freiheit mit einer *cerreletze* verwundet und zur selben Zeit *Christoph Brunifß* unfüglich beleidigt.
4 M
Randnotiz: bezahlt

100(21)
Ida Kirieleiß hat geklagt, daß *Greta* von *Dinker* ihr mit einem Stiel ein Loch in den Kopf geschlagen hat.
Randnotiz: In Haft zu nehmen

101(21)
Herman Kumpfer hat dem verstorbenen Richter auf der Straße allerlei Injurien unbillig nachgeredet.
10 M
Randnotiz: bezahlt

102(21v)
Meister Joachim hat sich über *Johan Raben* beklagt. Diesem war bei Strafe verboten worden, dem Meister Joachim zu drohen. Nun habe er ihm auf der Straße unnütze Worte nachgerufen und gdroht, ihn zu schlagen.
3 M

103(21v)
Salomon, der Jude, hat sich beklagt, daß *Rottger* von *Hilbeck* ihm in *Teckhausens* Haus *ins maul* geschlagen habe.
2 M
Randnotiz: bezahlt

104(22)
Der *Schulte zu Wiehagen* hat geklagt, daß der Frone *Hanß* von *Langenscheidt* ihn im Haus von *Bienholtz* mit einem Dolch in die Nase gestochen habe.
5 M
Randnotiz: *Hulßberg* bezahlt

105(22)
Die *Segenbarsche* hat sich beklagt, daß *Peter Flerkman* und *Jurgen Mense* sie gegen den Bescheid der kurfürstlichen Herren Räte aus ihrem Haus gestoßen und geschlagen hätten.
2 M
Randnotiz: bezahlt.

106(22)
Gerdt Stademan hat der Frau des Juden *Salomon* ein Loch in den Kopf geschmissen.
Randnotiz: abwesend und arm

107(22v)
Grete Stevens hat sich beklagt, daß *Isaak,* der Jude, ihr einen Sack Gras abgenommen und in sein Haus getragen habe.
10 M
Randnotiz: bezahlt

108(22v)
Moses, der Jude hat geklagt, daß Meister *Wilhelm Sporenmacher* seine Frau vor seinem Hause ausgeschimpft und u.a. gesagt habe, man sollte sie *pilligh bernen* (von Rechts wegen verbrennen).
2 M
Randnotiz: *abgezogen*

109(22v)
Berndt der Jude hat geklagt, daß *Berndt Sneider* ihn mit einer Forke geschlagen habe, als der zum Tode verurteilte Soldat zur Hinrichtung geführt wurde.
2 M
Randnotiz: bezahlt

110(23)
Johan Korte hat sich beklagt, daß *Johan Schulte* ihn in *Rottger Brers* Haus geschlagen habe.
3 M
Randnotiz: bezahlt

111(23v)
Thonies Keigenhof hat seinem Schwiegervater *Luse* zu *Waltringen* in *Multakastens* Haus (Werl) ins Gesicht geschlagen.
10 M

112(23v)
Herman Schirrenbecke hat sich beklagt, daß *Hilkenkamp* sein Kind mit dem Kopf an eine Mauer gestoßen habe.
3 M
Randnotiz: bezahlt

113(23v)
Der Knecht der Familie *Gödde* hat sich beklagt, daß *Jurgen Mense* ihn in seinem Haus gefangen halten wollte, und obwohl der Ehrbare Rat den Jurgen Mense befahl, ihn loszulassen, wollte der nicht parieren.
5 M

114(24)
Der *Kleine Hinrich* hat *Caspar Zimmerman* in seinem eigenen Haus überfallen und geschlagen.
5 M
Randnotiz: 4 1/2 M bezahlt, Rest 1/2 M

115(24)
Herman Flescher und *Jurgen Mense* haben auf dem Weinhaus einen Tumult angerichtet.Dabei wurde Flescher am Kopf verwundet.
Mense dafür, daß er Urheber des Tumults gewesen ist 6 M.
Flescher dafür, daß er *Lilie* die *lobbe* (Manschette oder Halskrause) ausgerissen hat 6 M.
Randnotiz: bezahlt

116(24v)
Kerkhof zu *Westönnen* hat sich beklagt, daß *Jurgen Mense* ihn so auf die Straße geschoben habe, daß er hingefallen ist und sich ein Loch in den Kopf geschlagen hat. Er sollte den Mense im Auftrag seines Junkers wegen rückständiger Pacht mahnen.
5 M

117(24v)
Salomon Judte hat sich beklagt, daß *Rottger* von *Hilbeck* ihn auf die Straße geschmissen habe.
5 M

118(25)
Johan auf dem Dike hat seinen Knechten zugeredet, sie sollten ihm sein Pferd, daß ihm von *Anna Pape* abgepfändet worden war, bei nächtlicher Zeit aus ihrem Hause nehmen. Er wollte ihnen für allen Schaden gut sein. Die Knechte haben es getan.
29 M
Randnotiz: bezahlt

119(25)
Jürgen Mule hat *Degenhardt Pape* einen *bußstock* (Ladestock) abgenommen.
Randnotiz: Ins folgende Jahr übernommen.

(25) Summarum dieses Registers 122 M
Halbscheid 61 M
Johan Wulf, Brüchtenmeister

(27) Gesamtbrüchten zu Werl de Anno 1603/1604,
den 11. Februar 1605 angeschlagen

(27) s. 119
16 M

120(27)
Gerdt Dirichs Frau ist in die Wache gekommen und hat den *Dicken* Hinrich beim Hals ergriffen. *Gerdt Dirich* hat ihn gescholten.
5 M

121(27)
Gerdt Dirich hat sich beklagt, daß der *Dicke Hinrich* ihm auf beleidigende Weise gesagt habe, er solle den *taler vor dem runden turm bezahlen.*
2 M

122(27v)
Johan Schulte hat sich beklagt, daß ihn *Herman Korfmacher, Jost Sluter* und *Johan Nottebaum* geschlagen hätten.
5 M
Randnotiz: bezahlt

123(28v)
Caspar Raidtbergh hat sich beklagt, daß *Everdt Werneke,* ohne dazu berechtigt zu sein, seinen Mist von der Stätte geworfen und ihn einen dicken Schelm gescholten habe.
4 M
Randnotiz: In Haft zu nehmen, weil er *Johan Sommer* geschlagen hat.

124(28v)
Wilhelm Dullebutter hat *Hinrich Budiker* blutig und blau aufs Auge geschlagen.
5 M

125(28v)
Johan Setemundt hat sich beklagt, daß *Twetenhof* zu *Flierich* ihn blutig und blau geschlagen habe.
10 M

126(28v)
Dirich Golttsmitt hat sich beklagt, daß Meister *Cordt Spilman* ihm mit dem Dolch ein Loch in den Kopf gehauen habe.
5 M

127(29)
Johan Gudthoff hat den Knecht von *Claus* zum *Blomendal* in der Freiheit *vors maul* gestoßen und hingeworfen.
25 M
Randnotiz: 21. April bezahlt

128(29)
Gudthoff hat *Clauß Binholdt* mit einer heißen Zange, die dieser für ihn hergerichtet hatte, verbrannt.
15 M

129(29v)
Nagel von *Mengede* hat *Gudthoff* zu *Westönnen* vor dem Haus von *Rottger* von *Hilbeck* aufs Haupt geschlagen.
6 M

130(29v)
Diderich Goldtsmitt hat Meister *Cordt Spilman* aufgelauert und ihm mit einer *barde* hinterrücks schwer auf den Kopf gehauen.
6 M
Randnotiz: bezahlt

131(29v)
Jurgen Nortthof hat *Katharina Ludinghausen* und ihre Tochter in ihrem Haus geschlagen.
10 M
Randnotiz: 2 1/2 M erlassen, bezahlt

132(30)
Der Knecht von *Johan Kaune* hat sich beklagt, daß *Jurgen Mense* ihm zwei Löcher in den Kopf geschlagen habe.
8 M

133(30)
Diderich von *Scheidingen* hat sich beklagt, daß *Jurgen Mense* ihm ein Loch in den Kopf geschlagen und auch in den Arm gebissen habe
6 M

134(30)
Michael Gulicher hat *Isaak Judten* ein Loch in den Kopf geschlagen.
6 M

135(30v)
Henricus Swittman hat *Oger Brandis* ein Loch in den Kopf geschlagen.

136(30v)
Salomon Judte hat die *Siegenbosche* eine ehebrecherische Hure gescholten.
5 M

137(30v)
Salomon Judt hat *Rottger Behr* einen doppelten Schelm gescholten.
15 M

138(30v)
In *Meister Joachims* Haus ist der *Schell* durch einen Knecht von *Bergstraße* gestochen worden.
Randnotiz: *Stehet zur Inquisition, ob er sich submittiert*

139(30v)
Ogerus Brandis hat *Pandell* auf der Straße in den Dreck gestoßen.
1 M
Randnotiz: *Casparus* soll zitiert werden.

140(31)
Jurgen Rufoet hat *Johan Trummeken* mit einer Bierkanne, die ausgegossen worden war, geschlagen, auch hat der *Molner* zu *Echthausen* dem Trummeken die Kanne auf den Kopf geschlagen.
Jeder 1 M
Randnotiz: bezahlt

141(31)
Clauß zum *Blumendall* hat den Sohn des *Drogen* vor die Brust geschlagen.
2 M

142(31)
Der Pförtner des Büdericher Tores (Stadttor von Werl) hat sich beklagt, Daß *Rottger Hußman* ihn beim Zuschließen der Pforte behindert habe.
1 M

143(31)
Herman Wegman hat im Haus des Bürgermeisters *Lobbe* einen Tumult angerichtet.
2 M
Randnotiz: bezahlt

144(31v)
Dirich Schufer hat sich beklagt, daß der Knecht der Frau *Niesmit* ihm mit einem Messer, wie es die *bauknechte* (Ackerknechte) in ihrer *burse* (Amtsstube) haben, über die Nase geschlagen habe.
3 M

145(31v)
Hanß Bolte hat sich beklagt, daß *Diderich Hake* ihn in seinem Haus blutig und blau geschlagen habe.
3 M

146(31v)
Die Ackerknechte haben sich gegen das Verbot die Würste geholt (Fastnacht). *Peter Snaep, Thomas,* der Knecht von Prokonsul *Brandis,* und der Knecht von *Christof Lobbe* bürgen.
12 M
Randnotiz: 11 M bezahlt, 1 M wollen Snaep und der Knecht von Lobbe bezahlen.

(31v) Summarum (1603/4) 205 M
Halbscheid 102 1/2 M

(33) Brüchtenregister zu Werl Anno 1605

147(33)
Thonies zum *Stenfordt* (Stemmerk bei Scheidingen)hat *Stefen Vischer* versehentlich durch die Hand geschossen.
10 M
Randnotiz: bezahlt

148(33)
Ida von *Sönnern* hat sich beklagt, daß *Johan Flockerman* sie geschlagen habe.
5 M

149(33)
Johan Holdthof hat den Nachwächter *Pantell* mit einer Kanne zu schlagen gedroht.
1 1/2 M
Randnotiz: bezahlt

150(33v)
Rolef zur *Heide* (Schulze zur Heide zwischen Werl und Scheidingen) hat *Johan Degenhardt* ein Loch in den Kopf geschlagen.
6 M

151(33v)
Kerghof zu *Bausenhagen* und *Johan* auf dem Berge haben sich in der Freiheit geschlagen.
Zusammen 20 M
Randnotiz: bezahlt

152(33v)
Stefan Humpertz hat *Herman Gudthof* und *Timan von der Angell* mit einem Messer in der Freiheit gestochen.
12 M

153(34)
Jurgen Goltschmidt hat *Salomon Judten* ein Loch in den Kopf geschlagen.
3 M
Randnotiz: 35 ß bezahlt, *sein zwo halb kannen gepfändet*

154(34)
Die Hausfrau von *Johan Rokeßloe* hat der Frau von *Jurgen* auf dem Berge mit einer Barde ein Loch in den Arm gehauen.
3 M
Randnotiz: bezahlt

155(34)
Everdt Niehaus hat die *Ewalsche* in der Freiheit geschlagen.
20 M
Randnotiz: bezahlt

156(34v)
Die lahme *Trina* hat die Frau von *Herman Locke* mit einer Rute geschlagen.
1 M
Randnotiz: arm

157(34v)
Bernhardus vom *Dringenbergh* hat zum zweitenmal den Nachtwächter auf der Straße geschlagen.
20 Rtlr = 60 M
Randnotiz: 10 Rtlr bezahlt

158(34v)
Gerdt Wefer hat den Knecht der *Lepperlerschen* an der Backe verwundet.
3 M
Randnotiz: arm, bezahlt

159(35)
Fünf Fuhrleute haben bei nächtlicher Zeit einen Tumult in *Teckhausens* Haus angerichtet und dabei vier Personen verwundet.
Randnotiz: *Sonneken, Johan Lips, Adolf Himpens und Peter Rose.*

Als die Fuhrleute eingesperrt wurden, sind sie aus dem Arrest ausgetreten.
Zusammen 50 Rtlr = 150 M
Randnotiz: 40 Rtlr bezahlt, Rest 10 Rtlr

160(35)
Der Knecht des *Jurgen* von *Hilbeck, Tigges* genannt, hat *Thonies Fuest* einen Backenstreich gegeben.
1 1/2 M

161(35)
Sander zu *Lohe* hat *Christof Bruniß* mit einer *barde* zu hauen gedroht.
3 M

162(35v)
Gerdt Brosies hat *Rolef Kauner* ein Eisen aus der Schubkarre entwendet.
9 M

163(35v)
Johan Schlunder hat dem *Wilhelm Schotte* gesagt, daß *Johan Godde* ihn, den Schotte, schwer beleidigt habe. Godde hat das nicht zugegeben. Daraufhin hat Schlunder den Beweis antreten wollen, hat es aber nicht getan. Er wurde daher *wegen lügens verurteilt.*
6 M

164(36)
Der *Olinghauser* Vogt (Kloster Ölinghausen bei Hüsten) hat *Jurgen Lips* mit einer Feile an der Backe verwundet und ihn dann noch mit Steinen geschmissen.
9 M
Randnotiz: bezahlt

165(36)
Berndt Wilmes und *Michael Gulicher* haben sich geschlagen, wobei Berndt Wilmes verwundet wurde.
Zusammen 8 M
Randnotiz: Michael Gulicher hat hierauf am 3. Febr. 3 M bezahlt.

166(36)
Franz Brandis hat dem Herrn Offizial auf dem Weinhaus *unlust angerichtet,* wobei *Schwiker Rham* am Kopf verwundet wurde.
5 M
Randnotiz: bezahlt

167(36)
Sechs Bäckerjungen und -knechte haben den *Johan Slunder* mörderisch überfallen und schwer verwundet.
(Der Fall wurde offenbar an eine andere Instanz überwiesen.)

168(36v)
Friedrich von Schafhausen hat *Salomon Judten* angezeigt, daß er in dessen Gegenwart etliche ungarische Dukaten verloren habe. Der Jude hat sich darüber mit Schafhausen geeinigt.

(37) Summarum dieses Anschlags 336 M
Halbscheid 168 M
Werl, 21. April 1606, *Jo Wulff*, Westf. Brüchtenmeister

(37v) Auf vorgenannte Brüchten de Annis 1604 und 1605 wegen des Herrn Drosten dem Peter Seddeler 3 Tlr bezahlt.

Wie die Brüchten angeschlagen wurden, ist wegen der Abrechnung das Gelage gewesen. Für den Landesherren 2 Tlr 4 ß.

Dem Herrn Drosten kommen aus diesen Brüchten 91 M 21 d zu. Darauf bezahlt dem Seddeler 3 Rtlr, Lambert Blome 13 Rtlr 28 ß. Von Stefen Humperts 12 M. Noch an Geld geliefert 29 M 2 ß.

Anno 1606, 20. Mai, mit dem Herrn Brüchtenmeister abgerechnet, daß die Stadt schuldig geblieben de Annis 1604/5 77 M 13 1/2 ß 3 d. Noch alte Schulden 1 1/2 Rtlr 5 ß, davon abgezogen, was *die schöffen in Arnsberg vertan*. Faciunt 10 Rtlr minus 14 ß, bleiben 16 1/2 Rtlr 34 ß 3 d

(38) Brüchten des Jahres 1606

169(38)
Herman Honerts Frau hat sich beklagt, daß *Christof Honerts* ihr ein Loch in den Kopf und zwei Rippen entzwei geschlagen hat.
10 M
Randnotiz: Bei dem *Heppman* zu suchen

170(38)
Hilkenkamps Frau hat sich beklagt, daß *Johan Schulte* und seine Hausfrau sie blutig und blau geschlagen hätten, als sie hochschwanger war.
6 M
Randnotiz: bezahlt

171(38)
Der Karrentreiber hat sich beklagt, daß *Michael Gulicher* ihm drei Löcher in den Kopf geschlagen habe.
12 M
Randnotiz: bezahlt

172(38v)
Der Sohn von *Isak Judte* hat sich beklagt, daß *Hilkenkamp* ihn auf der Straße mit einem Stock geschlagen habe.
1 1/2 M
Randnotiz: bezahlt

173(38v)
Hilkenkamp hat geklagt, daß der Judt in sein verschlossenes Haus gegangen sei.
4 M
Randnotiz: Reserviert insgesamt dem Landesherrn.

174(38v)
Jurgen Leigendecker hat sich beklagt, Daß *Berndt Schneider* ihm mit einem Leuchter ein Loch in den Kopf geschlagen habe.
5 M

175(38v)
Dirich Goldtschmitt hat sich beklagt, daß *Herman Kollerhof* ihm mit einem Becher ein Loch in den Kopf geschlagen habe.
3 M

176(39)
Jurgen Alstette hat auf Befehl des Ehrbaren Rats an das Tor der Scheune von *Herman Hengsten* zweimal Schlösser angebracht, die Herman Hengsten beidemal abgeschlagen hat.
6 M

177(39)
Der *Ölinghauser* Vogt und seine Hausfrau haben die Diener in der Ausführung der Brüchtensachen behindert und sie mit Steinen beworfen.
6 M
Randnotiz: bezahlt

178(39)
Rotger Hußman hat einem Soldaten mit einer Mistforke ein Loch in den Kopf geschlagen
5 M
Randnotiz: bezahlt

179(39v)
Hinrich Stefen zu *Büderich* hat der *Hessischen* während der Freiheit ein Loch in den Kopf geschlagen.
5 M
Randnotiz: bezahlt

180(39v)
Herman Kikoge hat *Salomon Judten* mit einem Messer in den Arm gestochen.
10 M

181(39v)
Arendt Kolter ist gerichtlich überführt, daß er dem Kämmerer *Degenhardt Scholer* eine *fore* (Furche) Land abgepflügt hat.
12 M
Randnotiz: Es sind Zweifel wegen der Höhe der Strafe entstanden

182(40)
Derselbe *Kolter* hat die Knechte des vorgenannten *Scholer* beredet und ihnen 2 ß gegeben, daß sie sein Land mit Scholers Pferden eggen sollten.
6 M

183(40)
Johan Krampe hat sich beklagt, daß *Thonies* von *Steinfurt* mit einem *vorjäger* (Lanze) in seinen Schenkel gestochen habe. Beim Verhör hat sich erwiesen, daß Krampe Ursache dazu gegeben hat.
Jeder 4 M
Randnotiz: beide bezahlt

184(40v)
Herr *Dr. Gerhardt Kleinsorgh* hat Bürgermeister *Probstingh* im Haus von *Frantz Scholer* einen Backenstreich gegeben.
Randnotiz: Ist zur Entscheidung an den Landesherren verwiesen worden.

185(40v)
Junker *Schafhusen* hat *Herman Brandis* in *Tekhausens* Haus ins Angesicht geschlagen und verwundet.
Randnotiz: Zur weiteren Untersuchung vorbehalten.

186(40v)
Isaak Judte hat sich beklagt, daß *Hilkenkamp* seinen Sohn und ihn in Gegenwart der Herren Diebe und Schelme gescholten habe.

187(41)
Berndt Fredingh hat die Stadtdiener, als sie von ihm die angeschlagenen Brüchten einziehen wollten, mörderisch angegriffen. Der Rat hat ihn in Bürgschaft genommen und ihm aufgetragen, eine Kaution zu zahlen. Daraufhin ist er entwichen, hat auch das Gefängnis verunreinigt. Als die Diener ihn dingfest machen wollten, hat er sich ihnen entzogen und die Stadt verlassen.
15 M

188(41v)
Johan Slunder hat die Pfändung durch die Stadtdiener verweigert. Er ist deshalb zum Rathaus beordert worden. Als er Kaution leisten sollte, hat er das Rathaus unter Verwünschungen verlassen.
3 M

189(41v)
Hanß Kellerhof hat *Diderich Goldtsmitt* mit einem Becher ein Loch in den Kopf geschmissen.

190(41v)
Rottger Hußman hat einen Soldaten mit einer Mistforke geschlagen.

191(42)
Die *Sengersche* hat sich beklagt, daß der lahme *Dieste* (Matthias) ihr ein Loch in den Kopf geschlagen habe.
Randnotiz: arm

192(42)
Meister *Cordt* hat sich beklagt, daß *Everdt Mellin* ihn in seiner Abwesenheit einen Schelm genannt und ihm später mit einem Spieß ein Loch in den Kopf geschlagen habe.

193(42)
Nach einer Schlägerei sind die beiden o. a. in *Kusters* Haus gegangen, um vom Rat wie auch vom Brüchtenmeister verhört zu werden.

194(42v)
O. a. Meister Cordt hat sich beklagt, daß *Ogerus Brandis* ihn mit einem Spieße etlichemal durch ein Glasfenster gestochen habe. Als sein Junge dem

Brandis und anderen *copisten* (Schreibern) auf der Staße begegnete, habe Brandis gesagt: "Wenn uns dein Meister begegnet wie du jetzt, wollen wir sehen, was wir mit ihm zu tun haben." Der Junge sei beim Ohr ergriffen und ihm sei ein *gehange* (Ohrring o. ä.) ausgerissen, er selbst auf die Straße geworfen worden.
Randnotiz: Ist zum weiteren Verhör gegeben.

195(43)
Betrifft die Schlägerei, die neulich zwischen den Copisten und den Gebrüdern *Brandis* gewesen ist. Die Schlägerei war in *Caspar Scholers* Haus. *Johan Herverdis* wurde dabei verwundet. Als ein Verursacher wurde *Herman Brandis* zu 20 Rtlr Brüchten verurteilt. Es soll weiterhin über die ganze Schlägerei verhandelt werden. Was dann noch dabei herauskommt, wird für die Abrechnung vorgesehen.
Randnotiz: Wird mit etlichen Schulden, die Herman Brandis an die Stadt hat, zusammengefaßt.

(44) (Vermerk des Brüchtenmeisters auf einem losen Blatt)
Auf Befehl des Herrn Drosten hierselbst wollen die Herren Kämmerer aus den 1604/5 angeschlagenen Brüchten *Lamert Bloeme* 13 Rtlr und 28ß entrichten und mit des Herrn Drosten Anteil verrechnen.
Johan Kam

(45) Brüchten des Jahres 1606 bis 1607, den 18. Mai verfallen

(Die auf S. 45 bis 47v aufgeführten Fälle sind mit den Fällen. 169 bis 188 identisch.)

(47v) Ergänzung zum Fall 195: Demnach ist *Herman Brandis* bei der Schlägerei in *Kaspar Scholers* Haus ein Anstifter gewesen und hat *Herman Hervedes* mit einer Wehr verwundet. Er ist zu 20 Rtlr Brüchten verurteilt. Der ganze Tumult soll weiter untersucht werden. Was sich daraus ergibt, wird beim nächsten Anschlag verrechnet.
40 M

(48) Summarum dieses Anschlags 201 M,
davon Halbscheid 100 1/2 M
Davon an Zehntpfennig für den Herrn Drosten 10 M 6 d abgezogen, bleibt
Summa 90 M 5 1/2 ß
dann abermals für den Herrn Drosten 45 M 2 1/2 ß 3 d
Der Rat der Stadt und der Bürgermeister sichern zu, daß innerhalb eines Monats bezahlt wird.
Johan Wulf, Westfälischer Brüchtenmeister.

196(49)
Isaak der Judt hat über *Johan Grundover* oder *Drogen* geklagt, daß der Droge seinen Sohn mit einem Stock geschlagen habe.
3 M
Randnotiz: Der Angeklagte gesteht und submittiert sich, bezahlt.

197(49)
Michael von *Soest* hat geklagt, daß *Christof Honers* ihm mit einer Kanne ein blaues Auge geschlagen habe.
2 M
Randnotiz: Lange verschoben. Der Angeklagte ist abwesend.
Bezahlt. Verstorben.

198(49)
Albert Ridder hat geklagt, daß ihn *Herman Pape* mit einem *ringelboom* über den Arm geschlagen habe, als er ihn im Namen seines Bruders mahnte. Der Angeklagte leugnet. Albert Ridder hat sich auf die Zeugen berufen.
3 M
Randnotiz: bezahlt

198a(49v)
Der *Kleine Herman* hat seinen Sohn mit der *barde* geschlagen. Er entschuldigt sich und sagt, es sei in *truncken muthe* geschehen.

199(49v)
Schildthauwer hat den Knecht des Schmiedemeisters *Trockell* in des *Keutenbreuwers* Haus gefährlich verwundet. Dafür bürgt *Christof Brunes.*
6 M
Randnotiz: bezahlt

200(50)
Der Steiner Schäfer klagt, daß *Sander* der Jud ihn bei einem Tausch betrogen habe. Sie hatten vereinbart, daß er ihm einen Hammel für ein Opferlämmlein geben sollte. Darauf sei er aus eigener Machtvollkommenheit angefahren gekommen und habe des Klägers Hammel in dessen Abwesenheit stillschweigend weggenommen und geschlachtet, dagegen das Opferlämmlein nicht herausgeben wollen, sondern habe gesagt, es sei derweil krank gewesen. Der Angeklagte leugnet und will des Klägers eidlich bekräftigte Aussage nicht anerkennen. Er gesteht dennoch den Tausch ein und daß er den Hammel abgeholt hat. Aber er sei völlig mit ihm einig gewesen und das Lamm habe sich sehr krank befunden. Der Schäfer wendet ein, daß er mit dem Juden durchaus nicht einig gewesen sei und der Jude den Widder gegen seinen Willen aus seinem Stall genommen habe.Er wolle das beschwören.
6 M
Randnotiz: Bezahlt. Der Stadtrat verzichtet auf ein Verfahren.

201(50v)
Der Stadtmüller *Gordt* klagt, daß ihn *Wilhelm Berckhoff* auf freier Straße und unverursacht an *glimpf und ehre* angegriffen und öffentlich einen Dieb

gescholten hat. Der Müller sagt auch, Berckhoff habe geäußert, er gebe um *einen erbarn rath* nichts.
Der Angeklagte wurde überführt und brach in Schmähworte aus, er wolle alles dartun und beweisen. Da er davon nicht ablassen wollte, ist er zur Strafe verurteilt worden. Wie er sich der Schmähworte nicht enthalten und sogar den Ehrbaren Rath mutwillig beleidigt hat, ist beschlossen worden, man solle ihn gefangensetzen, bis Kaution bezahlt ist. Wie er solches gesehen und vernommen hat, ist er vor die Herren gekommen und hat um Gottes willen um Gnade gebeten. Weil er sich zu der auferlegten Kaution erboten hat, ist ihm Verhaftung und Gefangennahme erlassen worden. *Thomas von Hachen* und *Johan Fickerman* haben für ihn gebürgt.
6 M
Randnotiz: bezahlt

202(51)
Herman Pape klagt, daß *Claß Binholdt* ihn *gefehret,* mit Schmähworten ausgeschimpft und geschlagen habe, als er das Korn von Christophus Pape heimfahren wollte.
Claß Binholdt leugnet die Schmähworte und sagt, wie es aus seiner Sicht war.Er ist *unlustig* auf ihn geworden, als Pape mit seinem Fuder nicht halten wollte. Er hat das Fuder Korn beinahe in sein, Binholdts, Haus hineingefahren und immer noch nicht anhalten wollen. Pape habe mit seinem Wagen den Wagen von Binholdt samt Korn in den Dreck geworfen. Als er, Binholdt,ihm seine *unbilligkeit* zu erkennen gab, habe er ihn beleidigt und ihm mit der Forke gedroht. Darüber sind sie aneinander geraten.
Überdies klagt Pape, daß ihn *Diderich Hake* vor Christophus Papens Haus geschlagen habe.
Darauf hat Diderich Hake gesagt, daß Pape ihn mit einer Forke bedroht habe und ihn schlagen wollte. Er sei aber sein Meister geworden,habe ihm die Forke aus den Händen genommen und sich so seiner erwehret.
Pape konnte seine Behauptungen nicht beweisen und submittierte sich.
2 M
Randnotiz: bezahlt

203(51v)
Ogerus Brandis ist beklagt, daß er sich gegen den Ehrbaren Rat *gemutwilligt* hat. Dafür bürgen Dominus Notarius *(Franz Reinartz)* und *Christoff Pape.* Was aus dem Protokoll ferner zu sehen, (Text bricht ab)
Randnotiz: zurückgestellt

204(51v)
Wolter zu *Hilbeck* hat dem *Schulten* zu *Bentrop* auf freier Kirmes mit einer Kanne ein Loch in den Kopf geschlagen.
Der Angeklagte gesteht und submittiert sich.
2 M

205(51v)
Christoff Pape hat einen Kupferschmied wegen gestohlenen Kupfers verklagt. *Hans Bolte* hat sich als Prinzipal zu bürgen bereit erklärt.
36 M
Randnotiz: bezahlt

206(52)
Michael Guleker der Jüngere hat den Ehrbaren Rat dieser Stadt geschmäht und behauptet, die Gewichte der Stadt seien falsch. Er leugnet, das gesagt zu haben.Die Sache ist deswegen zum Bericht an den Fiskal und den Drosten weitergegeben worden.
Zusammen 12 M
Randnotiz: Er hat auch gesagt, der Rat habe sein Siegel fälschlich an Briefe gehängt.
Soll dem Herrn Drosten abgekürzt werden. 9 M von Gulekers eigener Hand

207(52)
Herman Kumper hat geklagt, daß ihn die Weiber von *Daellman, Gruevel* und *Soetemund* heftig aus der Melster Pforte herausgeholt und wegen der Saat derbstens geschmäht hätten.
Die Weiber leugnen.

208(52v)
Teickhuß klagt, daß ihn *Diderich Hengst* geschmäht habe. Hengst leugnet.
Beruht auf Teickhausens Aussage.
Randnotiz: zurückgestellt

209(52v)
Steffen Kickhofs Witwe klagt, daß *Wilhelm Widthoff* ihren Jungen in der Melster Pforte geschlagen und in den Dreck getreten habe.
3 M
Widthoff ist trotz Widerspruchs verurteilt worden.
3 M
Randnotiz: bezahlt

210(53)
Johan Schulte hat geklagt, daß ihm *Herman Leyendecker* mit einem Messer ein Loch in den Kopf gestochen habe. Leyendecker sagt, er wüßte von keinem Messer. Er habe ihm wohl *ein maullschellen* gegeben, weil er ihn erst geschmäht und so die Tat verursacht habe. Beruht auf der Aussage von Herman Leyendecker.
Kläger 3 M, Beklagter 3 M
Randnotiz: bezahlt

211(53)
Junker *Friderich von Schaffhaußen* und Junker *Laurens Schungell* haben sich in der Herren Weinhaus *verunwilligt,* und Schaffhuß hat den Junker Schungell mit einem *rapier* (Degen) verwundet.

212(53)
Hanß Teickhuß hat *Lubbert* den Schneider von *Meierich* (bei Soest) im Weinhaus gescholten.
40 M
Randnotiz: bezahlt
Teickhuß berichtet, daß er deswegen vom Brüchtenmeister eine Quittung einbringen wolle. Ist Anno 1610, 1. Februar, geschehen.

213(53v)
Junker *Wennemar Sontag von Schaffhußen* hat sich mit *Herman Brandiß dem Jüngeren* in *Teickhußens* Haus geschlagen.
Randnotiz: zurückgestellt

214(53v)
Steffen Piper hat *Deitlef Brandis* gescholten.
5 M
Randnotiz: bezahlt

215(53v)
Fabian (von Gera) der Münzmeister hat sich mit *Diderich Hengst* geschlagen.
3 M

(54) Summarum dieses Anschlags 132 M
Der Stadt Werl halb 66 M, bleiben 66 M.
Davon dem Herrn Drosten an Zehntpfennig 6 1/2 M abgezogen, bleiben 59 M 6 ß. Davon abermals der halbe Teil für den Herrn Drosten 29 1/2 M 3 ß.
Zusicherung der Überweisung binnen Monatsfrist.
19. Mai 1608, *Johan Wulff*, Westf. Brüchtenmeister
Prokonsul *Dirich Lilie*

(56) Werlische Samtbrüchten des Jahrs 1608

216(56)
Wilhelm Berckhoff hat die Arbeiter der Herren von Werl gescholten und sich mutwillig verhalten. Deswegen ist er eingesperrt worden. Im folgenden wurde die Sache auf Glauben und Bürgen erledigt. Es haben gebürgt *Herman Korffmacher* und *Jurgen Kampffman.*
1 M
Randnotiz: Rest 6 1/2 ß

216a(56)
Kunne (Kunigunde) *Focke* ist wegen des gleichen Delikts eingesperrt worden, hat Bürgen gestellt und sich submittiert.
1/2 M
Randnotiz: bezahlt

216b(56)
Wilhelm, des Spielmanns Junge, ist eingesperrt worden, weil er einen Juden geschlagen und ein unmündiges Kind in den Dreck geworfen hat. Es bürgen *Johan Bolte der Junge* und *Thomas in der Gasse.*
1 M

216c(56v)
Schneider Berendt ist überführt worden, daß er im Haus von Richtmann *Mense* Schmähworte gegen *Dieterich Hengst* ausgestoßen hat. Ein blankes Messer mußte ihm aus den Händen entwunden werden.
3 M
Randnotiz: bezahlt

216d(56v)
Dieterich Hengst hat geklagt, daß ihm *Schneider Berendt* einen Finger beinahe abgebissen habe. Er habe deswegen lange Zeit große Schmerzen gehabt.
Ist offenkundig.
3 M

216e(56v)
Der *Korte Hinrich* hat *Anne Monicks* geschlagen und ihre Habseligkeiten auf die Straße geworfen.
4 M

216f(57)
Der Bauer von *Wickede* ist beklagt und überführt, daß er seinen Nachbarn *gefehret* und allerlei Schlägerei verursacht hat. Er sagte auch und bekannte öffentlich, wenn ihm die Axt nicht aus der Hand genommen worden wäre, hätte er ihn totgeschlagen.
9 M

216g(57)
Kaspar Bodtrup hat geklagt, daß *Michael Gulicher der Junge* seine Frau geschlagen habe. Gulicher leugnet das und sagt, wahr sei, daß sie ihn vielfältig geschmäht und gescholten habe.
Mangel an Beweisen.

216h(57)
Der *Frolicher* hat *Hinrich Kedtler* mit einer Kanne in *Wilhelm Berings* Haus ein Loch in den Kopf geschlagen.
2 M
Randnotiz: bezahlt

216i(57v) bezahlt
Der *Latiner, Froliche, Wilhelm* von Störmede, *Herman Leyendecker* und *Jurgen Ostermann* sollen in der Stillwoche (Karwoche) Blattläuse in eine Kanne Dünnbier getan und anderen davon zu trinken gegeben haben (verursacht Durchfall). Sie gestehen die Tat nicht, sondern sagen, es sei wohl scherzhaft davon geredet worden, aber nichts geschehen.
3 M
Latiner 1 M 3 d, Leyendecker 1 M

216k(57v)
Gudthoff hat geklagt, daß ihn *Claß* zum *Blomenthall* auf freier Kirmes in *Blomekens* Haus mit einem Stuhl blutig geschlagen habe. Claß zum Blomenthall hat Zeugen gebracht, die bekundeten, daß Gudthoff ihn erst gescholten und dann geschlagen hat. Claß zum Blomenthall hat in Notwehr gehandelt, wie die Aussagen der Zeugen belegen.Also ist Gudthoff zur Brüchte zu verurteilen.
15 M
Randnotiz: bezahlt

217(58)
Herman Pape ist wegen seines Mutwillens inhaftiert worden. Er soll Abtrag leisten.
3 M
Randnotiz: bezahlt

218(58)
Dietrich Goldtschmidt hat den Knecht von Bürgermeister *Lilie* geschlagen und gescholten. Dafür bürgen *Thomas* von *Hachen* und *Jurgen Goldtschmidt.*
1 1/2 M
Randnotiz: bezahlt

219(58)
Baltzer (Balthasar) *Koster* hat den *Latiner* in den Dreck getreten.
1 M

220(58)
Baltzer Koster hat einen Hausmann (Bauer) namens *Johan Humpert* zum *Grave* (Graben bei Wickede) verwundet. Er gesteht.
1 1/2 M

221(58v)
Berendt Hulßtrup hat einem Mann von Hamm mit einer *butte* (Kanne) zwei Löcher in den Kopf geschlagen. Es sind Zeugen darüber abgehört worden, die aussagen, daß der Hammer ihn zuvor einen Schelm gescholten hat, mit dem er nicht aus einer Kanne trinken wolle. So ist das verursacht worden.
5 M
Randnotiz: bezahlt

222(58v)
Jakob Lilie und *Johan Brandis* haben sich in Caspar Scholers Haus geschlagen. Lilie gibt es zu.
3 M
Randnotiz: bezahlt

223(58v)
Johan Roxlo hat *Michael Gulicher* mit einer gespannten Büchse bedroht und auf ihn losgeschossen. Roxlo leugnet, sagt, er habe nicht auf ihn, sondern in die Luft geschossen.
3 M
Randnotiz: bezahlt

224(59)
Wilhelm Schoppe klagt, daß ihn sein Herr *Dieterich Beringh* geschlagen habe. Beringh sagt, daß Schoppe seine Pferde *versäumet* und er ihn daher zu Recht geschlagen habe.

225(59)
Johan Nottebaum hat die Frau von *Hinrich Bock* öffentlich eine Zaubersche gescholten.
Randnotiz: In Haft zu nehmen.

226(59)
Herman Brandt und *Johan Klopperiß* haben sich öffentlich Diebe gescholten.
Zusammen 10 M
Randnotiz: Klopperiß 5 M, Brandt 5 M bezahlt

227(59)
Junker *Friedrich von Schaffhausen* hat am Tage der *ratsverenderungh* einer Jungfrau ins Gesicht geschlagen, daß ihr Nase und Mund geblutet haben. Daraus ist eine Schlägerei entstanden.
45 M

228(59v)
Herman Haußman und seine Haußfrau haben die Gebrüder *Kedtler* gegen das Verbot der Herren öfter gescholten, gesteinigt und vielfältig malestiert.
15 M
Randnotiz: Ist um 6 M ermäßigt.

229(59v)
Goddes Ackerknecht *Peter Schnaep* und *Hulsbergs* Knecht haben in Kämmerer *Wilhelm von Berings* Haus einen Tumult und eine Schlägerei angezettelt.
6 M
Randnotiz: Schnaep 2 M, Hulßbergs Knecht 2 M bezahlt

230(59v)
Johan Hurman hat Bürgermeister *Lilies* Hausfrau zweimal gefährdet, indem er mit einer Büchse aus einem Fenster in *Feter Flerichmans* Haus geschossen hat.
9 M

231(59v)
Meister *Wilhelm Goldtschmidt* hat *Dieterich Goldtschmidt* ins Gesicht geschlagen. Er gesteht das und sagt, Dietrich habe ihn einen Schelm genannt.
1 M

232(60)
Johan Aßbecke hat einen Boten von Hamm geschlagen, als der ihn gemahnt hat. Dafür bürgen *Jurgen Reinike* und *Johan Geisthovell.*
2 M

233(60)
Der Schäfer von der Steiner Pforte hat *Blome* zu *Sieveringhausen* (Sieveringen) mit einer Schäferhacke über den Hals geschlagen.
Er gesteht.
2 1/2 M

234(60)
Des *Butenmeyers* Sohn hat den Tagelöhner von *Dirich Lilie* in den Dreck gestoßen. Er ist weggelaufen.
Randnotiz: zurückgestellt

235(60)
Braem der Soldat hat den *Leyendecker* gestochen, daß er an den Folgen gestorben ist.
Randnotiz: Ist Soldat.

236(60v)
Der Beilenschmidt Meister *Jaspar* ist beklagt, daß er *Johan Konings Frau* mit einer Kanne geschlagen habe, daß sie beinahe eine Stunde lang wie tot dalag. *Jost Schluter* und *Krampe* sollen die Frau über die Bank *geruckt* und Johan Koning unter sich geworfen und geschlagen haben. Es sind Zeugen darüber abgehört worden. Sie sagen, sie wüßten nichts davon, daß die Frau mit einer Kanne geschlagen worden sei. Sie hätten wohl gesehen, daß sie dagelegen habe, sie mag wohl vor *trunckenheit* gefallen sein.
Alle drei zusammen 15 M
Randnotiz: *Herman Krampe* 5 M, *Jaspar Rump* 5 M, Jost Schluter 5 M bezahlt.

237(60v)
Dieterich Hake hat mit *Jost Piper* um einen Morgen Land mit Karten gespielt, und Hake hat gewonnen. Piper hat 6 Tlr zum Rückkauf geben müssen, die Hake mit *Hinrich Reinharts* und anderen vertrunken hat.
Zusammen 6 M
Randnotiz: Hake 3 M, Jost Piper bezahlt.

238(61)
Herman Vogellman hat *Everdt Engell* mit einer Barde ein Loch in den Kopf geschlagen.

239(61)
Johan Assbecke hat *Gudthoff* mit der Faust *gewencket,* worauf Gudthoff dem Assbecke eine *maultasche* gegeben hat. Beide sind schuldig. Zusammen 3 M
Randnotiz: Gudthoff 1 1/2 M

240(61)
Der ältere *Michael Gulicher* soll von *Jurgen Vollmer* geschmäht worden sein. Gulicher berichtet, und das Amt hat es nachgeprüft, Vollmer habe zu ihm gesagt, er habe seine silbernen Knöpfe in Neuß aus der Kirche gekriegt. Vollmer bekennt, daß er wohl geredet hat: "Wenn ich zu Neuß gewesen wäre und ein silbernes *krisambsvaß* (Gefäß zur Aufbewahrung von geweihtem Salböl) bekommen hätte wie du, welches dir aus der Kirche gegeben worden ist, wollte ich auch solche silbernen Knöpfe tragen wie du." Er wüßte sonst von keinen Schmähworten.
1 M
Randnotiz: Ist remittiert

241(61v)
Herman Schirenbecke hat geklagt, daß *Michael Gulicher der Jüngere* ihn hinter seinem Rücken einen Schelm, Erzdieb und Lügner gescholten habe, er wäre des Richtmanns Namen unwürdig. Ferner wäre Gulicher mit seinem Schwager *Schlunder* in das Haus von *Sauren* gekommen und habe

gesagt: “Wenn Schirenbecke noch hier wäre, wollten wir ihn abschmehren.“ Alle Behauptungen wurden durch Zeugen bestätigt, jedoch haben sie dabei festgestellt, daß in der Conditionalform geredet worden ist. Wenn Schirenbecke seine Hand nicht hielte (sein Versprechen nicht einlöste), so würde Gulicher ihn für so einen (s. o.) halten.
5 M
Randnotiz: bezahlt

242(61v)
Michael Gulicher der Jüngere klagt, daß die Frau von *Herman Schirenbecke* öffentlich geredet habe, wer die Kaufverträge zwischen ihnen geschrieben und unterschrieben habe, der habe geschrieben wie ein Schelm. Alle Behauptungen wurden bestätigt.

243(62)
Schneider Berendt hat geklagt, daß ihm Junker *Lubbert Westfael* einen Krug Bier ins Gesicht geschmissen und ihn *bluetrunstet* habe. Westfael sagt, Berendt habe ihn vorher einen *jungen und lecker* gescholten und danach einen Schelm geschmäht. Die Zeugen geben an, sie hätten nicht gehört, daß er Westfael gemeint und ihn einen Lecker gescholten habe, Berendt habe gesagt, der Junker hätte doch mit den Jungen unten schießen sollen, denn seine Leistungen seien doch Kinderwerk, vielleicht hätte er dann den Pokal gewonnen.

244(62)
Der *Schluter* hierselbst hat sich für einen Knecht von Sönnern als Bürge eingelassen. Der Knecht hat in der Melster Pforte stehlen wollen, wurde vom Pförtner dabei ertappt und festgehalten, ist später jedoch weggelaufen. Seine Pferde wurden an der Pforte einbehalten.
9 M
Randnotiz: bezahlt

245(62v)
Jost Wilhelmus von *Bosenhagen* (Bausenhagen) hat geklagt, daß ihn *Hans Sina,* der Schmied zu Büderich, in der Neuen Pforte überfallen und blutig und blau geschlagen habe. Sina gesteht, aber sagt zu seiner Verteidigung, wie dann auch befunden wurde, er sei erregt gewesen, weil Jost ihn gereizt hatte.

246(62v)
Der Bodelmeister (Büttelmeister) *Diederich* hat zu Meister *Wilhelm,* dem Buchsenschmied, gesagt, er habe so viel Geld, daß er einen Kerl, wie er es ist, wohl bezahlen wollte. Darüber hat Meister Wilhelm geklagt , und später ist es zu einem Vergleich gekommen.
18 M
Randnotiz: bezahlt

247(62)
Der jüngere *Clodt* hat sich bei anbefohlener Exekution dem Fronen widersetzt.
12 M
Randnotiz: bezahlt

248(63)
Jürgen Helmes hat geklagt, daß er von Junker *Berendt* im Bierhaus überfallen und einen Dieb gescholten worden sei, der ihm die Wehr abgestohlen habe. Dafür bürgen *Herman Steinhauer* und *Herman Hinkebecke.*
6 M
Randnotiz: bezahlt

248a(63)
Jurgen Hurrelmann klagt, daß *Bregte,* die Hausfrau von *Wilhelm Haleves,* ihm eine Handvoll Pflanzen aus dem Garten gestohlen habe. Dafür hat sie im Dorenkasten (drehbarer Käfig) gesessen. Es bürgen *Thonies* von *Affelen* und *Herman Brandt.*
1/2 M
Randnotiz: bezahlt

249(63)
Wilhelm Schäfers Frau hat den *Hanß Rusche* einen offenbaren Dieb gescholten und das vor dem Ehrbaren Rat widerrufen.
1 1/2 M
Randnotiz: bezahlt

250(63v)
Blasius Droste hat *Johan Konningh* geschmäht und mit einem Messer *gefehrt.* Er wurde deshalb *auff der herren hauß* festgesetzt. Es bürgen *Johan Kampman* und *Koen Wegener.*
1/2 M
Randnotiz: bezahlt

251(63v)
Gordt Klotingh, Herman Storp und *Dieterich Kuellman* haben dem *Franz Schermer* bei Nacht *borden* (Brennholzbündel) aus seinem Hofe geholt und in die Wache getragen. Dafür sind laut Protokoll Bürgen gesetzt.
Zusammen 1 1/2 M
Randnotiz: bezahlt

252(63v)
Peter Bauwmeister soll der Witwe *Lilie* Weizen entwendet haben. Dafür bürgen *Frerich Goßman* und *Herman Koster.*
3 M
Randnotiz: bezahlt

253(64)
Johan Wernike soll dem verstorbenen *Johan Lilie* etliche Garben entwendet haben. Dafür bürgen *Hinrich Kettler* und *Wilhelm Bastert.*
5 M
Randnotiz: bezahlt

(64) Summarum dieses Anschlags 242 1/2 M
Halbscheid 121 M 3 ß
Hiervon an den Herrn Drosten der zehnte Pfennig, 10 M 21 ß
Bleiben 109 M 3 ß
Davon dem Herrn Drosten den halben Teil, 54 1/2 M 1 1/2 ß
Bleiben insgesamt 54 1/2 M 1 1/2 ß
Der Herr Bürgermeister und der Rat der Stadt Werl werden den Anschlag innerhalb Monatsfrist unfehlbar einliefern.
Werl, den 29. Mai 1609
Johan Wulf
Westfälischer Brüchtenmeister

(65)
Am 28. August 1609 hat der Schreiber des Herrn Drosten *Johannes Koen* als Quote für den Herrn Drosten auf das Jahr 1608 50 M empfangen. Es ist bei dieser Ausgabe vermerkt, daß auf die Quote des Herrn Drosten der *Gülicher* eine Forderung von 9 M auf das Jahr 1608 eingebracht hat. Der Herr Droste soll noch 50 Backsteine im Wert von 1 M empfangen. Am 16. Dezember 1609 hat Koen auf des Herrn Drosten Quoten der Brüchten 66 M 4 1/2 ß empfangen. 6 M 4 1/2 ß sind also für das Jahr 1608 richtig bezahlt.

(66) Brüchtenregister des Jahres 1609

254(66)
Berendt Jude hat geklagt, daß ihm Meister *Diederich Goldtschmidt* auf Tagwacht ein Wehr auf dem Leib entzweigeschlagen habe. Meister Diederich gibt das zu und sagt, der Jude habe ihn zuerst einen Schelm gescholten.
Randnotiz: In Haft zu nehmen!

255(66)
Jurgen Leiendecker klagt, daß ihm Meister *Steffen Steinhauwer* in *Schluters* Haus mit einer Kanne eine Beule in den Kopf geschlagen habe. Meister Steffen gibt das zu und sagt, er habe ihn ja nicht verwundet, blutig oder blau geschlagen.
Der Angeklagte submittiert sich.
5 M
Randnotiz: bezahlt

256(66v)
Meister *Wilhelm Rochus* ist von *Peter* von *Bunna* (Bonn) schwer verwundet worden, und wie sie verhört worden sind, sagte Peter von Bunna, daß er von Meister Wilhelm Rochus zuerst verwundet worden sei. Meister Wilhelm sagte, daß er eingeschritten sei, damit Peter von Bunna den Hans Peltzer nicht schlug. Da habe Peter seine Finger ins maull bekommen und ihn gebissen. Er habe in Notwehr handeln müssen. Meister Wilhelm erbot sich, das durch die Zeugen Jurgen *Leiendecker* und *Hans Peltzer* bestätigen zu lassen, aber die Zeugen sind nicht vorgeführt worden.
Randnotiz: An andere Instanz überwiesen.

257(66v)
Der *Harde* zu *Tonne (Westönnen)* hat geklagt, daß ihn *Diederich Hengst,* als er ihn gemahnt hat, Wachs zu bezahlen, mit der Wehr vor den Mund gestoßen und verwundet habe. Hengst sagt, er habe ihn ungebührlich ermahnt und ein Messer auf ihn gezückt.
6 M
Randnotiz: bezahlt

258(67)
Gobbel von *Hamm* hat geklagt, daß ihm *Tonies Fuest* mit einer Kanne ein Loch in den Kopf geschlagen habe
6 M
Randnotiz: Er submittiert sich. Bezahlt.

259(67)
Steven Menge oder *Berendt gen. Rufoidt* hat die Magd von *Teighus* eine Zauberische und Hure gescholten und mit einer Forke geschlagen.
5 M
Randnotiz: Er submittiert sich. Bezahlt.

260(67)
Johan Bolte hat *Christian Preker* bei der Besetzung der Wache zweimal durch den Arm gestochen. Er war deswegen in Haft und hat als Bürgen den *Berndt Weber* und den *Wilhelm Rochus* gesetzt.
9 M
Randnotiz: bezahlt

261(67v)
Gertrudt, Bocks Frau, hat geklagt, daß *Herman Leiendecker* sie eine Zauberische gescholten hat. Der Angeklagte gibt das zu und submittiert sich.
5 M
Randnotiz: bezahlt

262(67v)
Jurgen Brandt hat *Hinrich Romberg* gescholten, er habe sechs Fuder Brennholz gestohlen.
Der Angeklagte leugnet.
Brandt 9 M.
Randnotiz: bezahlt

263(67v)
Tyes, der Knecht des Fronen *Luleff,* hat *Wilhelm Bockellman* mit einer Schute (Spaten) ein Loch ins Gesicht gestoßen. Der Angeklagte gibt das zu und submittiert sich.
6 M
Randnotiz: bezahlt

264(67v)
Wilhelm Bockellman hat geklagt, daß ihn *Thonies Droste* mit einem *ringellboem* (Ladebalken) in den Dreck geschlagen und übel traktiert habe. Er submittiert sich.
6 M

265(68)
Wilhelm Bregte hat geklagt, daß ihn *Steven Mente* oder *Berendt* mit einer *barde* verwundet habe. Der Angeklagte gibt es zu und submittiert sich.
5 M
Randnotiz: bezahlt

266(68)
Hans Hesse hat geklagt, daß *Baltz Koster* ihm ein Loch in den Kopf geschlagen und ein Loch in die Schulter gebissen hat. Der Angeklagte gibt das zu und submittiert sich.
3 M
Randnotiz: bezahlt

267(68)
Der alte *Hinrich Mentze* hat geklagt, daß *Theodorus Honertz,* als er morgens Mist ausfahren wollte, mit einem blanken Rapier in die Tür gehauen und ihn *gefehret* habe. Theodorus ist in Haft genommen worden und hat *Thonnessen Boßvogell* und *Christoph Melman* als Bürgen gesetzt.
20 M
Randnotiz: Am 29. Dezember 1612 bezahlt.

268(68v)
Gordt Powels Frau hat geklagt,daß sie *Herman Korffmacher* eine Zauberische gescholten habe. Ist offenkundig.
6 M
Randnotiz: bezahlt

269(68v)
Wilhelm Schotte hat der Herren Verbot vielmals übertreten, wie das Protokoll ausweist, und nicht parieren wollen. Ist offenkundig.
Zurückgestellt, noch rechtshängig in *Speyer* (Reichskammergericht)

270(68v)
Die beiden Brüder *Thonies* und *Jurgen Droste* haben einen Bauernknecht auf dem Markt mit Steinen geschlagen. Ist offenkundig.
Zusammen 6 M
Randnotiz: Thonies 2 M bezahlt, Rest 1 M, Jurgen 3 M bezahlt.

271(69)
Peter Ewaldt wird verdächtigt,und gescholten, daß er *Michaell Gulicher* Käse entwendet habe. Ist stadtkundig.
Randnotiz: zurückgestellt

272(69)
Kämmerer *Deeffte* hat geklagt, daß ihn der Münzmeister in seinem eigenen Haus geschlagen habe. Ist stadtkundig.
6 M

273(69)
Hans von *Menden* hat geklagt, daß ihm *Hinrich Kurler* mit einer Kanne ein Loch in demn Kopf geschlagen habe. Der Angeklagte submittiert sich.
5 M
Randnotiz: bezahlt

274(69)
Der schon genannte *Kurler* hat einen Bauernknecht, der beim Düngen über sein Land gefahren ist, dermaßen geschlagen, daß er wie tot zum Arzt gebracht werden mußte. Er wurde deswegen in Haft genommen und stellte Kaution.
9 M

275(69v)
Hinrich von *Sönnern,* der Ackerknecht des Bürgermeisters *Lilie,* hat geklagt, daß ihn Kämmnerer *Hulßbergs* Knecht, gen. *Jurgen,* mit einer Axt in den Arm gehauen hat.
9 M
Randnotiz: bezahlt

276(69v)
Theodorus Borghoff hat der hohen Obrigkeit allerhand Beleidigungen zugefügt. Er ist deshalb in Haft genommen worden und hat unter Eid Kaution stellen müssen.
Randnotiz: Der Fall wurde nach *Arnsberg* überwiesen.

277(69v)
Dulman, der Frone zu *Büderich* hat geklagt, daß die *Kopfferschmiedische* ihn öffentlich einen Schelm ausgerufen hat
Die Angeklagte gibt das zu.
6 M
Randnotiz: bezahlt

278(70)
Godschalck der Jude hat geklagt, daß ihn *Turck* der Sälzerknecht vor seiner Tür einen Schelm und Dieb ausgerufen und mit noch viel mehr Drohworten ausgeschimpft hat.
4 M
Randnotiz: Godschalck bezahlt 1 Tlr, Turck bezahlt 1 M.

279(70)
Bettike und *Jurgen Engell* haben sich im Schluter geschlagen und weiter auf der Gänseföhde gebalgt, wobei Bettike verwundet wurde. Er hat sich beim Ehrbaren Rat beklagt.

280(70)
Claß Binholdt und *Rottger* von *Hilbeck* haben sich in *Rotger Kosters* Haus geschlagen, und einen mächtigen Tumult angerichtet.
Steht auf weiteres Verhör.

281(70v)
Herman Binholdt hat sich mit *Blesiken* dem Kremere und *Rottger* dem Waagemeister in *Rotger Kosters* Haus geschlagen, mit einer bloßen Wehr in das Haus gehauen und sie Schelme gescholten.
Randnotiz: zurückgestellt

281a(70v)
Lammert Keienhoff hat auf dem Salzplatz versehentlich ein Kind totgefahren.
Randnotiz: Steht zur Untersuchung.

282(70v)
Hans Teickhuß ist wegen etlicher Excesse angezeigt worden, und als er deswegen zur Rede gestellt wurde, hat er sich unterstanden fernzubleiben, steht also zum weiteren Verhör.

283(71)
Meister *Diederich Goldtschmidt* hat Meister *Hinrich* den Bodeker (Böttcher) dermaßen geschlagen und am Haupt verwundet, daß er still zu Bette liegt.
Randnotiz: In Haft zu nehmen.

284(71)
Eman Bodeker hat geklagt, daß in seiner Abwesenheit, als keiner außer einem kleinen Kind im Hause gewesen ist, *Steffen Beerbrodt* in sein Haus gekommen sei, Küche, Kammern und alle Winkel durchsucht und Gewalt verübt habe
1 M
Randnotiz: bezahlt

285(71v)
Frans Rinerman zum *Kumpe* (Kump nördlich Hilbeck) hat *Herman Knöpp* zu *Hilbeck allhie bey wehrender freiheit* mit einem Spaten geblutwundet.
39 M
Randnotiz: 13 Rtlr bezahlt

(71v) Summe dieses Anschlags 167 M
Die Hälfte der Stadt Werl, bleiben 83 1/2 M.
Dem Herrn Drosten den zehnten Pfennig ist 8 M und 3 1/2 ß,
bleibt Summe 75 M und 2 1/2 ß. Halbscheid 38 1/2 M 3 d.
Signiert in Werl am 17. Juni 1610.
Diesen Anschlag wird die Stadt Werl innerhalb eines Monats unverzüglich richtig machen.
Johan Wulff
Westphl. Brüchtenmeister

Brüchtenregister des Jahres 1610

286(74)
Munikehoff zu Hilbeck hat für den Knecht des Schulze zu *Brünninghausen* gebürgt, der im Haus des Kämmerers *Wilhem von Bering* den Knecht von *Brasse* mit einem Messer gestochen hat.Er wird die Brüchten bezahlen.
9 M
Randnotiz: 26.5.1612 bezahlt durch *Rottger Hußman*

287(74)
Jurgen Potthoff hat geklagt, daß die beiden Brüder *Jurgen und Thonies Droste* in *Jurgen Goldtschmidts* Haus eine Schlägerei mit ihm angefangen und ihn *blutrunstet* hätten. Die Brüder sind überführt, daß der Kläger zu solcher Schlägerei keine Ursache gegeben hat.
6 M
Randnotiz: bezahlt

288(74)
Godschalck der Jude hat geklagt, daß er im Haus von *Johan Suren* von etlichen Hausleuten (Bauern) überfallen worden sei. Sie hätten ihn dermaßen gefehret, daß er sich durch ein Fenster in den Keller hat retten müssen. Steht zur Erkundigung.
Randnotiz: Zurückgestellt.

289(74v)
Der *Groenover* hat geklagt, daß ihn *Evert Engell, Steffen Steinhouwer* der Breidweber, Schneider *Berendt* und *Wilhelm Welker* blutig und blau geschlagen hätten.
9 M
Randnotiz: bezahlt

290(74v)
Godschalck der Jude hat geklagt, daß ihn *Jurgen Vollmerstein* einen Schelm und Dieb gescholten und in die Straße gestoßen hat.
Der Angeklagte gibt es zu.
5 M
Randnotiz: bezahlt

291(74v)
Dieterich Ludinghuß hat geklagt, daß ihm der *Olinger* (Ölinghauser Vogt) mit einer *pfenninghbrede* (Rechenbrett) ein Loch in den Kopf geschlagen habe. Ist offenkundig.
9 M
Randnotiz: bezahlt

292(75)
Nierhoff zu *Voßwinkel* ist verurteilt worden weil er auf freier Kirmes hierselbst den *Vogelsanck gebludtrunstet* hat.
12 M
Randnotiz: bezahlt

293(75)
Frederich Tapperrogge hat geklagt, daß der jüngere *Bolte* ihn grob verwundet habe. Dafür bürgen *Johan Banse* und der *Gronover*.
6 M
Randnotiz: bezahlt

294(75)
Berghoff hat geklagt, daß ihn *Steven Mense* einen Dieb gescholten und gesagt habe, daß er all sein Gut auf diebische Weise an sich gebracht hat. Mense gibt das zu.
3 M
Randnotiz: bezahlt

295(75v)
Steven Mense ist beschuldigt, daß er dem *Herrn Steinfurt* etliches Hausgerät entwendet habe. Er gibt das zu.
4 M
Randnotiz: bezahlt

296(75v)
Rusche der *Soldat* hat geklagt, daß ihn *Jakob Lilie* mit einer Forke in den Arm gestochen habe. Lilie sagt, daß Rusches Weib und seine Kinder ihn und seine Frau mit Steinen geschmissen hätten Er sei auch von Rusche mit einer Forke *gefehret* worden. Lilie submittiert sich. Beide sind schuldig.
4 M
Randnotiz: bezahlt

297(76)
Meister *Jurgen Reinike* hat geklagt, daß ihn Schneider *Berendt* mit einer *pfenninghbrede* geschlagen habe. Zeugen haben bekundet, daß Jurgen Reinike solches verursacht und Schneider Berendt zuerst gescholten hat. Beide sind schuldig.
Zusammen 6 M.
Randnotiz: bezahlt

298(76)
Der Knecht von *Jurgen Hulßberg* hat geklagt, daß ihn *Jurgen Nordthoff* auf freier Kirchmesse an der Nase gezogen und *gebludtrunstet* hat.
3 M
Randnotiz: bezahlt

299(76)
Arendt Kolter ist beklagt, daß er gegen der Herren Gebot seinem Gesinde das *untermundt* (Vesperbrot) gegeben, auch auf freier Kirchmesse Kupfergeld für Schuhe *geburt* (bezahlt) habe.
9 M
Randnotiz: bezahlt

300(76v)
Friederich der Koklermüller (Kucklermühle in Werl) ist beklagt, daß er bei nächtlicher Zeit vor seinem Hause einen Schuß abgegeben habe. Er gibt das zu.
3 M
Randnotiz: bezahlt

301(76v)
Steffen Veldtman zu *Budberg* hat für des *Welligen* Stiefsohn zu *Sönnern* bürgen müssen, der den *Tunneman* im *Rothovet* mit einem Messer an der Hand verwundet hat.
6 M
Randnotiz: bezahlt

302(76v)
Der Knecht des Herrn Pastors, *Steinfurts* Knecht wie auch die Knechte von *Christian Kleinsorgh, Degenhardt Scholer* und *Gregorius Wegman* werden bezichtigt, daß sie bei der Entleibung des *Leiendeckers* dabei gewesen seien. Nachdem sie deswegen in Haft genommen wurden, haben sie wegen der zu leistenden Pfänder Bürgen stellen müssen.
46 M
Randnotiz: Der Knecht des Pastors 4 1/2 Tlr, Steinfurts Knecht 3 Tlr Rest 1 1/2 Tlr, *Silies Muhler* zahlt 4 1/2 Tlr.

303(77)
Herman Wegman hat die *Leppelersche* der Dieberei bezichtigt und sie deswegen blutig und blau geschlagen.
Randnotiz: Zurückgestellt.

304(77)
Matthias Dham hat *Michael Gulicher* auf der Herren Weinhaus *gebludtrunstet* und verwundet. Er hat Kaution gestellt.
Randnotiz: An den Landesherrn überwiesen, an die Kommission.

305(77)
Johan Stademan hat die Mutter von *Schnapes* Frau eine Zauberische gescholten. Er gibt es zu.
3 M
Randnotiz: bezahlt

306(77)
Blasius Droste ist beklagt, daß er und sein Weib den *Gue* auf dem Salzplatz während der Wacht überfallen und *gefehret* hätten.
2 M
Randnotiz: bezahlt

307(77v)
Wilhelm Rochus hat für *Hans Ruck* den Münzgesellen gebürgt, und zwar wegen *allerhandt verpflogener* Schlägerei in Meister *Goldtschmidts* Haus.
3 M
Randnotiz: bezahlt

308(77v)
Jurgen Roesse hat geklagt, daß *Johan Kurler, Assbecke* und *Diederich Goldtschmidt* ihn in *Jurgen Goldtschmidts* Haus geschlagen und verwundet hätten.
Zusammen 9 M oder in Haft zu nehmen.
Randnotiz: Kurler 3 M bezahlt anno 1612, 15. Januar, Goldtschmidt 2 Tlr.

309(77v)
Der Glasemacher bei Schneider *Berendt* hat geklagt, daß ihn *Diederich Goldtschmidt, Kurler* und *Assbecke* in *Jurgen Goldtschmidts* Haus geschlagen und verwundet hätten.
6 M
Randnotiz: Meister Diederich Goldtschmidt 1 Tlr bezahlt, Kurler 2 M bezahlt

310(78)
Wilhelm Bregte hat geklagt, daß *Steven Mense* den Vater seiner Frau mit einer Barde *gebludtrunstet* hat. Ist offenkundig.
1 1/2 M
Randnotiz: bezahlt

311(78)
Dr. Gerhardt Kleinsorgh und *Johannes Pape* haben sich in *Gerhardt von Lohns* Haus geschlagen. Pape submittiert sich.
6 M
Randnotiz: bezahlt

312(78)
Diste Brunes ist beklagt, sein Weib habe gesagt, *Hans* von *Menden* habe ihnen ein falsches Verbot getan und angekündigt.
Randnotiz: An andere Instanz überwiesen.

313(78)
Meister *Dieterich* Scharpfrichter hat geklagt, Meister *Berend Frilingh* habe ihn in der Steiner Pforte einen Schelm gescholten. Berend Frilingh sagt, er habe ihn zuerst einen Galgenvogel genannt. Das ist bezeugt. Beide sind schuldig.
Carnifex (Henker) 9 M bezahlt, Frilingh 3 M bezahlt

314(78v)
Herman Knepper hat geklagt, daß ihn der Breidtweber auf dem *Rhamischen* Hofe geschlagen, hingeworfen und auf die Brust getreten habe. Der Breidtweber submittiert sich.
5 M
Randnotiz: bezahlt

315(78v)
Peter Ewaldts wird beschuldigt, daß er dem *Michael Gulicher* einen Käse gestohlen habe. Deswegen hat er vor dem Amt *absohnung* gemacht (um Entschuldigung gebeten).
Randnotiz: Zur anderen Instanz.

316(78v)
Arendt Kolter hat geklagt, daß *Michael Gulicher der Jüngere* ihn in Gegenwart der Herren auf der Straße einen Schelm ausgerufen hat.
Randnotiz: Zur Vorladung zurückgestellt.

317(79)
Jurgen Waterhoff ist beklagt, daß er den Mann von *Zie* (Kunigunde) *Hobein* am Kopf verwundet habe. Der Angeklagte ist widerspenstig und erscheint nicht.
Randnotiz: Zurückgestellt.

318(79)
Herman Honers und seine Hausfrau sind beschuldigt, daß sie der Herren Verbot verschmäht haben und nicht parieren wollten.
6 M
Randnotiz: bezahlt

319(79)
Gerdt Brandis hat *Johan Hulsbergh* auf der Ratskämmerei in Gegenwart der Herren des Rats bei gütlichem Verhör ins Gesicht geschlagen, unter sich geworfen und auf die Erde gestoßen.
9 M
Randnotiz: bezahlt

(79) Summarum 192 1/2 M

Halbscheid der Stadt Werl 96 M 3 ß

Der zehnte Pfennig für den Herrn Drosten 9 1/2 M 1 ß

Bleiben 96 M 8 ß

Die Hälfte für den Herrn Drosten 43 M 4 ß, bleiben 43 M 4 ß

Diesen Anschlag wird die Stadt Werl innerhalb Monatsfrist richtig machen.

Signiert Werl, den 30. August 1611

Johan Wulff

Westph. Brüchtenmeister

(80) Brüchtenregister de Anno 1611

320(80)
Herman Steinhauw soll einen kranken Ochsen geschlachtet haben. Er hat sich submittiert. Ist deswegen etliche Tage auf dem Rathaus in Haft gewesen.
3 M
Randnotiz: bezahlt

321(80)
Berend Jude hat sich beklagt, daß *Rottger* von Hilbecks Knecht *Peter* seinen Sohn geschlagen und in den Dreck getreten hat.

322(80)
Gellhar hat geklagt, daß ihm *Johan Roxlo* ein Loch in den Kopf geschlagen habe. Roxlo leugnet und führt *Johan Gudhoff* als Zeugen an. Dieser sagt, daß der Kläger die Frau von Roxlo vorher eine Schandhure gescholten habe, als Roxlo vor der Pforte stand. Als sie sich mit einer Pfanne wehren wollte, hat er ein Messer gezückt. *Werth* und andere sind dazu gekommen und haben ihm das Messer abgenommen. Der Kläger ist wegen Tumults angeklagt worden.
Gellhar 3 M

323(80)
Johan Grove hat geklagt, daß ihn sein Bruder *Herman Grove* geschlagen und verwundet habe. Herman Grove bekundet, daß er ihn nicht geschlagen, *gesteuvet* (gestoßen) habe Herman Grove muß das beweisen. Er führt als Zeugen Junker *Berendt* und *Jurgen Schmidt* an.
5 M
Randnotiz: bezahlt

324(80v)
Lubbert Schoveken hat geklagt, daß ihm *Herman Growe* mit einer *brandtwigge* ein Loch in den Kopf geschlagen habe. Growe submittiert sich.
6 M
Randnotiz: bezahlt

325(80v)
Rottger Kampman hat den Knecht der Familie *Siena* mit einem Messer gefährlich verwundet. Er submittiert sich.
12 M
Randnotiz: 7 M bezahlt, Rest 5 M

326(80v)
Godschalck der Jude hat geklagt, daß *Berendt Frilingh* ihn in seinem Hause vor die Brust gestoßen und *gefehret* hat. Trotz Leugnung verurteilt.
1 1/2 M
Randnotiz: bezahlt

327(80v)
Die Frau von *Bastian Kanke* hat geklagt: Als sie *Berendt Frilinghs* Frau um 9 ß gemahnt habe, sei deren Mann gekommen, habe sie auf ihrem Hof beim Hals gefaßt, auf die Steine geschmissen, schwer verletzt und eine Zauberische geschmäht. Der Angeklagte wendet ein, daß er sie beim Hals gekriegt, aber nicht verletzt habe.
1 1/2 M
Randnotiz: bezahlt

328(81)
Herman Pape hat geklagt, daß ihm *Hennecke Deutz* im Haus von *Jurgen Reinike* mit einem Hammer ein Loch in den Kopf geschlagen habe. Der Angeklagte submittiert sich.
5 M
Randnotiz: bezahlt

329(81)
Johan Gronover hat seinen Brotherrn *Teickhuß* auf freier Kirchmesse mit der Faust ins Gesicht geschlagen. Gronover sagt, er habe ihm mit einem Tischtuch ins Gesicht geschlagen. Der Angeklagte submittiert sich.
2 M
Randnotiz: bezahlt

330(81)
Meister *Gerlich* hat geklagt, daß ihn Meister *Laurentz Pape* in des Scherenwirts Gasthaus geschlagen habe und ihm vielmals gedroht habe, ihn zu schlagen. Laurentz sagt, Gerlich habe ihm zuvor mit einem Hammer auf den Daumen geschlagen.

331(81)
Steven Mense hat etlichen Fuhrleuten in der Glocke (Gastwirtschaft) die Pferdegerätschaften entwendet. Er gesteht und submittiert sich.
In Haft zu nehmen, 3 M
Randnotiz: Dagegen eine Karre gepfändet.

332(81v)
Margareta, die Magd von *Ludewich Mellin,* hat geklagt, daß die *Kopperschmidtsche* sie eine Zauberische gescholten und ihr mit einem *puster* (Blasebalg) ein Loch in den Kopf geschlagen habe. Die Kopperschmidtsche sagt, sie habe ihr große Ursache dazu gegeben. Sie gibt es zu und submittiert sich.
1 1/2 M
Randnotiz: bezahlt

333(81v)
Herman Steven hat geklagt, daß ihm *Tonies zur Borgh* in *Gulichers* Haus mit einer *rostern* (Rost) ein Loch in den Kopf geschlagen habe. Tonies zur Borgh widerspricht, wird verurteilt. Es ist anders befunden worden.

334(82)
Johan Benedickti hat geklagt, daß ihn *Johan Brandis* in *Herman Nieschmidts* Haus geschlagen und verwundet habe. Brandiß submittiert sich.
10 M
Randnotiz: Bezahlt am 22. Oktober 1620.

335(82)
Gerdt, der Melster Pförtner hat geklagt, daß ihn Meister *Wilhelm Walker,* als er die Pforte schließen wollte, mit einem Rohr (Gewehr) vor die Brust gestoßen habe. Davon sei er in den Dreck gefallen. Walker gibt an, er habe solches ohne Absicht und nicht aufsässig getan. Der Angeklagte submittiert sich.
5 M
Randnotiz: bezahlt

336(82)
Wennemar Schulte hat geklagt, daß ihn ein Soldat vom Schlosse, *Hester* genannt, mit einer *pampe* (breiter Säbel) schwer am Haupt verwundet habe. Der Angeklagte gesteht und submittiert sich.
1 M

337(82v)
Die Herren von *Dortmund* haben an die Herren von *Werl* geschrieben und *Jurgen Mense* wie auch den Glockenwirt angezeigt, sie hätten etliche gestohlene Güter von in Dortmund Hingerichteten gekauft und die Verbrecher in ihren Häusern aufgenommen und beherbergt. Rechtfertigung geschieht durch Eid.

338(82v)
Christopff Probstingh hat geklagt: Als er *Johan Benedict* pfändete, habe der gedroht und gesagt: "Du hast mir meine Pferde diebischerweise abgenommen." Benedict sagt, er habe ihn nicht gescholten, sondern gefragt, warum er ihm seine Pferde bei Nacht abnehme. Probstingh sagt, die Pfändung sei am Morgen geschehen, als man anspannen wollte.
3 M
Randnotiz: Gesteht die Drohworte. Bezahlt.

339(82v)
Philip Binholdt hat geklagt, daß *Johan Stademan* am *mendeltagh* (Gründonnerstag) in sein Haus eingedrungen sei und ihn mit einer *barde gefehret* habe, so daß er ihm *entspringen* mußte. Stademan sagt, der Kläger habe ihn zuerst mit einem Besenstiel geschlagen. Keiner ist verletzt. Stademan submittiert sich.
3 M

340(83)
Johan Stademan hat den Ehrbaren Rat gröblich beleidigt, wie es im Protokoll steht. Er submittiert sich.
25 M
Randnotiz: Anno 1612 bezahlt Stademan 10 M. Alles bezahlt.

341(83)
Weiter hat *Johan Stademan* in der Melster Pforte ein Kind mit einer Forke sehr geschlagen. Deswegen ist er eine Zeitlang in Haft gewesen.
Randnotiz: Stademan hat 1614 darauf noch 5 1/2 Rtr minus 9 d bezahlt.

342(83)
Diderich Pape hat geklagt, daß *Herman* von *Bonn* bei nächtlicher Zeit vor seinem Hause eine Zänkerei angerichtet habe. Der Angeklagte hat es im Rausch getan.
3 M
Randnotiz: bezahlt

343(83)
Wilhelm Walker hat sich beklagt, daß aus dem Haus der Jüdin, der Frau des *Isaak,* in seine Speisekammer unflätiger Dreck geworfen worden sei.
Randnotiz: Hat sich nicht also befunden.

344(83v)
Schmuell Jude hat eine Eingabe gemacht, in der er behauptet, der Sekretär habe unrecht geschrieben. Der Jude ist deshalb vorgeladen und überführt worden, daß er fälschlich *supplizirt* hat.

345(83v)
Paßhauwers Frau ist beklagt, daß sie ihre Nachbarin in den Dreck gestoßen hat. Sie submittiert sich.
2 M
Randnotiz: bezahlt

(84) Summarum dieses Anschlags 93 1/2 M
Die Hälfte der Stadt Werl, bleiben 46 1/2 M 3 ß.
Davon dem Herrn Drosten der zehnte Pfennig 4 1/2 M minus 1 1/2 ß.
Bleiben 42 M.
Abermals die Hälfte für den Drosten, bleiben für den Landesherrn 21 M 9 d
Signatum Werl, 11. Dezember 1614
Johan Wulff, Brüchtenmeister

(85) Brüchtenregister de Anno 1612

346(85)
Johan Hupensonne hat *Gerdt Owadisse* ein Loch in den Kopf geschlagen.
9 M
Randnotiz: bezahlt

347(85)
Meister *Berendt Frilingh* hat Meister *Gerlich Steinhauwer* auf freier Straße blutig und blau geschlagen und in den Dreck gestoßen.
9 M
Randnotiz: bezahlt

348(85)
Trockels Stolle von *Sieveringen* hat die *Keesbergersche,* die schwanger war, am Tag Mariä Lichtmeß in ihrem Haus mit einem Vorjäger in den Leib gestochen. Daher wurde der Täter in den Runden Turm gebracht und später ausgelöst. Gebürgt haben *Tyes Ebell* zu *Höingen* und *Blome* zu *Sieveringen.*
75 M
Randnotiz: bezahlt

349(85v)
Der *Gronebomer* zu *Westönnen* hat zur selben Zeit (s. o.) in dem oben genannten Haus seinen eigenen Bruder mit einem Messer schwer verwundet. Da er geflohen ist, haben *Mense* zu *Gerlingen* und *Tyes Ebell* zu *Höingen* gelobt, den Exeß abzubüßen.
30 M
Randnotiz: bezahlt

350(85v)
Der Knecht von *Thonies Gulicher* hat *Christoff Meiers* Sohn ein Loch in den Kopf geschlagen.
6 M

351(85v)
Johan Brandis hat etliche gepfändete Kühe, die *auff herbergh* in *Rottger Breers* Haus gestanden haben, hinweggetrieben, nachdem er das Schloß an der Scheune zerschlagen hatte.
6 M
Randnotiz: 1620, 29. Februar, hat Brandis hierauf bezahlt 6 gemeine Mark, Rest 2 M. Diese 2 M bezahlt am 22. Oktober 1620.

352(86)
Johan Brandis hat allerhand Schmähworte gegen den Ehrbaren Rat ausgestoßen. Er hat auch einen Priester geschlagen und auf der Büdericher Pforte *gefenglich* festgehalten. Deswegen und wegen der geistlichen Brüchten vom Herrn Offizial hat er Abtrag machen müssen. Er hat auch den Urfehdebrief, der ihm schriftlich zugestellt worden war, zerschnitten.
6 M
Randnotiz: Bezahlt am 22. Oktober 1622.

353(86)
Kurler der Schlächter hat *Berendt Sondagh* dem Stadtschuter (Eintreiber) mit einem *prekell stock* (spitzer Stock) ein Loch in den Kopf geschlagen, weil er ihm ein Pferd abgepfändet hatte.
5 M
Randnotiz: bezahlt

354(86v)
Der Leppeler und seine Frau haben *Elzchen Standtfaßt* auf der Straße beim Kopf ergriffen, sie damit an ihr Haus gestoßen und ihr etlichemal an den Kopf geschlagen.
6 M
Randnotiz: Bezahlt am 27. Februar 1615 3 Tlr.

355(86v)
Jurgen Kampman hat des Drosten Sohn auf dem Salzplatz mit einem Stock übel geschlagen.
3 M
Randnotiz: bezahlt

356(87)
Lammert der Steiner Schäfer und *Korte Hinrich* haben *Wilhelm Voß* im Haus des verstorbenen *Blommike* überfallen und mit Kannen am Kopf verwundet.
Zusammen 12 M
Randnotiz: bezahlt

357(87)
Thonies Fuest hat einen Kesselhändler auf *freier kirmeß* mit einem Stecken übel vor die Schienenbeine geschlagen und häßlich verwundet, so daß er lange beim Arzt gelegen hat.
6 M
Randnotiz: bezahlt

358(87)
Herman Gudthoff war betrunken von einem Gelage in *Münster* gekommen und schlief auf einer Bank in *Hakens* Haus. Da haben ihm *Herman Claß* und *Dreß Schulte* mit ihren Kumpanen sein, mit Verlaub zu sagen, *manlich gemacht* (männliches Geschlecht) mit einer Schnur angebunden. Als Gudthoff erwachte,ist er dadurch gefährlich verletzt worden.
Zusammen 60 M

(87v) Dieses Anschlags Summarum 233 M.
Anteil des Landesherrn 116 1/2 M.
Diesen Anschlag sollen Bürger und Rat zu Werl innerhalb Monatsfrist bezahlen.
14. November 1613
Johan Wulff, Westph. Brüchtenmeister

(89) Register der Gesamtbrüchten Kurfürstlicher Durchlaucht und Stadt Werl im Jahre 1613, 1. Oktober

359(89)
Westhoff zu *Waltringen* hat zugegeben, daß er schwer betrunken in *Friederich Goeßmans* Haus die Witwe des verstorbenen *Sensies Suer* eine Hure gescholten hat.
5 M
Randnotiz: bezahlt

360(89)
Martin Kuster hat sich submittiert, daß er Urheber der Rauferei im vorigen Fall gewesen ist, und wie er von *Growe* zur Erde geworfen worden ist, hat er *Schluder* zur Hilfe gerufen.
6 M
Randnotiz: bezahlt

361(89v)
Johan Bolte hat sich submittiert, daß er *Hinrich Kuerll* mit einem Messer in den Arm und in den Fuß gestochen hat.
9 M
Randnotiz: bezahlt

362(89)
Hinrich Kuerll hat zugegeben, daß er den verstorbenen Vater des o. g. *Bolte* einen Dieb gescholten hat.
9 M
Randnotiz: Am 18. Februar 1616 hat Kuerll 3 1/2 M bezahlt.

363(89)
Aßbecke bekennt, daß er den *Hans Bolte* mit der Faust in den Dreck gestoßen hat
3 M
Randnotiz: bezahlt

364(92)
Aßbeck ist nochmals angeklagt, daß er *Küetenmeier* während der Wache mit einer Forke geschlagen hat.
3 M
Randnotiz: bezahlt

365(92)
Herman Bastert zu *Büderich* hat zugegeben, daß er *Frans Scholers Magd* mit einer *schottforken* geschlagen hat. Dafür bürgt *Diderich von Beringh* nach *Meiers* Protokoll.
9 M

366(92)
Die Schlägerei zwischen *Hilleken Kampff* und *Grete Wellie* wird bei Meldung aufgenommen.
Randnotiz: zurückgestellt

367(92)
Dieterich Hengst gesteht,daß er einen *roßtäuscher* mit einem Dolch an der Hand verwundet hat.
6 M
Randnotiz: bezahlt

368(92v)
Caspar Scholer hat zugegeben, daß er den Diener der Witwe *Gobbe* von *Herringen,* den sie in sein Haus geschickt hatte, mit dem bloßen Rapier aus dem Haus gejagt hat. Er ist deshalb in Haft genommen worden.
18 M

369(92v)
Die Gebrüder *Riepegerste* haben sich in *Fleschers* Haus geschlagen und verwundet. Sie geben das zu.
Zusammen 10 M.
Randnotiz: *Engelbert Riepegerste* bezahlt am 15. Dezember 39 ß, am 25. Februar noch 1 Tlr. *Jurgen* bezahlt anno 1615 am 27. Februar 5 M.

370(92v)
Johan Hueffelman hat *Christoff Meier* ungefähr vier Bretter vom Zaun abgerissen und davon einen Schweinestall gemacht. Wie Meier ihm das vorhielt, hat er ihn geduzt und den ihm zustehenden Zugang zum Brunnen absperren und ihm den Besitz nehmen wollen.
9 M
Randnotiz: Gestorben am 5. März 1615. Die Gattin wird verpflichtet. Zurückgestellt.

371(93)
Die Schlägerei, die zwischen *Dietrich Hengst, Assbecke* und *Kuerll* im Jahre 1612 geschehen ist, wird zur Bemessung aufgenommen.
Drei zusammen 27 M
Randnotiz: Assbecke bezahlt (11 Tage Warttschütze gewesen). Kuerll bezahlt an 28. Februar 9 M. Hengst bezahlt am 18. Februar 1613 9 M.

(93) Summarum dieses Anschlags 125.M.
Die Hälfte dem Landesherrn 62 1/2 M.
Den zehnten Pfennig für den Herrn Drosten 6 M 2 1/2 ß,
bleiben 56 M 3 1/2 ß.
Solches halb dem Drosten als Pfandinhaber 28 M 1 1/2 ß 1 1/2 d.
Dem Landesherrn 28 M 1 1/2 ß 1 1/2 d.
Diesen Anschlag wird die Stadt Werl innerhalb eines Monats einfordern und richtig machen.
Signiert Werl, den 15. Oktober 1614
Johan Wulff, Westph. Brüchtenmeister

372(94)
Der Bauer von *Wickede* ist überführt, daß er während des Gottesdienstes Bier verzapft hat.
12 M
Randnotiz: Anno 1616, 17. Februar, 6 M bezahlt.

373(94)
Wolter von *Wickede* hat zugegeben, daß er während des Gottesdienstes beim Bauern von *Wickede* ein oder zwei Kannen Bier getrunken hat.
Randnotiz: zurückgestellt

374(94)
Philip Binholt hat zugegeben, daß er sich der Pfändung durch den Fronen des Gerichts tätlich widersetzt hat.
9 M
Randnotiz: bezahlt

375(94)
Jost Nupe ist trotz des ihm vom Richter verordneten Arrestes mit einer Kanne Salz weggefahren, die vom Salz des Kurfürsten beschlagnahmt war.
12 M
Randnotiz: Er wird verhört.

376(94v)
Gerdt Böne hat bei Besetzung der Wache den *Runte* mit einer stumpfen Wehr am Arm verwundet. Er gibt es zu.
3 M
Randnotiz: Bezahlt am 6. Februar 1616. Arm.

377(94v)
Melcher Voß und *Thonies Foschepoth,* beide *Hulßbergs* Knechte, haben ihrem Herrn Korn abgestohlen und den Pferden gegeben. Dafür bürgt Hulßberg.
Zusammen 6 M
Randnotiz: bezahlt

378(94v)
Schneider *Berndt* hat *Dieterich Goldtschmidt* verwundet. Er ist widerspenstig.
3 M
Randnotiz: bezahlt

379(94v)
Der *Wellie* zu *Bergstraße* hat zugegeben, daß er Meister *Wilhelm Rochus* mit einem Stock über den Arm geschlagen hat. Er hat ihn jedoch nicht verwundet und es ist beim Trunk geschehen.
5 M
Randnotiz: bezahlt

380(95)
Johan Werneke hat zugegeben, daß er in *Duvenheuers* Haus am Pfingstmontag mit dem *Suerkann Johan* und *Thonieß Droste* während des Gottesdienstes getrunken hat.3 M
Randnotiz: Bezahlt 36 ß, Rest noch 6 ß.

381(95)
Ursula Duvenheuer hat am Pfingstmontag während des Gottesdienstes Bier gezapft.
3 M
Randnotiz: bezahlt

382(95)
Johan Hilsman hat *Herman Pape* während der Wache am Abend dermaßen geschlagen, daß Pape daran lange zu Bett gelegen hat. Er gibt es zu.
6 M
Randnotiz: bezahlt

383(95)
Jurgen Mense hat während des Gottesdienstes, als die *bettelmeß* gehalten wurde, dem *Huerman* Bier verzapft.
5 M
Randnotiz: Anno 1615 hierauf bezahlt 1 1/2 Tlr 5 d

384(95v)
Rotger von *Hilbeck* hat für die Brüchten von Schneider *Berendt* gebürgt, der *Geriedt* von *Wickede* beleidigt, und andere Tätlichkeiten begangen, auch Gewalt gegen den Gerichtsfronen geübt hat. Siehe dazu *Meiers* Protokoll!
20 M
Randnotiz: bezahlt

385(95v)
Herman Dolbert hat zugegeben, daß er *Probstings* Schreiber beleidigt und geschlagen und viele Drohwörter gegen ihn ausgestoßen hat. Dafür bürgt *Franciscus Brandis.*
12 M
Randnotiz: Will Bürgermeister Probsting, wenn es nicht einzutreiben ist, beim Brüchtenmeister gut machen.

386(95v)
Der *Suerke Johan* hat bekannt, daß er *Dirich von Berings* Knecht am Pfingstmontag ins Gesicht geschlagen hat. Darauf hat Berings Knecht ihn im Gesicht verwundet. Das alles geschah eines abgenommenen *wischeltuches* wegen. Beide sind schuldig.
Zusammen 12 M
Randnotiz: Johan Rive 6 M 1615 bezahlt.

387(96)
Meister Cordt hat den *Aßbecke* mit einem Spieß verwundet. Er gibt es zu.
1 1/2 M
Randnotiz: bezahlt

388(96)
Der Junge von Meister Sparenmacher (Sporenmacher) hat *Herman Schrieck* mit einer Barde am Fuß verwundet.
5 M
Randnotiz: Bezahlt, Rest 10 ß.

389(96)
Jakob Lilie hat dem *Frolich* mit einem Kesselhaken ein Loch in den Kopf geschlagen.
1 1/2 M
Randnotiz: bezahlt

390(96)
Lambert Blome hat Meister *Johan Reinartz* ein Loch in den Kopf gesschlagen.
1 1/2 M
Randnotiz: bezahlt

391(96)
Wilhelm Kuelman hat einen Jungen gejagt. Darüber ist der Junge gestürzt, hat sich beim Fallen ein Loch in den Kopf geschlagen und ist schließlich gestorben. Dafür bürgen *Matthias Dham, Herman Wegman* und *Jurgen up der Becke.*
6 M
Randnotiz: bezahlt

392(96v)
Johan Schlunder und *Jurgen Vollmer* haben sich im Haus von *Geried* von *Wickede* geschlagen und sehr verwundet. Schlunder sagt, *Rotger* von *Hilbeck* sei die Ursache gewesen.
Randnotiz: Aburteilen!

393(96v)
Johanneß Frenckhuß und *Thonieß Gulicher* haben sich in der Herren Weinhaus geschlagen, so daß Frenckhuß, Gulicher und die Tochter von *Schotte* dadurch verwundet wurden.
Randnotiz: Aburteilen!

394(96v)
Johan Brandis hat den Jungen des Weinwirts am Weinhaus ins Gesicht geschlagen, daß ihm Nase und Mund geblutet haben.
6 M

395(96v)
Flockerman hat seinem Hofherrn ein Beil nachgeworfen, so daß es in die *putze* (Brunnen) gefallen ist, und hat ihn dermaßen gefehret, daß er vor ihm von seinem eigenen Hof weglaufen mußte.
9 M
Randnotiz: bezahlt

396(97)
Meister *Johan Rave* hat *Christopff Eickhoff* aus der Wacht gejagt und geschlagen.
3 M
Randnotiz: 1/2 Rtlr bezahlt, das übrige ist ihm nachgelassen worden.

(97) Summarum dieses Anschlags 144 1/2 M
Solches der Stadt Werl halb, bleiben 72 M 3 ß.
Davon den zehnten Pfennig für den Herrn Drosten 7 M 2 ß,
bleiben 65 M 1 ß.
Solches halb dem Landesherren 32 1/2 M 6 d.
Den Anschlag sollen der Herr Bürgermeister und der Rat der Stadt Werl einfordern und innerhalb Monatsfrist richtig machen.
Signiert am 19. August 1615 in Wickede
Johan Wulff, Westph. Brüchtenmeister

397(98)
Fester zu *Sönnern* hat vor dem Gericht zugegeben, daß er in *Duvenhauers* Haus hierselbst den Junker *Wennemar von Schaffhausen* einen Schelm und *unrechtfertigen kerll* gescholten hat. Solches sei jedoch im übermäßigen Trunk geschehen.
9 M
Randnotiz: Bezahlt im Jahr 1619, den 4. Dezember.

398(98)
Der Wiese zu *Sönnern* hat zugegeben, daß er *Frans Schmalen* mit einem Messer durch die Hand gestochen hat.
25 M
Randnotiz: bezahlt

399(98)
Jacob Jude hat geklagt, daß *Clara Reek* ihn in ihrem Haus einen *offenen dieb* und weiterhin auch alle Juden Schelme gescholten habe. Clara gesteht, daß sie ihn, Jacob, aber nicht alle Juden gescholten hat.
3 M
Randnotiz: bezahlt

400(98v)
Godschalck der Jude hat geklagt, daß ihn der alte *Kannegießer* einen Dieb gescholten habe. Der Kannegießer sagt, er habe das *auß hastigem muthe gethan,* da der Jude ihm kein *zehent pfund* Zinn zum Umgießen anvertraute.
1 1/2 M
Randnotiz: bezahlt

401(98v)
Die *Bansissche* hat sich beklagt, daß Jurgen *Waterhoffs Sohn* sie zu unterschiedlichen Malen in ihrem eigenen Haus mit einem Beil bedroht und mit Schmähworten beleidigt habe. Waterhoff gibt das zu.
3 M
Randnotiz: Bezahlt. Arm.

402(98v)
Godschalck der Jude hat sich beklagt, daß *Jurgen Waterhoff* in sein Haus gekommen ist, ihn einen Schelm genannt und gedroht habe, ihn zu schlagen. Waterhoff streitet das ab.

403(99)
Godschalck der Jude hat geklagt, daß ihn die Drescher von *Christopff Meier* einen Dieb gescholten hätten. Wie er solches erweisen sollte, hat er die Drescher nicht namhaft machen können.
Randnotiz: unrichtig

404(99)
Godschalck der Jude hat geklagt, daß ihn *Jurgen Banse* einen offenen Dieb gescholten habe. Er habe ihm 30 Tlr gestohlen und er wolle ihn am Pranger ausprügeln lassen. Banse leugnet.
Randnotiz: unrichtig

405(99)
Christopff Bruns und *Caspar Pape* haben sich im Haus von *Goeswinn Dolle* geschlagen, so daß Bruns dadurch schwer verwundet wurde
15 M
Randnotiz: Bezahlt durch Kämmerer *Degenhardt Scholer.*

406(99v)
Der Schultz von *Wickede* hat geklagt, daß ihn *Thonies Koster* in seinem Haus einen Schelm gescholten habe. Koster leugnet.
6 M
Randnotiz: Bezahlt, Nachsicht wegen Trunkenheit.

407(99v)
Johan Brandis hat geklagt, daß der Schultz zu *Rimke* (bei Menden) bei Nacht in seine Scheune eingebrochen sei, um seinen eigenen *düngelboeme* und Wagengerätschaften herauszuholen, was auch geschehen ist. Dafür bürgt *Johan Buerman.*
1 1/2 M
Randnotiz: bezahlt

408(99v)
Hinrich Heineman hat geklagt, daß ihm Meister *Wilhelm Walker* ein Loch in den Kopf geschlagen hat. Walker leugnet und sagt, Heineman sei betrunken gewesen und vor seinem Haus gefallen.
Randnotiz: unrichtig

409(100)
Christopff Moller hat geklagt, daß der *Dobber* ihn und seine Frau in seinem eigenem Haus überfallen, auf der Straße in den Dreck getreten und geschlagen habe. Dobber gibt das zu.
6 M
Randnotiz: bezahlt

410(100)
Johannes Frenckhuß und *Thonies Gulicher* haben sich im Weinhaus der Herren von Werl geschlagen und der eine den anderen verwundet.
Zusammen 12 M
Randnotiz: 1617 bezahlt Gulicher 6 M. Frenckhuß bezahlt am 17. Februar.

(100) Summarum dieses Anschlags 82 M.
Dem Landesherrn halb 41 M.
Davon den zehnten Pfennig für den Drosten 4 M 1 ß,
bleiben 37 M minus 1 ß.
Solches halb dem Herrn Drosten 18 1/2 M minus 6 d.
Diesen Anschlag werden Bürgermeister und Rat der Stadt Werl einfordern
und innerhalb Monatsfrist richtig machen.
Signiert, Werl, am 16. August 1616
Johan Wulff, Westph. Büchtenmeister

411(102)
Peter Brendell hat geklagt, daß ihn *Laurentz Pape* einen Schelm gescholten habe. Pape gesteht.
3 M
Randnotiz: bezahlt

412(102)
Thönies zur *Borgh* und der *Wellie* zu *Sönnern* haben *Herman Oelieschläger* in der Büdericher Pforte in den Dreck geschmissen, geschlagen und verwundet. Beide sind schuldig.
Zusammen 12 M
Randnotiz: *Steffen* der Stadtdiener für Thönies 6 M bezahlt, der Wellie 6 M bezahlt. Diese Brüchten sind ganz bezahlt.

413(102)
Gerdt Breidtweber hat *Hilßman* in *Jurgen Keesbergs* Haus bei Nacht einen Finger abgebissen. Breidtweber gesteht.
9 M
Randnotiz: 8 M bezahlt, Rest 15 ß, 1619 bezahlt.

414(102)
Herman Brandis hat einen Mann von *Hilbeck* auf *Brosies* Hochzeit mit einem Messer an der Brust verwundet. Er ist überführt.
12 M
Randnotiz: bezahlt

415(102v)
Herman Gudthoff und *Berendt von Oell* haben einen Mann von *Santen* (Xanten) fälschlich angezeigt, er habe gegen unseren gnädigsten Kurfürsten etliche Schmähreden ausgestoßen. Weil dieses aber nicht erwiesen wurde und der Mann unschuldigerweise in Haft genommen worden war, so haben die o. a. Denunzianten nach dem Protokoll des Gerichtsschreibers *Meier* für die Strafen Sicherheiten geben müssen.
Zusammen 40 M
Randnotiz: bezahlt

416(102v)
Maria Kaiser und *Elsa Risse* haben *Thomas Boßvogel* 10 Becher Roggen und 2 Becher Weizen gestohlen. Es bürgen *Christoph Bruns* und *Johan Langschmidt.*
Zusammen 6 M
Randnotiz: Maria Kaiser bezahlt 2 M, Rest 21 ß. Elsa Risse bezahlt 3 M am 28. Oktober 1617. Arm.

417(103)
Kueten Meier gesteht, daß er ein Weib von *Soest* geschlagen hat.
1 1/2 M
Randnotiz: bezahlt

418(103)
Johan Waßman hat bekannt, daß er *Caspar Frone* einen Teufel oder Zauberer, der in sein eigenes Weib gefahren ist, öffentlich ausgerufen und ihn dafür gehalten hat, wie er ihn auch immer noch dafür halte.
9 M
Randnotiz: Anno 1618, 22. Februar 2 Tlr bezahlt. Noch 1619, 28. Januar, 2 Tlr bezahlt. Alles richtig bezahlt.

419(103)
Dieterich Hengst soll *Eman Bodeker* an der Hand verwundet haben. Eman Bo(de)ker aber klagt Hengst an,er habe sich selbst geschnitten.
Randnotiz: Klage wird zurückgewiesen.

420(103)
Jurgen Banse hat *Roethoveles* Frau mit einem Stock blutig und blau geschlagen. Er gesteht.
3 M
Randnotiz: Anno 1620 hierauf bezahlt 27 ß. Ist gepfändet. Alles bezahlt.

421(103v)
Peter Bose hat *Johan Aßbecke* in *Cordt Spillmans* Haus mit einer Kanne am Kopf verwundet. Bose gesteht.
6 M
Randnotiz: bezahlt

422(103v)
Die taube *Else* hat *Grete Klopperyß* auf freier Kirmes blutig und blau geschlagen. Sie ist deswegen in den Dorenkasten gesetzt worden. Kämmerer *Wilhelm Binholdt* bürgt.
3 M

423(103v)
Der Beringhmüller *Johan* (Beringmühle zu Büderich) hat den Sohn des Schultzen zu *Wickede* bei währender Kirmes in *Jurgen Keeßbergs* Haus am Kopf verwundet. Der Müller sagt, der habe ihn zuvor einen Ehebrecher gescholten. Nachdem der Müller in Haft war, haben laut *Meiers* Protokoll *Jurgen Armedes* und *Gobbel* zu *Bremen* gebürgt.
12 M
Randnotiz: Anno 1617, am 6. Dezember, hat Jurgen Armedes 3 Rtl bezahlt, Rest, 1 Rtl, Anno 1619 bezahlt. Diese Brüchten sind also bezahlt.

424(104)
Stute zu *Müschede* hat bei währender Freiheit einem Fremden eine Kanne in den Kopf gestoßen und ihn verwundet. Er gesteht und sagt, daß er hoch dazu verursacht worden sei, denn der Fremde habe ihn und alle seine Mitzecher Schelme gescholten.
9 M
Randnotiz: Bezahlt 2 Rtlr am 7. Februar, bezahlt 1 Rtlr am 18. März 1618.

425(104)
Johan Brandis hat den Schultzen zu *Rimeke* (Riemke bei Menden) geschlagen. Er gesteht, sagt aber der habe ihn zuvor geduzt und Lügner geheißen. Er habe ihm eine *maulschell* gegeben, ihn aber nicht verwundet.
1 1/2 M
Randnotiz: bezahlt

426(104)
Topp zu *Mawick* hat den Schulte zu Bergstraße in *Keesbergs* Haus mit einer Kanne am Kopf verwundet.
6 M
Randnotiz: bezahlt

427(104v)
Wilhelm Klopperieß hat *Grete Rynoldts* auf dem Salzplatz mit einem Stock blutig und blau geschlagen. Er ist halsstarrig gewesen und nicht erschienen.
5 M, weil er gestanden hat.

428(104v)
Jurgen Reinike und *Blasius Droste* haben *Johan Wulner* einen Zauberer gescholten, ihm seine Barde abgenommen und ihn damit geschlagen. Reinike und Droste geben an, er habe zuvor gesagt: "Ich will dich zum Krüppel machen."
Zusammen 6 M
Randnotiz: bezahlt

429(104v)
Der *Oilinger* Vogt (Ölinghausen) hat *Leneken Hauwers* mit einer Mistforke blutig und blau geschlagen. Als der Vogt vorgeladen wurde, ist er nicht erschienen. Er hat gestanden.
3 M
Randnotiz: bezahlt

430(105)
Evert Engell hat dem *Hertzog* zu *Walteringhausen* (Waltringen) mit dessen eigenem Messer sein Wischeltuch entzweigeschnitten. Engell gibt vor, der Hertzog habe es ihn geheißen.
6 M
Randnotiz: bezahlt

431(105)
Christopff Bruns der Jüngere hat dem Jungen eines Juden auf des *Schluters* Hof ein Loch in den Kopf geschlagen. Er verharrt in Halsstarrigkeit.
1 1/2 M

432(105)
Jurgen Mense hat gegen das Verbot des Magistrats bei Strafe von 50 Gulden ein ihm verbotenes *zimmer aufgerichtet* (den angefangenen Bau weitergeführt). Nach dem Protokoll bezeugt.
Randnotiz: Zurückgestellt bis zur Aufklärung.

433(105v)
Thomas, der Ackerknecht von *Caspar Mellin,* hat gestanden, daß er die Hausfrau von *Evert Brandis* beleidigt hat.
3 M
Randnotiz: bezahlt

(105v) Summarum dieses Anschlags 157 1/2 M
Die Hälfte für den Kurfürsten 78 1/2 M 3 1/2 ß 3 d.
Davon den zehnten Pfennig für den Herrn Drosten 7 1/2 M 4 1/2 ß 3 d, bleiben 70 M 14 ß.
Solches halb für den Herrn Drosten 35 M 7 ß.
Das bleibt auch für den Kurfürsten.
Diesen Anschlag werden der Bürgermeister und der Rat der Stadt Werl einfordern und innerhalb von 14 Tagen bezahlen.
Signatum *Wickede,* 10. Oktober 1617
Johan Wulff, Westph. Brüchtenmeister

(106) Brüchtenregister der Stadt Werl vom Jahre 1617

434(106)
Jurgen, der Mann der Hoidtmacherschen (Hutmacherin) auf der Büdericher Straße, hat den Bruwerknecht (Brauknecht) von *Cordt Spillman* mit einer Wehr am Kopf verwundet.
6 M oder in Haft zu nehmen.
Randnotiz: Am 6. November 1618 hierauf bezahlt 26 ß, am 26. Januar noch 1 Tlr bezahlt

435(106)
Die Frau von *Peter Schnaep* hat die Uferbefestigung des Teiches vom verstorbenen Bürgermeister *Johan Godde* eingerissen. Dadurch sind viele Fische umgekommen. Sie gesteht.
9 M
Randnotiz: 1618, den 29. November, bezahlt 4 1/2 M. An den Sekretär den Rest bezahlt.

436(106)
Gerdt Dirichs Frau und das Weib von *Klosse* haben sich geschlagen und sich gegenseitig Zaubersche und Huren gescholten. Sie gestehen.
Zusammen 6 M oder in Haft zu nehmen.

437(106)
Jurgen Grone hat die Frau des Meisters *Gerlich* gestoßen, dadurch ist sie gefallen und hat sich verletzt.
3 M
Randnotiz: Anno 1618, 6. November, bezahlt

438(106v)
Levi, der Jude, hat die Hausfrau von *Lammert Blome* geschlagen, daß ihr die Nase geblutet hat.
6 M
Randnotiz: Bezahlt durch *Stefan Kotenbreuwer.*

439(106v)
Steven Ruwordt hat den jungen *Konningh* und seine Frau in ihrem eigenen Haus überfallen und geschlagen. Daher hat ihn Konningh *gebludtrunstet* und verwundet.
Zusammen 3 M
Randnotiz: bezahlt

440(106v)
Thonies zur *Borgh* hat dem Knecht von Meister *Caspar Zimmerman* mit einer Kanne ein Loch in den Kopf geschlagen. Er ist widerspenstig.
Randnotiz: Hierauf *Steffen* für Thonies 5 M bezahlt. Rest noch 1 M.
Bezahlt.

441(106v)
Der *Dregger* zu *Werl* hat *Aßbecke* im Haus von *Seete* mit einer Zange am Kopf verwundet.
6 M oder in Haft zu nehmen.

442(107)
Herman Hilßman hat dem Steiner Pförtner mit einer Barde zugesetzt. Er gesteht. Es sei in *truncken muthe* geschehen. Er ist deswegen etliche Tage in der Herren Haus (Rathaus) in Haft gewesen.
Randnotiz: arm

443(107)
Herman Pelser hat bekannt, daß er *Jurgen Rosse* mit einer Forke am Kopf verwundet hat.
6 M
Randnotiz: Bezahlt durch *Thonies Droge*.

444(107)
Der Lohmüller (Lohmühle bei Werl) hat geklagt, daß *Dieterich Hengst* und Konsorten ihn sehr überfallen und geschlagen hätten. Er sei auch an seinem Geschlechtsteil verletzt worden. Da Hengst kurzweg leugnet, steht der Fall zur weiteren Untersuchung.
Randnotiz: zurückgestellt

445(107v)
Olmes, der Schweinehirte der Steinerhofe, klagt, daß ihn *Engelbert Mense* geschlagen und in den Dreck gestoßen habe.. Mense sagt, der habe ihn erst gescholten und solches verursacht.
Mense 6 M
Randnotiz: bezahlt

446(107v)
Dieterich Hengst hat *Munster* aus dem *Sauerland* geschlagen und verwundet. Hengst gab an, der habe ihn *hoch abgefurdert.*
Randnotiz: Zurückgestellt zur weiteren Erkundigung.

447(107v)
Herman Knepper hat gestanden, daß er die Frau von *Herman Kumper* mit einer Kanne geschlagen hat.
3 M
Randnotiz: bezahlt

448(107v)
Evert Vincke der Frone hat geklagt, daß ihn *Jurgen Waterhoff* mit einer *barde gefehret* habe, als er ihn pfänden wollte. Er gesteht.
9 M oder in Haft zu nehmen.
Randnotiz: Anno 1619, am 10. Februar, hierauf bezahlt 1 1/2 Rtlr.

449(108)
Lammert Hertzoch zum *Blomenthall* hat gestanden, daß er *Fleschers Mettchen* mit einem Mistwagen überfahren und ihr ein Bein zerbrochen hat.
6 M

450(108)
Am 3o. Mai hat ein fremder Mann aus *Langsbergh* Zank und Zwiespalt angerichtet, so daß *Herman Stevens* zu *Büderich* dabei verwundet wurde. Der Angeklagte hat bei *Johan Stademan* 18 M zur Bezahlung beim Herrn Brüchtenmeister hinterlegt.
18 M
Randnotiz: bezahlt

451(108)
Hinrich von *Affeln* hat *Tyes Plattvoedt* in seinem eigenen Haus am Kopf verwundet und einen Zauberer gescholten. Dafür bürgt die Mutter.
3 M
Randnotiz: bezahlt

452(108)
Jurgen Arendes hat der Herren Gebot mißachtet und nicht parieren wollen.
3 M
Randnotiz: bezahlt

453(108v)
Wilhelm Klingenberg hat seine Mutter in ihrem eigenen Haus mit einer Mistforke dermaßen gefehret, daß sie und der Stiefvater ihm entlaufen mußten.
15 M oder in Haft zu nehmen!
Randnotiz: Anno 1619, am 21. Januar, hat Klingenberg hierauf dem Kämmerer *Wrede* 4 1/2 Tlr bezahlt, Rest also im ganzen 2 M 7 ß. 1622 bezahlt Klingenberg 1 M.

454(108v)
Johan Gudthoff hat sich im Haus des *Blomike* mit *Hinrich Frolik* geschlagen, und sie haben sich einander eine *maullschell* gegeben. Sie geben das zu. Die Ursache dafür, daß Gudthoff dem Frolik ins Gesicht geschlagen hat, liegt darin, daß der Frolik zu ihm gesagt hat, es könne keiner ein Briefträger sein, er müsse dann auch ein Schelm sein. Weil Frolik sich selbst und die ganze Gerichtsversammlung gescholten hat, soll es ergeben
30 M
Randnotiz: Anno 1619, am 21. Januar, Brüchten bezahlt. Rest auf diese Brüchten 3 Tlr 7 1/2 ß. Im ganzen bezahlt.

(109) Summarum dieses Anschlags 144 M

Halb für den Kurfürsten 72 M.

Davon den zehnten Pfennig für den Herrn Drosten, nämlich 7 M 3 ß 2 1/2 d.

Bleiben für den Landesherrn 64 M 12 ß 4 1/2 d.

Halb dem Herrn Drosten, bleiben 32 M 6 ß 4 1/2 d.

Diesen Anschlag sollen Bürgermeister und Rat zu Werl innerhalb Monatsfrist einfordern und demnächst alsobald bezahlen.

Signat am 28. Juni 1618

Johan Höyngk, Brüchtenmeister

(110) Brüchtenaufstellung der Stadt Werl vom Jahr 1618

456(110)
Der Schulz zu *Sönnern* ist von dem *Wisen* zu Sönnern in *Johan Dovenhouwers* Haus mit einem Messer gefährlich an der Schulter verletzt worden.
20 M
Randnotiz: Anno 1620 hierauf bezahlt 5 Rtlr. Im ganzen bezahlt.

457(110)
Johan Heineman hat seinem Weib eine Maulschelle gegeben, so daß ihr die Nase *geschwitzet* (geblutet) hat. Er gibt es zu.
3 M
Randnotiz: bezahlt

458(110)
Thonies zur *Borgh* hat bei währender Freiheit in *Caspar Evrens* Haus einen Brillmacher mit dem Pfennigbrett am Kopf verwundet.Er gibt es zu.
6 M
Randnotiz: bezahlt

459(110v)
Madtzen Tyes hat den Knecht von Bürgermeister *Lilie* bei währender Kirchmeß mit einem Stein am Kopf verwundet. Er gibt es zu.
2 M
Randnotiz: 1616, 9. Juni, bezahlt.

460(110v)
Herman Beerbrodt, Hoxers Knecht genannt *Wennemar, Koetenbrauers* Sohn von *Sönnern, Jurgen Stolle* und der *Gruwell* haben im Haus von *Peter Flerichman* am Sonntag Oculi (18. März) in der Fastenzeit abends nach 6 Uhr bis in die Nacht hinein gesoffen. Ist zur Berichterstattung aufgenommen.
Jeder Ackerknecht 12 M, Wirt 12 M.
Randnotiz: 1619, 22. Dezember, bezahlt Herman Beerbrodt 3 M. Wennemar bezahlt 3 M 9 ß. Jurgen Stolle bezahlt 3 M. Peter Flerichman bezahlt am 8. Juli 1620 auf 12 M 3 Rtlr. Gruwell in Haft zu nehmen. Alles bezahlt.

461(110v)
Herman Beerbrodt hat *Carll Schwengenhauwer* mit einem Messer verwundet.
6 M
Randnotiz: Am 22. Dezember 1619 bezahlt.

462(111)
Herman Honers hat den Mägden in seinem Haus gegen das Verbot *lopen* zu verzehren gestattet. Danach hat sein Sohn *Johan* viel *unlusten* auf der Herren Haus (Rathaus)angerichtet, bis er dazu angehalten wurde, der Brüchten wegen Bürgen zu setzen.
Vater 6 M
Randnotiz: bezahlt

463(111)
Derselbe *Johan Honers* hat nach seiner eigenen Mutter mit einem Teller geschmissen und ist deswegen entwichen.
Randnotiz: Zurückgestellt.

464(111)
Philip Monnich hat den Knecht von *Claß Binholtz* am Sonntag Invocavit (4. März) um 8 Uhr abends auf der Straße mit einem Messer verwundet.
Randnotiz: Zurückgestellt.

465(111v)
Der vorgenannte *Monnich* hat folgendes angegeben: Der Ackerknecht *Johan Reese*, ein Knecht des kleinen und ein Knecht des großen *Michael Brandiß*, zwei Knechte von *Frans Brandiß* und der Knecht von *Quinkenius* haben sich am selben Tag Invocavit um 8 Uhr des Abends vollgesoffen, sind mit Mistforken und Äxten aus *Peter Flerichmans* Haus herausgestürzt und haben den Bäckerknechten den Spielmann wegnehmen wollen. Daher habe Monnich sich zur Notwehr veranlaßt gesehen.
Randnotiz: Zurückgestellt.

466(111v)
Laurentz Pape hat *Dreeß* von *Echthausen* mit einem Stock am Haupt verwundet. Er ist widerspenstig.
3 M
Randnotiz: bezahlt

467(111v)
Meister *Wilhelm Walker* hat Meister *Gerlich* an der Hand verwundet. Beide sind schuldig.
Zusammen 3 M
Randnotiz: bezahlt

468(112)
Meister *Jurgen Goldtschmidt* hat im Weinkeller einen großen Tumult verursacht. Dabei wurde *Johan Schlunder* von *Peter Bosenhagen* durch den Arm gestochen und verwundet. Sie geben es zu.
Goldtschmidt 2 M, Bosenhagen 25 M
Randnotiz: 1620 bezahlt Bosenhagen 25 M.

469(112)
Jurgen Waterhoff hat *Herman Alstede* mit einem Krug die Zähne ausgeschlagen. Er gesteht.
5 M
Randnotiz: Am 5. März 1620 hierauf bezahlt 37 1/2 ß.

470(112)
Herman Alstede und der Sohn von *Barbara Hocker* haben sich im Weinkeller geschlagen, die Bänke zerbrochen und einer dem anderen die *lobben* (Halskrausen) vom Hals gerissen.
Zusammen 6 M.
Randnotiz: *Claß Honertz* bezahlt 1620 2 M, Rest 1 M. Alstede alles bezahlt.

471(112)
Levi Judde von *Neheim* hat einen Judden, *Lazarus* genannt, durch den Arm gestochen. Er gibt das zu.
90 M

(112) Summarum 201 M
Dem Landesherrn 100 1/2 M.
Davon den zehnten Pfennig für den Herrn Drosten 10 M 9 1/2 d,bleiben 90 M 4 ß.
Noch für den Herrn Drosten die Halbscheid 45 M 2 ß.
Das bleibt für den Landesherrn insgesamt.
Dieser Anschlag ist innerhalb der 6 folgenden Wochen einzufordern und richtig zu machen.
Signiert 21. März 1619
Johan Höingh, Büchtenmeister

(114) Brüchtenanschlag der Stadt Werl 1619

472(114)
Wilhelm Rive hat sich seinem *rodtmeister* widersetzt und sich nicht pfändem lassen wollen. Er hat ihn gestoßen und verwundet. Noch dazu hat er gegen seine eigene Mutter und den Schwager allerhand Unlust und Schlägerei angerichtet.
9 M
Randnotiz: bezahlt

473(114)
Jurgen Stolle hat seinen Stiefsohn *Wilhelm Klingenbergh* mit einem Messer verwundet. Weil aber Klingenbergh große Ursache dazu gegeben hat, hat er sich der Brüchten wegen submittiert.
5 M
Randnotiz: Stolle bezahlt 1 1/2 M, Rest 1 M, auch bezahlt. Der Sekretär bezahlt für Klingenbergh 2 1/2 M.

474(114)
Herman Humpertz hat *Catharine Krispens* mit einer *pampen* (breiter Säbel) in den Arm gehauen und hart verwundet, ihr auch eine ganze Handvoll Haare aus dem Kopf gerissen.
9 M
Randnotiz: 1620, 18. Mai bezahlt.

475(14v)
Die Frau von *Jurgen Rosse* ist überführt, daß sie Enten gestohlen hat. Deshalb ist er, *Rosse,* im Dorenkasten *gefenglich ahngehalten* worden und hat sich für seine Frau submittiert.
6 M
Randnotiz: 1621, den 16. Februar, 3 M 20 1/2 ß bezahlt, Rest 17 1/2 ß.

476(114v)
Dieterich Schulte hat hier auf dem Markt einen nächtlichen Tumult angerichtet, Kämmerer *Scholer* und seine verstorbene Frau *ganz schmählich außgeruffen und über den Rat unfuglich geklagt.* Er hat die Stadt Werl verlassen. Er gibt es zu.
9 M
Randnotiz: bezahlt

477(114v)
Johan Claß, der Knecht von *Binholtz,* hat einen Hammeltreiber von *Scheda* (Kloster bei Wickede) im Haus des Bauern von *Wickede* mit einer Fleischgabel den Arm entzweigeschlagen. Er gibt es zu. Der Knecht gibt dabei an, daß ihn der Bauer von Wickede anfänglich geschlagen habe. *Johan Stademan* hat für den o. g. Knecht gebürgt.
6 M
Randnotiz: bezahlt

478(115)
Herman Hinckebecke hat *Tyesse Pladtvodt* einen Zauberer gescholten und geschlagen. Er gibt an, er sei betrunken gewesen, es tue ihm leid. Er submittiert sich.
6 M
Randnotiz: Anno 1621, 19. Februar, bezahlt *Caspar Benedicte* hierauf 3 M. Anno 1623, 1. März, 3 M bezahlt, damit ganz bezahlt.

479(115v)
Peter Mense und seine Hausfrau haben *Trine Vogelmans* wegen einer abgemieteten Magd aus ihrem Haus hinausgestoßen, geschlagen und in den Dreck geworfen. Mense submittiert sich.
1 M
Randnotiz: bezahlt

480(115)
Johan Lammertz ist überführt, daß er während des Gottesdienstes auf Philippi- und Jakobitag (1. Mai) dem *Schetter* und anderen Ackerknechten Bier verzapft und ihnen Suppe vom Fleischkessel eingegossen hat. Deswegen ist der Schetter in Haft genommen worden.
2 M
Randnotiz: bezahlt

481(115v)
Claß Konertz und der Sohn von *Johan Hennemann* haben sich am Sonntag Reminiscere (24. Februar) im Haus von *Gregorius Wegman* geschlagen und einer den anderen blutig und blau *abgeschmirt.* Beide sind schuldig.
Zusammen 6 M.
Randnotiz: Der Sekretär bezahlt für Henneman 3 M. Claß Konertz bezahlt am 20. Februar 23 ß. Konertz bezahlt Anno 1623, am 2. März, 1 M 4 ß.

482(115v)
Herman Gudhoff hat *Johan Wulner* mit einer Wehr auf freier Straße am Haupt verwundet. Gudhoff hat angeben lassen, es habe der Wulner ihn zuerst einen Schelm gescholten.
3 M
Randnotiz: Anno 1621, am 22. Februar, bezahlt.

483(115v)
Wendell Kramer ist überführt, daß er *Simon Nagellschmidt* in *des Hanen* Haus *unverschuldeter ursachen* mit Fäusten das Gesicht blutig und blau geschlagen hat.
3 M
Randnotiz: Anno 1621, am 25. Februar, Meister *Peter,* dem Schmidt, abgezogen.

484(116)
Johan Brandis hat dem *Herman Kumper,* als er ihn auf dem Weinhaus wegen seines Lohnes gemahnt hat, ins Gesicht geschlagen daß ihm Nase und *maull* geblutet haben. Er ist widerspenstig.
5 M
Randnotiz: bezahlt

485(116)
Johan Brandis hat auf *freier kirchmeß* am Salzplatz *Steven Mense* tätlich angegriffen und erst mit Fäusten, dann mit einem Spieß dermaßen *abgeschmirt,* daß er auf Anordnung des Arztes lange im Bett liegen mußte. Er ist widerspenstig.
16 M
Randnotiz: bezahlt

486(16)
Johan Brandis hat *Jurgen Haken* in seinem eigenen Haus mit einer großen Feuerzange an seinen lahmen Fuß geschlagen, daß *ein große schwarter bulle* (Beule) *auffgelaufen.* Brandis ist dieses Exesses wegen vorgeladen worden, aber ausgeblieben und hat den Stadtdienern entboten, er wolle sich beim Herrn Brüchtenmeister wohl einstellen.
15 M
Randnotiz: bezahlt

487(116v)
Lanckrock zu *Tonnen* (Westönnen) und *Jurgen Banse* haben sich in *Albert Teilers* Haus geschlagen und der eine den anderen verwundet.
Zusammen 12 M
Randnotiz: Lanckrock bezahlt 6 M. Jurgen Banse bezalt 3 M, bleibt also ein Rest von 2 Tlr 1ß, Anno 1623, 1. Februar, 24 ß bezahlt, Rest 29 ß.

488(116v)
Johan Hilßman hat seinen Bruder verwundet und ist deswegen eine Zeitlang *verwichen gewesen.* Ist offenkundig.
5 M
Randnotiz: Anno 1620, am 13. September, durch Arbeit 24 ß abgetragen. Ganz bezahlt.

489(116v)
Der Schulte zu *Flerke* hat *Johan Beteken* mit einem Stein geschmissen.
3 M

490(116v)
Johan Beteken hat dem *Reinhoff* ein Wehr, das er in sein, Betekens, Haus gebracht hatte, neben anderen Gütern vorenthalten und für 24 ß verkauft.
5 M
Randnotiz: Anno 1621 hierauf 3 M bezahlt, alles bezahlt.

(117) Summarum 133 M
Dem Landesherrn 66 1/2 M.
Davon dem Drosten per decima 6 1/2 M 2 ß 4 1/2 d.
Bleibt für den Landesherrn 59 M 13 ß 7 1/2 d.
Davon dem Herrn Drosten Halbscheid 28 1/2 M 6 1/2 ß 3 1/2 d.
Dieser Anschlag ist innerhalb von 6 Wochen einzufordern und richtig zu machen.
6. April 1620 , *Johan Höingh,* Brüchtenmeister

(118) Brüchtenanschlag der Stadt Werl de anno 1620

491(118)
Claß Binholdt der Jüngere hat die Hausfrau von *Jurgen Tapperogge* in ihrem eigenen Haus *thadtlich* uberfallen, mit einem Stock vor die Brust gestoßen, geschlagen und am Arm verwundet. Er submittiert sich.
18 M
Randnotiz: Am 6. Juni 1621 diese Brüchten bis auf einen Rest von 7 M 2 ß bezahlt. Diesen 1623 bezahlt durch den *Suren* zu *Barge.*

492(118)
Peter Schwarte hat *Herman Alstede* in der Steiner Pforte mit einer Wehr auf die Schulter gehauen und verwundet. Soweit es die Wunde betrifft, submittiert er sich.
9 M
Randnotiz: 6. Juli 1621 9 M bezahlt.

493(118)
Herman Gudthoff hat *Evert Engell* im Haus des Notars (wahrscheinlich Franz Reinhardts) mit einer Pampe am Arm verwundet. Abgestritten, aber offenkundig.
9 M
Randnotiz: bezahlt

494(118v)
Wilhelm zur *Heide* hat *Tyes Platvoedt* in *Keesbergs* Haus blutig und blau geschlagen. Er submittiert sich.
6 M
Randnotiz: An *Eikel* bezahlt.

495(118v)
Peter Flerichmans Sohn hat *Tewes* den Steinkuler (Städtischer Steinmetz) in des *Dounhouwers* Haus am Kopf verwundet. Er submittiert sich.
6 M

496(118v)
Derselbe Sohn von *Flerichman* hat *Claß Honertz* mit einem Spanner ins Gesicht gestoßen und die Backen aufgeschlitzt. Er submittiert sich.
6 M
Randnotiz zu 495 und 496: 1621, am 6. Juli sind diese beiden Posten, 12 M, bis auf 2 1/2 ß bezahlt worden. Rest auch noch bezahlt.

497(118v)
Hinrich Frolicke hat den *Oilinger* Vogt (Ölinghausen) mit einer Mistforke am Arm verwundet. Er ist widerspenstig.
36 M
Randnotiz: 1621, am 5. Juli, hat *Johan Eikel* diese 36 M empfangen und berechnet.

498(119)
Rottger von *Hilbecks* Bäckerknecht hat auf St. Stephaniabend (2. August) hier auf der Straße einen Tumult angerichtet. Er hat dem Jungen des Weinwirts auf freier Straße die Leuchte abgenommen und entzweigeschlagen.
5 M

499(119)
Derselbe hat den *Oilinger* Vogt bei nächtlicher Zeit auf freier Straße angefallen und zusammen mit anderen Bäckerknechten geschlagen und übel traktiert. Er hat einen nächtlichen Tumult angerichtet und wird deswegen *incarceriert.*
3 M
Randnotiz zu 498 und 499: Am 6. Juli 1621 sind diese Brüchten, also 8 M, durch den Wirt zu *Echthausen, Johan Dorstman,* dem *Johan Eickel* bezahlt und berechnet worden.

500(119)
Jurgen Menses Sohn ist auch bei diesem nächtlichen Tumult gewesen. Er hat deswegen Kaution gestellt.
5 M
Randnotiz: bezahlt

501(119v)
Kordt Kampman ist auch bei diesem nächtlichen Tumult gewesen, hat auch Kaution gestellt.
5 M
Randnotiz: 1625 2 1/2 Tlr bezahlt, 1626 bezahlt Kampman 25 ß, alles bezahlt.

502(119v)
Albert Teiler und *Dietrich Hengst* sind dem gerichtlichen Protokoll zufolge bei der Schlägerei und Verwundung zwischen *Herman Wegman* und dem

Knecht von *Wilhelm Wrede* dabei gewesen, haben Anlaß dazu gegeben und mitgemacht.
18 M
Randnotiz: bezahlt
Randnotiz: Dietrich Hengst bezahlt. Albert Teiler 9 M bezahlt.

(119v) Summarum dieses Anschlags 126 M.
Halbscheid für die Stadt Werl, bleiben für den Landesherrn 63 M.
Der Zehnte für den Herrn Drosten abgezogen, bleiben für den Landesherrn 56 M 8 ß 10 d.
Die Hälfte für den Herrn Drosten 28 M 4 ß 5 d.
Diese Summe erhält der Landesherr.
Dieser Anschlag soll innerhalb von 6 Wochen eingefordert und richtig gemacht werden.
Signat 18. April 1621, *Johan Höingh,* Brüchtenmeister.
Bertholdus Cappius m.p.

(121) Brüchtenanschlag der Stadt Werl von den Jahren 1621 und 1622, am 16. Oktober 1623 gemacht

503(121)
Leusse zu *Waltringhausen* (Waltringen) hat im Haus von *Michael Schnaep* den *Albert Voß* einen offenen Zauberer gescholten. Er submittiert sich.
9 M
Randnotiz: bezahlt

504(121)
Thonies Keggenhoff zu *Waltringhausen* hat im Haus des o. g. *Schnaep* den *Albert Voß* mit einem Stuhl am Kopf verwundet. Er submittiert sich.
3 M

505(121)
Der *Kordt Hinrich* hat sich submittiert, daß er den Drosten zu Lodtringhausen (Lüttringen bei Werl) einen Zauberer und Werwolf gescholten hat.
6 M
Randnotiz: bezahlt

506(121v)
Michael Schnaep hat *Johan Stademan* in *Blomikens* Haus mit einer Kanne geschlagen. Stademan soll ihm seine Herkunft vorgeworfen haben.
3 M
Randnotiz: bezahlt

507(121v)
Wilhelm Klingenbergh hat *Gordt Meßman* in Meßmans eigenem Haus am Kopf verwundet. Er gesteht. Er gesteht ebenso, daß er *Gerdt Brandis* Holz abgenommen hat und deswegen *abtragh* machen muß. Auch ist *Johan Pape* Holz vom Salzplatz abhanden gekommen. Er submittiert sich.
9 M
Randnotiz: 1624 2 Rtl bezahlt, Rest 1 Rtlr, alles bezahlt.

508(121v)
Herman Wegman hat Meister *Berendt Custer* im Haus von *Frans Schotte* ins Gesicht geschlagen. Er hat auch die Hausfrau von *Franciscus Langscheidt* auf freier Straße geschmäht und eine große Diebin gescholten.
18 M
Randnotiz: bezahlt

509(122)
Jurgen Stolle hat *Wilhelm Klingenbergh* mit einem Vorjäger bei währender Freiheit verwundet. Deswegen ist er auf der Büdericher Pforte in Haft gewesen.
3 M
Randnotiz: bezahlt

510(122)
Gregorius Gulicher hat *Metteken Hengstes* mit einem *eisernen pfunde* vor den Leib geworfen und sehr verletzt. Er ist deswegen überführt worden. Beim Verhör gat Gulicher die Mette Hengstes einen Teufel gescholten, obwohl sie einen *receß* (Urkunde) der kurfürstlichen Herren Räte vorzeigen konnte.
75 M
Randnotiz: bezahlt

511(122)
Niclaß Binholdt hat Meister *Simon Nagelschmidt* mit einem Stock den Arm entzwei und die Seiten blutig und blau geschlagen. Binholdt sagt, er sei dazu verursacht worden.
5 M
Randnotiz: bezahlt

512(122v)
Dieterich Hane hat *Trine Rieve,* ohne daß sie Anlaß dazu gegeben hatte, mit einem Stock den Arm blutig und blau geschlagen. Er submittiert sich.
3 M
Randnotiz: bezahlt

513(122v)
Claß Konertz ist überführt, daß er in *Keesberghs* Haus dem *Johan Volle* das Gesicht mit einem Messer schändlich geschnitten und ihn verwundet hat.
15 M oder 8 Tage in Haft zu nehmen!
Randnotiz: 2 Rtlr bezahlt, Rest noch 3 Rtlr. Der Sekretär hat 1 Rtlr genommen.

514(122v)
Wilhelm Niggeschmidt hat den Sohn des Bäckers zu *Wickede* vom Pferd geschlagen, in den Dreck gestoßen und dann das Pferd eigenmächtig ausgespannt und abgepfändet.
6 M
Randnotiz: bezahlt

515(122v)
Gerdt Bone hat seinen Nachbarn *Hinrich Thornheuwer* einen Zauberer gescholten.
5 M
Randnotiz: Am 11. Januar 1623 2 M bezahlt. Noch bezahlt 1 Rtlr.

516(123)
Johan Kam hat *Johan Langscheidt* in *Roxlos* Haus gröblich beleidigt und-mit Verlaub zu sagen- einen *merenheier* (Zuhälter) gescholten. Auch hat er *Jurgen Leggendecker* im Haus von *Schotte* auf freier Kirchmesse am Haupt verwundet.
6 M
Randnotiz: Dem Sekretär 1624 bezahlt.

517(123)
Johan Honertz hat *Wilhelm Kuelman* einen Schelm gescholten, ihn blutig und blau geschlagen und seine Frau grob am Kopf verwundet.
9 M oder in Haft zu nehmen!
Randnotiz: Am 3. Februar 1624 an *Kämmerer Wrede* 1 Rtlr bezahlt.

518(123)
Johan Waßmann ist überführt, daß er den Kämmerer *Michaell Brandis*, den Präfekten (1. Kämmerer), der am Abend zu *Lic. Wilhelm von Lohn* gehen wollte, einen Entendieb gescholten und ihm die Leuchte abgenommen und bis heute bei sich behalten hat.
9 M oder in Haft zu nehmen!
Randnotiz: bezahlt

519(123v)
Wilhelm Rive hat während der Wacht seinen Hauptmann mit einem Gewehr *gefehret*, auf das der *drache* (eine Art Bajonett) aufgesetzt war. Der Hauptmann hatte ihm befohlen, bis zur Ablösung zu bleiben.
3 M
Randnotiz: bezahlt

520(123v)
Johan Gerwin zu Höingen hat einen Kesselhändler auf freier Kirchmesse am Haupt verwundet und sich deswegen im Hinblick auf die öffentliche Ausrufung von *Pfrunte* verglichen.
9 M
Randnotiz: Am 13. Februar 1624 hat Bürgermeister *Detleff Brandis* diese Brüchte bezahlt.

521(123v)
Nolte zu *Bentrup* (Bentrop) hat für die Schlägerei während der freien Kirchmesse in des *Schludters* Haus gebürgt.
60 M
Randnotiz: *Nolte* 6 Rtlr bezahlt. *Ulmeke* zu *Warmede* (Warmen) 5 Rtlr bezahlt.
Wicks zu *Warmede* 3 Rtlr. Der *Schmidt* zu *Bentrup* 2 Rtlr. Der *Schultz* zu *Bentrup* 3 Rtlr.

522(124)
Zilies Muller hat den *Oilinger* Vogt (Ölinghausen) gescholten, er habe an ihm gehandelt wie ein Schelm. Er habe den Kroaten verraten, wo seine Wikken stehen. Auch habe er den Speck der *hausleute,* (Bauern), den er verwahren sollte, gefressen.
2 M
Randnotiz: bezahlt

523(124)
Beckmans Knecht von *Waternemer* (Neimen bei Fröndenberg) ist mit einem unbeladenen Wagen von *Detleff Brandis* hin- und hergefahren. Dafür bürgt *Johan Mellin.*
9 M
Randnotiz: Bezahlt durch Johan Mellin.

524(124)
Christopff Bockholtz zum *Hamme* (Hamm) hat bei währender Freiheit einem Kesselhändler im Haus von *Hinrich Volmer* ein Loch in den Kopf geschlagen. Dafür bürgt Peter Schimmell.
9 M
Randnotiz: Am 23. Oktober 1623 bezahlt.

525(124v)
Herman Gudthoffs Tochter hat *Engelbert Grone* am Kopf verwundet. Seine Söhne haben die Frau von *Thomas Hilliger* geschlagen. Der Vater submittiert sich.
2 M
Randnotiz: bezahlt

(124v) Summarum dieses Anschlags 278 M.
Halbscheid 139 M.
Den Zehnten für den Herrn Drosten abgezogen 13 M 10 ß 9 1/2 d.
Bleiben für den Landesherrn 125 M 1 ß 2 1/2 d.
Die Hälfte für den Herrn Drosten, bleiben 62 M 6 1/2 ß 1 1/2 d.
Signiert 17. Oktober 1623.
Zur Einforderung und Bezahlung mit Monatsfrist!
Johan Höingh, Brüchtenmeister

(126) Brüchtenanschlag der Stadt Werl 1623, am 21. März gemacht

526(126)
Johan Benedicti und *Johan Schlunder* haben sich am Salzplatz beschimpft und geschlagen. Es ist aber keiner verletzt worden.
5 M
Randnotiz: bezahlt

527(126)
Frantz Brandis hat sich submittiert, daß er den Steiner Pförtner mit einem Stock am Kopf verwundet hat.
5 M
Randnotiz: bezahlt

528(126)
Frans Schotte hat sich submittiert, daß er beim Trunk die Frau des Furirers *Daniel* blutig und blau geschlagen hat.
5 M
Randnotiz: bezahlt

529(126)
Jurgen Nordthoffs Frau hat *die* Magd von *Wilhelm Wrede* wegen Flachs in den Dreck gestoßen und ihr ein Loch in den Kopf geschlagen. Sie gesteht.
5 M
Randnotiz: bezahlt

530(126)
Herman Alstede hat im Haus von *Michael Schnaep* den *Johan Wulner* einen Werwolf gescholten und ihn genötigt, etliches Geld *ins glach* (für das Gelage) zu geben. Er ist durch *Thonieß Fuest* und Michael Schnaep in Abwesenheit überführt worden.
5 M
Randnotiz: bezahlt

531(126v)
Caspar, der Sohn des *Oilinger* Vogts, hat Meister *Jurgen Reinike,* dem Goldschmidt, bei Mitternacht auf der Gasse nachgestellt und ihn mit einer Weidenrute, die er in *Johan Stademans* Hof abgeschnitten hatte, blutig und blau geschlagen, so daß er schließlich wie tot zur Erde niedergesunken ist. Er wäre auch dort liegen geblieben, wenn ihn nicht die Drescher gerettet hätten. Das Ganze soll durch Kartenspiel verursacht worden sein.
10 M, da der Goldschmidt verbotenerweise Karten gespielt hat, 3 M
Randnotiz: Bezahlt durch Caspar, den Sohn des Oilinger Vogts. Rest der Goldschmidt.

532(127)
Herman Nolte hat *Dieterich Stoltman* mit dessen eigener Wehr am Kopf verwundet. Stoltman wiederum hat Nolte und seinen Vater Zauberer und Werwolf gescholten. Beide sind schuldig.
Nolte 6 M, Stoltman 3 M
Randnotiz: bezahlt

533(127)
Kaspar, der Kuhhirte zu *Bremen,* hat sich submittiert, daß er im Haus von *Blomike* eine Mütze gestohlen hat. Er hat sie zurückgeben müssen.
3 M
Randnotiz: bezahlt

534(127)
Die Frau von *Forsthovel* hat *Thonies Zories* nach dem Zeugnis des Protokolls von *Meier* etliche Wolle gestohlen.
12 M
Randnotiz: bezahlt

535(127)
Gordt Kamen zu *Büderich* hat sich submittiert, daß er die *Dounhouwersche* eine *kackhure* und *Wendell Kramer* einen Schelm gescholten hat.
3 M

536(127)
Wilhelm Klingenbergh hat sich submittiert, daß er dem *Kragt* zur *Heide* ein Wagenrad vom Markt genommen und auf der Wacht verbrannt hat.
5 M
Randnotiz: 1 Rtlr bezahlt, Rest noch 38 ß. 1627 bezahlt.

537(127v)
Johan Benedicti hat *Wilhelm Klopperiß* auf dem Salzplatz mit einem Stock ins Gesicht geschlagen. Er gesteht und sagt, Klopperiß habe ihn einen Lügner genannt, darauf habe er den Klopperiß einen offenen Dieb gescholten.
3 M
Randnotiz: bezahlt

538(127v)
Tyeß Plattvoedt ist durch *Hinrich Loer* überführt, daß er *Thonies Loer* geschmäht hat. Er hat danach einen Scheffel Gerste für das Gelage in *Keesberghs* Haus geben müssen.
3 M
Randnotiz: bezahlt

539(127v)
Engelbert Flerichman und *Claß Binholdt* haben sich zur Abendzeit auf der Kämperstraße geschlagen. Die Ursache sei vom Kartenspiel gekommen. Beide sind schuldig.
Zusammen 10 M, jeder 5 M
Randnotiz: bezahlt

540(127v)
Die Hausfrau von *Johan Honerts dem Jüngeren* ist betroffen, daß sie *Wilhelm Godde* etlichen Roggen mit dem Stroh gestohlen hat.
3 M
Randnotiz: bezahlt

541(128)
Jurgen Beerboem hat sich submittiert, daß er Bürgermeister *Eberhardt Kleinsorge* Korn vom Dreschplatz genommen hat.
1/2 M
Randnotiz: Er ist gestorben.

542(128)
Der *Wellie* zu *Bergstraße* ist überführt, daß er dem Gebot seines Richters *Christopff Brun* nicht parieren wollte und dem Fronen *Prunte* in *Keesbergs* Haus schwer zugesetzt hat. Er hat gesagt: “Ich werde kein Gebot von dir befolgen, und wenn du mir auf meinem Hofe oder im Feld begegnest, will ich dich so traktieren, daß auf dir keine *wisselbome wachsen.*“
60 M
Randnotiz: bezahlt

543(128)
Johan Schlunder hat im Haus von *Giriedt* von *Wickede* eine Schlägerei verübt. Dadurch wurde *Hinrich Vollmer* sehr verwundet. Er submittiert sich.
4 M
Randnotiz: zurückgestellt

(128v) Summa 177 1/2 M.
Davon dem Landesherrn die Halbscheid 88 M 9 ß.
Den zehnten Pfennig für den Herrn Drosten 8 M 10 1/2 ß.
Die Halbscheid für den Landesherren 39 M 11 ß 3 d.
Die andere Hälfte für den Herrn Drosten.
Dieser Anschlag ist innerhalb Monatsfrist einzufordern und richtig zu machen.
Signiert am 21. März 1624
Johan Höingh, Brüchtenmeister, mpp

(130) Brüchtenanschlag der Stadt Werl 1624

544(130)
Barthold, der Diener des Herrn Oberkellners, hat bei nächtlicher Zeit *Rolandt,* dem Weinwirt,der ihm keinen Wein mehr zapfen wollte, die Fenster eingeschlagen. Er submittiert sich und sagt, er sei sehr betrunken gewesen.
3 M
Randnotiz: bezahlt

545(130)
Claß Konertz hat eine Zänkerei mit der *Leppelerschen* angefangen. Er hat sie mit einem Vorjäger (Dolch) stechen wollen, daß dieser in der Wand stekken geblieben ist, hat ihr Steine ins Fenster geschmissen, und die beiden haben sich gegenseitig geschmäht. Konertz submittiert sich.
6 M
Randnotiz: bezahlt

546(130)
Die *Wiedthofische* hat *Jurgen Stolle* das Kupfergeld für das Brot verweigert und ihn mit einem Stock am Kopf verwundet. Beide haben sich gegenseitig geschmäht. Beide sind schuldig.
Wiedthofische 6 M, Stolle 2 M.
Randnotiz: Wiedthofische bezahlt 6 M. Stolle bezahlt 1 M, Rest 1 M, auch bezahlt.

547(130)
Johan Kam hat sich mit seinem Bruder, dem Schuhmacher, geschlagen und ihn in den Daumen gebissen.
4 M
Randnotiz: bezahlt

548(130v)
Caspar Benedicti hat seinen *düngelleuten* (Ackerknechte), dem Schultzen zu *Fronhausen und dem Habbes* zu *Warmen,* gegen das Verbot das Vesperbrot gegeben. Der Lohn ist deshalb bei Benedicti arrestiert worden. Benedicti hat sich mit der Arrestierung nicht einverstanden erklärt, gesteht aber, daß er das Vesperbrot ausgeteilt hat.
3 M
Randnotiz: bezahlt

549(130v)
Steffen Orgelmacher junior hat die Tochter seiner Schwägerin *Robbertz* geschmäht und ein Diebeskind gescholten.
3 M
Randnotiz: bezahlt

550(130v)
Wilhelm Nott hat *Wilhelm Godde* ein Huhn vor seinem Hause weggenommen. Ist widerspenstig. Beugehaft!
2 M
Randnotiz: bezahlt

551(130v)
Johan Bolte hat den Fleischhouwer von *Soest* in der *scherne* (Freibank) auf dem Markt geschlagen und am Haupt verwundet. Dafür bürgt *Jurgen, der Weinwirt.*
Fleischhouwer 6 M

552(131)
Johan Kam hat *Johan Hennemanns* Sohn bei nächtlicher Zeit zugesetzt, gescholten, mit Steinen geschmissen und am Kopf verwundet. Kam submittiert sich.
3 M
Randnotiz: bezahlt

553(131)
Gerdt Krampe hat *Struvell* den Steinkuhler mit einer Hellebarde durch den Arm gestochen. Er submittiert sich.
3 M
Randnotiz: bezahlt

554(131)
Jurgen Stolle und *Klingenbergh* haben sich geschlagen. Dadurch wurde Stolle an einem Finger verwundet. Der Angeklagte ist abwesend.
3 M
Randnotiz: bezahlt

555(131)
Melcher Schutter hat am St. Stephanstag einem Jungen, der mit dem Stern ging, den Stern entzweigeschlagen und den Jungen mit einem Stock verprügelt. Er submittiert sich.
3 M
Randnotiz: bezahlt

556(131)
Claß Koster hat sich in *Christopff Meiers* Haus mit den Dienern der Bäcker geschlagen, mit Knüppeln nach ihnen geworfen und den Richtmann der Bäcker fast verletzt. Es ist aber keiner getroffen worden.
3 M
Randnotiz: bezahlt

557(131v)
Der *Wellie* zu *Sönnern* ist beschuldigt, daß er am Abend, als die Melster Pforte geschlossen war, die Wache beleidigt und sich ganz ungebührlich verhalten hat.
6 M
Randnotiz: 1625, am 1. Juni, hat der Wellie in Gegenwart von Kämmerer *Eickel* und Kämmerer *Johan Mellin* 6 M Brüchten erlegt.

558(131v)
Gordt und *Thonies,* der *Kampmannschen* Sohn, haben neben anderen Bäkkerknechten in *Christopff Meiers* Haus bei nächtlicher Zeit viel Mutwillen angefangen und *Johan Heinemanns* Sohn geschlagen.
Zusammen 6 M
Randnotiz: Gerdt Kampman zahlt 3 M. Thonies zahlt 3 M.

559(131v)
Berendt von Oell hat *Frenckhaus* versehentlich auf der Wacht durchs Bein geschossen.
5 M
Randnotiz: bezahlt

560(131v)
Christopff Meiers Hausfrau hat *Wilm Wrede* einen Haferdieb gescholten.
2 M
Randnotiz: bezahlt

561(132)
Aßhoff, Buseman, Sobbeler, Nuesse und *Hagedorn* haben im Haus von *Jurgen Holscher* viel *unlustens* und eine Zänkerei angefangen. Dabei wurde der Nuesse geschlagen und einen Zauberer gescholten.
Aßhoff 5 M bezahlt.
Busemann 4 M, *Philips* und *Pape* bezahlen für ihn.
Sobbeler 5 M, *Johan Mellin* bezahlt für ihn.
Nuesse 3 M, Philips und Pape bezahlen für ihn.
Hagedorn 6 M bezahlt.

562(132)
Thonies Nase, Schultz zu *Höingen* und *Nuesse* zu Lüttringen auf der einen und *Daelhoff* auf der anderen Seite haben sich in des *Fleschers* Haus auf freier Kirchmesse gezankt, so daß der Schultz wie auch der Daelhoff sehr verwundet wurden und eine Zeitlang wie tot dagelegen haben. Schultz zu Höingen submittiert sich.
18 M
Randnotiz: Ist der Kämmerei berechnet, will Kämmerer *Eickel* gut machen. Steht zu seiner Rechnung.

563(132)
Johan Wegman zu *Westönnen* hat *Herman Gudhoff* am Kopf und am Auge schwer verwundet.
9 M
Randnotiz: Diese 9 M hat *Wilhelm* der Stadtbote empfangen und begehrt, um diesen Betrag seinen jährlichen Lohn zu kürzen, doch soll der Frone *Thomas Soerken* noch 6 ß hierzu erlegen.

564(132v)
Steven Mense hat *Thonies* zum *Steinwerke* (Stemmerk bei Scheidingen) und seinen Bruder Zauberer gescholten.
3 M
Randnotiz: bezahlt

565(132v)
Troculs zu Westönnen hat *den* Sohn des *Oilinger* Vogts (Ölinghausen) auf freier Straße einen offenen Schelm ausgerufen.
3 M
Randnotiz: bezahlt

566(132v)
Jurgen Holscher hat *Johan Kam* mit einem Pfennigbrett am Kopf verwundet.3 M
Randnotiz: bezahlt

567(132v)
Der *Oilinger* Vogt hat *Timmer Hinrich* auf der Wacht schwer am Kopf verwundet.
24 M
Randnotiz: bezahlt

568(132v)
Gregorius Gulicher hat bei nächtlicher Zeit dem Waagemeister (Stadtwaage) schwer zugesetzt und mit einer Forke in die Tür gestoßen.
6 M

569(133)
Luneman und *Schildthauwer* von *Bergstraße* haben sich in *Keeßbergs* Haus geschlagen. Dabei wurde Luneman verwundet.
Luneman 9 M

570(133)
Johan Brandis hat dem Karrentreiber zwei *haufen* (spez. Werler Gewichtsmenge) Salz geben sollen, und wie er zur Zahlung angehalten wurde, hat er die Handschrift (Urkunde) zerrissen.
24 M
Randnotiz: bezahlt

(133) Summarum 191 M
Bleibt zur Halbscheid 95 1/2 M.
Davon den zehnten Pfennig, nämlich 9 1/2 M abgezogen, bleiben 86 M minus 9 d.
Teil des Landesherrn 43 M minus 4 1/2 d.
Dasselbe für den Herrn Drosten.
Signiert am 29. April 1625
Johan Höingh, Brüchtenmeister m.p.

(134) Brüchtenanschlag der Stadt Werl 1625

571(134)
Johan Honertz hat *Johan Helmich* öffentlich einen Werwolf gescholten. Honertz submittiert sich.
9 M
Randnotiz: Am 18. Januar 1627 1 1/2 Rtlr bezahlt. Rest bezahlt.

572(134)
Goßwin Dolle hat *Babtist Knepper unverschuldeter ursachen* mit einem Stock am Kopf verwundet. Der Angeklagte submittiert sich.
1 M

573(134)
Jost Piper hat sich submittiert, daß er *Johan Siverin* versehentlich mit einer Axt die Hand schwer verwundet hat.
15 M
Randnotiz: bezahlt

574(134)
Johan Hilßman hat *Blesius Droste* im Haus von *Kam* mit einer Kanne am Kopf verwundet. Er submittiert sich.
3 M
Randnotiz: bezahlt

575(134v)
Herman Steinhauw hat *Johan Bonneko* mit der Faust ins Gesicht geschlagen und einen Schelm gescholten. Steinhauw sagt, dieser habe ihn geschlagen. Beide sind schuldig.
Zusammen 6 M
Randnotiz: Bonneko bezahlt einen Rtlr. Herman Steinhauw bezahlt.

576(134v)
Dieterich Hengst hat dem Sohn von *Evert Engel* mit einer Kanne in *Kothes* Haus die Schulter blutig und blau geschlagen. Hengst folgt der Vorladung nicht.
3 M
Randnotiz: zurückgestellt

577(134v)
Hinrich von *Bonn* hat *Martin Kester* am Leib schwer verwundet. Er stellt Kaution und submittiert sich.
21 M
Randnotiz: Hierauf 3 M bezahlt. Am 27. Februar 1629 so weit bezahlt, daß 3 M minus 2 ß bleiben. Ganz bezahlt.

578(134v)
Jost Jude, Levis Sohn, hat *Frans Spilkers* bei währender Freiheit ein *holl ins haupt* geschlagen. Die Mutter des Angeklagten submittiert sich.
6 M
Randnotiz: bezahlt

579(135)
Caspar Pape hat *Jurgen Hesse* schwer betrunken bei nächtlicher Zeit vor das Haus gestoßen, einen Tumult gemacht und ihn gescholten.
Randnotiz: Ist vor Gericht, steht zum Vergleich.

580(135)
Gordt Bone hat bei *verrichteder nachtronde* den Knecht von *Herman Kam* mit einem Vorjäger am Kopf verwundet. Er war deswegen in Haft und hat Kaution gestellt
12 M
Randnotiz: bezahlt

581(135)
Rottger Kam hat seinen Bruder *Herman* bei nächtlicher Zeit vor seinem Hause provoziert und totschlagen wollen. Er submittiert sich.
6 M
Randnotiz: bezahlt

582(135)
Thonies Kampman hat *Peter Schnaep* auf der Wacht geschlagen und war deshalb in Haft. Er submittiert sich.
3 M
Randnotiz: bezahlt

583(135v)
Gregorius Gulicher hat in Anwesenheit beider Bürgermeister den *Christopff* von *Schwerte* mit einem Gewehr geschlagen und das Verbot der Herren *verschmehet.*
12 M

584(135v)
Die Frau des *Thomas von Affeln* hat die Frau von *Jurgen Rosse* mit einer Schaufel in ihrem eigenen Haus am Kopf verwundet. Sie gesteht.
3 M
Randnotiz: bezahlt

585(135v)
Caspar Bodtrup hat zum Melster Pförtner gesagt: "Ich sehe dich und deine Herren (den Rat meinend) nicht gut genug dafür an, daß du mir sagen woll-

test, wo ich wachen sollte." Er hat ihn auch mit einem Gewehr *gefehret.* Hat Kaution gestellt.
3 M

586(135v)
Johan Hilßman hat bei Anordnung der Wacht dem Bürgermeister *Dietrich Pape* mit trotzigen Worten zugesetzt und ihn einen Lügner genannt.
3 M
Randnotiz: Am 18. Januar 1627 24 ß bezahlt, Rest 18 ß, ganz bezahlt.

587(136)
Die *Fleschersche* hat den *schatzaufhebern* (Steuereintreibern) mit greulichen Flüchen zugesetzt und gesagt, sie müßten verbrannt werden, wenn sie nicht in der Schatzung alles ersteigert hätten.
9 M
Randnotiz: Durch Kämmerer *Degenhart Scholer* bezahlt.

588(136)
Herman Hilßman hat seinem Vetter *Johan Hilßman* schier die Nase abgebissen.
3 M
Randnotiz: bezahlt

589(136)
Johan Henneman hat geredet, der Donner und Hagel solle diejenigen erschlagen, welche die Schatzung angesetzt haben. Er gesteht und sagt, es sei im Rausch geschehen.
10 M
Randnotiz: *Schultheiß* (?) bezahlt.

590(136)
Der *Oilinger* Vogt (Ölinghausen) hat *Gerdt Krampe,* als er ihn zur Wachrunde zitieren wollte, mit einem *nottholze* zugesetzt und ihm seinen Hut abgenommen.
9 M
Randnotiz: bezahlt

591(136)
Gerdt Kampman hat *Winold Schmidt* mit einem gespannten Gewehr *gefehret* und ihn erschießen wollen. Er submittiert sich.
9 M
Randnotiz: Bezahlt 2 Rtlr, Rest 1 Rtlr, 1 Rtlr am 5. Februar 1630 bezahlt.

592(136v)
Der Knecht *Lammert Khur* von der Familie *Wegman* hat den *Caspar* von *Völlinghausen* mit einem Stein am Kopf verwundet. In Widerspenstigkeit nicht vor Gericht erschienen. Verurteilt.
3 M

593(136v)
Wilm Rive hat Meister *Berendt ohnverschuldeter ursachen* einen Schelm gescholten. Er gesteht.
3 M
Randnotiz: bezahlt

594(136v)
Die *Vollische* hat durch ein Mädchen vom Salzhof Feuer tragen lassen. Es ist auf die Straße gefallen und es wäre fast ein großes Unglück daraus entstanden.
3 M
Randnotiz: bezahlt

595(136v)
Gilhuß ist beschuldigt, daß er dem *Dr. Gerhardt Kleinsorgh* seine Hühner gestohlen hat. Er ist inhaftiert und wird zur Tortur gestellt
Randnotiz: zurückgestellt

596(136v)
Johan Schlunder und *Goßwin Dolle* haben sich am Gründonnerstag im Weinhaus geschlagen.
Randnotiz: Zurückgestellt wegen fehlender Beweise.

(136a eingelegtes Blatt)
Willem Zenger, der Schultze zu *Höingen,* ist bei Strafe verpflichtet worden, die schuldigen Brüchten unverzüglich zu erlegen. Andernfalls geht ihm, wenn er zuwider handelt, das gepfändete Pferd zu Lasten.
Signiert Werl, 18. Oktober 1625
C. Rham, Richter

597(137)
Der Frone zu Ruhne hat sich submittiert, daß er seinen Vetter *Rembert Hensers* in *Waßmans* Haus mit einer Kanne in die Hand geschlagen hat. Er hat ihn jedoch nicht *gebludwundet.*
3 M
Randnotiz: bezahlt

598(137)
Goßwein Dolle und *Frans Schotte* haben sich während der Wache geschlagen, so daß Dolle verwundet wurde. Weil Dolle sehr betrunken gewesen ist und *grosse ursache* dazu gegeben und die Wache provoziert hat, hat er sich submittiert.
3 M

599(137)
Die *Thomissche* zu *Büderich* hat geklagt, daß Meister *Wilhelm Rive* sie in Kämmerer *Johan Mellins* Haus überfallen, geschlagen und geschmäht hat. Rive ist der Vorladung nicht gefolgt, sondern hat sich entfernt. Er wird in Widerspenstigkeit verurteilt.
3 M
Randnotiz: bezahlt

600(137)
Dieterich Lilie und *Dr. Wilhelm Binholdt* haben sich geschlagen, dabei wurde der Doktor am Kopf verwundet.
5 M
Randnotiz: Sein Deputat wurde 1627 um 3 Tlr gekürzt.

(137v) Summarum 168 M.

Davon dem Landesherrn die Hälfte, bleiben 84 M.

Den zehnten Pfennig für den Herrn Drosten, nämlich 8 M 7 ß.

Bleiben 75 M 11 ß.

Die Halbscheid für den Landesherrn 37 1/2 M 5 1/2 ß.

Das auch für den Herrn Drosten.

Signiert am 1. Juli 1626

Johan Höingh, Brüchtenmeister

(139) Brüchtenanschlag der Stadt Werl 1626, am 29. April 1627

601(139)
Peter Bosehage hat sich submittiert, daß er *Simon Rotike* während der Schneideramtszeche mit einer Kanne am Kopf verwundet hat.
5 M
Randnotiz: bezahlt

602(139)
Johan Kam hat sich submittiert, daß er am vergangenen Freitag den *Kirchhoff* von *Westönnen* in *Peter Schnaeps* Haus ins Gesicht gebissen hat.
3 M
Randnotiz: bezahlt

603(139)
Degenhart Hesse ist in mutwilliger Weise aus seinem Dienst bei den Herren Kämmerer *Gerhardt Brandis und Michael Scholer* ausgetreten und hat ihnen so Schaden am Salz zugefügt. Er stellt Kaution, solches abzutragen.
5 M
Randnotiz: Am 12. Oktober 1631 1 Rtlr bezahlt, Rest 2 M zu 3 Kopfstücken.

604(139)
Steven Ruwvoth hat *Babtist Bruns* einen Dieb, Schelm und Blutschänder gescholten, ihn auch mit einem Messer *gefehret.* Er ist deswegen in Haft gewesen und hat Kaution gestellt.
15 M
Randnotiz: bezahlt

605(139v)
Rotger Kam, Johan Kannegeter und *Johan Schulte* haben sich auf der Straße bei Nacht geschlagen und einen Tumult angerichtet. Allesamt schuldig.
Zusammen 9 M.
Randnotiz: Johan Schulte bezahlt 3 M. Kam bezahlt 2 Kopfstücke, Rest 2 1/2 Kopfstücke. Kannegeter bezahlt 3 M.

606(139v)
Steffen Koster der Steinmetz hat den *Flege,* der am Pranger gestraft wurde, dazu angestiftet, einen *weeseboem* (Balken auf einem Fuder Heu, Getreide usw.) vom Hof des *Schepffer* zu holen und auf der Wache zu verbrennen. Koster leugnet.
Randnotiz: zurückgestellt

607(139v)
Wennemar Rost hat seinen Schwiegervater *Hillekenkampff* mit einer Zange geschlagen und *blutwundet.*
12 M
Randnotiz: Wennemar Rost bezahlt 2 Rtlr, Rest 2 Rtlr, 1628 noch bezahlt 1 Rtlr, noch 4 Kopfstücke, also ganz bezahlt.

608(139v)
Jurgen Waterhoff und *Claß Konertz* haben sich in *Gronovers* Haus geschlagen. Waterhoff hat sich entfernt.
1 1/2 Rtlr

609(139v)
Tyes Kutenmeier hat sich submittiert, daß er *Eman Koell* einen Ehebrecher gescholten hat. Dafür bürgt Johannes Bruns.
3 M
Randnotiz: bezahlt

610(140)
Johan Aßbecke hat aus eigener Machtvollkommenheit gepfändet. Ist abwesend.
3 M
Randnotiz: bezahlt

611(140)
Thonies Kampman hat den Bäckerknecht von Kämmerer *Wrede und Friedrich Ravens* geschlagen. Dadurch wurde Ravens mit einem Messer am Kopf verwundet.
3 M
Randnotiz: bezahlt

612(140)
Am St. Stefanstag ist eine große Schlägerei in *Herman Togetmans* Haus gewesen. Beteiligt waren die beiden Brüder *Christopff* und *Lubbert Pape* auf der einen und *Johan Schlunder, Gordtfried* von *Hengspeck* (Hengstebeck bei Attendorn), *Christian Binholdt* und *Frans* von *Hilbeck* auf der anderen Seite. Die beiden Brüder Pape wurden sehr verwundet, und der ältere, Christopff ist 17 Tage danach in Gott verstorben. Die Täter wurden in Haft genommen, bis sie Kaution stellen.
Zurückgestellt zur Entscheidung in höherer Instanz.

(140) Summarum 59 1/2 M.

Davon die Halbscheid dem Landesherrn, bleiben 29 1/2 M 3 ß.
Davon den zehnten Pfennig für den Herrn Drosten, nämlich 2 1/2 M abgezogen, bleiben 26 1/2 M 3 ß 7d.
Die Halbscheid für den Landesherrn 13 M 4 1/2 ß 3 1/2 d.
Dasselbe bleibt für den Herrn Drosten.
15. Juli 1627, *Johan Höingh,* Brüchtenmeister

613(141)
Peter Ewaltz hat *Rotger Kam* mit einem Stoßeisen am Kopf schwer verwundet. Er hatte sich einige Tage versteckt, ist dann aber in Haft genommen worden. Bis dahin bürgen für ihn Meister *Hinrich Ravens* und Meister *Peter Bosehage.*
45 M
Randnotiz: Ganz richtig bezahlt am 7. Februr 1630.

614(141)
Der *Kurtze Hinrich* hat bei Besetzung der Nachtwache *Herman* von *Bonn* mit einem Messer auf den Tod verwundet. Deswegen wurde der Angeklagte 15 Tage auf der Büdericher Pforte in Haft gehalten. Für den Exeß haben *Philips Velltin* und *Peter Schimmel* gebürgt.
6 M
Randnotiz: bezahlt

615(141)
Der Knecht von *Jakob Gruter, Herman Bolte* genannt, hat den Knecht des *Oilinger* Vogts mit einer Mistforke am Leib verwundet. Dehalb hat er im Dorenkasten gesessen und der o. g. Gruter hat für den Exceß gebürgt.
5 M
Randnotiz: bezahlt

616(141)
Der junge *Overhoff* zu *Gerlinghausen* (Gerlingen) hat den alten *Overhoff* hier in Werl in *Jurgen Holschers* Haus einen Schelm gescholten und danach mit Fäusten zur Erde niedergeschlagen.
3 M
Randnotiz: bezahlt

617(141v)
Johan Schlunder hat *Simon Rotike* eine *prickelkause* (Stichwaffe) in *Keesbergs* Haus durch die Backe gestoßen und schwer verwundet. Rotike hat auch zwei Zähne aus dem Munde verloren. Dafür bürgen *Wennemar Rost* und Meister *Hinrich Reinike.*
3 M
Randnotiz: bezahlt

618(141v)
Caspar Thornheuwer hat mit seinem Vater am 3. Oktober 1627 in seinem Haus eine Zänkerei angefangen, ihm mit der Faust an den Kopf geschlagen, die Lobbe (Krause) vom Hals gerissen, ihn etlichemal einen alten Schelm und seine künftige Hausfrau eine alte Hexe gescholten. Deswegen ist er auf der Büdericher Pforte etliche Tage in Haft gewesen und mußte im folgenden besonderen Wärtern versprechen, sich zu bestimmten Terminen einzufinden.
50 M
Randnotiz: 1628, 27. Oktober, 30 M bezahlt, bleiben noch 20 M

619(141v)
Johan Asbecke hat *Wilhelm Klingenbergh* mit einem Degen schwer am Leib verwundet. Er war deswegen etliche Tage auf der Flucht und wurde durch die Diener gesucht. Er gab an, er habe im *flegenstall* gesessen.

620(142)
Johan Schulte hat dem Breitweber am Kirchhof in Gegenwart beider Herren Kaplane den *teuffell ins leib gefluchet.* Er sagt aber, er sei *verschwindtlich truncken* gewesen.
5 M
Randnotiz: bezahlt

621(142)
Thomas von *Affeln* hat bei nächtlicher Zeit vom Hof der *Fürstenberger* Holz gestohlen. Er gesteht.
3 M
Randnotiz: bezahlt

622(142)
Johan Trunner hat unbilligen Lohn für sein Mähen und seine Arbeiten genommen. Als er deswegen verklagt und von den Herren des Rats vernommen wurde hat er *Johan Wellie,* als sei dieser schuld, beleidigt.
3 M

623(142)
Stina Mense hat aus Verzweiflung in der Ratssitzung ihr Messer gezückt und sich erstechen wollen, weil sie die Erbschaft des verstorbenen *Johan Kannegießer,* des Vormunds ihrer Kinder, zurückgeben sollte.
3 M
Randnotiz: bezahlt

624(142)
Die Frau von *Dietrich Synai* hat ihrem Nachbarn *Herman Flescher* etliches Geld gestohlen. Sie wurde dabei vom Karrentreiber auf frischer Tat ertappt und hat das Geld zurückgeben müssen. Eine Zeitlang war sie *verwichen.*
Um der Armut des Ehemanns willen 10 M
Randnotiz: bezahlt

625(142v)
Jost Piper hat das Amt der Bauwleute (Bauern) als *schebberey, schinderey und nebberey* gescholten und gesagt, man hätte mehr Nutzen, wenn man einen Hund gemacht hätte, als von so einem Amt.
21 M
Randnotiz: Ist ein Bierkessel gepfändet worden, bezahlt.

626(142v)
Blasius Droste und seine beiden Söhne haben *Degenhart Hesse* mit einem bloßen Degen auf dem Salzplatz verfolgt, und der Vater hat zu einem Sohn gesagt:“Stich den Schelm tot!“
Zusammen 3 M
Randnotiz: bezahlt

(142v) Summarum 194 M

Davon die Halbscheid dem Landesherrn 97 M.

Davon dem Herrn Drosten der zehnte Pfennig, nämlich 9 1/2 M 1 1/2 ß 3 d.

Davon wiederum die Halbscheid für den Herrn Drosten, bleiben 43 1/2 M 3 1/2 ß.

Dieser Anschlag soll innerhalb von 6 Wochen eingefordert und richtig gemacht werden.

Signiert 30. März 1628

Johan Höingh, Brüchtenmeister

(143) Brüchtenanschlag der Stadt Werl vom Jahr 1628

627(143)
Der Hausfrau von *Nicolai Binholtz* wurde in Gegenwart des Rates nach dem protokollarischen Zeugnis vorgeworfen, daß sie eine Kiste, die dem *Meinertzhagen* von *Hüsten* gehörte, geöffnet und einen goldenen Ring, drei Oberhemden und zwei Rtlr herausgenommen habe. Sie gesteht und gibt vor, *Wilhelm Rive* habe sie dazu angestiftet. Der Ehemann submittiert sich.
25 M
Randnotiz: bezahlt

628(143)
Weiterhin hat *Wilhelm Rive* dem Ehrbaren Rat angegeben, daß unleugbar wahr sei, daß die Hausfrau von *Niclaß Binholtz* einen Kornboden aufgebrochen, in dem *Buschulte* Korn in Verwahrung liegen hatte, und etliche Scheffel Korn daraus entnommen hat. Dafür hat sie Buschulte 10 gemeine Tlr entrichten müssen. Sie hat das nicht leugnen können. Nach dem Zeugnis des Protokolls. Der Ehemann submittiert sich.
25 M
Randnotiz: bezahlt

629(143v)
Vogelmans Sohn und Konsorten sind in *Johan Brandis'* Haus eingebrochen, haben das Zimmererholz daraus entnommen und während der Wache verbrannt. Dafür bürgt Vogelmans Vater.
3 M

630(143v)
Rottger Kahm und *Hans Peltzers* Sohn haben den Wirt des Gasthauses "Im Himmelreiche" in seinem eigenen Haus überfallen, geschlagen und danach auf der Straße in den Dreck geworfen und gedroht, er solle unter ihren Händen sterben. Rottger Kahm submittiert sich. *Johan Peltzer* ist widerspenstig.
Zusammen 6 M
Randnotiz: Johan Peltzer bezahlt 1 Rtlr.

631(143v)
Peter Mense hat geklagt, daß ihm *Gerdt Kampman* in seinem eigenen Haus Gewalt angetan und ihn mit einem Degen am Kopf verwundet habe. Mense soll den Kampman mit einem Degen provoziert haben.
Beide zusammen 12 M
Randnotiz: bezahlt

632(143v)
Johan Waßman hat *Middenmuth,* des Bauern Weib, in den Dreck gestoßen und geschlagen. Dadurch sind ihre Kleider zuschanden geworden. Er submittiert sich.
5 M
Randnotiz: Am 4. Februar bezahlt.

(143a) (Eingelegtes Blatt)
Attestion des Kurfürstlichen Brüchtenmeisters wegen der Brüchten von *Johan Brandiß.*

Der Sälzer Johan Brandiß zu Werl hat gegen den Herrn Richter zu Werl etliche Injurien ausgestoßen. Die Brüchten, 40 Rtlr, zu denen er verurteilt wurde, hat er beim kurfürstlichen Fiskus hinterlegt, und sie sind in der Kurfürstlichen Kämmerei berechnet worden. Die Interessen der Stadt Werl sind nicht berücksichtigt. Das wird hiermit bezeugt.
Signiert 30. März 1628
Johan Höingh, Brüchtenmeister

633(144)
Einer von *Essen, Assbecke* genannt, hat *Johan Konningh* in *Keesberghs* Haus mit einer *kanten* am Kof verwundet. Dafür bürgt Kämmerer *Caspar Benedicti.*
5 M

634(144)
Engelbert Flerichman ist überführt, daß er dem jungen *Frantz Feere* am Abend in der Krämergasse Hopfenstangen wegnehmen wollte. Er wurde jedoch dabei ertappt und daran gehindert. Flerichman aber leugnet das Faktum.
3 M
Randnotiz: bezahlt

635(144)
Herman Droge hat *Johan Wicker* auf dem Salzplatz wegen Wasserschöpfens und *abkerens* mit einem Stein oder Erdklumpen in die Seite geschmissen. Davon hat er krank gelegen und ist lange danach gestorben, was nicht auf die Tat zurückgeführt werden muß. Er submittiert sich im Hinblick auf die Tat, erkennt aber die Kausalität nicht an.
6 M
Randnotiz: bezahlt

636(144)
Jacob Pape hat *Cunradt* von *Unna* mit einer Zange *ein holl ins haupt* geschlagen. Als Motiv gibt er an, er habe ihm ein *weinkauf zu seinem Dienst* gegeben, ihn aber nach 14 Tagen wiedergebracht, und er habe ihn nicht zurücknehmen wollen.
Jacob Pape 3 M, Cunradt von Unna 7 M.

637(144v)
Hinrich Suer hat die Frau von *Wilhelm Kuelman* und seine eigene Schwägerin, nachdem sie ihm in seinem eigenen Hause bei einem Gastmahl viel

unnütze Wörter zugerufen hatten, geschlagen, vor den Leib getreten, bei den Haaren aus dem Haus geschleift und gestoßen. Erschwerend ist, daß sie schwanger waren.
12 M
Randnotiz: Hinrich Suer hat am 30. Januar 1630 1 1/2 Rtlr bezahlt, 1 1/2 Rtlr noch bezahlt, damit alles bezahlt.

638(144v)
Lips Westerhoff von *Scheidingen* und *Cordt* von *Unna* haben am Fastnachtsabend dem *Gobbele Steinhauff* die Fenster eingeschlagen, die Haustür zerbrochen und die *Werdinne* eine Schandhure gescholten. Für Westerhoff hat die *Dounheuwersche,* für Cordt von Unna der *Schluter* gebürgt.
Zusammen 20 M
Randnotiz: Cordt von Unna 9 M bezahlt am 13. Februar. Rest 1 M zu 18 ß. Lips Westerhoff 10 M bezahlt.

639(144v)
Caspar Schepffer hat *die Korffmachersche* öffentlich eine Schandhure ausgerufen. Schepffer ist widerspenstig.
6 M
Randnotiz: bezahlt

640(144v)
Gordt Kampman hat die Frau von *Bar Schwein* (Schweinehirte der Barshofe-Stadtteil von Werl) mit einem Stock geschlagen. Er ist widerspenstig.
3 M
Randnotiz: Am 22 Januar hat Gordt Kampman 1/2 Rtlr bezahlt, Rest von 1 Rtlr am 8. Februar bezahlt.

641(145)
Hinrich Wilke hat in der Osternacht vor *Thonies Kampmans* Haus einen Aufstand angezettelt, Kampman öffentlich einen Schelm ausgerufen und viel ärgerlichen Tumult angerichtet. Er ist widerspenstig.
9 M

642(145)
Joachim Deventerman und seine Hausfrau *Clara* haben beide in der Sitzung des Rats mit blutenden Köpfen geklagt, daß *Johannes Trenckhauß* und *Wilhelm Schotte* sie in ihrem eigenen Haus blutig geschlagen hätten, nachdem sie eine zwischen ihnen strittige Gasse in Augenschein genommen hatten. Weil es aber an Beweis, wer die Schlägerei verursacht hat, mangelt, ist dieser Exceß zur Beurteilung aufgenommen worden, um auch die andere Seite zu hören.

643(145)
Niclaß Koster und *Herman von Bonn* haben sich gegenseitig Schelme gescholten. Weil Koster öffentlich die Beleidigung eingestanden hat und sie auch noch wiederholt, wird er für den Trotz verurteilt.
12 M
Randnotiz: bezahlt

644(145v)
Johan Bolte, Everdt Engell, Martin Koster und die *Buchbender* haben *Philip Bock* zu *Bechem* (Beckum) auf freier Kirmes St. Lucia (13. Dezember) in der Herberge *ungebührlich verhanset* (verspottet), auf eine Leiter gebunden, Feuer und Rauch darunter gemacht, mit Wasser übergossen und so traktiert, daß er sich bei seiner Wiederkunft vor dem Ehrbaren Rat hier in Werl über seinen Leib und seine Brust schwer beklagt hat.
Zusammen 12 M
Randnotiz: Johan Bolte bezahlt am 29. Januar 1630 4 M minus 5 ß. Everdt Engell bezahlt am 5. Februar 1630 4 M. Martin Kosters 4 M sind gegen seine Pfänder aufgerechnet worden.

645(145v)
Wilhelm Klingenbergh hat sich unterfangen, das Protokoll des Notars *Franciscus Langscheidt* zu fälschen, hat es jedoch in der Beweisaufnahme geleugnet.
3 M
Randnotiz: Am 31. Januar 1630 3 M bezahlt.

646(145v)
Caspar Mense hat angegeben, daß *Herman Wegman* von dem Kamp vor *Konninghs* Hof Besitz ergriffen, die Weiden und Holz darauf abgeholzt und gehauen habe. Das ist im Protokoll festgehalten. Er hat es getan trotz eines vom Ehrbaren Rat erlassenen, mehrmals unter Androhung einer namhaften Strafe verkündeten Verbots. Wegman beruft sich auf seinen Besitzstand.
20 M
Randnotiz: Steht zur Entscheidung.

647(146)
Schlunder zum *Grabe(n)* (bei Wickede) hat sich submittiert, daß am vergangenen heiligen Christabend hier in *Waßmans* Haus den *Westhoff* zu *Waltringen* einen offenen Zauberer und Werwolf gescholten hat.
9 M
Randnotiz: bezahlt

648(146)
Johan Schultz zu *Westönnen* hat sich submittiert, daß er den alten *Overhoff* mit einem Stock über den Nacken geschlagen hat.
3 M

649(146)
Robbert zu *Lüttringhausen* (Lüttringen) hat sich submittiert, daß er den Drosten und die Drostin Zauberer gescholten hat.
6 M

650(146)
Jobst Piper hat unmenschlicherweise dem Schwager von *Caspar Mense* den Teufel in den Leib geflucht und gedroht, daß er seinem alten Schwiegervater den Hals brechen wolle. Dazu hat er seine Frau jämmerlich abgeschmieret und getraktirt. Er ist deswegen auf der Büdericher Pforte in Haft gewesen.
6 M
Randnotiz: bezahlt

651(146v)
Der Schultz zu *Höingen* hat den Fronen *Gudhoff* zur Erde gestoßen, als er ihn gemahnt hat, dem Herren den Rest des Holzes gütlich zu bringen. Dabei hat er gerufen, er frage nach dem Herrn Drosten und dem Richter nicht.
9 M
Randnotiz: bezahlt

652(146v)
Thonies Kampman hat sich submittiert, daß er *Baeckman* in der Melster Pforte hinterrücks mit einer *kuse* ein Loch in den Kopf geschlagen hat.
6 M
Randnotiz: 1 Rtlr bezahlt, Rest 1 Rtlr bezahlt am 3. März 1639.

653(146v)
Herman Togetman hat zwei Soldaten von *Lünen,* die in seiner Herberge gewesen sind, bei nächtlicher Zeit aus dem Haus geschlagen.Davon hat der eine ein blutiges und blaues Auge bekommen. Togetman sagt, sie hätten ihm große Ursache dazu gegeben. Sie hätten bei nächtlicher Zeit nach 10 Uhr im Bett gesessen, gesungen und gegen der Herren Verbot mehr saufen wollen, hätten sich also dem Verbot der Herren widersetzt.
6 M
Randnotiz: bezahlt

654(147)
Der kleine *Christoph* hat ein von den Kriegsleuten in der Soester Börde erbeutetes Gewehr gekauft, und wie er es auf Befehl der Obrigkeit hergeben sollte, hat er es entzweigeschlagen.
9 M
Randnotiz: Bezahlt, für den Rest von 33 ß Lichte gegeben.

655(147)
Der Sohn von *Hans Hoffestadt* hat *Goesewin auf dem Teiche* im Haus von *Gobbel Steinhauwer* ein Loch in den Kopf geschlagen.
5 M
Randnotiz: 1 Königstaler bezahlt, noch bezahlt 4 Kopfstücke, Rest also in allem 5 ß.

656(147v)
Meister *Dietrich* der Scharfrichter hat sich nach Zeugnis des Protokolls einen Meineid zuschulden kommen lassen, als er mit den Kindern Schicht und Teilung halten sollte. Er sollte unter Eid alles einbringen und war vorher von Richter, Bürgermeister und Rat genug ermahnt worden.
36 Rtlr zu 108 M
Randnotiz: bezahlt

147v) Summarum 373 M

Davon die Halbscheid dem Landesherrn, nämlich 186 1/2 M, und davon dem Drosten den zehnten Pfennig 18 1/2 M 2 1/2 ß 1 d abgezogen, bleiben dem Landesherrn 167 M 14 1/2 ß 3 d.

Davon die Halbscheid dem Herrn Drosten, bleiben 83 1/2 M 7 ß 4 1/2 d.

signiert am 2. August 1629

Johan Höyngh, Brüchtenmeister

657(149)
Hinricus Quincke hat sich mit seiner Nachbarin, der Frau von *Philip Tillman,* gezankt und sie in ihrem eigenen Haus geschlagen, an der Kehle ergriffen, mit Füßen getreten sowie eine Schandhure gescholten. Das ist durch das Zeugnis der Magd und durch den Eid von Tillmans Frau erwiesen.
15 M
Randnotiz: Hierauf durch *Herrn Binholtz* namens *Gobbel Steinhauwer* am 10. Februar 1640 11 M minus 10 ß 6 d bezahlt., Rest 3 M 1 ß 6 d.

658(149)
Philip Tillman hat *Henricus Quincke* über ein Schnittholz geworfen. Dadurch wurde Quincke am Kopf verwundet. Tillman sagt, die Ursache sei gewesen, daß er in seiner Abwesenheit seine Hausfrau geschlagen habe.
15 M
Randnotiz: Philip Tillman bezahlt 2 1/2 Rtlr.

659(149)
Niclaß Konertz hat sich submittiert, daß er *Meutele* von *Unna* mit einer Eisenelle zwei Zähne aus dem Mund gestoßen hat. Konertz sagt, der habe ihm Ursache dazu gegeben und ihm mit einer *kuse* im eigenen Haus zugesetzt. Das zu beweisen wurde ihm ein Termin gesetzt, aber er hat den Beweis nicht geliefert.
15 M
Randnotiz: Hat hierauf am 19. Dezember 1630 2 1/2 Rtlr bezahlt, 1633 noch 2 1/2 Rtlr bezahlt.

660(149v)
Johan Bolte hat *Eman Koell* in den Dreck geworfen und mit Füßen getreten. Dabei ist Bolte am Kopf verwundet worden. Eman Koell soll den Bolte einen Schelm gescholten haben. Die Zeugen können nichts zum Beweis beitragen Sie haben die Schlägerei gar nicht gesehen.
3 M
Randnotiz: bezahlt

661(149v)
Johan Bolte hat *Dietrich Schulte* dem Schneider im Haus von *Schluter* mit einer Kanne ein Loch in den Kopf geschlagen. Bolte gesteht und sagt, der Schneider habe ihm Ursache dazu gegeben.
5 M
Randnotiz: 1631 hierauf 36 ß bezahlt

662(149v)
Herman Togetman hat *Johan Bolte* in *Schluters* Haus etliche Löcher in den Kopf geschlagen. *Caspar Mense* submittiert sich im Namen von Togetman.
15 M
Randnotiz: Togetman bezahlt am 19. Dezember 1630 6 M 13 ß, später alles bezahlt.

663(149v)
Der Rittmeister *Dietmar Jurgen Kleppingh* submittiert sich, daß er *Hinrich Bachman* ein Rapier in den Leib gestoßen und verwundet hat.
30 M
Randnotiz: bezahlt

664(150)
Meister *Dietrich* der Scharfrichter submittiert sich, daß er *Michael Schnaep* beleidigt hat. Er wurde deshalb eine Zeitlang in Haft gehalten und mußte den Armen etwas geben.

665(150)
Meister *Dietrich* der Scharfrichter hat den *Caspar Kam* mit einem Seilhaken am Kopf verwundet. Er submittiert sich.

666(150)
Wigand Hesse hat *Johan Fockman* einen Erzdieb und Schelm gescholten. Er gesteht und bringt vor, er wolle noch während des Verfahrens vor dem versammelten Magistratsgericht den Diebstahl beweisen.
3 M
Randnotiz: bezahlt

667(150)
Cordt zum *Blomenthal* hat den Schultzen zum *Blomenthal* in Meister *Synaens* Haus mit einem Beitel geschlagen und nach ihm mit einem Vorhammer geworfen, weil er ihn einen Zauberer gescholten hatte.Er submittiert sich.
9 M

668(150v)
Johan Schulte hat 3 Rtlr von *Jurgen Bauwemeister* erpreßt, weil er ihm 5 Wecken (Weißbrote) vom *winladen* (Klapptisch zur Auslage von Waren) gestohlen hatte.
Schulte 18 M. Bauwemeister 8 M.
Randnotiz: bezahlt

669(150v)
Johan Schulte zu *Wickede* hat sich submittiert, daß er im Haus von *Goswin Dolle* den *Tresen* zu *Wickede* mit einer *krucken* am Kopf verwundet hat
3 M0

670(150v)
Herman Gudhoff hat *Johan,* dem alten Steiner Pförtner, der *Johan Schulte* drei Wecken von der auslage gestohlen hatte, eigenmächtig einen kupfernen Kessel abgepfändet und 1 Rtlr darauf vertrunken.
9 M
Randnotiz: Bezahlt 2 Rtlr, Rest 1 Rtlr.

671(150v)
Thonies Schepfer zu *Gerlingen* ist dem Amtsfronen *Wennemar* in *Blomikens* Haus mit allerhand unnützen Worten begegnet und hat ihm seinen Stock aus der Tür geworfen. Der Schepfer sagt, es sei ein Scherz gewesen.
3 M

672(151)
Johan Schulte hat am Sonntag nach Trinitatis gegen das erlassene Verbot ein Gelage gehalten und durch die Dienstmägde die *butten* verzehren lassen.
6 M
Randnotiz: bezahlt

673(151)
Kämmerer *Johan Roxlo* hat *Steffen Orgelmacher junior* in *Fleischhauwers* Haus blutig und blau geschlagen. Roxlo sagt, er habe solches herausgefordert.
Ist verglichen und für unrichtig befunden.

674(151)
Caspar Kleinsorgh gesteht, daß er einen Soldaten *salvoguarden* (Soldat im Besitz eines Geleitbriefes) zu *Büderich* bei nächtlicher Runde gestochen und am Leib sehr schwer verwundet hat. Er gibt als Ursache an, daß ihm in Kriegsgefahr die *ronde* anvertraut worden war und der Soldat ihm im Finsteren seltsam stotternd geantwortet habe.
Steht zur Entscheidung des Landesherrn.

675(151)
Der *Kleine Christopffell* hat *Drees* Stadtsdiener bei *außrichtung der execution* auf dem Weinhaus verwundet. Deswegen wurde er in Haft genommen. Es bürgen der jetzige *Oilinger* Vogt (Ölinghausen) und *Hans Wilhelm.*
3 M
Randnotiz: bezahlt

676(151v)
Herman Jurgens hat bei *Jurgen Holscher* dem Klockenwirt (Glockenwirtschaft) den *Johan Wellie* geheißen, er solle den hingerichteten *Oilinger* Vogt, der bei ihm in seiner Stube steht, von dem Glasfenster wegschaffen und seine Mutter an die Stelle setzen. Herman Jurgens gesteht.
9 M
Randnotiz: Hierauf bezahlt den 28. Februar 6 M, später ganz bezahlt.

677(151v)
Die *Fleschersche,* also *Herman Jurgens* Frau, hat gesagt, als man die *Striekißsche* aus der Haft entlassen hat, es sei den Herren nur um das Weingeld zu tun. Hat nicht gestanden.
Randnotiz: zurückgestellt.

678(151v)
Der Wirt der Gastwirtschaft im Himmelreich hat gegen das Verbot der Herren ein *butten verzehrungsgelag* (Ochsenfleischmahlzeit) gehalten.
6 M
Randnotiz: bezahlt

679(152)
Der *Bolte* und *Jacob Pape* haben sich untereinander beim Trunke gescholten. Bolte submittiert sich.
3 M
Randnotiz: bezahlt

680(152)
Niclaß Konertz hat dem *Bars Schwein* (Schweinehirte der Barshofe) eine *maullschelle* gegeben, sagt aber, der Schwein habe solches verursacht.
3 M
Randnotiz: 1630 bezahlt.

681(152)
Tillman zu *Büderich* hat *Frederich Kogell* im Haus von *Franciscus Langscheidt* einen Schelm gescholten, was er selbst beim Trunk verursacht hat.

682(152)
Tyes Kutenmeier gesteht, daß er *Jurgen Volle* einen Schelm gescholten hat. Der Volle soll in *Keesberghs* Haus gesagt haben, Kutenmeier sei ein offenbarer Dieb.
Zusammen 5 M
Randnotiz: Kutenmeier bezahlt 45 ß.

683(152)
Hans Hunicke der Leutenant hat *Johan Vorhoff* im Gasthaus Schere eine Kanne Bier ins Gesicht gegossen. Dadurch wurde Vorhoff am Kopf verwundet. Er gibt vor, der Leutnant habe den Streit verursacht, indem er gesagt hat, er habe nicht das Herz, ihn zu schlagen. Der Leutnant gibt das zu.
Hunicke 7 M. Vorhoff 3 M.
Randnotiz: Hunicke bezahlt. Vorhoff arm.

684(152v)
Degenhart Ripergerste und *Agate Jans* haben sich untereinander gescholten.
2 M
Sie sind arm.

685(152v)
Die beiden Söhne von *Steffen Peltzer* haben ihren Schwager, den *Oisthaus*, geschlagen und verwundet. Dafür bürgt der Vater.
3 M
Randnotiz: bezahlt

686(152v)
Caspar Kikoge, Herman Hurman und Hurmans Hausfrau sind wegen der Wacht in Streit geraten. Hurman ist abends spät mit seinem Weib vor Kikoges Haus gekommen und hat mit einem bloßen Degen Tumult gemacht. Kikoge, der im ersten Schlaf lag, ist davon erwacht, aufgestanden und hat sie mit einer Mistforke angefallen, weil er sie vom Haus wegjagen wollte. Als Hurman und seine Frau ihm weichen wollten, sind sie in einen Brunnen gefallen. Kikoge hat sie daraus gerettet. Beide Eheleute wurden an Kopf und Arm verwundet.
6 M
Randnotiz: Hurman 3 M bezahlt.

687(153)
Herman Hurman hat die Frau des kleinen *Christoff* eine Zauberin geschol-

ten und dabei gesagt, sie sollte es noch 14 Tage ansehen, dann würde es wohl mit ihr ein anderes werden.
3 M
Randnotiz: arm

688(153)
Walburga die Hellikissche hat *Johan Oisthus* zu Unrecht bezichtigt, er habe das Brot, das ihm von den Nachbarn zum Backen gebracht worden war, beschnitten. Daher sei ihm vom Amt der Bäcker die *winlage zugethan* (das Gechäft geschlossen) worden.Sie konnte es nicht beweisen. So haben *Peter Volle* und *Jurgen Stolle* gebürgt.
6 M
Randnotiz: 3 M bezahlt.

689(153)
Gerdt Bone hat sich submittiert, daß sein Sohn dem Sohn von Meister *Simon Nagelschmidt* einen Zaun abgebrochen und während der Wache verbrannt hat. Er hat ihn mit einer bloßen Wehr und der Vater ihn mit einer *barde gefehret.*
12 M
Randnotiz: 1630, am 19. Dezember 1 Goldgulden bezahlt. Am 11. Februar alles bezahlt.

690(153)
Peter Wise hat den Scherenwirt einen Schelm gescholten, weil er dem Pfändungsbefehl im Hinblick auf einen Kessel Bier, der ihm wegen der Wache zugestellt worden war, Folge geleistet hatte.
3 M
Randnotiz: 2 M bezahlt. Noch bezahlt 1631 1 M.

691(153v)
Die Brüder *Johan* und *Rottger Kam* haben sich in *Jacob Papes* Haus geschlagen. Dabei ist Rottger am Kopf verwundet worden.
3 M
Randnotiz: bezahlt

692(153v)
Johan und *Herman Kumper* haben *Wilhelm Klopperises* in der Nacht auf dem Salzplatz bei währender Freiheit mit Fäusten geschlagen und mit Füßen getreten.
Zusammen 6 M.
Randnotiz: bezahlt

693(153v)
Johan Brandis hat eine Pappelweide, die 28 Jahre früher von *Andreas Pape* vor der Scheune gepflanzt worden war, aus eigener Machtvollkommenheit abgehauen. Brandis gesteht und sagt, die Weide sei ihm nach den Werler Gepflogenheiten viel zu nah gewesen. Er submittiert sich.
6 M

694(153v)
Johan Hovestatt der Jüngere und Hinrich von *Balve* der Steiner Pförtner

haben sich verunwilligt, so daß der Pförtner ein blaues Auge davongetragen hat. Beide sind schuldig.
Hovestatt 2 M. Pförtner 1 M.
Randnotiz: bezahlt

695(154)
Der *Schultz* zu *Sönnern* hat den *Wellie* von dort in *Keeßberghs* Haus mit einer Kanne am Kopf verwundet. Er gesteht es und sagt, Wellie sei der Urheber des Streites gewesen und habe ihm vorher dieselbe Kanne voll Bier auf den Leib gegossen und damit nach ihm geschlagen.
24 M
Randnotiz: gerichtsanhängig. Diese Brüchten sind dem Herrn Richter 1635 angewiesen und bezahlt worden.

696(154)
Michael Schnaep hat dem Meister *Dieterich* Scharfrichter etliche Kugeln durch den Arm geschossen. Er war eine Zeitlang aus der Stadt verwichen.
90 M
Randnotiz: Schnaep bezahlt am 19. Dezember 1630 10 Rtlr. Michael Schnaep bezahlt 20 Rtlr, die Bürgermeister *Philip Pape* empfängt.

697(154)
Der Sohn von Meister *Hinrich Reinike* hat *Thonies Schultz* mit einem Messer etlichemal an der Schulter und am Rücken verwundet.
18 M
Randnotiz: bezahlt

698(154)
Hinrich Quinckenius hat gegen die Morgensprache (jährliche Verkündigung des Werler Statuarrechtes) derer von Werl sich den Sterbeherren widersetzt (für Erbschaft zuständige Ratsherren), die in amtlicher Eigenschaft Schicht und Teilung mit seinen Stiefkindern durchsetzen wollten. Er.hat in ungebührlicher Weise knipfen vorgeschlagen (obzöne Geste) und öffentlich gesagt:"Das ist für euch alle!"
15 M

699(154)
Noch dazu hat o. g. *Quinckenius* auff *Creutzen* (14. September) bei währender Freiheit seinen Stiefsohn *Cunrad Teickhauß* mit einer Forke ganz gefährlich am Kopf verletzt.
35 M

700(154)
Frantz von *Hilbeck* hat eigenmächtig die Ausbesserung des Brauhauses von *Hinrich Quinckenius* verhindert und die Latten, welche die Werkmeister aufgerichtet hatten, zerhauen. Im folgenden hat Quinckenius den Frantz auf offener freier Straße auf die Erde geschmissen und ihn mit Steinen blutig und blau geschlagen, so daß ihm die Schulter aus dem Gliede gerenkt wurde.
50 M

(154a) (eingelegtes Blatt)
Betrifft die Brüchten von *Johan Brandis.*
Unser gnädigster Herr, der Kurfürst von Köln, *Ferdinand von Bayern,* bezeugt folgendes:
Johan Brandis, Bürger und Sälzer zu Werl, war wegen etlicher Excesse angeklagt. Der endunterzeichnende Kommissar des Kurfürsten hat nach Prüfung der Umstände festgestellt, daß die Sachverhalte anders sind, als es in Klage, Befund und Strafe zum Ausdruck kommt. Brandis hat sich auch deshalb bei seiner kurfürstlichen Gnaden entschuldigt und sich mit ihm ausgesöhnt. Der Kommissar teilt der Stadt Werl diesen Sachverhalt mit.
Signiert Bonn, den 9. Oktober 1629, *J. C. Kelner*

(155) Summarum 487 M
Ist der Stadt zur Halbscheid 243 1/2 M.
Davon der zehnte Pfennig für den Herrn Drosten abgezogen, nämlich 24 M 6 ß, bleiben für den Landesherrn 104 1/2 M 1 1/2 ß.
Signiert am 2. Juni 1630
Johan Höyngh, Brüchtenmeister

(156) Brüchtenanschlag der Stadt Werl 1630 und folgend bis 1642

701(156)
Wilhelm Rive hat *Claß Konertz* einen Werwolf und Zauberer genannt und auch sonst gröblich ausgerufen. Dagegen hat Konertz den Rive einen Schelm und Dieb geschimpft und auch sonst gröblich beleidigt. Er hat ihn auch im Haus des worthabenden Bürgermeisters Wrede sowie auf dem Kirchhof mit einem gespannten Gewehr verfolgt und erschießen wollen, was auch geschehen wäre, wenn es der hiesige Waagemeister nicht verhindert hätte. Es hat auch danach Konertz diese aufgeführten Beleidigungen wiederholt und den Rive zu entleiben gedroht. Obwohl beide Teile wegen der gegeneinander ausgestoßenen Injurien vor dem hiesigen *Richter Dr. Christian Kleynsorge* einen leiblichen Eid geschworen haben, während des schwebenden Verfahrens nicht aggressiv zu werden, haben sie sich nicht daran gehalten, sondern bei *hangendem recht* sich auf offenem Markt erschießen wollen.
Wilhelm Rive 20 M. Claß Konertz 10 M.
Randnotiz: bezahlt

702(156)
Weiterhin hat *Konertz* im Melster Felde beim Pflügen den *Jurgen Voget* zweimal geschlagen.
6 M

703(156)
Weiterhin hat *Konertz* den *Peter Overhoff* mit einem Dreschflegel über den Arm geschlagen. Er ist deswegen überführt worden.
3 M

704(156)
Weiterhin hat *Konertz* dem *Dietrich Wilhelm Rovendisch* auf seinem Land im Feld mit einer Forke zugesetzt und ihn *gefehret.*
2 M

705(156v)
Weiterhin hat *Claß Konertz* der Witwe *Maria Fuest* im Feld einen Arm entzweigeschlagen.
9 M

706(156v)
Weiterhin hat *Joannes Droge* geklagt, daß *Konertz* ihm mit einem *maholtz* (?) hart zugesetzt und nach ihm geschlagen hat, so daß er fliehen mußte.
3 M

707(156v)
Wilhelm Rive hat dem worthabenden Bürgermeister *Wrede* in Gegenwart und Anhörung des Herrn Oberstleutnants *Hans Wulff von Wrede zu Reyger* (Reigern bei Arnsberg), des Domherrn *von Schorlemner*, des Rittmeisters *Johan Arnold von Schorlemner*, des Rittmeisters *Friling* und des Kapitänleutnants *Israel* sehr beleidigende Vorhaltungen gemacht. Er könne nicht verstehen, warum die Herrn von Werl bei ihm Reiter einquartiert haben, man handele ungerechtfertigt, ja schelmisch, es werde noch Mord und Totschlag daraus entstehen, der Teufel werde zuschlagen- mit Verlaub zu sagen- er scheiße auf die Herrn von Werl, hätte *die breuw* von ihnen, sie seien ein Haufen Cujone und Hurenböcke. Er hat denselben auch mehrfach auf seine Mutter verwiesen, sie sei etliche Tage mit Hurenhaft belegt worden. Auf Bürgschaft von *Herman Wegman* und *Johannes Droge* ist die Strafe ermäßigt worden, weil er einen Teil davon durch die Turmhaft abgebüßt hat.
6 M

708(157)
Michael Rive hat den Meister *Albert Balbierer ohn ursach* überfallen, ihm in die Haare gegriffen, ihn mehrmals einen Schelm gescholten und mit einem Messer erstechen wollen. Weiter hat er bei Nacht mit seinem Vetter zusammen mit bloßem Degen vor der Tür des Meisters Albert einen Tumult angezettelt und ihm die Stubenfenster entzweigeschlagen. Der Angeklagte ist Soldat. Weil dieser Rive im Kriegsdienst steht und nichts eigenes hat als den Sold, wird für den Vater angeschlagen.
6 M

709(157)
Bernd Guthoff hat sich den Stadtdienern, die ihn wegen versäumter Wacht pfänden wollten, widersetzt und eine Kanne entzweigeschlagen. Er gesteht.
1 M

710(157)
Weiter hat *Guthoff* den Steiner Pförtner mit einem Gewehr vor die Brust gestoßen. Diesem war befohlen worden, keine Pferde aus der Pforte zu lassen, bis die Kontribution bezahlt ist. Der Guthoff hat die Pforte eigenmächtig geöffnet und seine Perde herausgezogen.
2 M

711(157)
Weiter hat *Guthoff* den Meister *Tonіß Koch* auf der Wacht geschlagen. Als er vor dem Rat zum Gehorsam ermahnt werden sollte, hat er nicht parieren

wollen, sondern vorgegeben, er habe Kriegsdienste genommen. Er submittiert sich.
6 M

712(157)
Weiter hat *Guthoff* dem Schwein des *Drees Bettken* den Rücken entzweigeschlagen. Wie Bettken Schadenersatz forderte, hat er ihn auf seine Mutter verwiesen und sie- mit Verlaub zu sagen- einen *hundspfutt* gescholten. Auch hat er ihn mit einem Messer gedroht und zustechen wollen. Davor hat Bettken sich durch die Flucht retten müssen. Guthoff hat Bettken auch mit einem Gewehr und aufgesetztem Drachen *gefehret* und erschießen wollen. Der Angeklagte gesteht den Hergang, aber er besitzt nichts.
15 M
Randnotiz: Weil dieser Guthoff nichts oder sehr wenig zu leben hat, so soll er diese angeschlagenen Brüchten bezahlen oder drei Tage mit dem Turm büßen, vor allem aber ist die Zahlung mit Ernst einzutreiben. Ist bei ihm die Geldbuße nicht zu erzwingen, gehen diese 15 M ab.

713(157v)
Everdt Kolter hat den *Tonneß Fickerman,* der die Stadtrunde gehen sollte, schlafend befunden und ihn deswegen bestraft und ihm in der Nähe des Büdericher Tores eine Wunde ins Haupt geschlagen.
4 M
Randnotiz: 2 M bezahlt.

714(157v)
Tonneß Kampman ist beklagt, daß er *Bert Rinsche* in *Jobst Drackermans* Haus bei währender Marktfreiheit mit einem Leuchter eine Wunde ins Haupt geschlagen hat. Kampman gesteht, sagt aber, er habe Rinsche mit der Faust und nicht mit einem Leuchter geschlagen, und Rinsche sei an einen Tisch gefallen und habe sich dadurch verletzt.

715(157v)
Weiter hat *Kampman* dem *Christopff Meyer* bei Nacht seine Tür eingeschlagen und ihn mehrmals einen meineidigen Schelm gescholten. Zu Bürgen sind gesetzt *Christian Fickerman* und *Joan Oesthaus.*

716(157v)
Derselbe *Kampman* hat dem wortführenden Bürgermeister *Wrede* auf offenem Markt mit Ungestüm vorgehalten, daß dieser ihm die Kontributionen zu hoch angesetzt habe. *Gottes leib und bluet solte da durchschlagen,* daß er mehr geben sollte als er könnte. Kampman sagt, er sei deswegen entrüstet gewesen, daß ihm die Kontribution so schwer gefallen sei.

(157v) Randnotiz zu 714, 715 und 716: Weil dieser *Thonies Kampman* nichts oder nur sehr wenig zu leben und zu beißen hat und nichts von ihm zu erzwingen ist, soll er in Haft genommen werden oder 20 M erlegen, hat er diese 20 M nicht aufbringen können, so ist die Haft zu vollziehen.

717(157v)
Gord Kampman hat den Barspförtner *Wilm Fleylacke,* als der ihm den Pfer-

dedienst ankündigte, auf dem Kirchhof geschlagen. Er gesteht.
4 M
Randnotiz: 1645 1 Rtlr bezahlt, Rest 1 Rtlr, auch bezahlt.

718(157v)
Weiter hat *Kampman* die Frau von *Herman Jurgens* im Alten Graben eine Hure gescholten und ihre Magd geschlagen. Er gesteht.
1 M

718a(157v)
Weiter hat *Kampman* der Frau eines Soldaten eine Wunde ins Haupt geschlagen. Er gesteht.
1 M
Randnotiz: Dieser Angeklagte besitzt nichts.

719(158)
Herman Tugetman hat den worthabenden Bürgermeister *Wrede* auf dem Markt vor dem Weinhaus mit allerhand trotzigen Worten angegriffen und in Spezie gesagt, dieser habe ihn um das Seine gebracht, wollte es auch fortan tun. Als er deswegen in bürgerliche Haft genommen werden sollte, hat er dem Ratsdiener zur Antwort gegeben, er wolle nicht parieren, sondern dem ersten, der ihn anpackt, den Rest geben. Er hat auch ein Messer gezückt. Als Tugetman verhört wurde, gab er nicht zu, ein Messer gezückt zu haben, im übrigen hat er sich submittiert.

720(158)
Weiterhin gesteht *Tugetman,* daß er den Küster *Jurgen Nottebaum* geschlagen hat. Solches sei aber dadurch verursacht worden, daß der Küster ihm in der Zeit des Waffenstillstandes etliche hessische Soldaten ins Haus geführt hat, die ihm sein Bier ausgetrunken haben.

721(158)
Weiter hat *Tugetman* der Witwe des *Brauneß* auf dem Feld den Pflug und die Egge mit einer Barde entzweigeschlagen und die Klägerin zu schlagen gedroht. Tugetman gesteht, sagt aber, daß ihm dieses vom *Ölinghauser* Vogt befohlen worden sei.

(158) Randnotiz zu 719, 720, 721: Mit diesem *Herman Tugetman* soll, weil er gleichfalls nichts zum Leben hat, verfahren werden wie mit *Thonieß Kampman.* Ist so gemacht worden.

722(158)
Christian Armedes hat *Joan Sommer* mit einer Forke im Felde blutig und blau geschlagen.
Randnotiz: Beim Verhör deswegen bestrafbar befunden.

723(158)
Weiter hat *Armedeß Herman Hurrelman* auf offenem Markt einen alten Schelm und Werwolf gescholten, ihn am Hals und am Bart ergriffen, ein Messer gezückt und ihn erstechen wollen.Er hat auch sonst dem Hurrelman gefährlich zugesetzt. Armedeß gibt zu seiner Verteidigung an, er sei damals sehr betrunken gewesen, wisse nichts davon, es tue ihm leid.

724(158v)
Weiter hat *Christian Armedeß* die Herren Bürgermeister und Kämmerer in Gegenwart und Anhörung mehrer Ratsherrn meineidige Leute gescholten und gesagt, daß diejenigen, welche die *bolettirung* (Fortsetzung von Kriegsabgaben) gemacht , schelmisch gehandelt hätten. Er hat die Beleidigungen während des Gottesdienstes in der Kirche wiederholt. Er ist überführt und acht Tage deshalb im Rathaus in Haft gehalten worden.
4 M

725(158v)
Weiter hat *Eberhart Kleinsorg* geklagt, daß *Armedeß* ihm mehr als eine Egge breit Land habe abpflügen lassen.
Randnotiz: Weil das irrtümlich und nicht betrügerisch geschehen und er Pächter ist, wird das nicht bestraft.

726(158v)
Herman Kohtenbreuwer hat *Johan Biggeleben* die Glasfenster entzweigeschlagen. Der Angeklagte ist Soldat, der nichts besitzt, was zu pfänden wäre.
Randnotiz: Dieser Herman hat nichts zu leben und ist im Kriegsdienst.

727(158v)
Wilhelm Friling hat den Ackerknecht von *Herman Tugetman* am Kopf und an der Hand verwundet. Friling sagt, die Verletzung sei nicht so schwer gewesen und während seines Kriegsdienstes geschehen. Auch sei er dazu durch den Knecht veranlaßt worden.
2 M
Randnotiz: bezahlt

728(158v)
Frederich Rave hat mit einem Gewehr auf die Armen im Hospital ins Haus hinein geschossen. Weil er ein armer Mann ist,
zwei Tage Haft und 2 M.

729(159)
Johan Duncker hat den *Gert Bone,* wie sie zusammen von der Melster Pforte über die Stadtwälle von der Wacht nach Hause gehen wollten, mit einem Gewehr über das Haupt und über den Arm geschlagen und vom Wall hinuntergestoßen, so daß Bone am Kopf sehr gefährlich verwundet wurde. Duncker gesteht die Tat, will aber von Bone dazu provoziert worden sein.
6 M
Randnotiz: Der kurfürstliche Brüchtenmeister hat schriftlich mitgeteilt, daß dieser Anschlag auf Einspruch des kurfürstlichen Oberkelners hin halbiert werden soll. Das ist auch vom Ehrbaren Rat zu berechnen. Der Herr Oberkelner ermäßigt die 6 M auf 3 M.
Bezahlt.

730(159)
Tonneß Pfortner hat *Wilm Nott* geschlagen. Er ist deshalb etliche Tage aus der Stadt verwichen gewesen. Es bürgen Meister *Johan Kleinschnitzler und Jacob Flugge.*
6 M
Randnotiz: 3 M bezahlt, Rest 3 M.

731(159)
Jurgen Banse hat *Johan* von *Vellinghausen* die Glasfenster eingeschlagen. Der Angeklagte ist arm.
1 M
Randnotiz: Dieses ist mit den Kosten seiner Reise nach Köln verrechnet.

732(159)
Jacob Saur hat gegen das Gebot des Magistrats Dünnbier für 2 ß verkauft. Der Angeklagte ist verzogen und hinterläßt keine Güter.

733(159)
Albert vom Brock hat geklagt, daß *Diderich Westerholt* ihn geschlagen und gescholten habe. Westerholt gesteht, daß er ihn beim Hemd ergriffen und es daher zerrissen habe. Er habe ihn weder geschlagen noch gescholten. Der Kläger bestätigt das.
4 M
Randnotiz: bezahlt

734(159)
Agathe Jeanneß hat die Hausfrau des Steiner Kuhhirten *Lammertz* eine Hexe gescholten und behauptet, daß sie die Kühe verwahrlosen lasse. Sie ist eines Soldaten Weib.
Randnotiz: Von dieser ist nichts zu bekommen.

735(159v)
Der Jude *Abraham* von *Menden* hat dem *Bernt Juden* hier in Werl seine Glasfenster eingeschlagen. Der beklagte Jude ist deshalb in Haft genommen worden, aber widerspenstig hinausgegangen. *Isaak Jude* hat sich dafür verbürgt.
12 M
Randnotiz: bezahlt

736(159v)
Gerhart Eickel hat der Frau von *Joan Holthoff,* als sie ihn wegen Bezahlung einiger Schuldigkeiten befragen wollte, ein Stück Holz in die Seite geworfen. Eickel kann sich dieser Tätlichkeiten nicht entsinnen. Die Klägerin soll Bericht geben und ihre Klage einreichen.
Randnotiz: Bis dahin zurückgestellt. Ist sonst ein frommer Mann und über ihn nichts erwiesen.

737(159v)
Tonneß Rockholl hat *Thonißs,* den Mann der *Scheperschen,* einen Werwolf gescholten und am Kopf verwundet. Der Angeklagte sagt, er habe im Rausch gehandelt.
3 M
Randnotiz: bezahlt

738(159v)
Caspar Jurgens hat Meister *Otte* den Stadtspielmann mehrmals einen Sodomiten ausgerufen. Er ist deshalb auf dem Rathaus in Haft gewesen und widerspensig weggegangen. Daher wurde er in Turmhaft an das Halsband

gelegt. Der Angeklagte ist aktiver Soldat und hat mit dem Halsband abgebüßt.
Randnotiz: Er ist dem Korporal überstellt, untersteht der militärischen Gerichtsbarkeit.

739(159v)
Der hiesigen Kämmerei wurde aufgetragen zu untersuchen, wo das 16 pfündige Gewicht der Stadt geblieben sein mag. Es stellte sich heraus, daß es *Herman Jurgens* ausgeliehen hatte. Als dieser von den Kämmerern gütlich befragt wurde, hat er gegen einen von ihnen ungestüm Beleidigungen außgestoßen. Er halte diejenigen, die ihm solches vorhalten, für Schelme. Seine Frau hat die Kämmerer Straßenräuber gescholten. Die Frau, darauf verhört, sagt, es wird etwas in *eiffer* geredet worden sein, sonst sei es ihr unbewußt. Verklagter Jurgens räumt ein, daß er das Gewicht entliehen habe.Er habe es aber dem verstorbenen Ratsdiener *Wilhelm* zurückgegeben. Er erklärt das unter Eid. Im übrigen sagt er, daß er obiges nur allgemein geredet, nicht aber damit die Kämmerer oder jemand sonst gemeint habe.
Randnotiz: Hat sich entschuldigt.

740(160)
Andreß Pape zu Westrich hat sich geweigert, der wegen der Kontribution anbefohlenen Pfändung Folge zu leisten und dem Stadtknecht *Drees* in *Dreß Bettkens* Haus eine Wunde ins Angesicht geschlagen. Er hat ihn auch mit einer Barde *gefehret* und ihm mit einem *waschespan* über die Hand geschlagen. Pape berichtet, daß er vorher provoziert worden sei, ihm einen Schlag zu geben, weil er ihn im Gelage unhöflich angegriffen habe. So hat es der Gastgeber Bettken vorgetragen.
Randnotiz: Ist gestorben, hat sich vorher entschuldigt.

741(160)
Johan Roxloh der Schmied hat Meister *Engelbert Köep* mit der Faust an den Kopf geschlagen. Beide sagen, dieses sei beim Amte geschehen und verglichen.
1 M
Randnotiz: Durch Kämmerer *Schotte* bezahlt.

742(160)
Jobst und *Isaak Jude* haben sich auf offener Straße geschlagen
6 M

743(160)
Diderich Westerholt hat *Wendel Hagen* mit einem Stock vom Borden- oder Holzwagen auf den Kopf geschlagen und verletzt. Es bürgen *Diderich Sina* und *Hinrich Rave.* Der Angeklagte räumt ein, daß er ihn geschlagen habe, er sei aber auf ein Rad gefallen und habe sich dadurch verletzt. Der Kläger gesteht das ein, er sei auch nicht ernstlich verwundet worden.
10 M

744(160v)
Henricus Heineman hat von der *Scheperschen,* die von der Witwe des *Wen-*

del Krahmer, seiner Verwandten, zwei Becher Hopfen gestohlen hatte, 4 Rtlr erpreßt
6 M, dazu die 4 Rtlr, sind 12 M.
Randnotiz: Weil dieser Heineman durch Eid bekundet, daß er die 4 Rtlr nicht erpreßt, sondern zur Wiedergutmachung seines Schadens eingezogen hat, auf 3 M ermäßigt. Bezahlt.

745(160v)
Jobst Jude hat die Kaufleute hierselbst allesamt Schelme gescholten.
4 M
Randnotiz: bezahlt

746(160v)
Weiter sind bei demselben Juden falsche Gewichte gefunden worden. Deswegen verhört, wendet er ein, daß er sie niemals gebraucht habe. Deswegen wurde ihm auferlegt, sich mit einem Eid zu *purgiren,* den zu leisten er aber verweigert hat. Dabei ist zu beachten, daß bei einem Pfundgewicht 6 Lot gefehlt haben.
4 M
Randnotiz: Er hat sich durch den Eid nicht *purgiren* wollen, daß er wissentlich dieses Gewicht nicht gebraucht hat, also ist es bei 4 M zu belassen.

747(160v)
Johan Sommers Frau hat geklagt, daß *Jacob Pape, Wilhelm Karthaus* und *Dreß Fickerman* bei Nacht in ihr Haus eingefallen seien. Jacob Pape habe ihr mit einem Gewehr vier Löcher in den Kopf geschlagen. Pape und die anderen, darüber verhört, sagen, sie seien mit dem Gewehr die Runde gegangen, da sei im Sommerschen Hause ein Schuß gefallen. Da es ihre Pflicht war, dem nachzugehen und kuntschaft einzunemmen, hätten sie die Tür geöffnet. Sie wüßten nicht, daß jemand geschlagen worden sei. Allerdings habe der Schuß Lärm und Tumult durch herbeilaufende Bürger verursacht. Sie haben sich deswegen bei der Klägerin entschuldigt. Beim Verhör wurde herausgefunden, daß die Klägerin durch ihr unnützes Gesinde, das den Schuß abgegeben hatte, den Lärm und den Aufstand verursacht hatte.
Randnotiz: Stehet zur weiteren Untersuchung. Hat sich nicht als strafbar erwiesen.

748(161)
Claß Bogge hat *Jacob Pape* bei der Amtszeche der Kaufleute einen Karpfendieb gescholten. Beim Verhör ist ein Verstoß festgestellt worden. Diese Tat ist von einem Studenten begangen worden, der deswegen schon bestraft worden war.
Randnotiz: aufgehoben

749(161)
Herman Woesthoff hat geklagt, daß *Johan Wiegman, Georg Nelle, Frans Knepper* und *Diederich Munnich* ihn einen Schelm und- mit Verlaub zu sagen- *hundsfutt* ausgerufen haben. Von den Beklagten gesteht keiner. Woesthoff wollte es beweisen, hat es aber nicht zum Abschluß gebracht.
Wenn sich befindet, daß die Beklagten schuldig sind, 4 M zusammen.
Randnotiz: Hierauf bezahlt 1651, am 18. Februar, Fans Knepper 1 M. Noch bezahlt Munnich 18 ß. Alles bezahlt.

750(161)
Claß Bogge hat *Conrat Valentin* in der Stadtwaage einen Mörder und Ehebrecher gescholten. Bogge sagt zu seiner Verteidigung, er sei sehr betrunken gewesen, wüßte nichts davon. Wenn etwas Ungebührliches geschehen sei, tue es ihm leid. Der Kläger hat zugestanden, daß der Beklagte zu der Zeit sehr betrunken gewesen sei.
1 1/2 M
Randnotiz: bezahlt

751(161)
Diderich Pape hat geklagt, daß *Wilhelm Wrede* ihn, als er die Kontribution in der Melster Pforte erheben wollte, einen Schelm, Dieb und jungen Laffen gescholten habe. Er, Pape, sei zu jung, eine Ratsstelle zu bekleiden. Die Sälzer würden der Armen Fleisch und Blut verfressen. Wrede habe ihm auch gedroht, ihn zu schlagen. Der Angeklagte ist durch drei vereidigte Zeugen *überwießen* worden. Wrede leugnet den Tatbestand. Dafür verbürgen sich *Wilhelm Karthauß, Wilm Friling, Peter Hengst* und *Tonnieß Kampman*. Sie sagen, daß es sich um verwerfliche Zeugen handelt.
Randnotiz: Da Wilhelm Wrede sich auf seine Zeugen beruft, sollen die Bürgermeister und der Rat der Stadt die Sache klären.

752(161v)
Frans Theiler hat der Frau des Waagemeisters (Stadtwaage) unberechtigterweise vorgeworfen, sie habe mit dem *Sporenmacher* im Saustall zu schaffen gehabt. Theiler gesteht und wird zur Strafe verurteilt, besitzt aber nichts.
Randnotiz: Weil der Angeklagte nichts zu leben hat und von ihm nichts zu erzwingen ist, soll er etliche Tage mit dem Turm bestraft werden.

753(161v)
Frantz Knepper hat *Wendel Hagen* mit einem Messer gestochen und verwundet. der Angeklagte gesteht und submittiert sich, besitzt aber nichts.
6 M
Randnotiz: Er ist ohne Vermögen. Ist etliche Tage mit dem Turm zu bestrafen. Bezahlt.

754(161v)
Johan Honertz der Schmied hat *Henrich Hegenman,* die Haare *aus dem haupt gerupffet* und im Gesicht verwundet. Beklagter ist deshalb zu bürgerlicher Haft ins Rathaus zitiert worden, hat anfangs pariert, ist aber alsdann widerborstig weggegangen und hat Militärdienst genommen. Nachträglich ist der Beklagte deshalb 6 Tage in Haft genommen worden in der Hoffnung, daß er damit die Strafe abgebüßt hat. Gegenwärtig ist er Soldat.
3 M
Randnotiz: bezahlt

755(163)
Herman Wegman hat bei der öffentlichen Prüfung der Stadtwaage in Anwesenheit der Herren des Rats und der Richtleute mit Ungestüm herausgestoßen, man handle in Werl *der gestalt im sacke* (ungebührlich), und im besonderen hat er dem worthabenden Bürgermeister *Wrede* vorgehalten, er habe ihn um 500 Rtlr gebracht und gedenke, so etwas auch fortan zu tun. *Diede-*

rich, Wegmans Sohn, hat hinzugefügt, er würde mit Reitern für andere unbillig belegt. Bürgermeister *Gerhart Brandis* habe das nicht getan. Vorlängst seien er und sein Vater durch Bürgermeister Wrede aus der Stadt vertrieben worden. Als ihnen nun bei Strafe von 50 Goldgulden auferlegt wurde, bis zu weiterer Verordnung in bürgerlicher Haft auf dem Rathaus zu bleiben, sind sie widerspenstig weggegangen. Herman Wegman hat beim Weggang den Ratsdiener geschlagen, einen Schelm und Dieb gescholten und ihm mit einem bloßen Messer zugesetzt. Auf dem Markt hat er in Anwesenheit des Bürgermeisters *Hulsperg* öffentlich mehrmals gerufen, Bürgermeister Wrede, der alte Schelm, wolle auf den Bürgern reiten. Die Injurien sind dem Landdrosten vorgebracht worden, der darauf erkennt, daß die beklagten Beleidiger jeder 50 Goldgulden als Geldstrafe geben sollen. Danach ist Diederich Wegman 3 Tage auf dem Rathaus und Herman Wegman 6 Tage auf der Steiner Pforte in Turmhaft gewesen. Es wird bei den Herren Richtern, Schöffen, Bürgermeistern und dem Rat dafür gehalten, daß beide damit abgebüßt haben. Neben der befohlenen leiblichen Anhaltung sind 6 M zu erlegen.
Randnotiz: 1 Rtlr bezahlt

756(163v)
Christian Armedeß hat geklagt, daß Bürgermeister *Gerhart Brandis* ihn im Haus der Stadtwaage blutig und blau geschlagen habe. Dagegen hat Brandiß zur Verteidigung vorgegeben, Armedeß habe zu der Zeit die Sälzer vielfältig geschmäht und ihn auf seine Mutter verwiesen, so daß er sich mit Recht veranlaßt fühlte, ihm eine Maulschelle zu geben. Er berief sich deswegen auf das Hausgesinde des Waagemeisters. Der Diener und zwei Mägde bekannten unter Eid, daß Armedeß sehr betrunken gewesen sei und auf die Sälzer geschimpft habe.
2 M
Randnotiz: bezahlt

757(163v)
Isaak Jude hat Bürgermeister *Caspar Pape* auf dem Kirchhof mit trotzigen Worten angeredet, wie er dazu komme, ihm Soldaten ins Haus zu legen. Der Bürgermeister hat darauf geantwortet, das habe der Magistrat getan. Darauf hat der Jude herausgestoßen, der Magistrat habe dem Landdrosten berichtet, die Juden seien alle Lügner. Der Jude hat *Michael Scholer* zum Bürgen gesetzt und sich submittiert.
6 M
Randnotiz: bezahlt

758(164)
Hans Cohrt, ehemaliger Scharfrichter, hat Meister *Rotger* Scharfrichter jetzt und hier durch die Hand gestochen. Der Angeklagte verharrt in Halsstarrigkeit.
3 M
Randnotiz: Weil Meister Rotger diese Schlägerei angefangen und, wie die Zeugen aussagen, sich selbst an der Hand verwundet hat, ist der Anschlag auf ihn bezogen.

759(164)
Blasius Menne hat geklagt, daß *Wilhelm von Berning* ihn einen Werwolf gescholten habe. Berning leugnet das und klagt seinerseits, Menne habe ihn einen Schelm gescholten, zur Erde geworfen, mit Füßen getreten und ihm mit seinem eigenen *mutholtz* eine Wunde in den Kopf gestoßen. Menne gesteht, daß er Berning mit dessen *mutholtz* am Kopf verwundet hat,sagt aber, Berning habe damit den ersten Schlag gegeben. Berning dagegen leugnet ausdrücklich, daß er Menne gescholten oder geschlagen habe. Deswegen sind beide Teile verurteilt.
Randnotiz: Blasius hat Menne die Verwundung zugefügt, deshalb angeschlagen 3 M.

760(164)
Ein Soldat hat geklagt, daß *Johan Roxloh* der Schmied ihm ein Loch in den Kopf geschlagen habe. Roxloh sagt, er habe den Soldaten in seiner Scheune auf frischer Tat beim Diebstahl angetroffen und deshalb geschlagen. Es wird dafür gehalten, daß Roxloh nicht zuviel getan hat
Randnotiz: Er wird deswegen für unschuldig erkannt.

761(164v)
Peter Overhoff hat geklagt, daß *Barthold Valentin* ihn einen Straßenräuber, Fälscher, auch einen falschen Schelm gescholten und dessen Frau eine *falsche sack* (unartiges, langsames, liederliches Weib) ausgerufen und ihm mit einem Stock einen Schlag gegeben habe. Valentin gibt zu seiner Verteidigung vor, er habe seinen Schwager Overhoff in folgendem Verdacht gehabt: Dieser habe als Vormund seines Kindes im Hinblick auf die ihm zustehende Kirchengerechtigkeit parteilich gehandelt und seinen Vater gegen ihn gehässig gemacht. Sonst habe er in beleidigendem Sinne gegen seinen Schwager Overhoff weder geredet noch gehandelt
2 1/2 M
Randnotiz: Bezahlt Ende 1642.

762(164v)
Meister *Rotger Fahner* Scharfrichter hat *Joan Waßman* bei Marktfreiheit in seinem Haus überfallen, mit einem Forkenstiel geschlagen, einen Schelm, Ehebrecher und Maßfälscher gescholten und ihm in frecher Weise die Lobbe vom Hals gerissen. Die Hausfrau hat er blutig und blau geschlagen. Der Scharfrichter gibt vor, Waßman habe ihn zuvor einen Straßenräuber genannt. Daher habe er ihn als Reaktion darauf in dieser Weise injuriert. Er sei damals sehr betrunken gewesen. Ansonsten sei wahr, daß Waßmans Frau ihn vorher ins Gesicht geschlagen habe, daher habe er ihr mit der Faust ans Haupt geschlagen, aber sie nicht verletzt. Die Frau mag gefallen sein und sich dadurch verletzt haben. Der Scharfrichter ist durch zwei Zeugen und den Barbier überführt worden, der die Frau kuriert hat.
Randnotiz: Weil dieser nichts hat und daher die Brüchten nicht erzwungen werden können, soll er dafür drei Tage lang mit dem Turm bestraft werden oder 12 M erlegen. Ist mit dem Turm bestraft worden.

763(166)
Diderich Pape hat, weil ein Ratsdiener seine Schwester wegen Zahlung der Kontribution ungebührlich angegriffen hat, auf dem Rathaus in Gegenwart

beider Herren Bürgermeister gegen einen der Bürgermeister herausgestoßen, wenn dieser seinesgleichen wäre, wollte er ihm den Hals brechen, oder er sollte das mit ihm tun. Er ist den Herren auch sonst mit trotzigen Worten begegnet. Weiter hat Pape, seinerseits klagend, gesagt, der Stadtdiener habe seine Schwester als eine *ehrliche jungfrau* fast unbekleidet wie eine Missetäterin angegriffen und zum Rathaus führen wollen. Deshalb bestürzt und aus verzweifeltem Eifer meinend, der Befehl dazu sei von den Bürgermeistern gekommen, habe er denselben *etwaß hartlich* zugeredet, nicht aber mutwillig respektlos sein und ihre Ehre angreifen wollen, auch wenn es in seinen voreiligen Äußerungen so geklungen haben sollte. Er sei deswegen 3 Tage lang auf dem Rathaus festgehalten worden und hoffe, damit abgebüßt zu haben.
4 M

764(166)
Tobias Lonnieß hat *Johan Locke* geschlagen, daß ihm Blut haufenweise aus Nase und Mund gelaufen ist. Der Angeklagte gesteht. Er hat beim Verhör gegen die Herren Richter, Schöffen, Bürgermeister und den Rat allerhand trotzige Worte vernehmen lassen. Als er wegen Widerspenstigkeit durch die Diener in Turmhaft geführt werden sollte, hat er sich diesen widersetzt.
Neben dem Turm, der vorbehalten bleibt, sind zu geben 6 M.
Randnotiz: Hierauf 1643 1 1/2 Rtlr minus 6 ß bezahlt, 1647 noch bezahlt 1 Rtlr 33 ß.

765(166v)
Andreß Pape zu Westrich und *Christian Armedeß* haben geklagt, daß *Jurgen Koller* ihnen von ihrem im Melster Feld gelegenen Land ein *merklich* Stück abgepflügt habe. Nach Besichtigung wurde befunden, daß Koller ohne Wissen und Willen seines Nachbarn Armedeß in dessen Land einen Furchen- oder Markstein gesetzt hat. Als Koller dem Pape ein *merklich* Stück Land abgepflügt hat, hat dieser ihn auf dem Rathaus angehalten. Er ist aber widerspenstig weggangen und hat Kriegsdienste genommen. Dieser Feldschaden ist nicht geklärt und zur Untersucheung an das kurfürstliche Gericht überwiesen worden.
Randnotiz: Bleibt der Untersuchung vorbehalten, aber wegen Widerspenstigkeit angeschlagen auf 6 M.

766(166v)
Bernt Jude ist dabei angetroffen worden, daß er in seinem Hause falsche Gewichte gebraucht hat, nämlich im besonderen mangelte es bei einem Fleischhauergewicht, das 2 1/2 Pfund halten sollte, an 1 1/2 Lot.
4 M
Randnotiz: Hierauf am 6. Mai 1645 1 Rtlr 18 ß an Kämmerer *Schotte* bezahlt.

767(166v)
Herzig Jude ist dabei angetroffen worden, daß er falsche Gewichte in seinem Haus gebraucht hat, und zwar hat es im besonderen bei einem gegossenen Kugelgewicht, das 3 Pfund halten sollte, an 3 1/2 Lot gemangelt
4 M
Randnotiz: bezahlt

768(167)
Johannes Heineman und *Jurgen Dröge* haben gegen die kurfürstliche Polizeiordnung gehandelt, indem sie zur Hochzeit von Dröge mehr Personen einladen ließen als nach der kurfürstlichen Ordnung zugelassen. Die Brüchten wurden deshalb nach Fürsprache der Herren Richter, Bürgermeister und Ratsherren auf
9 M festgesetzt.
Randnotiz: Ist ermäßigt worden. Heineman hat 2 Rtlr bezahlt, Rest 1 Rtlr, der Jurgen Dröge auferlegt wurde. Er hat auch bezahlt.

(167) Summarum 236 M.
Ist der Stadt Halbscheid 118 M.
Von ihrer Kurfürstlichen Gnaden Halbscheid der zehnte Pfennig für den Herrn Drosten abgezogen, nämlich 11 M 15 ß, bleiben 116 M 36 ß.Hiervon dem Herrn Drosten die Halbscheid von 53 M 18 ß, bleiben dem Landesherrn 53 M 18 ß.
Die Herren Bürgermeister und der Rat von Werl werden ersucht, die aufgeführten Punkte zur Ausführung zu bringen und innerhalb Monatszeit den Anteil der kurfürstlichen Brüchten einliefern zu lassen.
Signiert Werl, den 29. November 1642
Winnimar Monheim, Brüchtenmeister

(168) Nachgeschriebene Brüchten von 1639 sind nachträglich angeschlagen worden

769(168)
Wilhelm Nott gesteht, daß er in Kämmerer *Michael Scholers* Teich Fische gefangen hat.
Randnotiz: Ist gestorben.

770(168)
Evert Renoldt bekennt, daß er *Hunninghaus,* als er über seines Herren Land verbotenerweise durch den Roggen gegangen ist, mit einer Barde über die Arme geschlagen hat.
1 1/2 M
Randnotiz: bezahlt

771(168)
Evert Hilkenkamp hat *Herman Otte* auf dem Soester Weg schwer blutig und blau geschlagen, so daß er einen Arzt aufsuchen mußte.
3 M
Randnotiz: bezahlt

772(168)
Johan Schöler hat *Herman Otte* auf dem Soester Weg schwer blutig und blau geschlagen, so daß er einen Arzt aufsuchen mußte.
2 M
Randnotiz: bezahlt

773(168)
Johan Schermer hat *Herman Otte* auf dem Soester Weg schwer blutig und blau geschlagen, so daß er einen Arzt aufsuchen mußte.
3 M
Randnotiz: bezahlt

774(168)
Herman Wosthoff gesteht, daß er *Johan Droge* auf freier Straße mit Fäusten blutig und blau geschlagen und gedroht hat, ihn mit einer Barde zu hauen.
1 M
Randnotiz: bezahlt

775(168v)
Johan Kumper gesteht, daß er die Hausfrau *Degenharts* von *Attendorn* geschlagen und zur Erde geworfen hat.
Randnotiz: Ist gestorben.

776(168v)
Degenhart von *Attendorn* gesteht, daß er *Jobst Brokelman* am Kopf verwundet hat.
3 M

777(168v)
Johan Kumper gesteht, daß er *Deisting* zu *Holtum* eine Kuh, die er ihm zum Tausch gegeben hatte, wieder abgenommen und niedergeschlagen hat.

778(168v)
Lutter der Kuhhirt hat der *Welliesschen* eine Kuh wegen nicht eingestandener Schelte durch Soldaten abnehmen lassen
1 M
Randnotiz: bezahlt

779(168v)
Rolant Scholer hat dem *Jacob Pape* wegen seines Sohnes, der Soldat ist, bei Nacht etliche Gerste abgenommen.
6 M
Randnotiz: bezahlt

780(168v)
Herman Woesthoff gesteht, daß er *Tonnessen Pfortner* ein Loch in den Kopf geschmissen hat.
2 M
Randnotiz: bezahlt

(169) Brüchtenanschlag der Stadt Werl 1643

781(169)
Meister *Rotger Fahner* Scharfrichter hat an verschiedenen Bürgern Mutwilligkeiten und Tätlichkeiten verübt und einen Ausländischen mutwillig und eigenmächtig gepfändet. Er ist deshalb mit 3 Tagen Turmhaft bei angeleg-

tem Halsband bestraft worden. Der verwirkten Brüchten halber, die deshalb ermäßigt worden sind, bürgt *Wilhelm Karthauß*.
3 M
Randnotiz: bezahlt

782(169)
Diderich Sinaes Frau ist 10 Tage in Turmhaft bei angelegtem Halsband genommen worden. Sie war wegen eines groben Diebstahls inhaftiert worden, ist aber ausgebrochen und außer Landes geflohen. Ohne daß sie die Strafe abgebüßt hatte, hat sie der Frau eines Soldaten mit einem *mutholtz* eine gefährliche Wunde am Kopf zugefügt und sie zur Erde geschlagen.
6 M
Randnotiz: bezahlt

783(169)
Temannus Wrede hat sein Pferd, das wegen der ausständigen Kontribution abgepfändet worden war, *thätlich* vom Pfandstall genommen. Zu seiner Entschuldigung hat Wrede eingewandt, er habe solches nicht aus Verachtung des Ratsgerichts oder sonst aus widerspenstigem Sinn getan, sondern allein darum, weil er in Sorge war, daß sich sein noch junges Pferd bei den dort stehenden kranken Tieren anstecken könnte.
4 M

784(169v)
Meister *Johan Roxloh* der Schmied ist beklagt, daß er *Hans Kaufman* und *Gort Hammelman* aus dem Sauerland mit einem Ringelbaum aus seinem Haus bis auf den Salzplatz verfolgt und sie bezichtigt hat, sie hätten ihm eine Bandkette gestohlen. Roxloh sagt, er habe nicht sie, sondern ihr Gesinde deshalb bezichtigt, die Kette aber nun wiedergefunden. Von dem Ehrbaren Rat wird erkannt, daß Roxloh daran zuviel getan habe, die Kläger dergestalt unschuldig zu verfolgen und zu bezichtigen.
2 M

785(169v)
Tomaeß Reck ist wegen etlicher trotziger Worte, die er gegen den worthabenden Herrn Bürgermeister ausgestürzt hat, mit bürgerlicher Haft belegt worden. Er ist widerspenstig weggegangen, später vier Tage lang in Haft gewesen und auf Bürgschaft von *Clauß Bogge* hin ausgelöst worden.
6 M
Randnotiz: bezahlt

786(169v)
Kämmerer *Diterich Pape* hat geklagt, daß *Gerhart Diepenbrock* ihm mit einem Krug in Trunkenheit eine Wunde in den Kopf geschlagen habe.
Diepenbrock 4 M. Diterich Pape 12 M.
Randnotiz: Dem Brüchtenmeister, dem Drosten und der Stadt Werl bezahlt.

(169v) Summarum 37 M

Hiervon die Halbscheid der Stadt Werl abgezogen, bleibt 18 1/2 M.
Hiervon den zehnten Pfennig zu 1 1/2 M für den Herrn Drosten abgezogen, bleibt für den Landesherrn 17 M.
Die Halbscheid für den Herrn Drosten abgezogen, bleibt 8 1/2 M für den Landesherrn.

signiert Werl, den 16. Dezember 1643
Winnimar Monheim, Brüchtenmeister
Diederich Lilie (Bürgermeister).

(171) Brüchtenanschlag der Stadt Werl 1644

787(171)
Jurgen Ebell und *Steffen Steman,* der Ackerknecht von Herrn Bürgermeister *Wrede,* haben auf dem hiesigen Markt bei Nacht einen Tumult angezettelt. Ebell hat der Witwe des verstorbenen Notars *Quinckenius* einen Stock an einen Fuß geworfen und sie geduzt. Sie haben dann dem *Herman Recke* die Tür aus dem Haken gerissen, sind ins Haus eingefallen und haben ihn Schelm, - mit Verlaub zu sagen- *huntsfutt* und Teufelskind gescholten.
18 M
Randnotiz: Der Ackerknecht von Bürgermeister *Gerhart Brandis* bezahlt wegen Steman 3 Rtlr.

788(171)
Trine Reinike ist deswegen mit dem Dorenkasten bestraft worden, weil sie die Hausfrau des Steiner Schweinehirten auf dem Melkwege bezichtigt hat, daß ihre Mutter, die hier als Zauberin hingerichtet wurde, sie besagt oder angezeigt hat.
Randnotiz: Bleibt bei dieser Bestrafung.

789(171)
Wilhelm Storm hat geklagt, daß *Johan Oesthauß* ihn einen Bluthund und Schelm gescholten habe. Er hat zu *Diderich Wiegman,* der eine Holzbarde in Hand hielt, gesagt, er solle ihm die Barde geben, er wolle dem Bluthund und Schelm den Hals brechen. Damit meintge er Storm. Oesthauß ist durch *Caspar Kleinsorge* und Diderich Wiegman, die als Zeugen nominiert und verhört wurden, überführt. Er ist deshalb drei Tage auf dem Rathaus in Haft gewesen und auf Bürgschaft von *Jacob Pape* und *Diderich Hengst* freigelassen worden.
6 M
Randnotiz: bezahlt

790(171v)
Goddert Kamptmans Frau hat ihr Feuer verwahrlost, so daß der Schornstein und das Haus in Brand gerieten. Diese Brunst ist mit genauer Not *gedempfft* worden. Sie war fünf Tage auf dem Rathaus in Haft.
Randnotiz: Bleibt bei dieser Bestrafung.

791(171v)
Herman Pape hat den Ackerknecht des Herrn Pastors zu *Hemmerde* gescholten und mit einer Kanne am Kopf verwundet. Pape hat zu seiner Entschuldigung vorgebracht, der Knecht habe ihn vorher in vielfältiger Weise geschmäht. Daher habe er sich veranlaßt gesehen, ihm einen Schlag zu geben. Als er deshalb im Rathaus in Haft gewesen ist, hat wegen der verwirkten Brüchten *Rembert Degenhartz* gebürgt.
3 M
Randnotiz: bezahlt

792(171v)
Bürgermeister *Gerhart Brandiß* hat geklagt, daß *Johan Honertz der Kleinschmidt* ihn im Haus von *Diderich Westerholtz* in Gegenwart von *Caspar Kleinsorge, Johan Kamptman* dem Sporenmacher und *Johan Reinike* dem Kleinschnitzler einen Schelm gescholten habe.
3 1/2 M
Randnotiz: bezahlt

793(172)
Christian Brandiß hat geklagt, daß *Gerhart Pape* ihn auf dem hiesigen Kirchhof in Gegenwart des Herrn Offizials und des Bürgermeisters *Diderich Lilie* einen Esel genannt, auch sonst gescholten und gedroht habe zu schlagen.
1 1/2 M
Randnotiz: bezahlt

794(172)
Herman Brandiß der Jüngere hat geklagt, daß ihn, als er die Kontributionen erheben wollte, *Tonnies Reck* in des *Scherenwirts Haus* geduzt und ihm gedroht habe, seinen Hals zu zerbrechen. Zu seiner Entschuldigung hat Reck vorgebracht, Brandiß habe ihm nachweislich vorgehalten, in ihm sei weder Ehre noch Redlichkeit. Darauf habe er geantwortet, er sei so ehrlich und redlich wie Brandiß. Brandiß habe ihn darauf geduzt und mit einem Stock, den er in den Händen hielt, zu schlagen gedroht. Da habe er ihn wider geduzt und gesagt, wenn Brandiß ihm den ersten Schlag gebe, wolle er ihm den Hals brechen. Reck ist deswegen vier Tage im Rathaus in Haft gewesen.
Randnotiz: Bleibt bei dieser Strafe.

795(172)
Johan Oesthaus hat ein Pferd, das wegen der Kontribution gepfändet war, vom Pfandstall weggenommen.
2 M
Randnotiz: Hierauf bezahlt 28 1/2 ß, Rest 7 1/2 ß. Bezahlt 1646.

796(172v)
Gerhart Pape hat ein wegen der Kontribution gepfändetes Pferd vom Pfandstall weggenommen.
2 M
Randnotiz: bezahlt

797(172v)
Gorries Köep hat mit einem gespannten Gewehr seinen Bruder *Michael* erschießen wollen. Er hat sich auch zwei Tage nacheinander auf offener Straße so grausam und ungestüm verhalten, daß die Leute aus den Häusern herbeigelaufen sind. Er ist aufs Rathaus vorgeladen worden, aber widerspenstig ausgeblieben und sich in Kriegsdienste begeben.
Randnotiz: Dieses ist seiner Zeit zu beobachten.

798(172v)
Degenhart Luhning hat einen Sälzerknecht des kurfürstlichen neuen Werkes (Neuwerk, Saline) blutig und blau geschlagen.
Randnotiz: Ist, weil er kein Vermögen hat, mit dem Turm zu bestrafen.

799(172v)
Tonnieß Kamptman hat geklagt, daß *Michael Rive* ihn in des Glockenwirts Haus mit einem Messer habe stechen wollen. Er habe ihn auch im Beisein von Meister *Bernt* dem Stadtspielmann, dem Sattler und dem Glockenwirt einen Werwolf und Zauberer gescholten. Auch habe er gesagt, er, Tonnieß Kamptman, sei so gut wie sein Bruder *Goddert*. Rive ist deswegen nach Unna verwichen.
Randnotiz: Weil dieser außer Landes verwichen ist, ist nach ihm zu fahnden. Er ist so lange in Haft zu halten, bis er 8 Rtlr erlegt hat oder Kaution dafür gestellt ist.

800(173)
Meister Jacob der Zimmermann von *Sönnern* hat in *Dreeß Fickermans* Haus den Stadtmüller *Jacob* und dessen Frau blutig und blau geschlagen.
6 M
Randnotiz: Durch *Jacob Flugg* 1 Rtlr bezahlt, der Rest von 1 Rtlr ist durch Holzarbeiten vor dem Büdericher Tor abgegolten.

801(173)
Wilhelm Rive hat *Michael,* dem Sohn der Witwe von *Engelbert Mense,* auf offener Sraße mit einem Stock eine Wunde am Kopf zugefügt und ihm auch die Arme blau geschlagen.
18 M
Randnotiz: 3 Rtlr am 15. Februar 1645 bezahlt.

802(173)
Der öffentliche Ankläger klagt für *Leistenschneider* gegen *Distelhoff* zu *Büderich.* Distelhoff hat seinen Prinzipal in *Johan Waßmans* Haus einen Schelm, Dieb und Mörder gescholten und ihn mit einem Scheidemesser ermorden wollen.
18 M
Randnotiz: Dieser Anschlag ist vom Schöffengericht auf beide Teile gelegt worden, so daß Distelhoff 14 m, Leistenschneider 4 M zu bezahlen hat.
Distelhoff bezahlt hierauf 3 Rtlr minus 6 ß, noch 1 Rtlr, noch 42 ß. Leistenschneider bezahlt hierauf am 22. Februar 1645 2 M, am 10. Februar 1646 36 ß.

803(173)
Der öffentliche Ankläger klagt gegen den *Schepper* zu *Himmelpforten* (Kloster), daß er dem jungen *Rotger* zu *Lottringhausen* (Lüttringen) am Nicolaitag (6. Dezember) vor der Pforte ein Loch in den Kopf geschlagen hat. Er ist auf die Vorladung hin widerspenstig ausgeblieben.
6 M
Randnotiz: bezahlt

(173v) Summarum 99 M

Hiervon für die Stadt die Halbscheid abgezogen, bleibt übrig 49 1/2 M. Hiervon für den Herrn Drosten den zehnten Pfennig ist 5 M und vom übrigen die Halbscheid ist 22 M 4 1/2 ß. Das bleibt für den Landesherrn.
Innerhalb von drei Wochen zu bezahlen.
Signiert Werl, den 3. Dezember 1644
Winnimar Monheim, Brüchtenmeister

(174) Brüchtenanschlag der Stadt Werl 1645

804(174)
Meister *Rotger Fahner* Scharfrichter hat geklagt, daß *Herman Kohtenbreuwer* im Haus der Witwe von *Andreas Fickerman* etlichemal "Feuer" gerufen und dadurch einige Straßengerüchte verursacht habe. Dagegen sagt der Beklagte, er habe nicht "Feuer" gerufen, sondern Feuer gefordert, um sich eine Tabakspfeife anzuzünden. Der Scharfrichter hat ihn auch einen Schelm,- mit Verlaub zu sagen- *hundtsfutt* und leichtfertigen Vogel ausgerufen und gesagt, daß er *streichenswehrt* sei.
8 M
Randnotiz: 2 Rtlr minus 1 ß bezahlt.

805(174)
Kämmerer *Frantz Schotte* hat geklagt, daß *Dreeß* der Stadtknecht seine Hausfrau eine *sauwfillersche* (Schweineabdeckerin) gescholten habe. Dreeß Stadtknecht leugnet. Er habe nur gesagt, des Klägers Frau habe ihm ein Schwein totgeschlagen. Die Zeugen sind tot, deshalb mangelt es an Beweisen.
1 1/2 M
Randnotiz: bezahlt

806(174)
Die Frau von *Winoldt Wilm* hat geklagt, daß *Goddert Kamptman* sie in Gegenwart der Sterbeherrn mit der Hand an den Kopf geschlagen habe, so daß er geschwollen war. Der Beklagte ist drei Tage auf dem Rathaus in Haft gewesen und auf Bürgschaft von *Nicolaus Bogge* und Meister *Johan* dem Glasemacher freigelassen worden.
4 M

807(174v)
Kämmerer *Peter Hengst* hat geklagt, daß sein Schwager *Diderich Wegman* ihn beleidigt und auf offenem Markt bei nächtlicher Zeit Tumult und Geschrei zu seiner Herabsetzung angerichtet habe. Wegman hat zu seiner

Entschuldigung vorgegeben, daß er zu der Zeit über die Maßen betrunken gewesen sei. Er ist gleichwohl fünf Tage auf dem Rathaus in Haft gewesen und auf Kaution seines Vaters *Herman Wegman* freigelassen worden. Wird zu des Herrn Bürgermeisters Entscheidung gestellt, ob der Beklagte mit der Haft gänzlich abgebüßt hat.
4 M
Randnotiz: bezahlt

808(174v)
Wilhelm Berning junior ist drei Tage auf dem Rathaus in Haft gewesen, weil er den Sohn von *Jurgen Hilßman* mit einem Messer in die Hand gestochen hat. Er ist auf Kaution seines Vaters freigelassen worden.
6 M
Randnotiz: bezahlt

809(174v)
Hans Wilhelm hat einem Befehl des Bürgermeisters nicht parieren wollen, obwohl er ihm zweimal bei Strafe von 10 Goldgulden mit besonderem Ernst vom Steuereinnehmer zugestellt worden war, und den von ihm festgehaltenen Erntewagen zum Schaden des Herrn nicht zurückgeben wollen. Daher mußte der Bürgermeister den Wagen durch die Stadtdiener mit Gewalt wegnehmen und dem Bürgermeister *Hulßperg* zurückerstattenlassen. Die Diener des Rats und der Diener des Bürgermeisters Hulßperg berichten, daß sie die Anweisung zweimal überbracht hätten, wie es ihre Schuldigkeit war. Ob dieser Hans Wilhelm wegen seiner Verdienste um das Gemeinwesen, deretwillen ihm Straflosigkeit gewährt werden könnte, dem Gebot nicht zu parieren brauchte und er dem Brüchtenanschlag entgeht, steht zur Entscheidung und Erklärung des Herrn Brüchtenmeisters.
Randnotiz: Diese Brüchten werden wegen Mittellosigkeit nachgelassen.

810(175)
Die Witwe des *Caspar Grumpe* hat geklagt, daß *Wilhelm Wrede* ihr ehrenrührig zugesetzt habe, und zwar besonders bei der Eröffnung des Protokolls über den Hexenprozeß sich auf die vergangene Tragödie bezogen haben soll. Wilhelm Wrede sagt zu seiner Verteidigung, er habe zwar geredet, es solle sich niemand *gelusten lassen,* das Protokoll aufzuschlagen, aber er habe damit die Klägerin nicht gemeint, und es war auf keine Beleidigung auszudeuten.

811(175)
Berndt Jüde ist zu unterschiedlichen Malen auf Anklage der Parteien vor den Ehrsamen Rat zitiert worden, aber nicht nur widerspenstig ausgeblieben, sondern er hat sich rund herum vernehmen lassen, er wolle nicht erscheinen, da man ihm im Rathaus kein Recht täte. Im folgenden hat er in einer Bittschrift dem Herrn Landdrosten angegeben, der Herr Richter habe ihm verboten, vor dem Ehrsamen Rat auf dem Rathaus zu erscheinen. Der Richter, deswegen befragt, hat sich ausdrücklich resolviert, daß er dem Juden das Erscheinen nicht verboten habe. Daher ist dieser wegen *begangener falsitet* ernstlich anzusehen.
18 M
Randnotiz: bezahlt

812(175v)
Die Frau von *Herman Tugetman* hat geklagt, daß *Conradt Binholdt* auf der Amtszeche der Kaufleute ohne Ursache oder vorausgegangenen Wortwechsel dem Tugetman mit einem *kroß* mit voller Macht ein Loch in den Kopf geschlagen habe, wodurch die Hirnschale verletzt wurde. Das Zeugnis des Chirurgen wurde dem Herrn Richter beigebracht.
30 M

813(175v)
Veltman zu *Budberg* hat geklagt, daß ihn *Gerhart Pape* unter Zuziehung seines Bruders auf seinem Hof hier in Werl blutig und blau geschlagen habe. Hätte er zur Rettung seines Leibes nicht den kleinen Finger ergriffen, dann wäre er wohl gar totgeschlagen worden. Dieses hat der Herr Richter eingebracht.
20 M, jeder 10 M.

(175v) Summarum 93 1/2 M.
Hiervon für die Stadt Werl die Halbscheid und für den Herrn Drosten der zehnte Pfennig, also 4 1/2 M.
Vom übrigen noch demselben die Halbscheid abgezogen, bleibt der andere Teil für den Landesherrn, nämlich 21 M 2 ß 3 d.
Innerhalb sechs Wochen zu bezahlen.
Signiert Werl, 14. November 1646
Winnimar Monheim, Brüchtenmeister.

(177) Der Stadt Werl Brüchtenanschlag 1646

814(177)
Des Herrn Brüchtenmeisters Diener hat geklagt, daß die Frau des Nachrichters *Rotger Fahner* ihn, als er mit den Ratsdienern wegen der angeschlagenen Brüchten pfänden wollte, einen Schelm, -mit Verlaub zu sagen- *hundtzfutt* gescholten und auch sonst gröblich beleidigt und geschrieen habe, er habe bei ihr nicht wie ein ehrlicher Mann gehandelt. Beklagte hat zu ihrer Entschuldigung vorgebracht, sie habe dem Kläger ihres Mannes Rock zum Pfande angeboten, und obwohl dieser mehrfach soviel wert sei wie die Brüchten, habe der Kläger ihr gleichwohl mit einem bloßen Degen etliche harte Streiche über Arme und Schultern gegeben. Deswegen habe sie aus Ungeduld gesagt, er habe nicht wie ein ehrlicher Mann bei ihr gehandelt.
6 M
Randnotiz: 1 Rtlr 3 Kopfstücke bezahlt.

815(177)
Rudolpff Hoep hat geklagt, daß drei Ackerknechte, nämlich *Henrich Schuerman,* Bürgermeister *Wredes* Knecht, *Johan Hillebrandt, Conrat Valentins* Knecht, und *Herman, Caspar Papens* Knecht, der eine mit bloßem Degen, der andere mit einem Gewehr, der dritte mit einer Keule um 10 Uhr nachts aufgetaucht sind, als er mit seinen Rottgesellen Wache hielt. Sie haben *Herman, Gert Dierkeß* Sohn, der am Huttenturm auf Schildwacht war, aus dem

Schilderhaus gezogen und vom Stadtgraben hinab in den Fuhrweg geworfen, auch ihn mit dem Degen geschlagen und sich dieser Tat, später in die Wache kommend, gerühmt.
Randnotiz: Sind im Kriegsdienst.

816(177v)
Fredrich, der Knecht der Witwe von *Caspar Beneditt,* ist von Bürgermeister und Rat bei einer Strafe von 10 Goldgulden dazu angehalten worden, die kurfürstliche Polizeiordnung im Hinblick auf das Dienstjahr einzuhalten. Unerachtet dieser Gebote ist er bei *Lic. Reinartz* in Dienst getreten. Dieser Knecht ist nach *Unna* gezogen.

817(177v)
Dem *Tonnieß Werrensingh* war vom Rat befohlen worden, für einen Transport von Kriegsmunition nach Hamm sein Pferd zur Verfügung zu stellen. Nach des Ratsdieners Aussage hat er sich widersetzt, auch mehrmals erklärt, er wolle sein Pferd nicht herausgeben. Als ihm durch die Ratsdiener bei Strafe von 5 Goldgulden abermals das Pferd abverlangt wurde, hat er es ungehorsam verweigert. Zum Überfluß hat man ihm den Verlust der Bürgerschaft und der Amtsgerechtigkeit angedroht. Er hat trotzdem nicht gehorcht und das Pferd eingeschlossen. Auf offenem Markt hat er mit Fluchen und Schmähen gräulich tumultiert und hat während des Verhörs bei Ungehorsam, Unmutsworten und Tumultieren verharrt und sich ausdrücklich vernehmen lassen, er hätte- mit Verlaub zu sagen- *die breuw von den herren,* diese hätten ihn um das Seinige gebracht und gedächten, es weiterhin zu tun.
Randnotiz: Weil dieser wenig besitzt, etliche Tage mit Gefängnis zu bestrafen.

818(178)
Bürgermeister *Diderich Lilie* ist beklagt, daß er seine Kühe, eigenmächtig vom Pfandstall weggenommen haben soll. Die Kühe waren wegen an Bürgermeister *Hulßperg, Jurgen Koster* und *Johan Honert* dem Loer (Gerber) verübten Schadens gepfändet worden. Lilie sagt, daß nicht er, sondern seine damalige Magd *Liese* die Kühe ohne sein Geheiß vom Pfandstall abgeholt habe.

819(178)
Bürgermeister *Diderich Lilie* hat geklagt, daß *Christopff Meier* ihn einen Bärenhäuter,-mit Verlaub zu sagen- *bescheißer* und auch sonst unhöflich gescholten habe. Dagegen hat Meier angegeben, Lilie habe ihm *knipfe vorgeschlagen* und sonst anderen Unfug angetan. Lilie leugnet.
3 M

820(178v)
Die Witwe von *Engelbert Mense* hat geklagt, daß *Herman* der Leiendecker ihren Sohn *Michael* ins Gesicht geschlagen, zur Erde gelegt, auch verfolgt und das Gewehr entzweigeschlagen hat. Er hat auch die Witwe gewalttätig überfallen, vom Steinweg in den Fuhrweg geworfen, so daß sie auf einen Arm gefallen ist und er dadurch gebrochen wurde. Von neuem examiniert, bleibt sie beharrlich bei dieser Klage. Der Beklagte gesteht, daß er mit dem

Sohn der Klägerin wegen der Wache in Streit geraten sei und ihn einmal ins Gesicht geschlagen habe. Der Glasemacher habe sie aber getrennt.Wie er aber wieder zur Pforte gehen wollte und zum Haus des Steiner Pförtners gekommen sei, habe ihn die Mensische einen *einkomling* (Zugereisten) und Schinder gescholten. Deswegen habe er sie gestoßen, daß sie gefallen sei. Daß er das Gewehr zerschlagen habe, gesteht er nicht.
9 M
Randnotiz: bezahlt

821(178v)
Der Melster Schweinehirte hat geklagt, daß *Oesthauß* ihn mit einer Forke geschlagen habe. Oesthauß hat zu seiner Entschuldigung vorgewandt, der Hirte habe ihm an seinem Gerstenhaufen mit mehr als 30 Schweinen, wie er selbst gesehen hat, großen Schaden getan. Daher habe er sich veranlaßt gesehen, ihn zu schlagen.
2 M
Randnotiz: bezahlt

822(179)
Christopff Meier hat geklagt, daß *Ebert Lammers* ihn einen Schelm und seine Tochter ein Schandferkel gescholten habe. Lammers sagt, Meier habe ihn bezichtigt, er fresse ihm die Hühner weg. Darauf habe er geantwortet, das sollte Meier wie ein Schelm reden, bis er ihm das bewiesen habe. Im übrigen habe Meiers Tochter ihm mit einem Spaten ein Loch in den Kopf gestoßen, ihn einen Schelm, Dieb, *laur,* Lammers Frau eine Pfaffenhure und ihren verstorbenen Vater einen Dieb gescholten. Darauf antwortend, habe er die Tochter ein Schandferkel gescholten. Lammers submittiert sich.
2 M
Randnotiz: 30 ß bezahlt,Rest 6 ß.

823(179)
Joan Jurgen Weiner hat geklagt, daß die Frau und der Sohn des Nachrichters *Rotger Fahner* ihn mehrmals einen Schelm und Verräter gescholten hätten. Die Beklagte hat im Rathaus bekannt, solches geredet zu haben. Sie halte ihn immer noch für einen Schelm und Verräter. Er habe ihren Sohn geschlagen und sie in den Dreck gestoßen und mit Füßen getreten.
10 M
Randnotiz: Durch den Brüchtenmeister um 1/2 Rtlr herabgesetzt, ebenfalls durch die Stadt um 1/2 Rtlr, das übrige bezahlt durch Meister Rotger Fahner.

824(179)
Conrat Binholt hat geklagt, daß *Herman Krispe* ihn beleidigt habe. Krispe leugnet.
Beide sind schuldig.

825(179v)
Deitleff Rosse oder *Scheefer* hat *Gert Sterthoff* einen Dieb gescholten und ihn angezeigt, ist aber den Beweis schuldig geblieben.
4 M
Randnotiz: bezahlt

826(179v)
Bürgermeister und Rat hatten *Jurgen Hilßman* bei Strafe befohlen, seine Verwandte, die Magd des Kämmerers *Kuelman,* nicht aus dessen Dienst zu nehmen. Er hatte auch angelobt, daß die Magd dort bleiben sollte. Er hat sich später dem Gebot widersetzt und sein Versprechen nicht gehalten, sondern sich nachträglich vernehmen lassen, sie sollte nicht bei Kuelman bleiben.
1 M
Randnotiz: bezahlt

827(179v)
Goddert Kamptman und dessen Frau haben geklagt, daß sie mit *Bert Guethoff* wegen eines ihm geliehenen Wagens in Streit geraten seien. Guethoff habe dem Kamptman in seinem Haus gedroht, ihn zu schlagen und ihm mit einem Stock so zugesetzt, daß er von einer Tür zur anderen entweichen mußte. Guethoff habe auch danach Kamptmans Frau blutig und blau geschlagen.
6 M
Randnotiz: 1 Rtlr 28 ß bezahlt, noch 26 ß bezahlt.

828(179v)
Jurgen von Berning hat geklagt, daß der Leckerknecht von Bürgermeister *Caspar Pape* seinen Sohn im Helleborn beinahe ertränkt habe. Der Knecht hat zu seiner Entschuldigung vorgewandt, der Sohn habe ihn ein Teufelskind gescholten, deshalb habe er ihn am Arm ergriffen, bis über die Knie in den Helleborn getaucht und ihn in etwa *gefehret*. Er habe ihm sonst kein Leid getan.
1 1/2 M
Randnotiz: bezahlt

829(180)
Die Frau von *Degenhart Hesse* hat geklagt, daß *Stineke Kochs* sie bezichtigt habe, sie habe ihr eine Mütze gestohlen. Die Klägerin hat die Beklagte darauf Teufel und Hexe gescholten und gesagt, daß sie diesen Diebstahl über sie bringen würde. Stineke Kochs hat bekannt, daß sie die Klägerin wegen der Mütze unbillig bezichtigt habe. Beide submittieren sich.
2 M
Randnotiz: bezahlt

830(180)
Wilhelm Wrede hat geklagt, daß *Goddert Kamptman* ihm zweimal, als sie sich auf der Straße begegneten, *grentz zäunich* zugerufen, und als er geantwortet habe, habe Kamptman gedroht, wenn er über die Straße wäre, wollte er ihn zu Boden schlagen. Hernach, als Wrede vor seinem Haus stand, sei Kamptman mit einer Forke zu ihm hereingekommen. Der Kläger sei ihm zuerst entwichen, dann habe Kamptman ihn zweimal über den Arm geschlagen. Beim Drittenmal sei Wrede unter die Forke gesprungen, habe seine Haare ergriffen und ihn zur Erde gelegt. Unter ihm liegend, habe Kamptman zweimal seine Scham ergriffen, um sie zu verletzen. Er habe ihn auch, wie es im Protokoll steht, Schelm gescholten, dann in der Steiner Straße mit einer Forke *gefehret* und sich vielmals vernehmen lassen, er

werde ihn erschlagen und niedermachen. Wrede hat seine schriftliche Klage durch den Eid bekräftigt. Darauf hat Kamptman unter Eid geantwortet, und bekannt, daß er Wrede einen *grentz zäunich* ausgerufen hat. Wrede habe ihn aber vorher zweimal *wulffeke* ausgerufen. Er habe auch mit einer Forke nach Wrede geschlagen, aber ihn nicht getroffen. Er habe auch einmal dessen Scham ergriffen, aber vorher hätten Wrede und dessen Frau ihn Zauberer und Werwolf gescholten, worauf er wiederum, wie es im Protokoll steht, Schelm zu ihm gesagt hat. Er habe auch Wrede vor die Pforte gefordert. Kamptman ist dieser Tätlichkeiten wegen auf dem Rathaus in Haft gewesen, damit er Bürgschaft wegen der Brüchten und wegen des Unterlassens von Tätlichkeiten leiste.
Zusammen 8 M
Randnotiz: Wilhelm Wrede bezahlt durch *Kämmerer Roxloh* 1 Rtlr 18 ß. Kamptman bezahlt durch *Dr. Oger Brandiß* 1 Rtlr, noch 17 ß 6 d.

831(181)
Drees von *Brullinghaußen* (Brüllingsen auf der Haar, östlich Körbecke) und *Herman* von *Büderich,* Bürgermeister *Hulspergs* Ackerknecht, sind öffentlich angezeigt worden, daß sie mit den Mägden Unzucht getrieben haben, ihre Hausherrn und -frauen über den Tisch ausgelacht, wie Löwen gebrüllt, wie Katzen miaut, das Fleisch vom Tisch auf die Erde geworfen und die Kaltschale den Mägden mit Löffeln unter die Augen gegossen haben. Danach seien sie lachend aus dem Haus gegangen und hätten auf dem Hof ihre Kälberei dermaßen fortgesetzt, daß man meinte, sie wollten das Haus stürmen. Sie sind deshalb in Haft genommen, bei Wasser und Brot gehalten und am Hals festgeschlossen worden. Als sich aber herausstellte, daß sie der *diffamirt thaten* nicht so grob schuldig waren, sind sie nach dieser Züchtigung aus der Haft entlassen worden
4 1/2 M
Randnotiz: bezahlt

832(181)
Inzwischen haben die anderen Ackerknechte sich in großer Anzahl zusammengerottet und gedroht, die Stadt und ihre Herren zu verlassen, wenn die beiden o. g. Gefangenen nicht freigelassen werden, nämlich *Johan Werne,* der Knecht von *Hans Solmiß, Johan Hillebrandt* von *Bonn,* der Knecht von *Conrat Valentin, Henrich Schuerman,* der Knecht von Bürgermeister *Wrede, Tonnieß Lubberß,* der Knecht von Bürgermeister *Schotte, Herman Wiese* von *Sönnern,* der Knecht von *Niclaus Konerß, Herman Toneke* von *Scheidingen,* der Knecht des Waagemeisters, *Tonnies Hoeman* von *Büderich,* der Knecht von *Jacob Pape, Caspar Dieckman* von *Bosenhagen,* der Knecht des jüngeren *Herman Brandiß, Blasius* von *Hunninghausen (Hünningen)* und *Jurgen,* die Knechte des Scherenwirts, und der Knecht von *Adolpff Menge.* Hierüber ist Untersuchung geführt worden, und der angezettelten Rebellion wie auch vorher verübten Mutwillens sind allerschuldigst befunden worden: Henrich, der Knecht von Bürgermeister Wrede, Caspar, der Knecht des jüngeren Herman Brandiß und Johan, der Knecht von Conrat Valentin. Unter den leitenden Anführern der Verschwörung sind gewesen: *Goddert Sorries,* der Knecht von *Wilhelm von Berning,* Johan, der Knecht von *Hans von Solmiß, Jurgen,* der Knecht von *Lic. Reinartz* und Jurgen, der Knecht des Scherenwirts.

Der Knecht von Wilhelm von Berning 60 M, die anderen drei zusammen 45 M. Die übrigen, also der Tonnies von Bürgermeister Schotte, der Herman vom Waagemeister, der Knecht von Adolpff Menge, der *Henrich* von *Ebert Hilkenkamp,* der Blasius vom Scherenwirt und der Herman von Niclaus Konerß sind neben den o. g. flüchtig geworden und nach *Scheidingen* gegangen.Die anderen noch vorhandenen Knechte, also Thonnies Lubbertz 9 M, bezahlt durch Bürgermeister Schotte; des Waagemeisters Knecht Herman 9 M, bezahlt; Claß Konertz Knecht Herman 4 M, bezahlt.
Randnotiz: Der Johan des Hans von Solmiß bezahlt 18 Rtlr, Rest 2 Rtlr. Die 5 Rtlr des Jurgen, Knecht von Lic. Reinartz, sind dem Herrn Drosten angewiesen. Des Scherenwirts Jurgen bezahlt 5 Rtlr.

833(182)
Michael Goßman klagt, wie aus eingereichter Klageschrift ersichtlich, daß *Johan Scheefer* zu *Gerlinghaußen* (Gerlingen) ihn in seinem eigenen Haus einen Schelm *bey graß und bey laub* ausgerufen hat und ihn bei Anwesenheit guter Herrn und Freunde mit einer Forke erstochen hätte, wenn es durch diese Leute nicht verhindert worden wäre.
30 M
Randnotiz: bezahlt

834(182)
Bürman zu *Holtum* klagt, daß *Steinhauw* daselbst ihm in schimpflicher und unehrlicher Weise einen Galgen auf den Rücken gemalt hat und, als er so etwas nicht gutheißen konnte, ihn in der Stadt überfallen und geschlagen hat.
8 M
Randnotiz: bezahlt

835(182)
Der Frone zu *Bremen* hat geklagt, daß des Scherenwirts Knecht *Jurgen* wie auch die Knechte von Bürgermeister *Wrede* und *Conrat Valentin* ihn am Maitag auf freier Straße ohne eine einzige Ursache mit Steinen geworfen und ihn und seine Frau mit Fäusten blutig und blau geschlagen und übel traktiert haben.
Des Scherenwirts Knecht Jurgen 3 M
Randnotiz: bezahlt. Die übrigen sind im Kriegsdienst.

(182v) Summarum 230 M

Hiervon für die Stadt die Halbscheid abgezogen, bleiben 115 M.
Hiervon der zehnte Pfennig zu 11 M 9 ß für den Herrn Drosten und vom übrigen für denselben die Halbscheid abgezogen, bleiben für den Landesherrn 51 M 13 ß 6 d.

Innerhalb Monatszeit zu bezahlen.
Signiert Werl, am 12. Dezember 1646
Winnimar Monheim, Brüchtenmeister

836(183)
Die Brüder *Gerhart* und *Caspar Pape* haben zwei von den Kriegssteuereinnehmern zur Eintreibung ausgeschickten Soldaten die Pfänder verweigert und ihnen mit einer Mistforke und einem Gewehr zugesetzt.
15 M

837(183)
Engelbert Flerichman und *Johan Schultze,* Richtleute des Bäckeramtes, haben gegen *Thonnieß Kamptman* geklagt. Dieser habe in der "Schere" bei Anwesenheit der Amtsgenossen erst mit den klagenden Richtleuten, dann mit etlichen Amtsbrüdern allerhand Zänkerei angerichtet. Wie ihm deshalb von den Richtleuten bei höchster Strafe des Amts anbefohlen wurde, sich solcher Zänkerei zu enthalten und aufzustehen, habe er nicht parieren wollen. Er sei darauf nach Hause gegangen. Als Flerichman jedoch neben anderen nach Hause hehen wollte, ist er ihnen mit einem Flegel oder großen Stock begegnet, habe den Zank von neuem angefangen und bis zum Markt fortgesetzt. Am selben Abend habe er sich in *Michael Goßmans* Haus in Anwesenheit vieler vornehmer Leute verlauten lassen, er wolle dem Bürgermeister *Schotte* die Fenster einschlagen. Danach ist ihm das Backen verboten worden, bis dem Amt Satisfaktion geschehe. Er habe nicht gehorchen wollen.Im Haus des Oesthoff habe er in Gegenwart des Hausherrn und anderer drohend gesagt, die Kläger sollten sich versehen, daß daraus, daß ihm Backverbot erteilt wurde und man ihm bei Nichtbefolgung das Brot von der Lade nehmen wollte, kein Blutbad entstehe. Er wurde deshalb fünf Tage in Haft gehalten. Danach hat er sich im Hinblick auf die beschriebenen Beleidigungen und die Amtsstrafe submittiert und wegen der verwirkten Brüchten Meister *Johan Wesseler* Glasemacher zum Bürgen gesetzt. Darauf ist ihm die Haft erlassen worden.
Randnotiz: Entweder mit acht Tagen Gefängnis zu bestrafen oder 24 M zu erlegen! Ist ihm nachgelassen worden.

838(183v)
Philippus Poelman, der Rektor der Lateinschule, hat geklagt, daß *Wilhelm Wrede* den Hauslehrer des Notars blutig und blau geschlagen und ihm einen Nachttopf voller Urin über den Leib gegossen habe.
9 M
Randnotiz: bezahlt

839(183v)
Johan Dolle ist beklagt, daß er die Tochter *Henrichs* von *Bonn* mit einem Mistforkenstiel hart und vielmals geschlagen habe, so daß sie deshalb eine Zeitlang bettlägerig gewesen ist. Beim Verhör bekennt der Beklagte, daß er ihr vier Schläge gegeben hat.
12 M
Randnotiz: bezahlt

840(184)
Die Magd von *Wilhelm Rive,* die Magd von *Goßwin Dolle,* die beiden *Schefferschen,* die Magd von Bürgermeister *Gerhart Brandis,* die zwei Mägde von

Lic. Rham, die Tochter vom Kleinschmitt *Johan Honerß,* die Magd von *Caspar Schotte,* die Tochter von *Henrich Brusies,* die Mägde vom Salzfroger *Stephan* und von der Witwe des *Caspar Beneditt* haben in *Johan Dolles* Haus gegen die 1645 hier publizierte kurfürstliche Polizeiordnung und des Magistrats Verbot Maigelage gehalten und die Milchbrote verzehrt. Die beiden o. g. Schefferschen haben dem Bürgermeister dem Sinne nach gesagt, wenn ihnen kein Urlaub gegeben würde, nähmen sie sich Urlaub. Deshalb wurden die beiden unter Vorbehalt der Brüchten mit dem Dorenkasten bestraft. Johan Dolle, weil er das Maigelage gestattet hat, 6 M. Die beiden Schefferschen zusammen 6 M. Die anderen acht ein jeder 2 M. Zusammen 16 M. Randnotiz: Beide Schefferschen haben bezahlt. Die anderen haben bezahlt außer der Magd von Brandis und der Magd von Lic Rham.

841(184)
Peter Ruerman oder *Vogt* hat geklagt, daß *Bernt Guthoff* ihm einen Mansstuhl eintzweigeschlagen und verbrannt habe, ihm auch andere, ihm erblich zugesprochene Sachen vorenthalte. Beklagter wurde deshalb mehrmals zitiert, ist aber widerspenstig ausgeblieben.
3 M
Randnotiz: bezahlt

842(184v)
Auf der Amtszeche der Kaufleute ist in *Gerhart Diepenbrocks* Haus Schmähung, Zänkerei und Schlägerei entstanden. Auf der einen Seite waren *Diepenbrock, Conrat Binholt* und *Lic. Rham,* auf der anderen die Brüder *Thonnies* und *Herman Werrensingh.* Die Sache ist pro und contra untersucht worden, und der kurfürstliche Brüchtenmeister hat entschieden, daß Diepenbrock 150 M, Binholt 30 M und Lic. Rham 30 M bezahlen.
Randnotiz: Binholt hat an den Herrn Drosten 30 M bezahlt.

843(184v)
Peter Ruerman ist mit einem gespannten Gewehr in das Haus des Bürgermeisters *Schotte* gekommen und hat sich in Anwesenheit vieler vernehmen lassen, wenn ihm der Bürgermeister nicht helfe, sollte das, was er im Rohr habe, für ihn sein. Deswegen und der Brüchten wegen ist er auf dem Rathaus in Haft gewesen. Auf Bürgschaft von *Niclauß Bogge* und *Diste Hilkenkampff* ist er aus der Haft entlassen worden.
6 M
Randnotiz: bezahlt

844(185)
Peter Homberg hat *Peter Ruerman* zweimal nacheinander geschlagen, zuerst in der Stube, danach auf der Deele, als er ihn wegen rückständiger Gelder angesprochen hatte, die vom Verkauf eines Lammes herrührten. Danach hat er ihn noch mit einem *ringelbaum* über die Straße bis an das Haus des Nachrichters verfolgt.
18 M
Randnotiz: 4 Rtlr bezahlt, die übrigen 2 Rtlr sind von *Johan Honertz* dem Kleinschmidt angewiesen.

845(185)
Damals hat auch *Hombergs* Bruder den *Ruerman* mit einem *ringelbaum* über die Achsel geschlagen und ihm sehr gefährlich zugesetzt.
12 M

846(185)
Damals hat auch *Johan Honers* der Kleinschmidt den *Ruerman* auf der Deele mit einem Stock hart geschlagen, aus dem Haus gestoßen, ein Teufelskind gescholten, auch über die Straße ihm zugesetzt, so daß er, Ruerman , sich mit einem Messer wehrte, wobei Honers an der Schulter verletzt wurde, so wie die angehörten Zeugen aussagen.
15 M
Randnotiz: Ist mit dessen Arbeitslohn kompensiert.

847(185)
Johan Oesthaus hat den Kockelmüller (Kucklermühle) mit einem Stuhl zur Erde und über Schulter und Rücken blutig und blau geschlagen, auch am Kopf verwundet. so daß dieser an die 14 Tage bettlägerig war und ärztliche Hilfe brauchte. Er ist deshalb auf dem Rathaus in Haft gewesen und auf Bürgschaft von *Christopff Meier* und *Diderich Hengst* freigelassen worden.
12 M
Randnotiz: 2 Rtlr bezahlt, noch 2 Rtlr an Dreeß, den Stadtknecht, überwiesen.

848(185v)
Die Brüder *Gerhart* und *Caspar Pape* sind beklagt, daß Gerhart nach der Hebamme *Liesken Bachman* mit einer Mistforke gestochen und deren Hund mit einem Gewehr erschossen habe, daß dessen Bruder Caspar die Hebamme mit einem bloßen Degen über Achseln und Arme blutig und blau geschlagen und ihren Eheman einen Schelm gescholten und zu erstechen gedroht hat. Gerhart Pape gibt zu seiner Entschuldigung vor, der Hund sei den Schweinen seiner Mutter schädlich gewesen, deswegen habe er ihn erschossen. Die Klägerin aber habe ihm und seiner Mutter drei Teufel in den Leib geflucht und sei ihm mit unhöflichen Worten begegnet. *Peter Nottebaum* habe ihn einen *plackscheißer,* Schuft und dergleichen ausgerufen. Der *Koster* habe ihm zugerufen, er solle sich schämen. Deswegen habe ihr sein Bruder *Caspar* mit einem Degen einen Streich gegeben. Das übrige leugnet er. Weil inzwischen sein Bruder sich in Kriegsdienste begeben hat, wolle er, was er zur Verteidigung vorgebracht hat, mit Zeugen beweisen. Er hat einen klar gegliederten Gegenbericht mit Anleitung zum Beweis übergeben. Die Klägerin hat sich erboten, ihre Klage mittels Eid zu beteuern und mit Zeugen zu erweisen. Die von ihr genannten Zeugen haben ihre Aussage bestätig
Randnotiz: Verfahren schwebt noch.

849(186)
Gerhart Diepenbrock ist beklagt, daß er, wie ein *forirer* der Garnison *Hamm* neben dem Stadtknecht *Dreeß* und dem Melster Pförtner wegen ausgebliebener Kontribution pfänden wollte, mit diesen Worten herausgefahren ist:" Die Herren allesamt auf dem Rathaus mögen - mit Verlaub zu sagen - ihre Mutter vexiren, der Teufel solle sie holen und der Hagel erschlagen". Der *forirer* hat das so berichtet und sich bereit erklärt, es zu beeiden. Dreeß

Stadtknecht gesteht, daß Diepenbrock etwas vom Teufelholen gesagt hat. Die übrigen Worte habe er nicht gehört. *Tigges* der Melster Pförtner, unter Eid vernommen, hat eingezeugt, daß er artikulierte Beleidigungen nicht gehört habe, sie mochten wohl gefallen sein. Sonst sei wahr, daß Diepenbrock am anderen Tag dem Stadtknecht Dreeß mit *ungestimmigkeit* begegnet ist.
Randnotiz: Schwebendes Verfahren.

850(186)
Peter Homberg hat dem Stadtkarrentreiber ohne gegebene Ursache mit einem Bierkrug ein Loch in den Kopf geschlagen.
4 M
Randnotiz: Dieses Geld, 1 Rtlr 18 ß, ist *Johan Honers* dem Kleinschmid überwiesen worden.

851(186v)
Die Nachrichter Meister *Rotger Fahner* und *Hans Jurgen Weiner* haben sich untereinander geschlagen.
8 M
Randnotiz: Hans Jurgen hat 4 M bezahlt. Meister Rotger hat 4 M mit Speck bezahlt.

852(186v)
Die Schweinische in der Kurzen Straße klagt, daß *Lambert Kuhhirte* sie unverschuldeterweise eine Teufel gescholten hat und daß sie die Ursache dafür sei, daß sein Schwein gestorben ist. Er habe sie beleidigt, indem er vor ihr ausgespuckt habe, und wenn er ihr auf der Straße begegnete, sei er allezeit aus dem Wege gegangen. Sie begehrt, daß Rechenschaft für die Beleidigung zu geschehen hat, was rechtens ist. Da der Angeklagte in Widerspenstigkeit nicht zum Vergleich bereit ist, wird er zur Strafe von
6 M verurteilt.

(186v) Summarum 380 M

Der Anteil der Stadt abgezogen, bleiben 190 M.

Hiervon für den Herrn Drosten der zehnte Pfennig von 19 M abgezogen und dann vom übrigen die Halbscheid für selbigen abgezogen, bleibt das andre für den Landesherrn von 85 1/2 M.

Innerhalb zweier Monate zu bezahlen.

Signiert 29. November 1647

Winnimar Monheim, Brüchtenmeister

(187) Brüchtenregister der Stadt Werl 1648

853(187)
Jurgen Hilßman hat geklagt, daß *Berndt Guthoff* ihn in seinem Haus überfallen, geschlagen einen Schelm und seine Hausfrau eine Schandhure gescholten, seiner Frau auch Nase und Mund entzweigeschlagen und sein Fenster mit einem Stock eingeschlagen habe. Guthoff, vorgeladen und erschienen, bekennt, daß er ihn einen Schelm und seine Frau eine diebische

Hure gescholten hat. Hilßman hatte ihm aber mit einem Spaten eine Wunde in den Kopf gestoßen.
Randnotiz: Weil dieser wenig besitzt, ein bis fünf Tage Haft.

854(187)
Der Küster *Jurgen Nottebaum* hat geklagt, daß *Caspar Kleinsorge* ihm seine Hunde erschossen, auch bei Nacht die Fenster eingeschlagen und überdies jüngst seinen Bruder zu Boden geschlagen, mit Füßen getreten und die Haare aus dem *haupt gerupffet* habe. Auch habe er dem Kläger zugesetzt und ihn zu schlagen gedroht. Kleinsorge sagt, daß Kosters Hunde bissig gewesen seien, sie hätten seine und *Schüngels* Kinder verletzt, darum habe er sie erschossen. Die Fenster seien dem Küster auf Zeit geliehen gewesen und es sei versprochen gewesen, sie nachgehens wegzuschaffen. Weil das aber nicht geschehen sei, habe Kleinsorge sie zur Wahrung seines Besitzes wegräumen lassen. Sonst sei wahr, daß er die Schweine von Küsters Bruder in seinem Garten gefunden habe, darum habe er ihn aufs Haupt geschlagen, aber nicht mit Füßen getreten, auch die Haare nicht ausgerissen.
Randnotiz: Der Angeklagte besitzt nichts, er ist etliche Tage lang leiblich zu bestrafen und dazu anzuhalten, daß er sich mit Beleidigungen zurückhält.

855(187v)
Kämmerer *Michael Scholer* hat geklagt, daß *Christian,* der Sohn von *Dr. Oger Brandiß,* seinen, Scholers Sohn, am Abend vor dem Michaelistag (28. September) auf dem Rathaus überfallen hat und ihn von der Treppe werfen wollte. Sein Sohn wurde von *Agatha Ruhefuß* und *Stephan Salzfröger* gerettet. Daneben hat derselbe Kämmerer Scholer geklagt, daß derselbe Christian Brandiß seinen Sohn in der Steiner Pforte abermals überfallen und mit einer Keule über den Kopf geschlagen habe. Brandiß leugnet, Scholer auf dem Rathaus überfallen zu haben. Es sei allein wahr, daß er ihm in der Steiner Pforte mit einem Stock einen Schlag gegeben habe.
Randnotiz: Weil dieser noch unter väterlicher Gewalt steht, Zurechtweisung auf dem Rathaus.

856(187v)
Dr. Oger Brandiß hat geklagt, daß *Christian Beneditte* seinen Sohn mit einer gespannten Pistole erschießen wollte. Der Kämmerer *Diderich Pape* habe auch seinen Sohn *Franß Melchior* in der Schulgasse überfallen und geschlagen.
Die Sache ist vor der Kriegsgeneralität *rechthangig.*
Randnotiz: Demnach an diese Stelle verwiesen.

857(187v)
Catharina Hengst hat geklagt, daß *Maria Frenckhauß* sie ein Teufelskind und ihre verstorbene Mutter eine Hure gescholten habe. Die Beklagte gesteht nicht, die Klägerin oder deren Mutter gescholten zu haben.
Randnotiz: Zum Beweis anzuhalten und nach Befinden leiblich zu bestrafen.

858(187v)
Herzig Jude ist dabei angetroffen worden, daß er falsche Gewichte gebraucht hat. An einem Gewicht, das 6 Pfund halten sollte, mangelte es an

5 Lot. Indessen sind zwei Gewichte 1 1/2 Lot zu schwer befunden worden. Weil dieser Jude 4 Pfund ausgehauenes Rindfleisch mit dem falschen Sechspfundgewicht ausgewogen und die schwereren Gewichte diesem Fleisch beigehangen hat, hat es bei diesen 4 Pfund Fleisches an 8 Lot gemangelt, die er betrügerisch unterschlagen hat.
5 M
Randnotiz: bezahlt

859(188)
Diste Hilckenkampf hat geklagt, daß *Peter Homberg* und *Johan Honerß Kleinschmidt* ihn bei nächtlicher Zeit, als er die Schmiedeamtsgenossen bewirtete,- mit Verlaub zu sagen- *hundtsfut* und Schelm gescholten, ihn überfallen und geschlagen hätten, daß seine Nase Blut geschwitzet hat, und ihm so gefährlich zugesetzt hätten, daß er genötigt war, Waffen und Bürgerhilfe zu rufen. Honerß habe auch den Kläger dazu angehalten, daß er kein Geschrei machen sollte. Beide Beklagten hätten auch, was Soldaten gehört haben, gesagt, wenn der Kläger Geschrei mache, wüden sie ihn in seinem Haus ermorden und umbringen. Honerß hat auch anderentags auf dem Kirchhof wiederholt, daß Diste Hilckenkampff ein Schelm sei. Die Parteien wie auch die Amtsgenossen wurden verhört und befunden, daß keine Schlägerei oder Schmähung geschehen sei außer daß Hilckenkampff den Peter Homberg einen Pfuscher gescholten hat. Daher wurde dieser veranlaßt, nach ihm mit der Hand zu schlagen. Sonst sei keine Gewalt verübt worden.
Zusammen 6 M
Randnotiz: Peter Homberg bezahlt 1 Rtlr.

860(188)
Diderich Korbmacher hat geklagt, daß der Ackerknecht von *Dr. Oger Brandiß* am Schleepweg über seine Gerstengarben gefahren sei. Deswegen habe er ihm mit einer Forke über den Rücken geschlagen. Der Knecht habe ihn mit einer *anhaltsforcke* über den Kopf geschlagen und verwundet und ihn danach in der Stadt zusammen mit *Christian,* dem Sohn von *Dr. Oger Brandiß,* mit Forken verfolgt. Der Knecht sagt, er sei über keine Garben gefahren, noch habe er Schaden getan, denn im Lande seien vorher knietiefe *tranen* (Wagenspuren) gewesen. Der Kläger habe ihn zweimal über den Leib geschlagen, daß er auf die Erde gefallen sei. Darum habe er sich zu Recht verteidigt. Christian Brandiß gesteht, daß er, um den Knecht seines Vaters zu verteidigen, mit einer Forke den Kläger verfolgt, ihn aber nicht geschlagen habe.
Zusammen 9 M

(188v) Summarum 20 M
Nach Abzug der Halbscheid fürdie Stadt bleiben 10 M, und von dem übrigen dem Drosten der zehnte Pfennig zu 18 ß oder 1 M, von dem übrigen noch die Halbscheid für diesen vom Rest abgezogen, bleiben für den Landesherrn 4 M 9 ß.

Signiert Werl, am 4. Dezember 1648
Winnimar Monheim, Brüchtenmeister

(Vom Jahr 1649 keine Eintragungen)

861(189)
Johan Stadtsmühler hat die Witwe des *Henrich Hilßman* und ihre Tochter in der Mühle über Achseln und Arme blutig und blau geschlagen, weil sie einen unrechten Sack aus der Mühle getragen haben und er dadurch *seines unfleißes* beschuldigt wurde.
5 M
Randnotiz: bezahlt

862(189)
Stephan Degenertz ist beklagt, daß er *Johan Mauritz* mit einem Leuchter auf den Kopf geschlagen und verletzt, auch daß er ihm des Nachts am Wege aufgelauert, mit einer *stockeforcke* nach ihm geschlagen habe und ihn ermorden wollte.
9 M
Randnotiz: bezahlt

863(189)
Gobbel Aleveß hat geklagt, daß *Henningh Robberß* neben dem Schultzen zu *Wickede Henningh Probstinge* ihn einen meineidigen Erzschelm gescholten und zu erschießen gedroht hat. Dagegen hat Robberß eingewandt, Aleveß habe ihn vorher einen Schelm und Fronen gescholten, darauf erwidernd habe er geantwortet, er halte ihn für einen solchen Mann, bis ihm überbracht werde, daß er ein Schelm und Frone sei.
8 M
Randnotiz: Henningh Robberß bezahlt 4 M.

864(189v)
Agathe Jannes ist beklagt, daß sie *Johan Waßman* einen Schelm gescholten habe. Dagegen hat sie geklagt, daß Waßman sie unschuldigerweise blutig und blau geschlagen habe, deswegen habe sie solches geredet.
Agathe 2 M, Waßman 4 M.
Randnotiz: bezahlt

865(189v)
Barthold Hogger hat geklagt, daß ihn *Henrich Duwenheuwer* mit der Faust ins Gesicht, auch mit einer Kanne auf den Kopf geschlagen habe, was nach Duwenheuwers Entschuldigung auf Veranlassung einiger Scheltworte geschehen sein soll. Darauf haben *Peter Homberg* mit einem Seihaken, *Gobbel Aleveß,* Meister *Johan* der Spormacher, *Johan Roxloh, Jurgen Witte, Wendel Hagens* und *Diste Nottebaum* mit Stöcken und Fäusten o. g. Barthold Hogger zwei Löcher in den Kopf und ihn zu Boden geschlagen, daß er liegen geblieben ist und wie tot weggetragen werden mußte.
Henrich Duvenheuwer 3 M. Die übrigen jeder 9 M, sind 45 M.
Randnotiz: Bezahlt, Peter Homberg und Johan Roxloh mit Gefängnis bestraft.

866(190)
Wilhelm Rive ist verklagt worden, daß er *Gruntman* von *Hilbeck* einen calvi-

nistischen Schelm, alten Werwolf und Galgenklippel ausgerufen hat.
4 M
Randnotiz: bezahlt

867(190)
Der Amtsfrone hat einen tecklenburgischen (Tecklenburg) Edelmann, als er hier betteln ging, hart geschlagen.
6 M
Randnotiz: bezahlt

(190) Summarum 86 M

Hiervon für die Stadt die Halbscheid abgezogen, bleiben 43 M. Hiervon für die verwitwete Drostin die Halbscheid zu 21 1/2 M, von dem übrigen für den Herrn Drosten den zehnten Pfennig zu 2 M abgezogen, bleiben für den Landesherrn 19 1/2 M.

Innerhalb Monatszeit zu bezahlen.
Signiert Werl, 12. Dezember 1650
Winnimar Monheim, Brüchtenmeister

(191) Brüchten der Stadt Werl 1651

868(191)
Johan Wigger ist beklagt, daß er dem Stiefsohn von *Michael Koep* mit einer Schuhleiste eine Wunde in den Kopf geworfen habe.
4 M
Randnotiz: bezahlt

869(191)
Gert Bone ist acht Tage lang eingesperrt worden, weil er seine Frau mehrmals übel traktiert und dadurch *wapengeschrei* (Ruf nach der Stadtwache) bei Tag und Nacht verursacht hat.
6 M
Randnotiz: bezahlt

870(191)
Meister *Johan* Glasemacher hat einen Mann von *Scheidingen, Westhoff* genannt, im Haus von *Caspar Frigge* mit einem Stuhl auf den Kopf geschlagen und verwundet.
Neben Gefängnis 3 M
Randnotiz: bezahlt

871(191)
Frantz Sina hat der Magd von *Michael Goßman* auf offener Straße mit einem großen Stock eine gefährliche Wunde in den Kopf geschlagen, so daß sie mehrmals zur Erde gesunken ist. Deshalb ist Einkerkerung befohlen worden, der Schuldige ist aber flüchtig.
Neben Gefängnis 24 M
Randnotiz: bezahlt

872(191v)
Caspar Jurgens Frau hat bekannt, daß sie Mitwisserin von gröblichen Diebstählen an Korn im Haus des *Wellie* von *Sönnern* und an anderen Orten hierselbst gewesen ist, die ihr Mann und andere Soldaten begangen haben. Sie ist deswegen, weil sie schwanger war, im Rathaus in Haft gewesen.
Randnotiz: An den Pranger zu stellen und fortzujagen.

873(191v)
Gobbel Steinhauw hat von einem fremden Pflug das Kurz- und Langeisen genommen und die Tat auf *Frederich Wiehagen* schieben wollen. Er ist aber deswegen überführt und als brüchtenfällig erklärt worden.
Neben der Einkerkerung 15 M
Randnotiz: Diese 15 M hat Herr Binholt sich übertragen lassen.

874(191v)
Fliege hat geklagt, daß sein Stiefsohn mit Namen *Johan Riepe* seine jetzige Hausfrau nicht allein mit Worten überfallen und ihr ein Gewehr in die Rippen gestoßen, sondern sie auch *blunt und blau* geschlagen habe, so daß sie 14 Tage bettlägerig gewesen ist. Er war deswegen in Haft.
36 M
Randnotiz: Diese 12 Rtlr sind Kämmerer *Caspar Frigge* auf seine Rechnung angewiesen, und deshalb wurde die Obligation, die er in Händen hatte, gelöscht.

875(191v)
Meister *Jacob* Zimmerman von *Sönnern* hat den Ackerknecht des Waagemeisters in *Caspar Friggens* Haus mit einem Messer durch den Arm gestochen.
20 M
Randnotiz: bezahlt

(191v) Summarum 117 M

Hiervon für die Stadt die Halbscheid abgezogen, bleiben 58 1/2M.
Abgezogen hiervon den zehnten Pfennig für den Herrn Drosten zu 5 1/2 M, vom übrigen für die verwitwete Frau Drostin die Halbscheid, bleiben für den Landesherrn 26 1/2 M.
Innerhalb Monatszeit zu bezahlen.
Signiert Werl, am 6. Dezember 1651
Winnimar Monheim, Brüchtenmeister

(193) Brüchten der Stadt Werl (1652)

876(193)
Des *Hoppenmessers* Sohn von *Soest* hat einen Soestischen Bürger und Dekkenkramer am Tag der Jahrmesse St. Nicolai (6. Dezember) in Werl vor der Steiner Pforte mit einem Stock aufs Haupt und zu Boden geschlagen, ist aber ein Ausländischer und hat das Land verlassen.
Randnotiz: In Haft zu nehmen, wenn er etwa anzutreffen ist.

877(193)
Frantz Sina hat die Magd von *Michael Goßman* gefährlich am Kopf verwundet. Deswegen war er sechs Tage auf der Büdericher Pforte in Haft und ist auf Bürgschaft von *Johan Honers* dem Loer (Gerber) und *Niclauß Bogge* entlassen worden.
15 M
Randnotiz: bezahlt

878(193)
Tonnies Kamptman hat *Johan Weßeler* den Glasemacher im Haus von Kämmerer *Caspar Frigge* mit der Faust ins Gesicht geschlagen.
4 M
Randnotiz: bezahlt

879(193)
Johan Dolle hat einen Bürger von *Dortmund, Schubbe* genannt, aus der Stadt Werl heraus verfolgt, zwischen Werl und Büderich auf freier Landstraße überfallen und ihn mit einer Keule geschlagen. Er hätte ihn gar zu Boden geschlagen, wenn er nicht durch andere davon abgehalten worden wäre. Er war deshalb auf der Büdericher Pforte in Haft und ist auf Bürgschaft von Meister *Albert Balbierer* und *Henrich Duverhauwer* freigelassen worden.
6 M
Randnotiz: Wegen Armut ermäßigt. Weil dieses außerhalb der Stadt Werl geschehen ist und damit zu den Amtsbrüchten gehört, ist es auch dem Herrn Brüchtenmeister apart bezahlt worden.

880(193v)
Meister *Johan Guthoff* hat *Peter Nottebaum* in *Michael Goßmans* Haus die Haare aus dem Kopf *gerupffet*, ihn mit Fäusten geschlagen, auch mit Füßen getreten. Deswegen ist Guthoff auf den Rathaus festgesetzt worden und auf Bürgschaft von Michael Goßman und *Diederich Rhomberg* freigelassen worden.
7 M
Randnotiz: bezahlt

881(193v)
Wilhelm Frilingh und *Herman Tugetman* haben sich in *Schmeltzens* Haus untereinander geschmäht, geschlagen und gedroht, der eine wolle dem anderen den Hals zerbrechen.
Zusammen 6 M
Randnotiz: bezahlt

882(193v)
Der Ackerknecht des Kämmerers *Wilhelm von Berning* ist beklagt, daß er *Henrich Munnichhoff* ein Fuder *bohrdenholtzes* (Feuerholz für die Salinen) von dem Geitenberg bei Wiehhagen entwendet habe.
4 M
Randnotiz: bezahlt

883(193v)
Henrich Munnichhoff hat einen fremden Mann in *Hilckenkamps* Haus überfallen, *blunt und blau* geschlagen und ihn wie auch *Temannus Wrede* einen Schelm gescholten.Deswegen ist er auf dem Rathaus in Haft gewesen und auf Bürgschaft von *Kaspar Kleinsorge* und *Henrich Kamptman* freigelassen worden.
14 M
Randnotiz: bezahlt

884(194)
Peter Banse ist deswegen, weil er den Bauknechten bis in die tiefe Nacht hinein Bier gezapft hatte, drei Tage auf dem Rathaus in Haft gewesen und auf Bürgschaft von *Kaspar Kleinsorge* freigelassen worden.
5 M
Randnotiz: bezahlt

885(194)
Wilhelm von Berning junior ist beklagt, daß er den Schultzen zu *Övinghaußen* und dessen Brüder Schelme, Erzschelme, Deppen und Teufelskinder gescholten, auch bei währendem Donnerwetter durch Hagel, Donner und Blitz geflucht habe. Berning leugnet.
30 M
Randnotiz: Sechs Tage lang körperlich zu bestrafen.

886(194)
Diederich Rhomberg ist beklagt, daß er *Herman Werrensingh* zur Erde gestoßen habe, so daß er am Kopf verwundet wurde. Dagegen hat Rhomberg geklagt, daß Werrensingh ihn gröblich geschmäht und vor seiner Haustür bei Nacht einen Tumult angezettelt habe.
Randnotiz: Verfahren noch nicht abgeschlossen.

887(194)
Bernt Guthoff ist beklagt, daß er dem *Henningh Robberß* bei Nacht die Fenster eingeschlagen habe.
6 M
Randnotiz: bezahlt

888(194)
Herman Brunninghausen hat Meister *Albert vom Brock* geschlagen. Dabei hat Brunninghausen einen Beinbruch erlitten.
3 M
Randnotiz: bezahlt

889(194v)
Stephan Sprincke hat einen dem Amt von *Arnsberg* zur Exekution geschickten Soldaten geschlagen.
12 M
Randnotiz: bezahlt

890(194v)
Peter Flape und *Specht* von *Elspe,* Salzkäufer aus dem Sauerland, haben

mit dem in Werl zur Prügelstrafe verurteilten *Diederich Hartman* nächtliche Betrügereien und Diebereien gepflogen.
150 M
Randnotiz: Im ganzen bezahlt außer 5 Rtlr 9 d, die Flape noch schuldig ist. Später, am 26. Februar 1653, bezahlt.

891(194v)
Johan Suerlender von *Langenholthaußen* hat in der Glocke (Glockenwirtschaft) einen Schinken gestohlen.
6 M

892(194v)
Henrich Droge ist beklagt und hat gestanden, daß er von einem Stück Stoff, der *Henrich Wilineß* zustand, eine halbe Elle anderweitig verwendet hat.
2 M
Randnotiz: bezahlt

(194v) Summarum 270 M

Hiervon für die Stadt die Halbscheid abgezogen, bleibt 135 M.
Von diesen 135 M den zehnten Pfennig zu 13 1/2 M für den Herrn Drosten abgezogen, bleiben für den Landesherrn 121 1/2 M.
Innerhalb drei Wochen zu bezahlen.
Signiert Werl, 7. Dezember 1652
Winnimar Monheim, Brüchtenmeister

(196) Brüchten der Stadt Werl 1653

893(196)
Der Ackerknecht von *Wilhelm Berningh* hat den Ackerknecht des Bürgermeisters *Gerhard Brandis* mit einem Gewehr geschlagen, gestoßen und dessen Mund und Hand verwundet. Er war deshalb auf dem Rathaus in Haft und ist auf Bürgschaft von dem o. g. Berningh und von *Nicolauß Bogge* freigelassen worden.
2 M
Randnotiz: bezahlt

894(196)
Othmar Biggeleben hat verschiedenemal an die Pferde, die Briefschaften und das Hausgerät seiner Mutter gewaltsam Hand angelegt und großen Mutwillen verübt. Er war deswegen auf dem Rathaus in Haft und wurde auf Bürgschaft von *Caspar Kleinsorge* und *Michael Goßman* freigelassen. Danach ist er wegen wiederholten Mutwillens flüchtig geworden und nach Bayern gezogen.
Randnotiz: aufgeschoben

895(196)
Wilhelm Berningh junior hat seinen Bäckerknecht geschlagen. Er war des-

wegen auf dem Rathaus in Haft und ist auf Bürgschaft von *Wilhelm Rieve* und *Gerhard Solmiß* freigelassen worden.
4 M
Randnotiz: bezahlt

896(196v)
Meister *Rotger* Schmiedt zu *Flerke* hat in der Werlischen Feldmark, also auf fremdem Territorium, dem *Caspar Kleinsorg* ein Pferd von dem Holzwagen weggenommen. Als er deswegen verhaftet wurde, hat er als Bürgen gestellt *Johan Müller zu Mawick* und *Tigges Herberß,* Müller zu *Büderich.*
30 M
Randnotiz: bezahlt

897(196v)
Johan Brandis ist beklagt, daß er einem fremden Bauern ein Pferd vom Holzwagen ausgespannt habe.
2 M
Randnotiz: bezahlt

898(196v)
Herman Rinsche hat mehrmals seine Frau mit harten Schlägen fast über traktiert und auch dabei bei Tag und Nacht Tumult verübt.
Randnotiz: Leiblich zu bestrafen!.

899(196v)
Ebell zu *Bergstraße* hat im Haus des *Diederich Willekotten* eine Kette gestohlen.
4 M

(196v) Summarum 42 M
Bleibt übrig 21 M.
Abgezogen den zehnten Pfennig für den Herrn Drosten zu 2 M, bleiben für den Landesherrn 19 M.
Innerhalb sechs Wochen zu bezahlen.
Signiert Werl, am 5. Juli 1653
Winnimar Monheim, Brüchtenmeister

(198) Brüchten der Stadt Werl 1654

900(198)
Niclaus Haeke von der *Waterlapp* (ehemalige Burg bei Ense-Bremen) hat *Stephan Sprincke* von *Waltringen* von des Scherenwirts Haus aus und weiter durch die Steiner Pforte mit einer Forke verfolgt und ihn *blunt und blauw geschlagen*
8 M
Randnotiz: Dem Brüchtenmeister angewiesen.

901(198)
Derselbe *Niclauß Haeke* hat *Lueße* von *Waltringen* in des Scherenwirts vorderer Stube mit einer Kanne drei Wunden ins Haupt geschlagen. Die Kanne ist ganz eingebeult, weshalb der Herr Richter sie holen ließ und noch bei sich hat. Diese Schlägerei ist in der heiligen Karwoche geschehen.
30 M
Randnotiz: Dem Brüchtenmeister angewiesen.

902(198)
Gerhart Godde hat in der Nähe der Melster Hauptpforte vor dem Haus der Witwe *Biggeleben Philips Pape* mit einem Degen versehentlich durch den Arm gestochen.
3 M
Randnotiz: bezahlt

903(198)
Michael Brandiß hat seinen Bruder mit einem Stock aufs Haupt und zu Boden geschlagen.
9 M
Randnotiz: bezahlt

904(198v)
Michael Scholer ist beklagt, daß er dem *Herman Brandiß junior* am Budberger Pfad gegen das Verbot der Herren bei Strafe von 50 Goldgulden Saatkorn entwenden ließ. Weil der Beklagte, des Gehorsams wegen vor den Rat zitiert, nicht pariert hat, ist gemäß Entscheidung des Stadtrats bis zum 13. September die o. a. Geldstrafe zu entrichten.
Weil er danach gehorsam war und in Haft gewesen ist, 12 M.
Randnotiz: bezahlt

905(198v)
Michael Koep ist beklagt, daß er *Henrich Munnichhoff* des Diebstahls bezichtigt habe, nämlich daß dieser dem *Diederich Wegman* einen Pferdeschwengel (Teil der Anspannvorrichtung) gestohlen habe. Daneben hat er Munnichhoffs Hausfrau eine Mörderin ihres eigenen Kindes gescholten. Koep hat seine Anschuldigung nicht beweisen können. Sein Knecht, der sich unterstanden hatte, falsches Zeugnis zu geben, ist zu Haft verurteilt worden. Koep ist die Haft erlassen worden, weil er mit all seinen Gütern bürgt.
6 M
Randnotiz: Mit *Johan Honertz* dem Stadtschmied verrechnet.

906(198v)
Diederich Sethe hat zwei Söhne des verstorbenen *Engelbert Mense* mit einer *ahnholtzforcken* über Achsel, Arme und Lenden *blunt und blau* geschlagen. Durch die Male der Schläge ist der Beklagte überführt. Er ist auf dem Rathaus in Haft gewesen und auf Bürgschaft von *Tonnieß Kamptman* und *Peter Volle* freigelassen worden.
10 M
Randnotiz: bezahlt

907(199)
Jacob Papes Sohn *Andreas* ist überführt, daß er zwei Söhne des verstorbenen *Engelbert Mense* im Haus von *Frantz Sina*, wo sie gedroschen haben, mit einer Pferdepeitsche gehauen und dem einen Sohn, Frantz, einen alten Schelm gescholten hat. Auch hat er beide auf offener Straße mit dem Schimpfwort Schelme beleidigt und den o. g. Frantz im Feld mit einer Forke gestoßen. Er ist deshalb im Rathaus in Haft gewesen und auf Bürgschaft von *Peter Homberg* und *Diederich Hengst* freigelassen worden.
6 M
Randnotiz: bezahlt

908(199)
Diste Nottebaum hat dem *Diste Hilkenkampf* in *Michael Hesses* Haus mit einer Feuerzange ein Loch in den Kopf bis auf die Hirnschale geschlagen, auch Kopf und Arm *blunt und blau* geschlagen und verwundet, wie der Chirurg attestiert. Er ist deswegen im Rathaus in Haft gewesen und auf Bürgschaft von *Michael Hesse* freigelassen worden.
20 M
Randnotiz: bezahlt

909(199)
Michael Nolte hat *Herman Rinsche* im Stadtkeller mit einem Krug aufs Haupt und ihn dann auf dem Markt zur Erde niedergeschlagen. Deswegen wurde bei Nacht *wapengeschrei* und Tumult angerichtet. Zu seiner Verteidigung gibt Nolte an, Rinsche habe ihn zuvor einen Schelm und Zauberer gescholten und auch sonst sehr gröblich geschmäht, Daher habe er sich zum Schlagen verursacht gesehen.
Rinsche 8 M. Nolte 4 M.
Randnotiz: bezahlt

910(199)
Bernt Jude hat bekannt und ist überführt, daß er ein ihm von *Henrich Droge* verpfändeten Braukessel, den er unangesehen seiner jüdischen hohen Zinsen empfangen hatte, anderen für Geld ausgeliehen hat, wodurch der Kessel schadhaft wurde. Deswegen wurde der Jude eingesperrt und auf Bürgschaft von *Christopff Meier* freigelassen.
8 M

911(199v)
Johan Rotman hat den Stadtmüller auf offener Straße angeschrien, ihm sei in der Mühle an seinem Malz *untreun beschehn.* Deswegen wurde das Malz gemessen und richtig befunden. Dem Müller aber sei ungleich und unbillig begegnet worden.
3 M
Randnotiz: bezahlt

912(199v)
Henrich Kamptman ist beklagt, er habe, als der hiesige Herr Droste ihn aufforderte, sich bei ihm einzustellen, ihm entbieten lassen, er habe bei dem Herrn Drosten nichts zu tun.
3 M
Randnotiz: bezahlt

913(199v)
Die Brüder *Philipps* und *Hans Wiegman* haben die Leute des kurfürstlich-westfälischen Jägermeisters, obwohl sie den Paß seiner kurfürstlichen Gnaden vorzeigten, mit den Schweinen, die sie dabei hatten, angehalten, überfallen und bedroht. Sie sind deswegen im Rathaus in Haft gewesen und auf Bürgschaft von *Johan Reineke* und *Jurgen Honertz* freigelassen worden.
Zusammen 4 M
Randnotiz: bezahlt

914(199v)
Die Witwe von *Conrad Binholtz* hat den Konrektor der Schule *Adam Poelman,* als er Holz zu seinem Haus fahren lassen wollte, einen langen schwarzen *lauren* und Schelm gescholten und auch dessen Hausfrau gröblich beleidigt. Sie soll auch den kurfürstlichen Herrn Drosten beleidigt haben, was sie jedoch nicht gestehen wollte.
10 M
Randnotiz: Wegen der Beleidigung des Herrn Drosten ist die Frau unter Eid zu nehmen. Diese 10 M sind dem Herrn Brüchtenmeister durch eine gepfändete Kuh angewiesen worden.

915(200)
Die Witwe von *Gerhart Brandiß* ist durch den kürfürstlichen Herrn Drosten beklagt worden, daß sie seinen Kindern und Bedienten den ihnen gerichtlich zugesprochenen Hof in der Besitzfolge streitig machen wolle und sich auch verlauten ließ, der Hof gehöre ihr zu, sie habe- mit Verlaub zu sagen- *die breuw* vom Herrn Drosten, und die Frau Drostin sollte ihr die Schrauben nicht losmachen (sie nicht reizen), sonst wollte sie wohl noch etwas anderes sagen.
Randnotiz: In Haft zu nehmen!

916(200)
Diederich Wegman ist beklagt, daß er seinen Schwiegervater, den Kämmerer *Peter Hengst,* wegen vorvergangener Beunruhigungen und Schmähungen in dessen Haus überfallen, ihn einen alten Schelm gescholten und auch sonst gröblich beleidigt habe.
In Haft zu nehmen und 6 M
Randnotiz: 1 Rtlr und noch 43 ß bezahlt, Rest 15 ß.

917(200)
Ursula Kurckeß hat *Jurgen Droge* bezichtigt, er habe ihr ein *wantleibe* (Leibchen) unterschlagen. Es wurde jedoch nachgewiessen, daß sie dem Droge Unrecht getan hatte.
3 M
Randnotiz: bezahlt

918(200)
Henrich Brusies und *Jurgen Forsthovel* haben sich untereinander geschmäht und der Forsthovel hat den anderen vor deren Häusern und auch auf offener Straße mit Gewalt und einem Gewehr angefallen.
6 M
Randnotiz: bezahlt

919(200v)
Peter Krollman hat *Diederich Korbmacher,* Amtsdiener der Leineweber, in *Karthaußes* Haus geschlagen und ihn und das ganze Amt der Weber Schelme gescholten.
Randnotiz: In Haft zu nehmen!

920(200v)
Henrich von *Bonn* und *Jurgen Hilßman* haben sich untereinander geschmäht.
Zusammen 6 M.
Randnotiz: Hilßman bezahlt 3 M. Wegen Henrich von Bonn will Herr Bürgermeister *Gerhart Brandiß* 1/2 Rtlr bezahlen. Dazu hat noch der von Bonn 3 ß Nachlaß für die Reparatur der Trommel.

921(200v)
Herman Rinsche hat den Sohn von *Henrich* von *Bonn* zur Erde geschlagen und mit Füßen getreten, so daß der Arzt in Anspruch genommen werden mußte.
Randnotiz: In Haft zu nehmen!

922(200v)
Der Herberß Müller hat *Rienhoff* zu *Mawicke* in der Karwoche im Haus des *Karthauß* mit Gewalt überfallen und über die Türschwelle zur Erde geworfen, so daß ihm laut Zeugnis des Chirurgen eine Rippe verletzt wurde.
10 M
Randnotiz: bezahlt

923(200v)
Herman, der Sohn des *Hahne* zu *Büderich,* hat zur selben Zeit am gleichen Ort den o. g. *Rienhoff* am Kopf verwundet.
6 M
Randnotiz: bezahlt

924(200v)
Degenhart und *Engelbert,* die Schusterknechte von *Johan* von *Bellingkhausen,* haben den Schmiedeknecht *von Frantz Sina, Johan* von *Soest genannt,* vor dem Haus der Witwe von *Johan Biggeleben* gewalttätig überfallen und hart geschlagen, so daß der Kämmerer sie auseinanderbringen mußte
Zusammen 9 M
Randnotiz: Melchers Knecht hat durch seinen Meister 3 Reichsorth bezahlen lassen. Johan von Bellingkhausens Knecht hat durch Herman Schlechter 1 1/2 Rtlr bezahlt.

925(200v)
Schultze zu Probstingk hat Meister *Herman* den Leiendecker in *Munnichhoffs* Haus geschlagen und verwundet, und wie der Schultze deswegen arrestiert wurde, ist er widerspenstig aus dem Arrest entwichen.
9 M
Randnotiz: bezahlt

926(201)
Johan Leistenschneider von *Büderich* hat *Tonniß Kamptman,* den Richtmann des Bäckeramtes zu *Werl,* in dessen Haus mit diesen Worten ehrenrührig angegriffen: Er, Kamptman, sei nicht würdig, die Richtmannstelle zu bekleiden. Deswegen hat sich Kamptman mit Leistenschneider gerichtlich verglichen und dem Amt 3 Pfund Wachs zur Abbuße bezahlt.
8 M
Randnotiz: bezahlt

927(201)
Michael Koep ist beklagt, daß er *Niclauß Bogge* den Pflug entführt habe, so daß der diesen sechs Wochen lang nicht gebrauchen und nicht wiederfinden konnte. Er hat ihn dann endlich zerbrochen wiedergefunden.
8 M
Randnotiz: Mit *Johan Honertz* dem Kleinschmied verrechnet.

(201) Summarum 201 M
Abgezogen für die Stadt die Halbscheid, bleibt 100 M 9 ß.
Hiervon abgezogen für den Herrn Drosten den zehnten Pfennig zu 10 M, bleiben für den Landesherrn 90 M 9 ß.
Innerhalb sechs Wochen zu bezahlen!
Hierzu wurden gesetzt wegen *Niclauß Haeke* 18 M.
Signiert, Werl, am 25. August 1654
Winnimar Monheim, Brüchtenmeister
Gert Brandis, Bürgermeister

(202) Brüchten der Stadt Werl 1655

928(202)
Herman Rinsche hat wieder seine Ehefrau *fast übel traktirt* und auch in seinem Hause übel gehaust, Fenster und Hausgeräte entzweigeschlagen. Er war acht Tage im Runden Turm in Haft und ist auf Bürgschaft von *Barthold Valentin* und *Henrich Droge* freigelassen worden.
4 M
Randnotiz: bezahlt

929(202)
Henrich Duvenheuer hat den Knecht des Stadtmüllers in der Mühle überfallen und geschlagen, weil der Duvenheuers Kinder und seine Magd bezichtigt hatte, dem Müller in der Mühle ein Messer entwendet zu haben.
2 M
Randnotiz: bezahlt

930(202)
Diste Nottebaum ist beklagt, daß er *Ebert Lammers* bei Nacht gegenüber von *Michael Goßmans* Haus gewalttätig überfallen und geschlagen hat, was durch die Male an Haupt und Gesicht erwiesen ist. Nottebaum aber leugnet, Lammers geschlagen zu haben. Lammers habe ihn auf der Straße mehrmals einen Schelm gescholten und ausgerufen, er wäre schon im Mutterleib ein Schelm gewesen. Johan Deckere bezeugt, daß solche Schmähworte

gefallen sind. Er hat aber nicht gesehen, daß Nottebaum Lammers geschlagen hat.
Zusammen 4 M.
Randnotiz: bezahlt

931(202v)
Johan Düßer hat *Drees Gockel* im Haus von *Thonies Kamptman* bei St. Nikolaus- Marktfreiheit mit einem Krug aufs Haupt geschlagen und verletzt.
3 M
Randnotiz: bezahlt

932(202v)
Herman Brunninghausen hat den Kämmerer *Johan Schulte* einiger *unrechtfertiger* Rechnungen bezichtigt, ist auch dessen Ehefrau in sehr unhöflicher Weise begegnet.
8 M
Randnotiz: bezahlt

933(202v)
Martin Osterman hat *Margarete Kleinschnitzler* bezichtigt, sie habe während der Ratszeche beim Kochen einige Gewürze entwendet. Er ist im Rathaus in Haft gewesen und auf Bürgschaft von *Jurgen Reineke* freigelassen worden.
2 M
Randnotiz: bezahlt

934(202v)
Der *Kemmerling* ist durch die Amtsmeister der Schneider überführt worden, daß er untreu und diebisch bei der Anfertigung einiger Kleider gehandelt hat. Er wurde vorgeladen, ist aber aus der Stadt *verwichen.*
Randnotiz: Wegen Armut in Haft zu nehmen.

935(202v)
Herman aus dem *Bergischen Land,* der Ackerknecht von *Wilhelm Karthauß,* hat gestanden, dem *Goddert Zorrieß* zum *Blumenthail* einen Armvoll Linsen vom Land abgenommen und seines Herrn Pferde damit gefüttert zu haben.
3 M
Randnotiz: bezahlt

936(202v)
Die Frau von *Jacob Pape* hat *Philipps Wiegman* einen Schelm gescholten. Dagegen erklärt sie, sie habe solches *retorsine* geredet, weil er sie bezichtigt habe, er könne ihres Hundes wegen kein Ferkel behalten.
2 M
Randnotiz: bezahlt

937(203)
Gobbel Aleveß hat *Henrich Jansen* einen Amtsdieb gescholten. Er wolle ihrem Amt die Nahrung (Einkünfte) abstehlen. Er hat ihn auch ins Gesicht geschlagen, worauf Jansen ihn, Aleveß, umgestoßen hat, daß er mit dem Stuhl hinten übergefallen ist.
3 M
Randnotiz: bezahlt

938(203)
Court Denningkhoff und *Arndt Siebe* von *Kamen* haben Meister *Herman Siebe Buchbender* in *Diederich Willekottes* Haus einen Schelm und- mit Verlaub zu sagen- *hundsfutt* gescholten, auch ihm mit einem Stuhl eine Wunde in den Kopf geschlagen. Sie sind deswegen beklagt worden und auf dem Rathaus in Haft gewesen, dann auf Bürgschaft des o. g. Willekotte freigelassen worden.
Zusammen 8 M
Randnotiz: Durch Diederich Willekotte bezahlt.

939(203)
Barthold Heuwer, Michael Scholers Leckerknecht (Arbeiter bei der Salzgewinnung), hat seinen eigenen Herrn beim Hals ergriffen, geschlagen und gescholten. Er ist deswegen in Haft genommen und auf Kaution von *Jurgen Droge, Jurgen Soestman* und *Rudolpff Horpes* freigelassen worden.
6 M
Randnotiz: bezahlt

940(203)
Jurgen Hilßman hat *Goddert Kamptman* und dessen Schwester *Liese* Hexen, Zauberer und alte Teufel gescholten, der Schwester auch eine Rippe im Leib mit Schlagen verletzt. Deswegen ist er auf dem Rathaus in Haft gewesen und auf Bürgschaft von *Peter Hilßman* und *Herman Rinsche* freigelassen worden.
Nochmals einzusperren und 2 M.
Randnotiz: bezahlt

941(203v)
Dieterich Hilßman hat *Johan Kamm* den Schuster einen Schelm gescholten.
1 M
Randnotiz: bezahlt

942(203v)
Johan Lilie ist beklagt, daß er Meister *Wilhelm* Kleinschnitzler auf dem Salzplatz einen Schelm, Dieb, Daumendreher und *vlickflorer* geschmäht, auch mit gezücktem Messer zu erstechen gedroht habe. Dagegen hat Lilie vorgewandt, o. a. Kleinschnitzler habe ihm unnütze Worte gegeben, auch einen Bohrdenräuber gescholten.
4 M
Randnotiz: bezahlt

943(203v)
Degenhart Riepegerste der Steinpförtner hat Meister *Herman Ziese* den Buchbinder einen lutherischen Schelm gescholten, der so lutherisch sei, daß er stinke. Deshalb sei er auch aus der Stadt zu verjagen. Dabei hatte sich der Buchbinder schon vorher zur katholischen Religion bequemt.
3 M
Randnotiz: bezahlt

944(203v)
Christopff Kappel aus dem Stift Münster hat das Mädchen von *Hans Wullner*

ein Teufelskind gescholten.
2 M
Randnotiz: bezahlt

945(203v)
Engelbert, der ausgeschiedene Berninghmüller, hat *Ulck Zimmerman* in der Glocke (Glockenwirtschaft) an Kopf und Arm verwundet. Er ist deswegen auf dem Schloß in Haft gewesen und auf Bürgschaft von *Eicke* zu *Hemmerde* freigelassen worden.
8 M
Randnotiz: Durch Eicke zu Hemmerde bezahlt.

946(303v)
Des Herrn Richters Knecht *Albert* und der Knecht von *Henrich Hulßperg* haben bei Maitags Marktfreiheit *Wegman* von *Westönnen* mit einem Borbaum niedergeschlagen und verwundet.
Zusammen 18 M
Randnotiz: Alberts Brüchten sind dem Herrn Brüchtenmeister angewiesen. Hulßpergs Knecht hat hierauf bezahlt 6 M. Rest von diesem Exeß 3 M. Diese 3 M hat der Herr Richter bei der Stadt angenommen.

947(204)
Derselbe Albert, des Herrn Richters Ackerknecht, und die Knechte vom Herrn Kämmerer und von Bürgermeister *Caspar Godde* haben sich am Pfingsttag um die Maibäume geschlagen, und des Richters Knecht hat dabei gerufen, man solle Goddes Knecht totschlagen.
2 M
Randnotiz: bezahlt

948(204)
Tonnies Kepman hat gestanden, dem Meister *Johan Kam* in *Tonnies Kamptmans* Haus mit einem Krug eine Wunde ins Haupt geschlagen zu haben. Kam habe in aber vorher ins Gesicht geschlagen. Kam leugnet, daß dieses vorher geschehen ist.
4 M
Randnotiz: bezahlt

949(204)
Die Ehefrau von *Henrich Droge* hat *Rudolph Hoep* mit einer Mistforke hart zugesetzt und ihn damit auf den Leib gestoßen.
3 M
Randnotiz: bezahlt

950(204)
Wilhelm Schulte hat in seinem Haus dem *Thonnies Spilker* an den Kopf und ihn dann zur Erde geschlagen.
3 M
Randnotiz: bezahlt

951(204)
Derselbe *Schulte* hat den vormaligen Bars-Kuhhirten, *Dreeß* genannt, auch in seinem Haus mit einer Feuerzange über Achseln, Schultern und Rücken

geschlagen. Schulte gibt vor, der Kuhhirte habe ihn einen Schelm gescholten und ihn dadurch dazu veranlaßt.
4 M
Randnotiz: bezahlt

952(204)
Johan Leistenschneider von *Büderich* hat *Lueß* von *Waltringhausen* in *Johan Waßmans* Haus geschlagen. Lueß hat ihn vorher geschlagen, auch einen Zauberer, Werwolf und ein Hexenkind gescholten. Dadurch war er veranlaßt, wiederzuschlagen.
8 M
Randnotiz: bezahlt

953(204v)
Albert, Knecht des Herrn Richters, hat dem Knecht des Herrn Bürgermeisters *Brandiß* mit einem Stein eine Wunde in den Kopf geschlagen, ihm auch den Stein gefährlich nachgeworfen, ohne ihn allerdings zu treffen.
Er wird in Haft genommen.

954(204v)
Diederich Hilßman hat dem *Henrich Trummenschläger* in dessen Haus Gewalt angetan, verschiedene Hausgeräte entzweigeschlagen und dessen Frau gewalttätig überfallen und geschlagen.
Wegen Armut 4 M
Randnotiz: bezahlt

955(204v)
Gert an der Straße in *Wambeln* und andere Wambelner Leute haben sich im Haus der Witwe von *Johan Oesthaus* untereinander geschlagen.
Aufgeschoben, bis diese hier anzutreffen sind.

956(204v)
Rißе von *Wickede* hat auf der Jahrmesse Petri ad Vincula (1. August) in *Roggemans* Haus dem *Brahm* von *Wickede* eine Wunde in den Kopf geschlagen.
24 M
Randnotiz: bezahlt

957(204v)
Albert, der Ackerknecht des Herrn Richters, der Ackerknecht des Herrn Pastors wie auch die Ackerknechte von *Barthold Valentin* und *Henrich Hulßperg* haben ein Judenkind mit einer Mistforke am Kopf verwundet.
Siehe weiter unten!

958(205)
Die *Brüder Leppeler,* der eine hier, der andere, ein Müller, in *Sönnern* wohnhaft, haben sich am Fest der Kreuzerhöhung (14. September) bei Marktfreiheit miteinander geschlagen. Deswegen wurde der Müller als Auswärtiger in Haft genommen und auf Bürgschaft von *Jurgen Schriekeß* freigelassen.
Zusammen 6 M.
Randnotiz: bezahlt

959(205)
Gerhart Pape hat *Johan Lilie* ins Gesicht geschlagen. Beide haben sich in die Haare gegriffen und sind dabei zur Erde gefallen. Danach hat Pape den Lilie mit einem Degen auf offener Straße verfolgt und ihm mit gezücktem Degen zugesetzt.
10 M
Randnotiz: Hiermit am 22. Oktober 1656 durch *Philip Brandis* 2 1/2 Rtlr bezahlt,so daß mit diesen 2 1/2 Rtlr dessen Steineholen für die Landwehr beglichen ist.

960(205)
Meybaum von *Budberg* hat dem Zehentner von Neheim im Haus von *Wilhelm Karthausen* eine Wunde in den Kopf geschlagen.
2 M
Randnotiz: bezahlt

961(205)
Albert, der Ackerknecht des Herrn Richters, *Lamboi,* der Ackerknecht von *Barthold Valentin* wie auch der Ackerknecht von *Henrich Hulsperg* sind aus dem Arrest entwichen, den der Herr Richter angeordnet hatte.
Zusammen 9 M
Randnotiz: Bezahlt bis auf die 3 M von Hulspergs Knecht. Diese 3 M will der Herr Richter dieser Stadt gut machen.

962(205)
Frederich, Herrn Bürgermeister Dr. *Caspar Goddes* Ackerknecht, hat ein Judenkind mit einer Mistforke am Kopf verwundet.
In Haft zu nehmen und 9 M!
Randnotiz: bezahlt

(205v) Summarum 171 M
Abgezogen für die Stadt die Halbscheid, bleiben 85 1/2 M.
Hiervon abgezogen den zehnten Pfennig für den Herrn Drosten zu 8 1/2 M,
bleiben für den Landesherrn 77 M.
Innerhalb Monatszeit zu bezahlen.
Signiert Werl, am 14. November 1655
Winnimar Monheim, Brüchtenmeister
Dr. Caspar Godde

(206) Brüchten der Stadt Werl 1656

963(206)
Meister *Stephan,* der Stadtspielmann, ist durch den Ratsdiener *Michael* am 4. Dezember 1655 beklagt worden, daß er den o. g. Ratsdiener bei der Kalandzeche (Bruderschaft) mehrmals einen Schelm gescholten habe. Der Beklagte wurde deswegen vorgeladen, ist erschienen und hat die Beleidigung gestanden. Er wurde deshalb auf dem Rathaus in Haft genommen und auf Bürgschaft von *Wilhelm Kappius* freigelassen.
2 M
Randnotiz: bezahlt

964(206)
Johan Leistenschneider zu *Büderich* und die *Gröffische* zu *Holtum* haben am 8. März 1656 geklagt, daß *Ketteler* zu *Holtum* sie beide in *Karthaußes* Haus in Werl bei einem festlichen Gelage mit ehrverletzenden Worten angegriffen, den Leistenschneider einen Zauberer und die Gröffische eine Hure gescholten habe. Die Kettelersche ist für ihren Ehemann im Amt erschienen und hat um Verzeihung gebeten, ihr Mann sei zu der Zeit sehr betrunken gewesen.
6 M
Randnotiz: bezahlt

965(206v)
Winholt Wilmeß ist am 1. April 1656 durch *Johan Lockes* Ehefrau beklagt worden, er habe sie bezichtigt und berüchtigt, sie habe ihm eine Barde abgestohlen. Wilmeß und dessen Ehefrau gestanden, daß sie die Klägerin so bezichtigt und berüchtigt haben, waren auch ohnehin überführt. Lockes Frau aber hat die Tat geleugnet. Deswegen wurde dem Beklagten auferlegt, dieses der Klägerin zu beweisen. Weil es ihm aber an Beweisen mangelte, ist er im Rathaus in Haft gewesen und auf Bürgschaft von *Frantz Wilmeß* und des Kleinschmieds *Johan Honertz* freigelassen worden.
4 M
Randnotiz: bezahlt

966(206v)
Michael Mense ist auch am 1. April durch *Johan Sprincke* beklagt worden, daß er diesen einen Schinder, *bauwrenreckel* und auch sonst gröblich geschmäht sowie auch zu schlagen gedroht habe. Auch habe er gegen das Verbot und Gebot der Herren durch Angaben über Scheinbesitz im Hinblick auf Tretstein und Mistlegen Verwirrung gebracht. Der Beklagte ist in allem überführt worden. Obwohl er vorgeladen wurde, ist er widerspenstig ausgeblieben. Danach wurde er des Gehorsams wegen zum Rathaus bestellt, ist aber nicht gekommen.
6 M
Randnotiz: bezahlt

967(207)
Herman Dierkeß wurde am 7. April durch *Caspar,* den Diener des *Herman Mallingkrott* von *Dortmund,* beklagt, daß er ihn, als er ihn auf Befehl seines Herrn gütlich gemahnt hat, geschlagen, am Auge verletzt,- mit Verlaub zu sagen- einen Hundsfott, Schelm und dergleichen gröblich geschmäht und ebenso auch seinen Herrn beschimpft habe. Er beruft sich auf *Peter Banse* als Zeugen. Der wurde vorgeladen und bezeugte, Dierkeß sei betrunken gewesen, und als der Diener ihm einen Wechsel gab, sei er ungestüm gegen ihn *heraußgefahren,* habe auch auf o. a. geschmäht, er könne aber nicht wissen, ob damit der Diener oder dessen Herr gemeint gewesen sei.
6 M
Randnotiz: bezahlt

968(207)
Johan Reinecke wurde am 12. Mai beklagt und am 17. Mai durch die Zeugenaussagen von *Herman Otto, Henrich Bueßman* und *Elsche Kneppers*

überführt,daß er *Anne Pingels* von *Sundern* mit einer Kanne voller Bier übers Haupt geschlagen, auch mit einem Stock zu schlagen gedroht und sie eine Blut- und Teufelshure gescholten habe. Die Klägerin habe auf die Verbalinjurien geantwortet, sie halte ihn dafür, bis er ihr solches beweise.
4 M
Randnotiz: bezahlt

969(207v)
Johan Honertz der Kleinschmied hat am 10. Juni geklagt, daß *Michael Koep* ihn am Samstag vor Pfingsten einen Esel, *rickel,* ja gröbsten Esel dieser Stadt gescholten, ihn auch in *Wilhelm Karthaußes* Haus mit einer Fleischgabel *blunt und blau* über den Leib geschlagen, beim Hals ergriffen und *gedempffet* habe.Die Schlägerei und Schmähung sei zu zwei verschiedenen Malen gewesen, erst in Karthaußes Haus, dann habe er ihn im Haus des verstorbenen *Engelbert Koep* wieder *gefeddert,* als Koep vom Bäcker des Klägers, der von ihm nichts wußte, ein Brot abholte. Koep hat eingewandt, daß Honertzt ihm am 12. August zuvor ins Gesicht geschlagen habe,was er durch drei Zeugen beweisen wolle.
6 M

970(207v)
Peter Heße von *Melmeke* hat im Haus des *Johan Mauritz* den Schultzen zu *Brünninghausen* einen Schelm gescholten, auch geschlagen. Heße hat dagegen angegeben, der Schultz habe ihn vorher *grensepeter* genannt. Deswegen habe er gesagt, das möge ihm wohl ein Schelm nachreden, und wie der Schultz darauf nach ihm schlug,habe er sich gewehrt und ihn zu Boden geworfen.
Zusammen 8 M
Randnotiz: bezahlt

971(208)
Philips Pape hat geklagt, daß *Johan Lilies* Hausfrau im Haus des Kämmerers *Dietherich Pape* in Gegenwart seiner und anderer weltlicher und geistlicher Personen seinen abwesenden Bruder *Caspar* öffentlich an der Speisetafel einen *krakehler* beschrieen habe. Als er das zurückwies, habe Lilie ihn eine Schuft gescholten. Deswegen seien sie sich in die Haare geraten. Einer habe den anderen aufgefordert, den Degen zu ziehen. So habe sich bei Nacht ein Tumult ereignet. Lilie wurde vorgeladen, erschien aber nicht.
Zusammen 12 M
Randnotiz: bezahlt

972(208)
Wilhelm Kapp hat geklagt, daß *Michael Koep* ihm in *Karthaußes* Haus *verweißlich und schmähsüchtig* vorgehalten habe, er sei während der hessischen Kontributionszeit aus dieser Stadt entwichen und ein Bettler gewesen, jetzt hingegen sei er ein großer Mann und habe genug zu leben. Er hat dem widersprochen und hinzugefügt, das würde Koep lügen wie ein Schelm und - mit Verlaub zu sagen- *hundsfutt.* Darauf habe Koep ihm ins Gesicht und ein Auge *blunt und blau* geschlagen, auch den *Prokurator Gerwiß* einen Mamelucken gescholten und geschlagen.
4 M

973(208)
Diste Hilckenkampff und *Ebert Lammers* haben einem Schmied von *Menden* auf offener freier Straße einige Nägel abgenommen.
Zusammen 14 M.
Randnotiz: bezahlt

974(208v)
Der Neuwerschäfer (Neuerhofe), wie auch der Tonnerschäfer (Westönnen) *Teman* und *Walrad Mueße,* Schäfer zu Schlückingen, haben sich in *Karthaußes* Haus bei der Schafschur geschmäht und geschlagen. Sie sind zwar dreimal vorgeladen worden, aber widerspenstig ausgeblieben.
Zusammen 18 M

(208v) Summarum 90 M
Abgezogen für die Stadt die Halbscheid, bleiben 45 M.
Hiervon für den Herrn Drosten abgezogen den zehnten Pfennig zu 4 1/2 M, bleiben für den Landesherrn 40 1/2 M.
Innerhalb sechs Wochen zu bezahlen.
Signiert am 27. September 1656
Winnimar Monheim, Brüchtenmeister
Gert Brandis, Bürgermeister

(209) Brüchten der Stadt Werl 1657

975(209)
Henrich Sethe von *Neheim* hat *Dranßveldt* von *Bachum* am Michaelistag des letzten Jahres, als die Mastschweine eingetrieben wurden, in *Karthaußes* Haus mit einem Krug dermaßen hart aufs Haupt geschlagen, daß der Krug in tausend Stücke zersprungen ist. Durch den Schlag hat Dranßveldt eine so große Wunde abbekommen, daß man eine Hand hineinlegen konnte, wie der Barbier *Wilhelm Rive* bezeugt.
Wegen Mittellosigkeit 9 M
Randnotiz: Hierauf bezahlt einen Goldgulden, auf den der Brüchtenmeister die Strafe ermäßigt.

976(209)
Die Brüder *Gerhardt* und *Caspar Pape* haben sich am St. Nicolaiabend (5. Dezember) bei Marktfreiheit geschlagen, so daß Gerhardt schwer verwundet wurde. Gerhardt Pape sagt, er sei zu der Zeit zu seinem Bruder Caspar ins Haus gekommen, da habe der ihn unvermutet überfallen und geschlagen, worauf er so verwundet wurde, was der Arzt *Gorries* bezeugen konnte. Caspar Pape wurde vorgeladen, ist aber widerspenstig ausgeblieben.
9 M
Randnotiz: Caspar Pape bezahlt 1 1/2 Rtlr.

977(209)
Giriett Koephauß hat *Jacob Papens* Frau eine Hexe gescholten, weil sie ihn *gestraft* hatte, als er das Schwein von *Caspar Godde* durch Schläge verletzte.

Er ist deswegen auf dem Rathaus in Haft gewesen und auf Bürgschaft von *Herman Brunningkhaußen* freigelassen worden.
12 M
Randnotiz: 3 Rtlr bezahlt.

978(209v)
Thonies Kamptman hat am Abend von St. Thomae Apostoli (20. Dezember) im Haus von *Michael Goßman* den Jungen von *Wilhelm von Berningk* mit einem steinernen Krug dermaßen hart auf das bloße Haupt geschlagen, daß der Krug in unzählbare Stücke zersprungen ist. Dadurch wurde der junge Berningk so verletzt, daß er des Arztes bedurfte. Derselbe Kamptman hat auch zu der Zeit den Meister *Stephan* geschlagen und ihn wie auch den Gerichtsschreiber *Henrich Goßman* Schelme und den *Diderich Binholdt* einen Hund gescholten. Als Berningk bei Johan Guthoff seine Wunde verbinden ließ, hat er mit seinem Sohn und dem Bäckerknecht ihm bei finsterer Nachtzeit mit einem großen Stock oder Prügel mörderisch aufgelauert. Wenn die beiden sich nicht, durch die Nachbarn gewarnt, in Goßmans Haus durch die Flucht gerettet hätten, wäre wohl ein großes Unglück geschehen. Als Kamptman deswegen vorgeladen wurde, ist er widerspenstig ausgeblieben. Meister Stephan hat gestanden, daß solches passiert ist.
25 M
Randnotiz: 4 Rtlr bezahlt.

979(209v)
Ebert Renolts Schwager *Joan* von *Büderich* hat gestanden und ist ohnehin überführt, daß er in *Henrich Wilmeß* Scheune beim Korndreschen Tabak aus der Pfeife *gedrunken* hat.
3 M
Randnotiz: bezahlt

980(210)
Thomaß Micke, der Bübericher Pförtner, hat gestanden, daß er die Richtleute der Bäcker Straßenräuber und Pracherer gescholten hat. Diese hatten bei ihm Brot gefunden, das zu *Hilbeck* gebacken worden war, und haben es ihm nach hergebrachter Amtsgerechtigkeit wegnehmen und den Armen im Hospital schicken lassen.
Erlassen auf 1/2 Rtlr.

981(210)
Dietherich Hilßman hat gestanden, *Johan Volle* einen Bettdieb und Schelm gescholten zu haben.
3 M

982(210)
Peter Top und *Michael Koep* haben einen fremden Stroheschneider, *Johan Schade* genannt, im Haus von *Niclas Bogge* mit Gewalt überfallen und *gebluetrunstet,* danach außerhalb des Hauses auf offener Straße geschlagen, wodurch dessen Haupt so verletzt wurde, daß das Blut haufenweise aus den Ohren geronnen ist, dessen Brust mit Füßen getreten, den Rücken *blunt und blauw* geschlagen und so mit Füßen getreten, daß der Verletzte seinen Leib kaum bewegen konnte. Er bedurfte lange Zeit eines Arztes. Die Beklag-

ten sind auf dem Rathaus in Haft gewesen und auf Bürgschaft von *Dietherich Willekotte* und *Michael Nolte* freigelassen worden.
Wegen Armut jeder 7 M, macht 14 M.
Randnotiz: bezahlt

983(210)
Johan Dolle hat gestanden, seinen Bruder *Caspar* bei vergangener Maijahrsmarktfreiheit geschlagen, auch dessen Ehefrau Hure gescholten zu haben.
Wegen Mittellosigkeit 3 M.
Randnotiz: bezahlt

984(210v)
Der Sohn von *Degenhardt* von *Blumenthal* hat *Tobias Lonnies* einen Schelm gescholten. Auch Degenhardts Mutter hat ihn einen Schelm geschmäht und gesagt, daß sie ihn lebenslang dafür halten wollte. Denn Lonnies habe vorher einen Scheffel Roggen verdient und wäre dadurch zum Schelm geworden.
2 M
Randnotiz: bezahlt

985(210v)
Peter Nottebaums Frau hatte den *Johan Decker gestraffet,* weil er seine Hausfrau mit Schlägen *überhart betrübet* hatte. Darauf schalt Decker sie eine Mutze, worauf sie sagte, das sollte ihr ein Schelm nachreden. Als Dekker sie daraufhin schlug, verteidigte Nottebaum seine Frau. Dabei ist Decker gefallen und hat sich am Kopf verletzt.
Wegen Armut 2 M
Randnotiz: bezahlt

986(210v)
Die Frau von *Ebert Kothenbreuwer* hat gedroht, dem *Wilhelm Schulte* den Brunnen vor ihrer Tür zu verwehren und zu verschließen. Darauf hat Schultes Frau geantwortet, sie möge den Brunnen am Galgen verschließen. Kothenbreuwers Frau erwiderte, Schultes Frau brauchte sie nicht zum Galgen zu verweisen, sie sollte selbst zur Steinkuhle gehen. Schultes Frau hat hierbei ausdrücklich erklärt, daß sie mit o. a. Worten die Kothenbreuwersche nicht zum Galgen verweisen wollte.
3 M
Randnotiz: bezahlt

987(211)
Jobst Zimmerman hat *Johan Volle* einen Hessen gescholten. Volle hat deswegen geantwortet, das sollte ihm ein Schelm nachreden. Er halte ihn solange dafür, bis ihm solches bewiesen werde.
Wegen Armut 6 M.
Randnotiz: bezahlt

988(211)
Caspar Spormacher hat *Frantz Sina* in der Schere (Wirtshaus) dermaßen übel zugerichtet, daß er eine Zeitlang einen Arm in der Binde tragen und

sich schmieren lassen mußte.
Ein jeder 3 M, macht 6 M.
Randnotiz: Frans Sina bezahlt.

989(211)
Johan Stroheschneider, gegenüber Kysauw wohnend, hat in Gegenwart des Ehrsamen Rates den *Bernt,* im Haus des Herrn Offizial wohnend, einen Roggendieb gescholten.
3 M
Randnotiz: bezahlt

990(211)
Als *Overhoff* seinen Wagen bei *Frantz Sina* reparieren ließ, ist *Mense* von *Gerlingen* hinter ihm hergekommen und hat ihn öfter angesehen, worauf Overhoff fragte:"Was siehst du mich an?" Darauf erwiderte Mense:"Es sieht doch wohl eine Katze einen Grafen an. Du bist ein Kerl, mit dem der Büttel noch zu schaffen haben soll." Hierauf haben sie sich in die Arme gegriffen in die gebalgt bis zur Pforte. In der Pforte wälzten sie sich herum, Mense aber hat oben gelegen, wie Sina und *Hans Kestien* bezeugen.
Mense 9 M
Randnotiz: bezahlt

991(211v)
Des *Wellies* Knechte in *Sönnern* haben die Frau von *Thonnieß Karrentreiber* im Haus von *Johan Harden* geschlagen.
3 M
Randnotiz: 52 ß bezahlt.

992(211v)
Albert Suerlandt hat dem kurfürstlichen Schöffengericht Ungehorsam bezeigt.
10 M
Randnotiz: 1 1/2 Rtlr 9 ß bezahlt. So weit sind diese Brüchten angepaßt.

(211v) Summa 125 M
Hiervon die Halbscheid für die Stadt abgezogen, bleibt für den Landesherrn 62 1/2 M.
Davon wieder der zehnte Pfennig für den Herrn Drosten abgezogen, bleibt endlich für den Landesherrn 56 1/2 M.
Innerhalb von 4 Wochen zu bezahlen.
Signiert am 25. Oktober 1657
Rudolff Höingk, Substitutus
Herman Brandiß, Bürgermeister
Hieraus kommen der Stadt zugute 4 Rtlr 24 ß.
Dem Einpännigen (kurfürstlicher Bote) gegeben 36 ß.

993(212)
Herzig Jude hat die zum Spielen beurlaubte Schülerjugend im Vorbeigehen auf deren Anreden in unflätiger Weise beschieden, fünf oder sechs von ihnen auch mit einem Stock geschlagen und zum Teil verwundet. Er wurde darum bis zum 3. Tag mit dem Dorenkasten bestraft.
6 M

994(212)
Henrich Schueler und *Johan Honertz* Kleinschmidt sind wegen eines Lattenhammers aneinander und in die Haare geraten. Schueler hatte dem Schmied Honertz den Hammer gegeben, damit er ihn anspitze. Als er einen anderen Hammer zurückbekommen sollte, hat er sich geweigert, ihn anzunehmen. Da hat Honertz dem Schueler haufenweise die Haare ausgerissen, und der Schmied und sein Sohn haben auch mit einer Schippe dem Schueler auf den Kopf und und die Schultern geschlagen.
Wegen Mittellosigkeit 3 M.
Randnotiz: Kompensiert mit dessen Arbeit.

995(212)
Die *Luische* in der Krämergasse ist überführt, daß sie den *Thonnieß Werrensingk* einen Teufelshund gescholten und gesagt hat, daß ihn der Teufel gemacht habe.
Weil sie eine Soldatenfrau ist und keine Mittel hat, 3 M.
Randnotiz: bezahlt

996(212)
Die Frau von *Dreeß Suerman* ist beklagt. die *Grete Jägers* eine diebische Hure gescholten zu haben.
3 M
Randnotiz: Kompensiert.

997(212v)
Jurgen Hilßman ist für brüchtenschuldig erklärt worden, weil er *Johan Kamptman* ins Gesicht gespuckt und eine Schüssel ins Gesicht geworfen hat. Er hat die Zänkerei angefangen.
Wegen Mittellosigkeit 2 M
Randnotiz: bezahlt

998(212v)
Thonnieß Spielker ist überführt, daß er *Wilhelm Schulte* einen Schelm und Dieb und dessen Ehefrau eine Hure und Mutze gescholten hat. Spielker ist auch überführt, daß er die Kämmerer und Richtleute belidigt hat, indem er sie Schelme und Diebe nannte. Er ist deshalb bis auf den fünften Tag in Haft gewesen und auf Bürgschaft von *Henrich Droge* und *Thonnieß Schimmel* freigelassen worden.
12 M
Randnotiz: 20 Stüber bezahlt.

999(212v)
Herman Brunningkhausen hat gestanden, daß er *Wilhelm Rive* mit seinem Richtscheid über Arme und Achseln einen oder den anderen Streich gegeben hat, weil der sich unterstanden hatte, zu nahe an seinem Grundstück zu bauen.
3 M
Randnotiz: Kompensiert durch dessen Arbeit.

1000(212v)
Die Frau von *Dietherich Wrede* ist überführt, daß sie die Witwe von *Johan Kuelman* eine hessische Hure gescholten und über den Arm geschlagen hat. Die Beklagte hat vorgewandt, sie sei dazu veranlaßt worden, weil die Klägerin ihres Vaters Freunde verunglimpft und auch ihre Kinder geschmäht habe.
Zusammen 6 M
Randnotiz: bezahlt

1001(212v)
Johan Honertz Kleinschmidt hat eines fremden Landstreichers Frau am Hals verletzt, daß sie eines Arztes bedurfte.
1 M
Randnotiz: Wird durch dessen Arbeit kompensiert.

1002(212v)
Peter Wieße ist beklagt, daß er *Lipß Bock* einen Schelm und Verräter gescholten hat. Wieße ist widerspenstig ausgeblieben.
3 M

1003(213)
Johan Leppeler hat *Joan Volle* mit Schlägen übel zugerichtet. Leppeler hat vorgewandt, Volle habe ihn einen Schelm und seine Frau eine Hure gescholten. Deshalb ist Leppeler fünf Tage in Haft gewesen und auf Bürgschaft von Konrektor *Poelman* freigelassen worden.
2 M
Randnotiz: bezahlt

1004(213)
Johan Moritz ist beklagt, daß er die Frau von *Christopff Leppeler* mit einem Stock geschlagen und eine Wettermachersche gescholten habe, weil sie bei ihm geholtes Bier wiederbrachte, da es ihre Zimmerleute nicht trinken wollten.
6 M

1005(213)
Roßenbaum von *Waltringhausen* (Waltringen) ist beklagt, daß er den Schäfer von *Blumenthal* einen Dieb gescholten habe.Der Schäfer hat dagegen geantwortet, er halte ihn bis zum Beweis des Diebstahls für einen Schelm, und wenn er ein Schelm sei, so sei der Beklagte ein Dieb, über den der Büttel kommen und ihn zwei Fuß länger machen sollte.
6 M
Randnotiz: bezahlt

1006(213)
Der Jude *Marcus* klagt, daß *Disse* der Schmied ihn ohne gegebenen Anlaß mit der Faust ins Gesicht geschlagen habe.
3 M

1007(213)
Lammert, der Barßhover Schweinehirte, klagt, daß der Barßhover Schäfer ihm ein Loch in den Kopf geschlagen habe.
5 M

1008(213v)
Hans vom Bruick hat geklagt, daß ihn *Caspar Pape junior blundt und blauw* geschlagen habe. Pape, vorgeladen und erschienen, hat vorgewandt, Hans vom Bruick habe ihn einen Schelm gescholten, da habe er sich nicht enthalten können.
Bruick 3 M, Pape wegen des Exesses 4 M.
Randnotiz: bezahlt

(213v) Summa 70 M
Abgezogen für die Stadt die Halbscheid zu 35 1/2 M und von der anderen Halbscheid den zehnten Pfennig für den Herrn Drosten zu 3 1/2 M, bleibt für den Landesherrn 32 M.
Innerhalb von 4 Wochen zu bezahlen.
Signiert am 3o. November 1658
Rudolff Höingk, Brüchtenmeister
Herman Brandiß

(214) Bruchtregister der Stadt Werl 1659

1009(214)
Kracht Koch hat geklagt, *Herman Brunningkhaußen* habe ihm den Durchgang durch eine öffentliche Gasse nicht gestatten wollen, die zwischen ihren Häusern liegt. Er aber habe sein Recht verlangt. Brunningkhaußen hat nicht nur verschiedene Verwirrungen angerichtet, sondern auch ihn, Kracht, und andere Nachbarn gröblich gescholten und Schlägerei verursacht, auch Anlaß gegeben, daß Krachts Frau fast gefährlich am Kopf verwundet wurde. Brunningkhaußen hat eingewandt und auch erwiesen, Kracht habe ihn einen Schelm, Dieb und- mit Verlaub zu sagen- *hundtsfott* gescholten, auch mehrmals vor die Brust gestoßen. Deswegen seien sie sich in die Haare geraten.
Kracht 4 M, Brunningkhaußen 3 M.
Randnotiz: Kracht bezahlt 4 M.

1010(214)
Peter Wieße hat *Philipß Bock* geschmäht und sich deswegen submittiert.
2 M
Randnotiz: bezahlt

1011(214)
Johan Ruggeman hat die Frau von *Volmar Balcke* mit einem Brandeisen *blundt und blauw* geschlagen und unmenschlich traktiert, auch ihren Mann einen alten Schelm gescholten. Ruggeman hat dagegen vorgewandt, sie habe ihn geschmäht und auf seine Mutter verwiesen, so sei er dazu veranlaßt worden.
Weil brandgeschädigt 8 M.
Randnotiz: bezahlt

1012(214v)
Johan Dolle ist beklagt, den Ratsherrn *Johan Lilie* einen Esel geschmäht zu haben. Er ist deshalb fünf Tage in bürgerlicher Haft gewesen.
Wegen Armut 6 M.
Randnotiz: bezahlt

1013(214v)
Die Witwe von *Herman Muhler* ist beklagt, dem Herrn *Dr. Bielstein* den Zaun niedergehauen zu haben. Ihre Tochter hat demselben Birnen entwendet.
1 M.

1014(214v)
Wilhelm Schultes Frau hat *Agathe Janneß* einen alten Teufel gescholten. Schultes Frau sagt, die Janneßsche habe sie auf ihre Mutter verwiesen.
Eine jede 3 M, 6 M.
Randnotiz: bezahlt

(215/216) (Eingelegtes Blatt)

Brüchten vom Jahr 1659

Kracht, Stadtkoch	4 M
Herman Brunningkhaußen	3 M
derselbe	3 M
Peter Wieße	2 M
Johan Ruggeman	8 M minus 36 ß
Johan Dolle	3 M
Die Witwe von *Herman Mühler*	1 M
Wilhelm Schultes Frau	3 M
Thonnies Hake	2 M
Des Schultes zu *Werringhaußens* Bruder, (Werringen bei Menden) wofür der *Schulte* bürgt	6 M
Johan Oger Brandis	30 M
Dem Herrn Drosten	3 1/2 M

Die Stadt hat empfangen 28 Brüchtenmark zu 9 Rtlr 18 ß

1015(217)
Thonnies Hake hat den Gefreiten *Christian Jude* einen Schelm, - mit Verlaub zu sagen- *hundtsfutt,* verdorbenen Gefreiten und ausgerissenen Soldaten gescholten. Hake hat zu seiner Entschuldigung vorgebracht, er habe den Gefreiten mit Weib und Kindern in seinem Haus aufgenommen, und der habe mehrmals seine Tochter geschlagen, dadurch sei er dazu bewogen worden. Hake ist deshalb drei Tage auf dem Rathaus in Haft gewesen.
2 M
Randnotiz: bezahlt

1016(217)
Herman Brunningkhaußen Leyendecker hat den Ratsdiener *Michael Kop* einen Schelm gescholten. Deswegen hat der ihn ins Gesicht geschlagen, und sie sind sich in die Haare geraten und haben sich gebalgt.
3 M

1017(217)
Caspar Pape junior ist beklagt und überführt, daß er *Henrich Hulsperg* im Beisein der Richtleute von den Ämtern ins Gesicht geschlagen, einen *jungen lecker* geschmäht, mit einem Gewehr auf offener Straße *gefehret* und einen Tumult angerichtet hat. Er ist auch am anderen Morgen mit einem bloßen Degen in Hulspergs Haus und in die Schlafkammer eingedrungen und hat ihn, der schlaftrunken im Bett lag, abermals *gefehret.* Pape hat zu seiner Entschuldigung vorgewandt, Hulsperg habe ihn vorher einen Bettler und Schuft gescholten, daher habe er sich veranlaßt und verursacht gesehen, das Gewehr vorzuzeigen und ihn herauszufordern, wollte ihn aber nicht ermorden. Hulsperg negiert, Pape auf irgendeine Weise beleidigt zu haben. Weil Pape meinte, der Herr Bürgermeister sei in dieser Sache voreingenommen, hat er begehrt, dieses an den Herrn Brüchtenmeister zu dessen Kenntnis zu übergeben. Zu diesem Zweck hat er auch eine Kopie der Klageschrift begehrt, was gewährt wurde.
Randnotiz: Hierbei soll ein Auszug aus dem Protokoll mitgeteilt werden.

1018(218)
Christopff Hillebrant von *Meschede* hat geklagt, daß ihm durch den Bruder des Schulten zu *Werringßen* (Werringsen bei Menden) bei offener Marktfreiheit zu *Werl* etliche Seide abgestohlen worden sei. Beklagter hat gestanden. Dafür bürgt der Schulte zu Werringßen.
6 M
Randnotiz: bezahlt

(218) Summa 74 M
Abgezogen für die Stadt die Halbscheid zu 37 M und von der anderen Halbscheid den zehnten Pfennig für den Drosten zu 3 1/2 M, bleibt für den Landesherrn 33 1/2 M.

Innerhalb 4 Wochen zu bezahlen.
Signiert 30. Oktober 1659
Rudolff Höingk, Brüchtenmeister
Dr. Caspar Gödde, Bürgermeister

1019(218v)
Der öffentliche Ankläger klagt, daß *Johan Oger Brandis* eigenmächtig eine Kuh vom Pfandstall abgenommen hat, die ihm auf Befehl des Herrn Landdrosten vom Schöffengericht abgepfändet und weggeführt worden war. Dieses ist durch das kurfürstliche Gericht verurteilt worden.
30 M
Randnotiz: Hat die Halbscheid an den Herrn Brüchtenmeister bezahlt. Die übrige Halbscheid soll nach Bericht des Brüchtenknechtes der Herr Landdroste erhalten haben.

(219) Brüchtenregister der Stadt Werl 1660

1020(219)
Martin Osterman hat geklagt, daß *Wennemar Wellie* einen zwischen ihren Häusern gelegenen gemeinsamen Brunnen durch Hausbau und Lehmgraben verdorben habe. Als er ihn wegen der Reparatur angesprochen habe, sei er gewalttätig über ihn hergefallen, habe ihn mit einem Flegel, den er bei sich trug, über die Achseln geschlagen, ihn auch einen Schelm, Daumendreher und seine Ehefrau eine Hure gescholten. Überdies sei er ihm in die Haare gefallen und habe ihn *gedempfet, daß er schwarz wurde.*
Wegen Armut 4 M
Randnotiz: bezahlt

1021(219)
Diederich Hartman hat am frühen Morgen des heiligen Weihnachtstages aus der Werlischen Stadtmühle einen Scheffelsack Roggenmehl entwendet. Er ist verhaftet und dem Schöffengericht überantwortet worden.
Er ist geflohen.

1022(219)
Johan Dueser hat *Anne Mühler* mit einem Balken, der beim Hofstall gebraucht wird, den rechten Arm *blundt und blauw* geschlagen, wie an den Malen am Arm zu sehen ist. Er wurde deshalb in bürgerliche Haft genommen und auf Bürgschaft von Meister *Albert vom Broch* freigelassen.
8 M
Randnotiz: bezahlt

1023(219)
Die Ehefrau von *Nicolaeß Binholt* hat von *Herman Brunningkhaußens* Tochter ein Bild zurückgefordert, das ihren Kindern weggenommen worden war. Die Tochter hat anfangs geleugnet, das Bild zu haben, sie dann ein Teufelskind gescholten. Daher sah die Frau des Binholt sich veranlaßt, Brunningkhaußens Tochter mit der Hand an den Kopf zu schlagen, die daraufhin ein großes Geschrei machte. So ist der Vater, der o. g. Brunningkhauß, mit seiner Frau dazugekommen, und sie haben Binholts Frau an Haupt, Arm, in der Seite und auf der Lende mit Schlägen *blunt und blauw* grausam zugerichtet, wie es durch Augenschein bewiesen ist. Sie hat auch des Arztes bedurft. Darum ist Brunningkhauß drei Tage in bürgerlicher Haft gewesen

und auf Bürgschaft von *Jacob Pape* und *Peter Homberg* freigelassen worden.
Neben der Haftstrafe 15 M
Randnotiz: Durch Kapitänleutnant *Wilhelm Frilingk* wegen des *Leiendecker* gutgemacht.

1024(220)
Johan Lilie hat *Hanß Jurgen Voß* gefragt, warum er ihm in Wiesche mit seinem Pferd Schaden zugefügt habe. Dieser hat ihn unhöflich beschieden und auch geantwortet, es sage ihm ein Schelm nach, daß er mit seinem Pferd Schaden zugefügt habe.
4 M
Randnotiz: bezahlt

1025(220)
Anna Kloets ist überführt, daß sie die Tochter von *Thonnieß Fuest beschreyet* hat, sie habe von der jüngst hingerichteten Dirne die Zauberei gelernt. Sie ist deswegen zwei Tage mit dem Dorenkasten bestraft worden.
4 M
Randnotiz: bezahlt

1026(220)
Herman, der Sohn der Witwe von *Wilhem von Berning,* hat seinen Bruder *Johan* in *Henrich Duvenheuers* Haus mit einem Messer in die Seite gestochen.
Wegen Mittellosigkeit eingesperrt.

1027(220v)
Agatha Stormes hat *Wendelin* dem Turmwächter vorgehalten, ob er nun dahin wollte und ob er das Schmierpöttchen bei sich habe.
6 M
Randnotiz: bezahlt

1028(220v)
Herman von *Vohrde* (Vöhrde), in *Hörde* bei *Dortmund* wohnhaft, hat den Bäcker zu *Wickede* in *Henrich Munninghoffs* Haus geschlagen. Deswegen bürgt Munninghoff.
6 M
Randnotiz: bezahlt

1029(220v)
Johan Ruggeman hat den Stadt-Karrentreiber mit einem Birkenstock an der Schläfe und unter dem rechten Auge *blundt* geschlagen, ihn auch einen Malzdieb gescholten, weil er ihm einiges von der Ladung des Holzwagens unterschlagen hat. Der Karrentreiber ist auch überführt, daß er fremdes Malz vor der Stadtmühle mehrmals seinen Pferden zum Futter gegeben, also Diebstahl begangen hat. Der Karrentreiber ist wegen Malzdiebstahls in bürgerliche Haft genommen und auf Bürgschaft von *Peter Nottebaum* freigelassen worden.
Johan Ruggeman 3 M, Karrentreiber 2 M.
Randnotiz: bezahlt

(220a) (eingelegtes Blatt)

Brüchtenzettel 1660

Brüchtenanschlag der Stadt Werl 1660

Wennemar Wellie 4 M
Johan Dueße 8 M
Herman Leiendecker 15 M
Es wurde befohlen, das mit dem Rest, den Kapitänleutnant *Frilingh* angewiesen hat, zu kompensieren.
Hans Jurgen Voß 4 M
Agatha Stormers 6 M
Herman von *Vohrde* (Vöhrde) 6 M Bürge: *Munninghoff*
Johan Ruggeman 3 M
Karrentreiber 2 M
Anna Kloets 4 M

Es gebühren dem Landesherrn 23 1/2 M, dem Drosten 2 1/2 M.

(221). Summa 52 M
Abgezogen für die Stadt die Halbscheid zu 26 M und von der anderen Halbscheid den zehnten Pfennig für den Herrn Drosten zu 2 1/2 M, bleibt für den Landesherrn 23 1/2 M.
Innerhalb vier Wochen zu bezahlen.
Signiert Werl, 29. November 1660
Ernst von Schungel, Droste
Rudolff Höingk, Brüchtenmeister
Dr. Caspar Gödde, Bürgermeister

(222) Brüchtenregister der Stadt Werl 1661

1030(222)
Michel Mense ist beklagt, daß er den Weidenbaum der Witwe von Herrn Bürgermeister *Gerhardt Brandiß* beschädigt habe. Mense wurde vorgeladen und hat gestanden.
3 M
Randnotiz: bezahlt

1031(222)
Joachim Wiegant hat geklagt, *Wilhelm Kleinschnitzler* habe ihm mit der Faust so hart ins Gesicht geschlagen, daß darauf Blut gekommen sei. Er hatte ihn vorher gefragt, warum er ihn hinterrücks einen Pfuscher beschrieen habe. Der Beklagte wurde vorgeladen, erschien und gestand dieses. Wiegant habe ihn aber vorher einen Schelm und Dieb gescholten. Wiegant sagt, solches habe er geredet, nachdem er vorher geschlagen worden war.
4 M
Randnotiz: bezahlt

1032(222)
Christian Bone ist drei Tage in bürgerlicher Haft auf dem Rathaus gewesen, weil er mehrmals seine Mutter entehrt und auch Hand an sie gelegt hatte. Er wurde auf Bürgschaft von *Diederich Sethe* und *Curt Mühler* freigelassen.
20 M
Randnotiz: bezahlt

1033(222)
Trine Sethe, Frilings Magd, hat gesagt, *Tugetmans* ältere Tochter habe Liebesbriefe geschrieben und bekommen, daher werde sie wohl früher als *Frilings* Tochter Hochzeit halten. Darauf hat Tugetmans Tochter der Magd erst ins Gesicht geschlagen und sie dann eine Hure gescholten. *Tugetman* hat sie eine Mutze genannt, und dessen Frau hat gesagt, die solches redeten, seien Hexen und Zauberer. Die Magd hat sie, darauf erwidernd, *feggeler* genannt und der Tochter die Haube vom Kopf geschlagen.
Die Magd 1 M, Tugetmans Tochter 2 M.
Randnotiz: Die Magd hat bezahlt.

1034(222v)
Michael Wittes Tochter ist durch *Peter Homberg* unschuldig einiger Hurerei beschrieen worden. Auch *Wilhelm von Berning* und dessen Hausfrau haben ihr das nachgeredet. Berning hat es schriftlich bezeugt und zwischen ihr und ihrem Verlobten die Auflösung des Verlöbnisses angeregt und verursacht.
Homberg 8 M, Wilhelm von Berning 2 M.
Randnotiz: bezahlt

1035(222v)
Christopff Rubigs Frau hat Rubigs Schwester in *Biggelebes* Haus mit einem irdenen Krug voll Bier zwei Wunden in den Kopf und so hart geschlagen, daß sie davon zur Erde gesunken ist. Sie hätte die Klägerin totgeschlagen, wenn ihr Brotherr sie nicht gerettet hätte. Der Arzt mußte hinzugezogen werden. Die Beklagte ist mehrmals amtlich persönlich vorgeladen worden, aber widerspenstig ausgeblieben und aus der Stadt auf die Hoppe (Höppe, Saline bei Werl) entwichen.
18 M
Randnotiz: bezahlt

(222a) (eingelegtes Blatt)
Daß mir der Werlische Stadtdiener *Johan* einen Rtlr 45 Stüber an Brüchtengeldern geliefert hat, bezeuge ich hiermit.
Werl, den 17. Dezember 1661
Ernst von Schungel, Droste

1036(223)
Johan Dolles Frau hat die Frau von *Henrich Heineman* mit unzüchtigen Worten auf offener Straße beschimpft und sie sowie den Heineman Gecken,

seine Frau auch *schelewipße, schläue* (faule Trine) und *dacke* (Quatschtante) ausgerufen.
Drei Tage mit dem Dorenkasten bestraft.
2 M
Randnotiz: bezahlt

1037(223)
Goddert Kamptmans Sohn *Dreeß* ist in *Jurgen von Bernings* Garten ertappt worden, als er Äpfel entwendete.
2 M
Randnotiz: bezahlt

1038(223)
Herman Binholts Frau hat gestanden, daß sie die Magd von *Peter Banse* in dessen Haus geschlagen und dessen Frau eine dicke Mutze und *sträelhuhr* gescholten und auch geschlagen hat.
3 M
Randnotiz: bezahlt

1039(223)
Diederich Valentins Frau hat *Trine Sethe, Frilings* Magd, bezichtigt, daß sie ein unehelich geborenes Kind weggebracht habe. Die Magd hat darauf geantwortet, daß solches ihr eine Hexe und Zauberische nachrede.
1 M
Randnotiz: bezahlt

1040(223)
Der Konrektor der Schule *Adam Poelman,* die Hebamme *Liese Bachman,* des *Froleks* Tochter in der Kurzen Straße, *Herman Binholt* und der Melchster Kuhhirte haben bei Hochzeiten von geladenen Gästen Schenkungen empfangen (verbotene Gebehochzeit).
Dieses wird reserviert, bis das Verhör abgeschlossen ist.

1041(223v)
Curt Guhe hat gestanden, daß er *Herman Keggenhoff* von *Stuttinghausen* (Stütting, Hof bei Oberense), der am Matthäitag (21. September) vor seiner Tür saß, an den Kopf geschlagen, *hundtsfott,* Schelm und dessen Frau eine Hure gescholten hat. Diese hatte ihn mit Ungestüm gemahnt, einen *feggeler* sowie auch *hundtsfott* gescholten und ihn so provoziert.
6 M
Randnotiz: bezahlt

1042(223v)
Caspar Dolle hat den Stadt-Karrentreiber einen Daumendreher gescholten und gedroht, ihn mit einem Kinderstuhl zu schlagen, weil er ihm zu später Nachtzeit das Malz aus der Mühle gebracht hatte. Der Karrentreiber hat darauf geantwortet,wenn er ein Daumendreher sei, sei der ein Schelm, und hat Dolle mit einem Krug voll Bier vor den Kopf geschlagen.
Karrenteiber 4 M, Caspar Dolle 1 M
Randnotiz: bezahlt

1043(223v)
Caspar Beneditt hat *Henrich Schueler* auf offener Straße bei *Philips Papens* Haus zur Nachtzeit an einem Auge *blunt und blauw* geschlagen und *gebluetwundet.* Beneditt gab an, er sei zuerst von Schueler auf die Staße gestoßen und so provoziert worden.
8 M
Randnotiz: bezahlt

1044(224)
Die Frau von *Herman Leiendecker dem Jüngeren* und *Frantz Gunterman* haben sich in die Haare gegriffen. Dabei wurde die Frau am Kopf verwundet.
2 M
Randnotiz: bezahlt

1045(224)
Die Frau von *Bert Roße* ist überführt, den Stadtknecht *Krollman* geschmäht zu haben, und zwar mit den Worten:"Du bist so gut wie dein Großvater, der verbrannt worden ist. Du sollst wohl auch noch verbrannt werden."
Mit dem Dorenkasten bestraft.
3 M
Randnotiz: bezahlt

1046(224)
Bert Roße hat den *Fluchter* einen Schelm gescholten. Er hat sich entschuldigt und gesagt, er halte Fluchter für einen ehrlichen Mann, sich damit submittierend.
2 M
Randnotiz: bezahlt

1047(224)
Christopff Rubig ist beklagt, daß er den Sohn von *Peter Märie* von *Sönnern,* der Soldat ist, einen Schelm gescholten habe. Rubig, vorgeladen und erschienen, gibt an, der Soldat habe ihn zuerst gescholten, worauf er ihm geantwortet habe, er lüge wie ein Schelm.
1 M
Randnotiz: bezahlt

1048(224v)
Ursula Frenckhaus ist beklagt, daß sie *Catharina Wrede* hinterrücks in Gegenwart von ihrer Magd *Clara Volle* und *Gertrut Wrede* gröblich geschmäht habe. Weil die Magd der Geschmähten das wiedererzählte, hat sie diese eine ehebrecherische Hure gescholten und mit einer Schippe zu schlagen gedroht, was ihr aber durch die *brotfrau* (Chefin) verwehrt wurde. Darauf hat die Frenckhaus die Wredische in ihrem Haus erst ins Gesicht geschlagen, danach beim Hals ergriffen, zur Erde geworfen und mehrmals ins Gesicht geschlagen, im Weggehen auch deren Sohn Frantz geschlagen. Danach sei *Diederich Wrede* in ihr Haus gekommen, habe die o. g. Magd eine *higgenstottersche* ausgerufen und mit einem großen Stock die am Tisch sitzende Magd einmal über den Rücken geschlagen, so daß auch das kleinste Kind getroffen wurde. Der entweichenden Magd ist er um die Sitzbank

herum drei- oder viermal nachgelaufen und hat sie mit Schlägen bedroht, was aber die *brotfrau* verwehrte. Sie bittet, diese Schmähung und Gewalttat gebührend zu bestrafen. Die Beklagte wurde mehrmals vorgeladen, ist aber nicht erschienen, hat dann dem *Ratsdiener Michel* gesagt, sie halte sich zu gut dafür, sich mit der Klägerin im Rathaus auf einen Wortwechsel einzulassen.
12 M

1049(225)
Christopff Pelsers Tochter hält sich in Diensten außer Landes auf.
1 M
Randnotiz: Wegen Armut gestrichen.

1050(225)
Witwe *Kuelmans* Tochter
1 M
Randnotiz: Bezahlt. *Herman Frolekes* Stieftochter ist geflohen.

1051(225)
Caspar Dolle hat zu später Nachtzeit den Bauknechten Bier gezapft.
2 M
Randnotiz: bezahlt

(225) Summa 110 M

Abgezogen für die Stadt die Halbscheid zu 55 M und von der anderen Halbscheid den zehnten Pfennig für den Herrn Drosten zu 5 1/2 M, bleiben für den Landesherrn 49 1/2 M.

Innerhalb 4 Wochen zu bezahlen.
Signiert 3. November 1661
Rudolff Höyngk, Brüchtenmeister
Dr. Caspar Gödde

(226) Brüchtenregister der Stadt Werl 1662

1052(226)
Anna Lammers und *Diste Kollers* Frau haben sich im Haus von *Bremeke* gezankt und unter den Augen mit den Händen *blundt und blauw* geschlagen.
4 M
Randnotiz: Diste Kollers Frau bezahlt 2 M.

1053(226)
Stoltefoet von *Ruhne* hat in *Frantz Kneppers* Haus in voller Gesellschaft den Psalm *dixit dominus domino meo sede a dextris meis* hämisch gesungen und den *Peter* von *Melmeke* einen Schelm und *feggeler* gescholten.
6 M
Randnotiz: bezahlt

1054(226)
Der *Brune von Sönnern* hat die Frau des Wachthabenden an der Melster Pforte, als sie ihm das Wegegeld abforderte, gestoßen und geschlagen, statt zu bezahlen.
15 M
Randnotiz: Hierauf bezahlt 1663 4 Rtlr.

1055(226)
Der *Kannengießer* hat des *Cämmerlings* Kind ins Gesicht geschlagen und dessen Mutter eine Mutze, den Vater einen Schelm gescholten. Er wurde deshalb vorgeladen, ist aber entwichen. *Henrich Munningkhoff* ist dafür Bürge geworden.
6 M
Randnotiz: Kompensiert mit *Johan Honertz,* des Kleinschmidts Arbeitslohn.

1056(226v)
Thonieß Kamptmans Backgewichte und Brot sind zu leicht befunden worden. Nach der Visitation des Brotes ist er von den Amtsrichtleuten zur Strafe gefordert worden. Er hat dagegen und gegen das Amt opponiert, sein Gewicht für recht, des Amts Gewicht aber für falsch angegeben, das wert wäre, ins Feuer oder in den Brunnen geworfen zu werden. Diese Beleidigung in Bezug auf die Richtigkeit seines Gewichts hält das Amt der Bäcker für schwerwiegend und bittet, die Injurie zu seiner Ehrenrettung zu ahnden.
Neben bürgerlicher Haft 18 M
Randnotiz: bezahlt

1057(226v)
Jurgen von Bernings Frau hat den Büdericher Pförtner einen Dieb der *zeichengelder* (Steuermarken) gescholten.
4 M
Randnotiz: bezahlt

1058(226v)
Frantz Sina ist beklagt, daß er in *Conrad Guhes* Haus seine Ehefrau eine Hexe gescholten und ihr fälschlich vorgeworfen hat, *Herman Woesthoff* zu *Ostönnen* habe sie dreimal vom *kaeck* (Schandpfahl) ausgelöst. Er hat ihr auch die Mütze vom Kopf geschlagen und sie mit einem bloßen Messer ermorden wollen.
6 M
Randnotiz: bezahlt

1059(227)
Henrich Droge hat *Ursula Kurckeß, Peter Banses* Frau, eine *hofärtige mehr, stipfische mutze* und ehrlose Person und ihren Sohn Philipp einen *hundtsfott* und Schelm gescholten, sie auch mit dem Fuß vor den Leib und zur Erde getreten. Hingegen hat Ursula Henrich Droge, den Schneider, einen *feggeler,* Bettelhund, Nichtshaber, *räudigen schneiderhundtsfott* und Schelm gescholten.
Zusammen 10 M
Randnotiz: bezahlt

1060(227)
Jurgen von Bernings Ehefrau hat ihrem betagten schwachen Ehemann mit einer Harke etliche Wunden in den Kopf geschlagen, ist allerdings durch ihn dazu provoziert worden.
9 M
Randnotiz: bezahlt

1061(227)
Adolf Lutters der Pfannenschmied ist bei der Schmiedezeche in einem Tumult verwundet worden. Das Amt muß die Täter ausfindig machen.
9 M
Randnotiz: bezahlt

1062(227v)
Herman Brunningkhausen hat *Caspar Zimmerman* in offenem Gelage einen Ehebrecher gescholten.
Widerruf und 6 M
Randnotiz: Steht mit dessen Arbeit zu berechnen.

1063(227v)
Henrich Minte hat *Henrich Lüneman* bezichtigt, Gerste gestohlen zu haben.
3 M
Randnotiz: bezahlt

1064(227v)
Johan Lilie und *Wilhelm Karthaußes* Sohn haben sich gezankt und blutig geschlagen.
Zusammen 9 M.
Randnotiz: Karthauß bezahlt 4 1/2 M mit der Verpflegung zugeteilter Reiter. Johan Lilie bezahlt 1 1/2 Rtlr.

1065(227v)
Michael Koep hat den Schmiedeknecht von *Tiggeß Teman* aus *Westönnen* mit einem *nohtstalleßbaum* (Balken vom Gestell, in dem Pferde beschlagen wurden) geschlagen und am Kopf verwundet.
Wegen Mittellosigkeit 4 M

1066(227v)
Michaell Mense hat den Stabshauptmann verächtlich *angezepfet.*
6 M
Randnotiz: bezahlt

1067(228)
Schmieman und *Oviedtman* von *Iserlohn* sind wegen schlechter Sachen, die sie auf den Markt brachten, für brüchtenfällig erkannt.
24 M
Randnotiz: bezahlt

(228) Summa 139 M

Abgezogen die Halbscheid zu 69 1/2 M und von der übrigen Halbscheid den zehnten Pfennig für den Herrn Drosten zu 6 1/2 M, bleiben für den Landesherrn 63 M

Innerhalb von 14 Tagen zu bezahlen.

Signiert 10. Juni 1663

Herman Brandiß

(229) Brüchtenregister der Stadt Werl 1663

1068(229)
Peter Homberg ist beklagt, er habe *Peter Ruerman* bezichtigt, einen Sack Mehl aus der Stadtmühle unrechtfertigerweise entwendet zu haben. Homberg hat dagegen, das aufklärend, angegeben, er habe ihn nicht bezichtigt, sondern ihn als Richtmann der Schmiedezunft aufgefordert, das Gerücht im Namen der Zunft zu widerlegen.
3 M
Randnotiz: Kompensiert mit dessen Arbeitslohn an der Windmühle.

1069(229)
Christopff Rubig ist überführt, den *Johan Diederich Binholt* einen Schuft, *feggeler, hundtfott* und Galgenvogel gescholten zu haben. Er hat ihn auch auf seine Mutter verwiesen und mit einem Stock zu schlagen gedroht. Darauf erwidernd hat Binholt gestanden, den Rubig einen trotzigen Salzdieb gescholten zu haben. Darauf hat Rubig ihn beleidigt, indem er sagte, er wolle ihn bis zum Beweis der Salzdieberei einen Schelm und *hundtfott* nennen. Rubig ist deswegen auf dem Rathaus in Haft gewesen und auf Bürgschaft von Jacob Pape und Wilhelm Karthauß freigelassen worden.
6 M
Randnotiz: bezahlt

1070(229)
Peter Ruerman ist überführt, daß er *David Brünningk* einen Schafdieb gescholten hat. Darauf hat Brünningk ihn einen Mühlendieb genannt.
Ruerman 4 M, Brünningk 3 M.
Randnotiz: bezahlt

1071(229v)
Frantz Knepper ist überführt, daß er den *Oger Flerichman* des Diebstahls von zwei Gartenpfosten bezichtigt und ihm auch den Teufel in den Leib gewünscht hat.
6 M
Randnotiz: bezahlt

1072(229v)
Niclaß Bogge wurde vorgeladen und befragt, ob er zur Hochzeit seiner Tochter von den geladenen Gästen Geld genommen habe. Seine Antwort war, er habe kein Geld, sondern nur von dem einen oder anderen einen Scheffel Korn empfangen zur *beisteur des bieres*.

1073(229v)
Figge Jüdin hat gestanden, *Abraham Juden den Jüngeren* einen Dieb gescholten zu haben. Er hat sie *pmee* oder Hure genannt. Drei Juden haben übereinstimmend erklärt, daß dieses hebräische Wort nicht Hure, sondern Unreine bedeutet. Sie haben sich auf das 4. Buch Mose, 5. Kapitel, bezogen. Für Abraham hat sich im Wert von 6 Rtlr Abraham Levi verbürgt, der auch seine auf bowinckelscher Weide befindlichen drei Stück feisten Rindviehs zur Sicherung anbietet.
Zusammen 6 M.
Randnotiz: Figge bezahlt 3 M.

1074(229v)
Christopff Rubig hat den Sohn von *Wilm Kleinschnitzler* einen Junker gescholten, als der, ehrbar bekleidet, am Pfingstmontag aus der Kirche nach Hause gegangen ist. Deswegen sind sie in einen Wortwechsel gekommen und haben sich gezankt.
3 M
Randnotiz: bezahlt

1075(230)
Dreizehn Sälzerknechte haben sich geweigert, den üblichen Eid zu leisten, durch den sie sich verpflichten, dem Landesherrn und den Erbsälzern treu zu sein. Sie haben auch den Herren Erbsälzern die Schlüssel vor die Füße geworfen. Am meisten schuldig wurden nach eingezogener Befragung befunden *Lips Kleine,* der die Schlüssel von den Knechten abgefordert und sie den Herren vor die Füße geworfen hat, *Peter Hilßman,* der flüchtig wurde, und *Goßman Theophili,* der *vergessentlich* von der Eidesleistung geredet hat. Lips Kleine ist als der Urheber auf der Melster Pforte, Peter Hilßman nach seiner Rückkehr auf dem Rathaus in Haft gewesen. Sie wurden nach gestellter Kaution freigelassen. Die übrigen Knechte sind wieder in ihrer Herren Dienste verwiesen worden, nachdem sie sich brüchtenhalber mit ihrem Hab und Gut durch Handschlag verbürgt hatten.
Die drei Rädelsführer 18 M, die übrigen jeder 2 M, zusammen 20 M.
Randnotiz: 18 M bezahlt, noch 18 M von 9 Knechten empfangen, der 10. Knecht ist nicht ausfindig gemacht.

1076(230)
Caspar Kamm ist überführt, daß er *Lips Vehren* in *Henrich Wilmeß* Haus unbillig überfallen hat. Er hat ihn bezichtigt, von einem neu gefertigten Tuchrock ein Viertel Tuch wie ein Schelm oder Dieb gestohlen zu haben.
4 M
Randnotiz: Hierauf bezahlt 1 M.

1077(230v)
Meister *Caspar* Zimmerman hat *Michael Goßman* in seinem eigenen Haus einen Schelm gescholten und ihm mit einem Krug drei Wunden ins Haupt geschlagen. Er ist deswegen auf dem Rathaus in Haft gewesen und auf Bürgschaft von *Peter Homberg* freigelassen worden.
12 M
Randnotiz: 6 M bezahlt, die übrigen 6 M sind mit dessen Arbeit für die Stadt kompensiert.

1078(230v)
Christopff Rubig hat *Wilm Kleinschnitzlers* Sohn ins Gesicht geschlagen, daß er blutete, ihm danach gefährlich die Kehle zugedrückt und ihn gewürgt. Auch hat er ihm gedroht, daß er von seiner Hand sterben sollte. Deswegen ist ein großer Tumult entstanden, und es mußte um Hilfe gerufen werden. Rubig ist auf der Büdericher Pforte in Haft gewesen und auf Bürgschaft von *Johan Reineke* und *Henrich Droge* freigelassen worden.
Neben der Leibesstrafe 6 M.
Randnotiz: bezahlt

1079(230v)
Herman Brunningkhausen ist überführt, daß er *Henrich Wilmeß* in dessen Haus beunruhigt, provoziert und ihn einen Bärenhäuter gescholten hat. Er hat auch die Hausfrau und die Kinder geschmäht, weil sie ihm die Hühner totgeschlagen hätten. Dadurch sind ein großer Tumult und ein Straßengerücht entstanden.
6 M

1080(231)
Johan von Berningk hat den Sohn von *Gertrud Wrede* an eine Mauer geworfen und ihm mit einem Stein eine Wunde in den Kopf geschlagen.
2 M
Randnotiz: bezahlt

1081(231)
Bartholdt Heuwer ist beklagt, daß er *Peter,* den Sohn von *Maria,* der Frau des Zimmermanns zu *Sönnern,* einen Schelm gescholten hat. Als die anwesende Mutter ihn verteidigen wollte, hat er ihr einen Krug voller Bier dergestalt aufs Haupt geschlagen, daß sie davon verwundet wurde und des Arztes bedurfte.
4 M
Randnotiz: bezahlt

1082(231)
Wilm Blumenrott und *Wilm Kleinschnitzlers* Sohn haben sich geschmäht und geschlagen.
Zusammen 6 M.
Randnotiz: bezahlt

1083(231)
Jacob Sandeney hat *Johan Barscher* auf offener Straße wegen einer Schuld von 7 ß gemahnt. Sie sind deswegen mit Worten aneinandergeraten und Barscher hat den Sandeney- mit Verlaub zu sagen- einen *hundtsfott* gescholten. Darauf hat Jacob ihn ins Gesicht geschlagen, daß er geblutet hat und ihn bis zum Kapuzinerkloster verfolgt und weiterhin geschlagen. Barscher gesteht nicht, daß er ihn einen *hundtsfott* gescholten hat. Jacob habe ihn ohne Ursache geschlagen.
3 M
Randnotiz: bezahlt

1084(231v)
Die Frau des Bauern *Bloome* zu *Sieveringhausen* (Sieveringen) hat geklagt,

daß *Wilmeß* sie daselbst eine Hexe und Zauberische gescholten habe. Wilmeß erschien und gestand, sagte aber, es sei in Trunkenheit geschehen.
15 M
Randnotiz: bezahlt

1085(231v)
Der Schäfer zu *Höingen* hat geklagt, daß der Schäfer zu *Waltringen* ihn mit der Faust ins Gesicht geschlagen habe. Der wurde vorgeladen, erschien, gestand aber nicht, sondern gab an, es sei ein Konflikt gewesen, aber das sei nicht zu beweisen. Die beiden haben sich- unbeschadet der Strafe- verglichen und der Waltringer Schäfer hat die Brüchten auf sich genommen.
5 M
Randnotiz: bezahlt

(231v) Summarum 135 M
Abgezogen für die Stadt die Halbscheid zu 67 1/2 M und von der übrigen Halbscheid den zehnten Pfennig für den Herrn Drosten zu 6 1/2 M, bleibt für den Landesherrn 61 M.

Innerhalb von 6 Wochen zu bezahlen.
Vom 10. November 1663
Ernst von Schüngel, Droste zu Werl
Rudolff Höyngk, Brüchtenmeister
Dr. Caspar Gödde

(233) Brüchtenregister der Stadt Werl 1664

1086(233)
Stephan Dueffuß der Stadtspielmann hat den Turmwächter *Wendel Nuß* mit der Faust unterm Gesicht blutig geschlagen, weil er bei der Feuersnot, die sich an Herrn *Binholts* Haus ereignete, die Brandglocke läutete, bevor er Feuer gesehen hatte.
3 M
Randnotiz: Kompensiert.

1087(233)
Trine Schulte hat die *Kammerlingsche,* als sie gewahr wurde, daß aus deren Stubenofen die Feuerflamme ausschlug, hart zur Warnung angesprochen und eine *trueffelersche* gescholten. Darauf hat die Kämmerlingsche sie einen Teufel gescholten und geflucht, daß sie der Teufel holen sollte, sie auch geschlagen.
3 M
Randnotiz: bezahlt

1088(233)
Goßwin Theophilis Frau hat die Witwe von *Johan Honertz* bezichtigt, sie hätte die Kühe und ein anderer die Milch (Zauberei). Das haben *Grete Fockmans* und die *Hartmansche* verbreitet.
Theophilis Frau 3 M, Grete Fockmans 1 1/2 M, die Hartmansche 1 M.
Randnotiz: bezahlt

1089(233)
Wilm Honertz hat die *Leppelersche* eine Mutze gescholten. Dagegen hat die Leppelersche gesagt, sie halte ihn solange für einen Schelm, bis ihr bewiesen würde, daß sie eine Mutze sei.
Wilm Honertz 3 M.
Randnotiz: bezahlt

1090(233v)
Der öffentliche Ankläger hat *Assverus* zu *Soest, Brinckman* zu *Sieveringhausen, Joannes Jerweß* und *Joannes Theodorus Sutorius* angeklagt, sich in *Michael Goßmans* Haus mit Fäusten geschlagen zu haben.
Zusammen 4 M.

1091(233v)
Johan Flerichmans Frau hat die Frau des Bahrshofer Kuhhirten *Johan Remmers* mit einem Stock über den Kopf geschlagen und mit der Faust vor die Brust gestoßen, daß sie in Ohnmacht gefallen ist, weil in deren Haus ein Sack wiedergefunden worden war, der ihr gehörte.
Wegen Mittellosigkeit 3 M.

1092(233v)
Jacob Rubig, Salzknecht auf der Höppe, wollte abends um acht Uhr durch die Büdericher Pforte, was ihm der Pförtner und der Wachthabende verweigerten. Darauf hat er den Pförtner einen Schelm und *einäugigen quinckert* gescholten und überdies dem Pförtner mit einem Stein eine Wunde in den Kopf geworfen.Rubig ist auch wegen verbaler Injurien überführt worden.
30 M
Randnotiz: Hierauf bezahlt 19 1/2 M, noch 3 Rtlr.

1093(234)
Thonnies Spielker hat, als er nachts betrunken nach Hause ging, einen Arm voll Stroh angezündet und ums Haupt geschwungen, so daß es gefährlich aussah und häufig Funken abgefallen sind. Als er deshalb von *Peter Beerman* und dem Apotheker *Gerhardt Rust* gemahnt wurde, hat Spielker diese Schelme, Diebe und Hexenmeister gescholten, worauf der Apotheker ihm ins Gesicht geschlagen hat. Spielker ist mit drei Tagen Haft auf der Büdericher Pforte bestraft, dann auf Bürgschaft von *Christian Menne* und *Diederich Sethe* freigelassen worden.
Neben der ausgestandenen Leibesstrafe 6 M.
Randnotiz: bezahlt

1094(234)
Thonnies Spielker und der Apotheker haben sich geschlagen, und wie Spielkers Frau sie trennen wollte, hat der Apotheker sie gestoßen, so daß sie *besorglich an ihrer tragenden leibs buhrde* (Schwangerschaft) verletzt sein mag.
Neben Haft 6 M.

1095(234)
Diederich Bone ist wegen an seinem Bruder verübter Gewalt vier Tage lang in Haft gewesen. Er hatte ihn mit einem Beil an der Hand verletzt. Auf Bürg-

schaft von *Jurgen Forsthovelß* und *Oger Flerichman* wurde er freigelassen.
1 M
Randnotiz: bezahlt

1096(234v)
Grete Nottes, Martin Ostermans Magd, hat *Else Plumpers, Wennemar Mints* Magd, *bluethuer* gescholten, worauf diese sagte, bis ihr solches bewiesen werde, halte sie die Grete für ein Hexen- und Zauberkind. Deswegen haben sie sich geschlagen.
Zusammen 3 M
Randnotiz: bezahlt

1097(234v)
Diederich Sethe, Richtmann des Bäckeramtes, hat dem Herrn Drosten Kleinroggenbrot weggenommen, das *Nolte* in *Büderich* gebacken hatte. Er wurde zwei Tage im Rathaus festgehalten, dann freigelassen. Er hat angegeben, daß Nolte mehrmals Brot in Büderich gebacken und in Werl verkauft habe.
Neben dem leiblichen Arrest 3 M.
Randnotiz: bezahlt

1098(234v)
Jacob Rubig und der Bahrsschäfer haben sich geschlagen, weil Rubig den Schäfer zu übermäßigem Trunk genötigt hatte. Rubig ist wegen dieses Exesses im Rathaus in Haft gewesen und auf Bürgschaft seines Bruders *Christopff* freigelassen worden.
3 M

1099(234v)
Der Sohn von *Jacob Flugge, Dr. Bielstein* und der Ackerknecht von *Diste Hilkenkamp* haben sich sonntagnacht um 11 Uhr auf dem Markt geschlagen und einen Tumult angerichtet.
Zusammen 7 1/2 M
Randnotiz: bezahlt

1100(235)
Gert Schulte und dessen Frau haben *Henrich Wilmeß* inner- und außerhalb der Steiner Pforte einen *drog* (Betrüger) und *feggeler* gescholten und dessen Frau geduzt und eine *mutze* und Hochmütige geschmäht.
Mit der Büdericher Pforte und dem Dorenkasten bestraft.
Randnotiz: Ist abgebüßt.

1101(235)
Berndt Roße hat geklagt, *Johan Koster* und *Drees Schuhemacher* hätten ihn im Haus des *Harde,* als sie aus dem Lindengraben gekommen sind, einen Schelm gescholten und seine Frau mit einer Feuerzange geschlagen.
Zusammamen 4 M
Randnotiz: bezahlt

1102(235)
Die Tochter von *Ebert Lammers* ist überführt, daß sie die *Eickelsche* eine

landläuferische Hure gescholten hat. Sie wurde vorgeladen, ist aber ausgewichen.
2 M
Randnotiz: bezahlt

1103(235)
Martin Ostermans Frau hat *Else Plumpers* öffentlich im Rathaus bezichtigt, beschrien und abermals ausgesagt, die Plumpersche wüßte wohl, daß sie von *Mintes* Sohn ein Kind bekommen wollte, und sie wüßte auch, was sie in *Michel Heßes* Haus erworben, im Schrank gehabt und dazu gebraucht habe (Liebeszauber). Der Osterman wurde zwar aufgegeben, die Injurien zu beweisen, sie hat es aber nicht können und sich submittiert.
8 M
Randnotiz: bezahlt

1104(235v)
Frantz Knoppe hat *Trine Gosebrinckß* und ihren alten Vater in ihrem Haus überfallen, sie am Haupt verwundet, den Vater einen alten Schelm und Teufel gescholten, ihn am Fuß verletzt und gefährlich mit Füßen vor die Brust getreten. Er wurde deshalb in Haft genommen und auf Bürgschaft von *Henrich Munnichhoff* und *Martin Osterman* freigelassen.
Randnotiz: Ist durch Leibesstrafe abgebüßt.

1105(235v)
Caspar Zimmermeister hat *Fickerman* von *Scheidingen* vor der Melster Pforte auf der Gänseföhde geschlagen, do daß er des Arztes bedurfte. Er war im Rathaus in Haft und ist auf Bürgschaft von *Otmar Biggeleben* und *Martin Hockeling* freigelassen worden.
9 M
Randnotiz: Kompensiert mit dessen Arbeit.

1106(235v)
Frerich Mühler, der Schieferdecker, hat *Herman Wieses* Frau in ihrem Haus überfallen und mit der flachen Hand deswegen zweimal vor den Kopf geschlagen, weil sie sein Kind geschlagen hatte und weil Mühlers Frau gesagt hatte, sie halte denjenigen, der ihr Kind ohne Ursache schlage, für einen Teufel.
3 M

1107(235v)
Caspar Lepper sowie *Wilm* und *Diederich Blomenrott* haben *Johan Hilßman* mit dessen Richtscheit über den Leib und auch sonst geschlagen. Hilßman hatte die beiden Blumenrotts vorher Schelme gescholten. Diese hatten ihn zuerst einen Dieb genannt.
Zusammen 12 M
Randnotiz: bezahlt

1108(236)
Tonnies Kamptmans Frau hat gestanden, daß sie den Sohn von *Diederich Sethe* auf offener Straße einen Mörder und *hundtsfott* gescholten hat, und

zwar deswegen, weil Sethe ihren Mann bei der letzten Bäckeramtszeche unter den Tisch geworfen und ihm die Rippen gebrochen hatte.
3 M
Randnotiz: bezahlt

1109(236)
Hans Henrich Heckman von *Hemmerde* hat *Niclaß von Ebbingkhausen* aus *Breckerfeld* in *Ruggemans* Haus einen Hurenhengst gescholten.
6 M
Randnotiz: 2 Rtlr bezahlt, wofür Herr *Christopff Brandis* eingetreten ist.

1110(236)
Michel Koep hat *Peter Ebel* in *Roxloes* Haus geschlagen, auch Schelm, *hundtsfott* und sonst gröblich gescholten. Nach eingenommener Erkundigung sind beide für brüchtenfällig erklärt worden.
Michel Koep 2 M.
Randnotiz: bezahlt

1111(236)
Crinthamer hat den Melster Schweinehirten *Bernt Kirchhoff* wie auch dessen Mädchen so über die Arme geschlagen, daß das Mädchen die Hände nicht zum Haupt erheben konnte. Er hat sich submittiert und ist zwei Tage lang auf der Büdericher Pforte in Haft gewesen, danach auf Bürgschaft von *Wilm Loers* und *Jacob Blueß* freigelassen worden.
3 M
Randnotiz: bezahlt

1112(236v)
Winolt Wilmeß hat die Frau des Bahrskuhhirten mit einem Stock über Arm und Achseln geschlagen, weil sie seine Kühe auf die Forderung der Hofemitglieder hin zurückgetrieben hatte. Wilmeß hatte nämlich das Hirtengeld nicht bezahlt. Er ist auf dem Rathaus in Haft gewesen und auf Bürgschaft von *Johan* und *Jurgen Honertz* freigelassen worden.
3 M

1113(236v)
Rudolff Hoep hat *Martin Osterman* zuerst ein *kaakeskint* (kaakes ist Schandpfahl) und Osterman ihn, Hoep, darauf ein Hurenkind gescholten und mit der Hand etlichemal ans Haupt geschlagen.
Zusammen 6 M
Randnotiz: Osterman bezahlt 3 M

1114(236v)
Grete Kartes vom *Sondern* (bei Wambeln) hat *Grete Hilßman* bezichtigt, sie habe Korn von ihrem Feld abgeschnitten. Dagegen hat die Hilßman gesagt, sie halte die Kartes so lange für eine Hure und einen Teufel, bis ihr das bewiesen sei.
Zusammen 3 M
Randnotiz: bezahlt

1115(236v)
Henrich Munnichhoff hat seinen Ackerknecht *Johan Otmars* von *Rhynern* wegen ungleichen Heranbringens seiner Tiere mit der Feuerzange geschlagen.
3 M
Randnotiz: bezahlt

1116(237)
Teman Schreiber zu *Westönnen* hat *Krolman* zu *Budberg* im Haus des Kämmerers *Johan Schulte* mit einem Krug voll Bier ein Loch in den Kopf geschlagen
9 M
Randnotiz: bezahlt

1117(237)
Des *Grönövers* Stiefsohn, in *Neheim* wohnhaft, hat *Barthold Heuwer* ohne gegebene Ursache ein Loch in den Kopf geschlagen.
6 M
Randnotiz: bezahlt

(237) Summma 162 1/2 M
Abgezogen für die Stadt Werl die Halbscheid zu 81 M 9 1/2 Stüber und von der übrigen halbscheid den zehnten Pfennig für den Herrn Drosten zu 8 M, bleiben für den Landesherrn 73 M 9 1/2 Stüber.

Innerhalb von 4 Wochen zu bezahlen.
Werl, 18. November 1664
Rudolpff Höyngk, Brüchtenmeister
Diderich Pape

(238) Brüchtenregister zu Werl 1665

1118(238)
Die *Kupersche* und ihre Schwester *Walburga Bogge* sind überführt, die *Tuetmansche* und ihre Töchter junge und alte Huren gescholten zu haben. Deswegen sind sie mit Worten aneinander geraten. Vater *Bogge* hat sich im Vorbeigehen eingemischt und die Tuetmanschen Hausgenossen allesamt im Hause Teufelsauswürfe genannt. Dagegen ist die Tuetmansche überführt, den Bogge einen Fälscher und Ehrendieb und seine Frau eine alte versoffene *pridde* (Aas) gescholten zu haben.
Neben 3 Tagen Haft 9 M.
Randnotiz: 3 M bezahlt. Getilgt.

1119(238)
Herman Brunninghaus der Schieferdecker hat dem Stadtwaagemeister nachts nach neun Uhr, wie dieser schon im Bett lag, nachdem er den getrunkenen Branntwein nicht bezahlen wollte, Unruhe gemacht und ihn geschmäht. Der Waagemeister sah sich veranlaßt, ihm eine Ohrfeige zu geben. Darauf haben sie sich gebalgt, und der Schieferdecker hat dem Waagemei-

ster das Hemd vom Leib gerissen. Der Schieferdecker hat zwar Zeugen aus *Meschede* beibringen wollen, weswegen die Sache zunächst suspendiert wurde. Aber die Zeugen sind nicht erschienen.
8 M
Randnotiz: Kompensiert durch dessen Arbeit.

1120(238v)
Caspar Degenhartz hat um Mitternacht ein Waffengeschrei verursacht. Dehalb sind die Leute aus Angst vor einer Feuersbrunst heraus- und zusammengelaufen. Er war im Rathaus in Haft, hat sich entschuldigt, und ist darauf freigelassen worden.
2 M

1121(238v)
Johan Hulßman von *Scheidingen* hat geklagt, *Herman Lueman* von *Einecke,* der *Soester bottmeßigkeit* zugehörig, habe ihn in der Nähe von *Jacob Papes* Haus einen Schelm gescholten. Darauf hat Hulßman ihm einen Schlag mit seinem Stock gegeben. Lueman schlug ihn darauf mit einer Flasche voller *träns* (Tran) auf den Kopf, so daß er geschwollen war, und stieß ihn in den Dreck, so daß er über und über mit Unflat bedeckt war. Lueman, vorgeladen und erschienen, hat vorgebracht, Hulßman habe ihn zuvor einen Laushund gescholten, daraufhin habe er ihn, wie oben beschrieben, beleidigt. Hulßman bezieht sich auf *Lips Wiegman* und *Michael Oesthaus* als Zeugen, die, vorgeladen und erschienen, einhellig angaben, diese Tathandlungen weder gesehen noch die Beleidigungen gehört zu haben.
Hulßman 4 M, Lueman 6 M.
0Randnotiz: bezahlt

1122(238v)
Heinrich Jansens Frau und die Witwe von *Herman Froleke* sind beklagt, daß sie sich einander gröblich gescholten haben.
Henrich Jansens Frau 3 M. Frolekes Witwe wegen Mittellosigkeit leiblich bestraft.
Randnotiz: 3 M bezahlt

1123(239)
Else, des Bahrßschäfers *Frau,* ist überführt, *Wilm Guethoff* einen schwarzen tränenäugigen Schelm und Teufelskind gescholten, ihm auch Hagel- und Donnerschlag gewünscht zu haben. Dewegen wurde sie in der Büdericher Pforte eingesperrt und auf Kaution ihres Bruders *Wilm Blomenrott* freigelassen.
4 M
Randnotiz: bezahlt

1124(239)
Peter Ketteler hat seine Schwiegermutter geschlagen, ist deshalb auf der Büdericher Pforte in Haft gewesen und auf Kaution freigelassen worden.
3 M
Randnotiz: bezahlt

1125(239)
Die Frau von *Peter Nottebaum,* dem Weinschenk, ist beklagt und überführt

daß sie die Kinder des Meisters *Albert von Bröeke* Hexen- und Teufelskinder gescholten hat, weil diese ihre Kinder als *krimmelßkindere* (Stinkkinder) beschimpft haben.
6 M
Randnotiz: bezahlt

1126(239)
Wilhelm Stellingwerff hat den Glockenmeister *Herman Koller* deswegen geschlagen, weil er für sein verstorbenes Kind nicht mit drei Pausen läuten wollte. Das war ihm vom Wohlachtbaren Rat verboten worden.
10 M
Randnotiz: 5 M bezahlt

1127(239v)
Jacob Fickermans Hausfrau und ihre Mutter haben geklagt, daß ihr Mann sie mißhandele, übel mit Schlägen traktiere, und sie häufig Hure, auch ehebrecherische Hure schimpfe, daß die Nachbarschaft sich darüber ärgern muß. Sie haben gebeten, über solches Mißverhalten den Fickerman zu hören und ihn gebührend zu bestrafen. Fickerman wurde vorgeladen und konnte die Anschuldigungen nicht leugnen. Weil ein solches ärgerliches Leben unter den Eheleuten nicht gestattet werden kann, ist er, anderen zum Exempel und zu seiner Besserung, in der Büdericher Pforte eingesperrt und drei Tage danach auf Bürgschaft von *Johan Schimmel* und *Johan Schermer* freigelassen worden. Er mußte versprechen, daß er mit seiner Frau besser zusammenleben wollte. Die Bürgen haben angelobt, auf seine Handlungen achtzuhaben, auch für die Brüchten und Stadtinteressen einzutreten.
2 M
Randnotiz: bezahlt

1128(239v)
Die Frau des Gefreiten *Henrich Wilßman,* hat ihre Arbeitgeberin, die *Rhatbergersche,* eine Wickendiebin, die Rhatbergersche sie eine Hexe gescholten, die sie so lange dafür halten wollte, bis ihr die Wickendieberei bewiesen sei. Die Rhatbergersche ist, weil sie in erwidernder Weise exediert hat, im Rathaus festgehalten worden.
Wilßmansche 1 M. Rhatbergersche 2 M.
Randnotiz: Rhatbergersche 2 M bezahlt

1129(240)
Jurgen Rosenbaum, der Ackerknecht des öffentlichen Anklägers, ist mit den Pferden zum großen Teich geritten und hat ein Fohlen hinterherlaufen lassen, welches das Kind von *Johan Mimberg* am Mund verletzt hat. Mimberg hat zur Verteidigung seines Kindes dem Knecht mit einem Stein eine Wunde ins Haupt geschlagen. Rosenbaum und Mimberg wurden gehört und beide für brüchtenfällig erklärt.
Rosenbaum 2 M. Mimberg 2 M.
Randnotiz: bezahlt

1130(240)
Herman Werrensingh hat *Jurgen Hillier* einen Teil des gesetzten Zaunes an seinem Garten abgehauen, mit dem Vorwand, der gehöre ihm zu. Er ist

auch zu ihm hereingekommen und hat gesagt: "Bei euch ist der Teufel drin, was seid ihr für *grubberß* (Raffgierige)!" Er hat auch Hilliers Frau eine Hure und Mutze gescholten. Diese hat erwidert, daß sie nicht vom Teufel hergekommen sei.
2 M
Randnotiz: bezahlt

1131(240)
Hilbrant Willekotte hat den Wachhabenden in der Steiner Pforte *Gert Schütte* beunruhigt und über einen Kübel Wasser geworfen, weil der ihm ohne eine Quittung des Waagemeisters (Stadtwaage) einen eisernen Stab nicht herausgeben wollte. Willekotte hat dagegen angegeben, was auch erwiesen ist, der wachhabende habe ihn einen Juden gescholten. Daher habe er erwidert, das würde ihm ein Schelm nachreden. So seien sie aneinander geraten und hätten sich gebalgt.
2 M
Randnotiz: bezahlt

1132(240v)
Johan Rolants Sohn *Niclaß* hat *Maybaum* von *Budberg* vor Ruggemans Haus mit einem *freyll* auf den Kopf geschlagen und gefährlich verletzt, so daß er des Arztes bedurfte.
18 M
Randnotiz: bezahlt

1133(240v)
Ernst, der Sohn von Peter *Homberg,* ist mit *Michel* von *Blumenthal* wegen einer verlorenen Mütze in Wortwechsel und in die Haare geraten. Ernsts Bruder *Albert* hat den von Blumenthal mit einem Stein am Kopf verletzt, so daß er des Arztes bedurfte. Der Verletzer war im Rathaus in Haft und ist auf Bürgschaft von *Peter Homberg* und *Johan Schermer* freigelassen worden.
6 M
Randnotiz: Verfahren läuft noch.

1134(240v)
Gert Sallenberg von *Hüsten* hat seiner Frau mit einer Schippe eine Wunde am Kopf zugefügt und den Arm entzweigeschlagen.
Randnotiz: Wegen Mittellosigkeit drei Tage einzusperren!

1135(240v)
Christian Aleveß hat öffentlich im Rathaus den *Arnt Mehrkampff* beschuldigt, einiges Bohrdenholz vom Salzplatz entwendet zu haben. Aleveß hat vorher auch den Mehrkampff wegen eines aus *Peter Hombergs* verschwundenen und dem Juden *Abraham* geliehenen Bettes beschuldigt.
4 M
Randnotiz: 2 M bezahlt. Verfahren läuft noch.

1136(242)
Stefan Hettman hat geklagt, *Trinthamer* habe ihn einen Schelm gescholten und seiner Frau vorgehalten, ihre Mutter sei verbrannt worden. Dagegen hat Trinthamer geklagt, Hettman habe ihm die Hühner weggefressen. Trint-

hamer hat gestanden, den Hettman wie oben geschmäht zu haben. Er hat ihn deshalb um Verzeihung gebeten. Darauf hat einer dem anderen mit Handschlag verziehen.

1137(242)
Johan Christian, der Sohn von Herrn Bürgermeister *Caspar Pape,* ist beklagt, den Wachhabenden der Mühlenpforte *Wilm Rose* geschlagen und geschmäht zu haben, weil der das zur Mühle gebrachte Korn ohne Stadtzeichen (Steuermarke) nicht ausgeben lassen wollte. Pape hat dagegen angegeben, der Wachhabende habe ihn Lügner geheißen, deswegen sei es geschehen. Pape ist ins Rathaus vorgeladen worden, um sich zu verantworten, ist aber widerspenstig ausgeblieben und hat es in Kauf genommen, dem Brüchtenmeister angezeigt zu werden.
6 M

1138(242)
Nott der Schneider hat geklagt, der *Lünenburger* habe ihn einen Teufel gescholten.
6 M
Randnotiz: bezahlt

1139(242v)
Jurgen Kumper hat geklagt, *Christopff Brandiß* habe ihm seine Wicken vom Feld entwendet. Brandiß hingegen hat angegeben, das Land sei ihm zugesprochen, darum habe er es getan. Kumper leugnet, daß die Zusprechung eine Tatsache sei. *Johan Moritz* und *Thonnies Koel* sagen, Brandiß habe dem Kumper das Land angeboten.
3 M
Randnotiz: bezahlt

1140(242v)
Henrich Munnichhoff berichtet, daß am Nikolausabend (5. Dezember) *Henrich Sethe* von *Neheim* und *Dreckhoff* von *Voßwinkel* bei ihm Nachtlager begehrt hätten. Er habe jedoch kein Bett frei gehabt und sie auf dem Balken aufs Stroh einweisen müssen. Darauf hätten sich die beiden Gäste geschlagen und verletzt, und Dreckhoff hätte dem Sethe mit bloßem Messer so zugesetzt, daß der um Hilfe geschrien hat. Daher ist Munnichhoff im Hemd hinaufgelaufen und hat Sethe gerettet. Wachtmeister *Koller* hat das auch gesehen.
Wegen Armut 6 M
Randnotiz: Hat Kriegsdienste genommen.

1141(242v)
Wilhelm Karthauß berichtet, daß *Arnoldt zum Berge* den *Steiman* von *Unna* mit einem Krug ans Haupt geschlagen und verwundet hat.
Deshalb nach Verfahren Arnoldt zum Berge 6 M
Randnotiz: Hat sich in kurbrandenburgischen Kriegsdienst begeben.

1142(242v)
Die Witwe des *Eickel* hat geklagt, daß ihr Sohn *Johan Teman* sie in ihrem Haus überfallen, eine Diebin gescholten und mit Händen geschlagen habe. Der Sohn hat vor Gericht gestanden, die Mutter mit der Hand gestoßen zu

haben. Er hat auch in Gegenwart des Gerichts die *knipfe geschlagen*. Deshalb ist er im Rathaus in Haft genommen und auf die Intervention des Herrn Richters freigelassen worden.
Wegen Mittellosigkeit 8 Tage eingesperrt.

1143(246)
Frantz Kneppers Frau und Tochter haben geklagt, *Barthold Heuwer* habe die Frau Teufel, *coronir* und Mutze gescholten, ihr mit einem gezückten messer zugesetzt, ans Haupt geschlagen, daß sie hingefallen sei, an den Haaren ergriffen und mit dem Messer an der Faust verwundet. Heuwer dagegen benennt als Zeugen seinerseits Claß Steinhoff, der, vorgeladen und erschienen, bezeugt, den Streit von Anfang bis zu Ende gesehen zu haben. Im besonderen habe Heuwer ein Messer im Mund gehabt und die Knepperssche vielleicht hineingeschlagen. Als sie Blut sah, habe sie den Heuwer einen Mörder gescholten.
Wird drei Tage eingesperrt.

1144(246)
Bernt Jude hat geklagt, daß *Rubig* seinen Sohn in der Fleischscherne (Freibank) mit einem Beil geschlagen hat, weil der Jude eigenmächtig sein Fleisch, unbesichtigt und ungeschätzt von der Behörde, das Pfund für 18 d ausrufen ließ. Rubig hat gestanden, dem Sohn mit dem Beil gewinkt, ihn aber nicht geschlagen zu haben. Der Jude bezieht sich auf *Henrich Schlechter* als Zeugen.
2 M
Randnotiz: bezahlt

1145(246v)
Wilhelm Stellingwerff, Waagemeister, hat geklagt, daß ihm *Johan Lilie* in der Stadtwaage mit dem Stock ein Loch in den Kopf geschlagen habe. Lilie, vorgeladen und erschienen, hat gestanden, nach *Herman Lilie* geschlagen zun haben, der Waagemeister sei unter diessen Schlag gekommen. Es tue ihm solches leid, er hat sich auch bei ihm entschuldigt.
3 M

1146(246v)
Niclaß Bogge hat den Ratsherrn *Otmar Biggeleben* vor dem Sitzenden Rat einen Lügner geheißen.
4 M
Randnotiz: bezahlt

1147(246v)
Jacob Fickerman ist beklagt., daß er der Hausfrau von *Herman Binholtz*, die schwanger war, derart in Gesicht geschlagen habe, daß die Male des Bakkenstreichs zu sehen sind. Fickerman, vorgeladen und erschienen, hat angegeben, er sei dadurch dazu verursacht worden, daß ihm aufgetragen war, den gestohlenen Blamuser (Münze) wiederzuliefern. Dieser Fall bezieht sich jedoch nicht auf die Frau, die an der Sache unschuldig ist. Also ist Fikkerman als brüchtenschuldig erkannt.
Wegen Armut 2 M
Randnotiz: bezahlt

1148(247)
Johan Koster hat *Diste Koller* am letzten Sonntagabend in *Karthaußes* Haus mit der Hand ins Gesicht geschlagen, daß Blut geflossen ist, weil der seine Frau *kruepersche* (Kriecherin) genannt hat.
3 M
Randnotiz: bezahlt

1149(247)
Peter Stehrthoff hat die Vorsteher der Leinewebergilde beide Schelme gescholten
6 M
Randnotiz: bezahlt

1150(247)
Christopff Brandiß hat den Büdericher Pförtner geduzt, auf seine Mutter verwiesen und mit der Hand ins Gesicht und an den Kopf geschlagen, als er ihn mit anderen wachthaltenden Bürgern zusammen pfänden wollte, weil er die Wacht versäumt hatte. Brandiß ist deswegen auf den Rathaus in Haft gewesen.
3 M
Randnotiz: bezahlt

1151(247)
Die Ackerknechte von *Jurgen Rosenbaum* und *Christian Fickerman* haben in *Jacob Bluеßes* Haus am Kletterpoth die Mauerleute der Herren Kapuziner mit Schlägen überfallen und damit einen solchen Tumult angerichtet, daß man hätte meinen können, der ganze Kletterpoth wäre im Feuer gestanden.
10 M
Randnotiz: Rosenbaum 5 M bezahlt.

(247v) Summa 150 M
Abgezogen für die Stadt die Halbscheid und von der anderen Halbscheid den zehnten Pfennig für den Herrn Drosten zu 7 1/2 M, bleiben für den Landesherren 67 1/2 M.

Innerhalb von 4 Wochen zu bezahlen.
Signiert Werl, 15. Dezember 1666
Rudolff Höynk
Herman Brandiß

(250) Brüchtenregister der Stadt Werl 1666

1152(250)
Frantz Gunterman hat die Frau von *Johan Wiegman* geschlagen, daß Blut floß.
Wegen Armut 3 M
Randnotiz: bezahlt

1153(250)
Die Tochter von *Herman Brunningkhaußen* hat die *Leppelersche* mit einer Mistforke geschlagen. Brunningkhaußen selbst hat sie auch geschlagen und verwundet, auch ihren Mann einen *lawren* (Faulpelz) gescholten. Die Leppelersche hat, darauf erwidernd, den Brunningkhaußen einen Schelm gescholten. Darauf hat Brunningkhaußen dem Leppeler die Stubenfenster eingeschlagen.
Brunningkhaußen 6 M. Tochter 2 M.
Randnotiz: bezahlt

1154(250)
Gert Sallenberg hat sein Eheweib übermäßig geschlagen und hart verwundet, auch die Herren Kämmerer auf der Kämmerei beleidigt. In Anbetracht seiner Schwachsinnigkeit und Armut ist er auf dem Turm in Haft gewesen.
Neben der ausgestandenen Leibesstrafe 2 M
Randnotiz: bezahlt

1155(250v)
Der Berning Mühler *Joan* hat auf Maitags Jahrmesse einen Mann von Unna in *Ruggemans* Haus ohne gegebene Ursache geschlagen. Er ist deswegen auf dem Schloß in Haft gewesen, es bleibt aber das Interesse des Landesherrn und der Stadt.
6 M

1156(250v)
Vier Bauern von *Bremen,* nämlich *Joan Scheefer, Vielbert, Dreckhoff* und *Stute,* haben in *Michael Goßmans* Haus den *Herman Brunningkhaußen* hart geschlagen und unter dem Gesicht und an den Augen verletzt. Vielbert hat dagegen angegeben, Brunningkhaußen habe ihn erst geschlagen und beschimpft. Dadurch verursacht, habe er ihn wieder geschlagen.
Jeder 3 M, macht 15 M
Randnotiz: bezahlt

1157(250v)
Die Witwe von *Ebert Lammers* hat der Tochter von *Tonnieß Werrensingk* vorgehalten, ihre Großmutter sei in der Steinkuhle verbrannt worden.
Bereits mit dem Dorenkasten bestraft.
Wegen Armut 2 M

1158(251)
Peter Steven hat die Magd des Münzmeisters vorsätzlich getreten, so daß sie sich etliche Zeit kurieren lassen mußte.
6 M
Randnotiz: bezahlt

1159(251)
Wilm Schulte zu *Wiehagen* hat den Zimmermeister *Caspar* einen Ehebrecher gescholten. Er wurde zwei Tage lang auf der Melster Pforte eingesperrt und auf Bürgschaft von *Michael Heße* und *Tigges Schulte* freigelassen.
4 M

1160(251)
Die Frau von *Wilhelm Stellingkwerff* und die Frau von *Herman Werrensingk* haben sich ärgerlich geschmäht, deswegen läuft ein Verfahren.
Muß noch entschieden werden.

1161(251v)
Trineke Meiers hat die Frau von *Evert Steven* in deren Haus überfallen, ins Gesicht geschlagen und dazu eine Diebin gescholten. Darauf hat Evert seine Frau verteidigt und die Täterin blutig und blau geschlagen.
Wegen Armut 3 M. Evert 1 M.
Randnotiz: bezahlt

1162(251v)
Diederich Wrede hat *Henrich Duvenheuwer* bei der Amtszeche in *Diederich Sethes* Haus zweimal ins Gesicht geschlagen. Hingegen hat Duvenheuwer dem Wrede mit einem Wasserkrug eine Wunde ins Haupt geworfen.
Wrede wegen Mittellosigkeit zwei Tage gefesselt in Haft gehalten.
Duvenheuwer aber 3 M.
Randnotiz: bezahlt

1163(251v)
Else Fleschers hat geklagt, *Marie Mense* habe ihre Tochter Teufels, Hexen- und Diebeskind gescholten. Else Fleschers ist eines Soldaten Weib.

1164(251v)
Die Frau des Pförtners von der Neuerhofe (Neuerpforte) hat geklagt, daß der Neuerhofer Kuhhirte sie eine Hexe gescholten habe. Erwiesen.
Wegen Armut 3 M

(252) Summarum 56 M.
Abgezogen für die Stadt die Halbscheid zu 28 M und von der übrigen Halbscheid den zehnten Pfennig für den Herrn Drosten zu 2 1/2 M, bleiben für den Landesherrn 25 1/2 M.

Innerhalb von
4 Wochen zu bezahlen.
Signiert Werl, 9. November 1666
Rudolff Höynck, Brüchtenmeister

(253) Brüchtenregister der Stadt Werl 1667

1165(253)
Frantz Mense ist deswegen für brüchtenfällig erklärt, weil er die kurfürstlich kölnischen neugeprägten Landesmünzen in dem gesetzten Wert nicht annehmen wollte.
3 M

1166(253)
Peter Hilßman hat *Christopff Brandiß* verklagt. Er sei mit ihm am 20. Mai wegen eines *planchets* (Meßtisch) in Streit geraten Da habe *Caspar Pape*

von Westrich ihn aus dem Haus vor die Tür gefordert und ihm mit einem Knotenstock Wunden in den Kopf geschlagen. Dagegen hat Christopff Brandiß eingewandt, Hilßman habe ihn mehrmals einen Schuft gescholten, auch ihm den Teufel in den Leib geflucht. So habe er seinen Schwager Pape bewogen, das zu revangieren.
10 M
Randnotiz: bezahlt

1167(253v)
Zwischen *Paul Hillier,* seiner Ehefrau und seinem Sohn auf der einen und *Henrich Wilmeß* auf der anderen Seite ist eine Schlägerei entstanden, als Wilmeß einen Zaun um sein Haus an der Bäckerstraße setzte. Dabei wurde Wilmeß durch einen Steinwurf am Fuß schwer verletzt, so daß er etliche Tage zu Bett liegen mußte. Deswegen ist Hilliers Sohn in den Dorenkasten gesetzt und auf Bürgschaft seines Vaters freigelassen worden.
6 M

1168(253v)
Herman Maß der Schneider hat geklagt, *Henrich Schotte* habe ihn und seine Frau am gestrigen Abend spät in der Nähe seines Hauses gröblich und schlimm unhöflich geschmäht, mit Gewalt überfallen und geschlagen, so daß er am Haupt verwundet wurde.
Mit Haft abgegolten.

(253v) Summarum 19 M.
Abgezogen für die Stadt die Halbscheid zu 9 1/2 M, von der anderen Halbscheid den zehnten Pfennig für den Herrn Drosten zu 1/2 M, bleiben 9 M für den Landesherrn.

innerhalb 4 Wochen zu bezahlen.
Signiert 20. Oktober 1667
Ernst von Schüngel, Droste
Rudolff Höynck, Brüchtenmeister
Johan Mellien

(253a) (eingelegtes Blatt)
Daß der Kämmerer der Stadt *Werl,* Herr *Krispen,* mir die zustehenden Brüchten zu einem halben Rtlr und 18 Stüber für das Jahr 1666 entrichtet hat, bezeugt hiermit, Werl, den 16. Februar 1667,
Ernst von Schüngel, Droste zu Werl

(255) Brüchtenregister der Stadt Werl 1668

1169(255)
Diderich Boehne hat seine alte Mutter mit einem Stock über den linken Arm und die Hand blutig und blau geschlagen. Er wurde dreimal vorgeladen, ist aber widerspenstig ausgeblieben und entflohen.
Wegen Armut drei Tage bei Wasser und Brot einzusperren.

1170(255)
Arendt Johan Kymeiseren hat *Christian Menne,* seinem Schwager, bewiesenermaßen vorgehalten, sein Vater sei in der Steikuhle verbrannt worden. Menne hatte vor Kymeiseren im Gelage getrunken.
3 M
Randnotiz: 1 Rtlr bezahlt.

1171(255)
Johan Specht hat in *Ruggemans* Haus *Jaspar Schulte Sporck* zwei- oder dreimal mit einem bloßem Messer zugesetzt und ihn zu ermorden gedroht. Wenn er nicht gefallen und das Messer in seiner Hand zerbrochen wäre, hätte ein großes Unglück daraus entstehen können.
15 M
Randnotiz: bezahlt

1172(255v)
Jude Levi hat dem *Gerdt Sollenberg* in der Karwoche Fleisch verkaufen wollen. Als Gerdt darauf antwortete, er wolle wohl Saufleisch kaufen, wenn er welches hätte, hat er ihn sehr unflätig beschieden und endlich einen Schelm, einen *packahn* wie der Frone oder der Stadtknecht gescholten, ihn auch zur Erde geworfen, sich auf ihn gesetzt, und er hätte ihn übel traktiert, wenn er von anderen nicht gerettet worden wäre.
6 M
Randnotiz: bezahlt

1173(255v)
Christoff Rübing der Fleischhauer hat *Levi Juden,* als der am Freitag vor Pfingsten Fleisch zum Verkaufen zur Scherne getragen hat, mit diesen Worten hart überfallen: "Was macht ihr Juden, ihr Schelme, mehr in der Scherne als wir Christen?"
3 M
Randnotiz: bezahlt

1174(255v)
Derselbe *Christoff Rübing* hat *Frantz Höppe,* einen märkischen Bauern, mit einer Feuerschippe hart über Kopf und Arm geschlagen, daß er den Arm lange nicht bewegen konnte. Höppe war, weil er sich nicht auskannte, anderen gefolgt, weil er dachte, es gehe ein freier Weg über diesen Hof.
3 M
Randnotiz: bezahlt

1175(256)
Henrich Korte hat *Adolph Billicke* einen Finger fast abgebissen und ihn dazu geschlagen, daß ihm Nase und *maull* geblutet haben, weil der ihn einen Mühlendieb gescholten haben sollte, was er nicht beweisen konnte.
4 M
Randnotiz: bezahlt

1176(256)
Johan in der Beysen, Ackerknecht bei der Witwe *Frigge,* hat diese, seine Arbeitgeberin, mit einem Stein hart geschlagen. Er ist zwar deswegen zum

Turm verurteilt worden, hat indes auch für die Brüchten Kaution stellen müssen.
6 M
Randnotiz: bezahlt

1177(256v)
Herman Lilie wurde durch den Schmied *Diderich Heßmar* unterrichtet, daß sein Nachbar, der *Flescher,* ihm seine Enten und Hühner gestohlen habe. Darauf hat Lilie dem Schmied gesagt, er solle auf seine Verantwortung dem Flescher die Fenster einschlagen. Dieser hat mit einer Axt und einem langen Stock den Anfang gemacht. Darauf ist Lilie gefolgt und hat um Mitternacht, als er betrunken war, alle Fenster nach der Straße hin ganz ausgeschlagen. Lilie ist daraufhin zum leiblichen Arrest aufs Rathaus verwiesen, aber die Strafe nach Stellung der Kaution erlassen worden.
Zusammen 9 M

1178(256v)
Christian Menne hat seinem Mitvormund über des verstorbenen *Ruggemans* Kinder *Johan Droge* mit einem Leuchter ein gefährliches Loch in den Kopf geschlagen. Weil die Wunde bei den damaligen Hundstagen gefährlich wurde, ist Menne bis zur Stellung der Kaution in Gewahrsam auf des Rathaus verwiesen worden.
15 M
Randnotiz: bezahlt

1179(257)
Meister *Wilhelm Blumenroth* hat geklagt,daß Meister *Johan Guethoff* Barbierer ihn mit einer Mistforke ins Gesicht unter den Augapfel gestochen habe.
Ist eingesperrt worden.

1180(257)
Berndt Münsterman der Steiner Schäfer hat geklagt, daß ihn die *Tobiasche* einen Werwolf geschmäht und gesagt habe, er solle in den Wald laufen. Die Tobiasche, darauf erschienen, hat gesagt, sie habe solches im Eifer und unbesonnen geredet, wüßte von ihm nur alle ehr und redlichkeit. Sie hat sich entschuldigt und mit Vorbehalt zur Zahlung der Brüchten bereit erklärt.
Wegen Mittellosigkeit 3 M.
Randnotiz: bezahlt

1181(257)
Peter Krampe zu *Büderich* hat geklagt, daß ihm der neue Schäfer *Gorriß* ein Loch ins Haupt geschlagen habe.
5 M
Randnotiz: bezahlt

1182(257)
Der öffentliche Ankläger hat geklagt, daß der Schulte zu *Bentrup* (Bentrop) vom Amt Unna in *Johan Hardens* Haus geredet hat, Maria, die Mutter Gottes, sei ein Weib wie sein Weib, und sein Weib sei ebenso gut wie die Muttter Gottes.
90 M vorgesehen, aber da es nicht erwiesen wurde, gestrichen.

1183(257v)
Christian Boese hat geklagt, daß *Wilhelm Sponnierß* Knecht und die Knechte von *Wilhelm Blumenroth* ihm mit einem *boerbaum* (Stange zum Eimertragen) ein Loch in den Kopf geschlagen hätten.
Zusammen 6 M.

1184(257v)
Rennebaum zu *Wickede* hat geklagt, daß *Christoff Rübing* ihn, als er ihn wegen des Bäckers zu Wickede mahnen sollte, blutig und blau geschlagen, einen Schelm gescholten und mit Füßen getreten habe.
6 M
Randnotiz: bezahlt

1185(257v)
Der öffentliche Anklägert hat geklagt, daß *Herman Lilie* den Knecht von *Humpert* zu *Ruhne* mit einem *boerbaum* geschlagen und sehr verwundet habe.
6 M

(258) Summarum 103 M
Abgezogen die Halbscheid für die Stadt zu 51 1/2 M und von der übrigen Halbscheid den zehnten Pfennig für den Herrn Drosten zu 5 M, bleiben für den Landesherrn 46 1/2 M.
Innerhalb von 4 Wochen zu bezahlen.
Signiert den 31. Oktober 1668
Rudolff Höynck, Brüchtenmeister
H. Brandiß

(259) Brüchtenregister der Stadt Werl 1669

1186(260)
Henrich Monninckhoff hat *Hans Friderich,* einen Sälzerknecht, am Haupt blutig verwundet, weil er ihn bei nächtlicher Zeit ganz betrunken in seinem Haus beunruhigt und einen Schelm und *hundtsfott* ausgerufen hat.
Der Sälzerknecht 4 M. Monninckhoff 1 M.
Randnotiz: bezahlt

1187(260)
Trinecke Wilmeß ist von *Trinecke Groene* bezichtigt worden, daß sie Kohlköpfe gestohlen habe, was nicht bewiesen wurde. Darauf hat sie, wie ihre Mutter gestanden hat, die Trine Groene einen Teufel und eine Hexe gescholten.
Wegen Armut 3 M
Randnotiz: bezahlt

1188(260)
Die Operatorsche *Johanna Sibilla Violet* hat den *Degenhardt Vollinck* unver-

dientermaßen beleidigend vorgehalten, er habe ihr ein Vortuch gestohlen. Dabei hatte es der Wind vom Söller geweht.
1 M

1189(260)
Johan Rinsche, des *Forsthoevelß* Weberknecht, und *Rötger,* des Waagemeisters Ackerknecht, haben auf vergangenem St. Nicolai- Markt (6. Dezember) bei Nachtzeiten den ausländischen Krämern ihre Stände mit großem Tumult umgeworfen, dann dem *Herman Wernsing* die Glasfenster eingeschlagen. Wernsing bittet um Bestrafung und Ersatz des an den Glasfenstern erlittenen Schadens.
Zusammen 6 M.
Randnotiz: bezahlt

1190(261)
Meister *Johan Guethoff* der Barbier hat *Wilhelm Blumenrott* mit einer Mistforke am Kopf verwundet und *bluetruntzet,* als dieser ihn und seine Verwandten um Mitternacht in seinem Haus gestört, ihn auf seinem Ruhebett belästigt und Tumult angezettelt hat.
Blumenrott 3 M.

1191(261)
Die Brüder *Johan* und *Henrich Minte* haben bei nächtlicher Zeit *Johan Bußemeister* geschlagen, bei dem damaligen Exceß eine Axt weggenommen, auch im folgenden ein Glasfenster eingeschlagen. Die Witwe bittet um Ersatz des Glasfensters und um Rückgabe der geraubten Axt.
Zusammen 12 M.
Randnotiz: Johan bezahlt. Henrich nicht bezahlt, schuldet auch noch den verursachten Botenlohn von 1 Kopfstück nach Unna.

1192(261)
Frantz Cappius hat seinen Bruder *Theodor* und die im Haus vorhandenen Mägde bei nächtlicher Zeit mit Schlägen über traktiert, auch dem Nachtwächter *Jorgen Kümper,* der zur Beilegung des Streites ins Haus gelaufen kam, stark zugesetzt. Er ist vorerst bis zur Auslösung der Strafe in Haft genommen und nach erlegter Kaution von *Diderich Wrede* und *Bertram Pape* freigelassen worden.
3 M
Randnotiz: bezahlt

1193(261v)
Die Witwe *Tugetman* hat gestanden und ist ohnehin überführt, daß sie die *Hoppesche* eine Hexe und Pfaffenhure gescholten hat, weil sie ihr und ihrer Tochter übel nachgeredet habe, was nicht erwiesen werden konnte.
Wegen Mittellosigkeit 2 M

1194(261v)
Caspar Dolles Frau hat mit einem Krug nach dem Kopf ihres Schwagers *Johan Dolle* geworfen und ihn danach mit einer Forke geschlagen, als er wegen seines Erbteils und des auszuzahlenden Kindesanteils seine Besorgnis ausgedrückt hatte.
6 M
Randnotiz: bezahlt

1195(262)
Catharina Knepperß, die Frau des *Soldaten Hillebrandt,* hat die Witwe *Banße* ums Angesicht blutig gekratzt, auch darauf ihrer Tochter die Haare aus dem Kopf gerauft.
2 M

1196(262)
Wilhelm Blumenrott ist in Gewahrsam genommen worden,weil er bei nächtlicher Zeit Unruhe erweckt und *Henrich Jantze* mit einem Richtscheit über den Leib geschlagen, ihn auch wohl zwanzigmal einen Schelm gescholten hat.
4 M
Randnotiz: bezahlt

1197(262)
Marie Ruendickers hat bei spätem Abend *Elschen Kalthoff* Unruhe zugefügt, sie eine ehebrecherische Hure gescholten und gesagt, sie solle ihren gehenkten Vater vom Galgen ablösen.
Wegen Armut 2 M
Randnotiz: Entflohen.

1198(262)
Hans Meister hat seinem Herrn mit einem Stock aufs Haupt geschlagen, daß ihm das Blut aus den Ohren geronnen ist.
5 M
Randnotiz: bezahlt

1199(262v)
Hantz zu *Meirich* aus der *Soester Börde* hat den Pfandboten des Herrn Siegelers unhöflich gescholten und einen Verräter genannt, und wie er deswegen auf Anschreiben des wohlgeborenen Herrn Siegelers in Haft genommen worden ist, wurde er auf Bürgschaft von *Johan Roelandt* freigelassen.
15 M
Randnotiz: bezahlt

1200(262v)
Henrich Voß von *Müschede* ist an hellem Tag bei drückendem Wetter mit angezündeter Tabakspfeife über die Straße gegangen. Wie er deswegen bei versammeltem Magistrat auf frischer Tat entdeckt wurde, ist er auf dem Rathaus in Verwahrung genommen, die Bestrafung aber bis zur Ankunft des Brüchtenmeisters aufgeschoben worden.
2 M
Randnotiz: Diesen Posten hat der kurfürstliche Brüchtenmeister auf Rechnung zur Auslösung angenommen.

1201(262v)
Die *Groefsche* zu *Holtum* hat geklagt, daß sie in dieser Stadt von *Holman* zu *Büderich* an den Kopf geschlagen worden sei.
5 M
Randnotiz: bezahlt

1202(263)
Jorgen Schulte zu *Schlückingen* hat geklagt, daß der alte *Schulte* ihm in *Ketmanß* Haus zu Werl vorgeworfen habe, seine Frau wäre eine Zauberische. Als der Kläger den Beklagten, seinen Vater, anredete, er solle aufpassen, was er sage, habe der ihm mit einem Krug an den Kopf geschlagen.
Wegen Armut drei Tage einzusperren.

1203(263)
Albert Muther hat *Henrich Flüggen* einen *schubbert* und Laushund und sein Weib ein ehebrecherisches Hurenkind gescholten.
Wegen Mittellosigkeit 3 M.

(263v) Summa 86 M

Abgezogen die Halbscheid für die Stadt und von der übrigen Halbscheid den zehnten Pfennig für den Herrn Drosten, bleiben für den Landesherrn 33 M.
Innerhalb von 4 Wochen zu bezahlen.
Rudolff Höynck, Brüchtenmeister
H. Brandiß

(265) Brüchtenregister der Stadt Werl 1670

1204(266)
Diederich Stellingwerff hat *Drees Kampman* und den Ackerknecht von *Jorgen Westhoff* blutig und blau geschlagen. Die Kläger wurden, weil sie dazu Ursache gegeben hatten, eingesperrt, der Täter aber bis zur Bestrafung durch den Brüchtenmeister freigelassen.
4 M
Randnotiz: bezahlt

1205(266)
Arendt Kymeyser hat sich mit seinem Vater und der Stiefmutter geschlagen. Daher wurde er drei Tage eingesperrt, und im übrigen wurde die Sache bis zur Ankunft des Brüchtenmeisters ausgesetzt.
2 M
Randnotiz: bezahlt

1206(266)
Engelbert Kilian der Schuster hat *Adrian Stellingwerff* einen Hurenhengst gescholten
3 M

1207(266)
Adrian hat hierauf den Schuster bei den Haaren erwischt und hinter den Tisch geworfen. Daraus ist eine große Schlägerei entstanden. *Gunterman der Wirt* hat, als er die Streitenden auseinanderbringen wollte, dem Kopisten (Schreiber) *Goßwin Becker* ein Auge blau geschlagen.
3 M
Randnotiz: bezahlt

1208(266v)
Adran Stellingwerff aber hat *Diederich Valentin,* der auch die Streitenden trennen wollte, mit einer Mistforke hart und blutig geschlagen.
8 M
Randnotiz: bezahlt neben den Unkosten.

1209(266v)
Valentin hat auch in diesem Tumult eine gefährliche Wunde am Kopf bekommen und daran 14 Tage zu Bett gelegen. Dazu will *Stellingwerff* sich aber nicht bekennen.
Wird noch verhört.

1210(266v)
Bartholdt Heuer hat den jetzigen Steuereinnehmer unflätig zu Gast geladen und ihm- mit Verlaub zu sagen - den Hintern gezeigt, welches der Kläger, der im öffentlichen Auftrag gehandelt hat, bittet, zu vermerken und zu bestrafen.
3 M

1211(267)
Ursula Banse ist zu der *Stellingwerffschen* ins Haus gekommen und hat sie eine *schlasche,* Aas und *hofreschersche* gescholten.
3 M
Randnotiz: bezahlt

1212(267)
Christopff Rubig hat die vom Amt der Bäcker, die das fremde und außerhalb gebackene Brot aus seinem Haus und von seinem Tisch genommen haben, *halbschare* und *luseknickers* gescholten.
4 M
Randnotiz: bezahlt

1213(267
Walradt Wrede hat Richtman *Kampman* in seinem eigenen Haus mit einer Mistforke gröblich am Kopf verwundet, ist aber entflohen.

1214(267)
Johan Balcke hat *Laurentz Mawich* im Gelage einen meineidigen Schelm, Dieb und Galgenvogel gescholten.
Wegen Armut 8 M.
Randnotiz: bezahlt

1215(267v)
Laurentz Mawich hat dem Beleidiger mit einem Stock ein Loch in den Kopf geschlagen.
2 M
Randnotiz: bezahlt

1216(267v)
Colter hat *Claß,* beide von *Budberg,* in *Kettmans* Haus geschlagen, so daß er gefallen ist und dabei ein Loch in den Kopf bekommen hat.
5 M
Randnotiz: bezahlt. Nota bene!

1217(267v)
Struffe hat *Klodt* zu Hünningen in *Willkottes* Haus mit einem Krug auf den Kopf geschlagen und verwundet.
8 M
Randnotiz: bezahlt

1218(267v)
Potthoff von *Büderich* hat *Abel* in *Duwenheuers* Haus diffamiert, er habe vom Land seines Erbherrn bei Nacht Korn auf sein eigenes Land getragen und auf seinen Haufen geschüttet.
6 M

1219(268)
Die alte *Wilmesche* hat mehrmals den Neuwerker und Höppener Sälzerknechten wie auch den Sönnerschen am heiligen Sonntag Bier gezapft.
3 M
Randnotiz: bezahlt

(268) Summa summarum 62 M

Abgezogen die Halbscheid für die Stadt zu 31 M und von der übrigen Halbscheid den zehnten Pfennig für den Herrn Drosten zu 3 M, bleiben 28 M.
Innerhalb von 4 Wochen zu bezahlen.
Signiert Werl, am 13. November 1670
Rudolff Höynck, Brüchtenmeister
Herman Brandiß

(269) Brüchtenregister der Stadt Werl 1671

1220(270)
Johan Pape senior ist des Abends mit Kämmerer *Philipß Pape* übermäßig betrunken nach Hause gekommen und in starken Wortwechsel geraten. Seier Gewohnheit nach hat er mit seinem Messer eine Pfeife Tabak geschnitten und wollte sie rauchen. Mit dem Messer, das er dabei gebrauchte, hat er den Herrn Philipß Pape, der dabei stand,am Leib verwundet und der Kochmagd, die ihm das Messer aus der Hand nehmen wollte, dieses durch die Hand gezogen, daß die Hand verletzt wurde. Die verhörten Zeugen haben solches bestätigt.
45 M
Randnotiz: bezahlt

1221(270v)
Franciscus Cappe hat die Witwe *Kuelman* gröblich beleidigt, einen leichfertigen Menschen, eine Landläuferische, alte Hure und alten *seehundt* ausgerufen. Er ist deswegen überführt.
6 M
Randnotiz: Zur Anrechnung 1 1/2 Rtlr bezahlt.

1222(270v)
Liesche Cappe hat den Sohn von *Caspar Rattberg*, wie sie selbst gestanden hat, mit einem Besen ins Gesicht geschlagen. Er hatte sie wegen schuldigen

Biers gemahnt und ihr viele unnütze Wörter zugerufen, sie auch *fleggelersche* und *dröge* gescholten.
1 M
Randnotiz: bezahlt

1223(270v)
Arndt Johan Kymeißer ist mit einem Spieß ganz ärgerlich auf der Straße herumgelaufen. Als die Magd von *Caspar Lepper* ihm begegnete, hat er ihr das geholte Bier abgenommen und es auf die Erde gegossen.
4 M
Randnotiz: bezahlt

1224(271)
Hierauf hat *Caspar Leppers* Sohn *Johan* den *Arndt Johan Kymeißer* in sein Haus verfolgt, hat ihm zuerst die Stubenfenster eingeschlagen, ist zum Haus hin eingefallen, hat ihn geschlagen und geblutrunstet. Er hat es aus eigenem Willen bekannt.
4 M

1225(271)
Bei der Schlägerei hat der *Kimeyßer* den Spieß noch in den Händen gehabt. *Johan Lepper* hat ihm den abgenommen und damit Kymeißers Frau, die ihren Mann von des Leppers Hand erretten wollte, eine fingertiefe Wunde in der Achsel zugefügt und zu dessen Bekenntnis den Arztlohn mit dem Barbier abgesprochen.

1226(271v)
Elsche Gutthoffes hat *Walburg Wille,* weil sie ihren Mann einen Kohldieb ausgerufen hat, eine dieberische Hure geschmäht und in ihrem eigenen Haus ins Gesicht geschlagen, daß ihr die Funken aus den Augen gestoßen sind. Das ist durch Zeugen erwiesen.
Wegen Armut 2 M.
Randnotiz: bezahlt

1227(271v)
Der alte *Bohne* zu *Bremen* hat in Willekottes Haus hier in Werl dem Stadtkarrentreiber einen Brathering vom Rost genommen und dem Hund vorgeworfen. Zwischen *Frylingk* zu *Sieveringen* und ihm war ein Streit entstanden, und Bohne hatte dem Frylingk ins Gesicht geschlagen und ihn geblutrunstet, was er auch gestanden hat.
2 M
Randnotiz: bezahlt

1228(271v)
Catharina Banse hat den Sohn von *Wilhelm Stellingwerff* auf offener Straße ins Gesicht geschlagen und geblutrunstet.
2 M
Randnotiz: bezahlt

1229(272)
Elisabeth Rausche hat der Hausfrau des Malers *Hanshenrich Armach* durch das Stubenfenster hindurch ein Waschgefäß ins Gesicht geworfen und sie an

drei Stellen gefährlich verwundet.
20 M
Randnotiz: Sind dem Brüchtenmeister zur Auslösung angewiesen.

1230(272)
Christopf Floet hat *Johan Westhoff* mit einem Krug voll Bier ganz gefährlich ins Gesicht und ins Haupt geschlagen.
8 M
Randnotiz: bezahlt

1231(272)
Caspar Luther hat *Dieterich Sethes* Hausfrau eine Hure und alle seine Kinder Diebe gescholten. Er ist überführt.
3 M
Randnotiz: bezahlt

1232(272v)
Herman Forsthövell hat *Johan Wiegman,* als der ihn einen Holzschuhhändler ausrief, auf offener Straße *blunt und blau* geschlagen.
3 M

1233(272v)
Catharina Banse hat Meister *Stephan Duffhauß* einen silbernen Löffel entwendet und dann hernach durch einen Jungen wiedergeschickt. Sie hat zu dem Boten gesagt, wenn er gefragt werde, solle er antworten, daß ihm *Gerdrut Roxloh* den Löffel zum Wiederbringen gegeben habe. Als nun Gerdrut Roxloh darüber zur Rede gestellt wurde, ist sie dessen nicht überführt worden.
Wegen Mittellosigkeit einzusperren.

1234(273)
Johan Veltmans Sohn hat *Abell* zu *Büderich* in *Ketmans* Haus hier in Werl geschlagen, über die Diele geschleift, danach den *Bußschulte* an den Haaren gezogen und dem *Everdt* zu *Büderich* zwei Löcher in den Kopf geschlagen.
12 M
Randnotiz: Ist dem Herrn Brüchtenmeister zur Auslösung angewiesen.

1235(273)
Camen zu *Büderich* klagte, daß ihn *Schnettker* ohne Ursache aufs Maul geschlagen und danach mit einer Mistforke zu schlagen gedroht habe.
4 M

1236(273)
Camen zu *Büderich* hat *Potthoff* zu *Büderich* einen Schelm gescholten und ihm vorgeworfen, er sei ein Dorfverräter.
4 M
Randnotiz: bezahlt

(273a) (eingelegtes Blatt)
Dieser Schein belegt, daß mir die vom Herrn Brüchtenmeister ausgewiesenen Zehrungskosten vom Jahre 1667 bis jetzt, betragend 11 Rtlr minus

1 Blamüßer, von dem Bürgermeister und dem Rat der Stadt Werl entrichtet worden sind.
Werl, 21. Januar 1671
Gerhardt Gödde

(273b) (eingelegtes Blatt)
Vorzeiger dieses Schreibens, *Johan Altenhoven,* wird dazu abgestellt, in der Stadt Werl nicht nur über die angeschlagenen Brüchten, sondern auch über vorher belegte Kosten die Exekution herzurichten.
Arnsberg, den 26 Januar 1671
Rudolff Höynck, Brüchtenmeister

1237(273v)
Rosenbaum zu *Waltringen* hat gedroht, er wolle etwas machen (etwas sehr Schlimmes), die ganze Dorfschaft Bremen, ja Kinder und Kindeskinder sollten noch davon wissen und sagen, und da er es alleine nicht tun könnte, wollte er die *Ostersche* zur Hilfe nehmen.
8 M
Randnotiz: bezahlt

1238(273v)
Temannus Schäefer zu *Westönnen* hat den *Sorres* zu *Blumenthal,* als er mit ihm in der Schere (Scherenwirtschaft) trank, mit einem Krug voller Bier ins Gesicht geschlagen, daß ihm neben der Nase eine große Wunde bis in den Mund durchgequetscht wurde. Er ist auch zur Erde gesunken. Nach Auskunft des Chirurgen war die Wunde so groß, daß sie geheftet werden mußte.
30 M
Randnotiz: 9 Rtlr 13 ß 6 d bezahlt, noch 40 ß 6 d, also alles bezahlt.

(274) Summa 170 M
Abgezogen für die Stadt die Halbscheid zu 85 M und von der übrigen Halbscheid den zehnten Pfennig für den Herrn Drosten zu 8 1/2 M, bleiben für den Landesherrn 76 1/2 M.
Innerhalb von 4 Wochen zu bezahlen. Signiert den 8. Januar 1672
Rudolff Höynck, Brüchtenmeister
Caspar Kleinsorge

Personenindex

Das Brüchtenbuch der Stadt Werl erfaßt einen Zeitraum von 73 Jahren, in dem mehrere Schreiber mit unterschiedlicher Vorbildung und Schreibgewohnheit das Protokollamt ausübten (s. Vorbemerkung zum Brüchtenregister). Nach einem Rechtschreibreglement konnten sie sich nicht richten, der Zeitgeschmack blieb nicht ohne Wirkung auf Sprech- und Schreibgepflogenheiten. Die Abweichungen in der Schreibweise der Namen gehen so weit, daß in einigen Fällen die Identifizierung Kopfzerbrechen bereitete. Die Namen sind in der Form, wie sie zum erstenmal in den Protokollen erschienen, aufgenommen, die veränderten Fassungen durch Klammerung bzw. durch ausgeschriebene Anfügung kenntlich gemacht. Der Benutzer wird gebeten, auch abgewandelte Formen seines Suchworts beim Nachschlagen zu berücksichtigen und, wenn er auf Anhieb nicht fündig wird, das Umfeld zu beachten.
In einigen Fällen gibt der Zusammenhang nicht zu erkennen, ob das Bezugswort schon die Funktion eines Namens oder noch die einer Berufsbezeichnung einnimmt. Die durch Berufsangabe bezeichneten Personen sind dann aufgeführt, wenn ein bestimmter Artikel ihnen Individualstatus zuweist.
Vielfach sind die handelnden bzw. betroffenen Personen namenlos, nur durch Verwandte (Ehemann, Vater) oder Dienstherren zu identifizieren. Der Index nennt dann, ins Alphabet eingeordnet, die Bezugpersonen, dahinter die Art der Beziehung.

Ortsindex

Worterklärungen zum Brüchtenregister

von Paul Derks

Zu erläutern sind nur die weitgehend undurchsichtig gewordenen Scheltwörter, obwohl auch die anderen wie etwa *Zauberer, Dieb, Hexe* im Laufe ihrer Geschichte inhaltlichem Wandel unterworfen gewesen sein können.

Die Schreiber benutzen in der Regel hochdeutschen Lautstand, der in dieser Zeit als vornehmer galt. Da ihnen gelegentlich wie etwa bei *Breuw* und *Schinner* Niederdeutsches durchgeht, darf vermutet werden, daß die hochdeutschen Lautungen damals die Werler Volkssprache noch nicht zersetzt haben.

Beim obszönen Wortschatz, der lexikalisch noch nicht umfassend aufgearbeitet ist, werden über das Material der Wörterbücher hinaus weitere Belege gegeben. Bei polysemen, d.h. vieldeutigen Lexemen ist hier die obszöne Lesart auszuwählen, da sonst ja etwa der Anwurf *Daumendreher* keine klagbare Injurie darstellte.

Breuw

Zu as. *brûd* (Heliand, Genesis), ahd. *brût* (Hildebrandslied), 'junge Frau, Ehefrau' werden Verben gebildet: mnd. *brüden,* mhd. *briuten* 'heiraten'.
Heinrich von Veldeke: Eneide, Handschrift G, V. 12 655 von Eneas: *Und brüte danne mit eren;* V. 12769: *Das her bruten solde.*
Dieses Verb rutscht ab auf die vulgäre Ebene von ahd. *sertan,* mhd. *serten* 'koitieren': Wittenwiler: Ring, V. 5812: *Ich sirt dirs weib;* V. 6469: *Ich siert dir noch die muoter dein.*
Im späten Mnd. bei Heinrich Julius Herzog von Braunschweig: Von einem Wirthe (1593), S. 315 (III,1): *Hey mach sick beschyten, ende sine Moer bruen* (mit dem mnd. verbreiteten *d*-Ausfall); Lauremberg: Scherzgedichte Nr. 4, V. 686: *brüd dine Möme, Hans.*
Die Werler Schreiber verkürzen den derben Satz auf ein Stichwort in vermeintlich hochdeutscher Lautung *Breuw* oder verwenden Umschreibungen *auf die Mutter verweisen, die Mutter vexieren.*

Daumendreher ➧ Knipfen

Feggeler

wohl Entstellung von **Ficker, *Fickeler* ➧ *Vlickflorer*

Vlickflorer

wohl willkürliche Entstellung des Schreibers zum Verb *ficken,* das ursprünglich 'reiben, kratzen' meinte. Karl Meinet (14. Jhd.), 116 (Bl. 79^{b}, V. 44): *ficken in dem melme* 'einkratzen in den Sandstaub'.
Im obszönen Sinne bei Lindener: Rastbüchlein (1558), 7: *Das kindermachen hatt aber noch wunderbarliche seltzamme nammen,* [...] *als:* [...] *ficken* [...], *nullen,* [...].

- Grimm: Dt. Wörterbuch III, 1617-1618. - Vgl. englisch *to fuck*, belegt seit 1503. The Oxford English Dictionary, Suppl. 1 (1972), 1170. - Englisch *fuck your mother* analog zu den deutschen Bildungen unter ➧ *Breuw.*

Grensen
'den Mund zornig oder höhnisch verziehen', zu *grinsen.* Grimm: Dt. Wörterbuch IX, 116.

Hundsfutt
ist die *fut*, das Genital der Hündin. Als Scheltwort ist die Zusammensetzung männlich. *fud, fut, votze* begegnet zuerst bei Neidhart [von Reuental]: Winterlied 5 III 10, Lesarten: *Daz was reihtzen fvt mit vch sengeren* Handschrift R 'das war das Reizen der *fut* mit dem Ochsenspieß, Ochsenziemer' (? der Vers ist sehr verderbt); in Zusammensetzungen Winterlied 20 III 9: *mîner ougen wünne greif er an den fudenol;* Zusatz zu Winterlied 20 nach III 3: *daz sîn hant niht verrer kam wan ûf den vudenol!*
fudenol ist Kompositum mit ahd. mhd. *nol* 'Hügel', also 'Venusberg'; dazu als spät-mhd. Neubildung *nollen, nullen* 'koitieren' (➧ *Vlickflorer).*
- Wittenwiler: Ring, V. 1572: *Mätzel zuo der futzen sprach.* - Niederdeutsch *fut* des öfteren in Stellenbezeichnungen und Flurnamen: Werden bei Essen, 15. Jhd.: *van Vudenkaren,* dazu der Rufname *Teyl Fudenkaer 'fut*-artige Vertiefung' (Urbare Werden B, 225, 283).
- Überruhr bei Essen, Anf. 19. Jhd.: Name einer Stollenmundzeche *Faulevot.* Honigmannsche Karte 1803/06 in: Essen im Spiegel der Karten, Bl. 15 u. 20.
- Name einer Quelle *Nonnenfutt* in der Wüstung Kerkberg im Sintfeld bei Paderborn. Henkel: Sintfeld, 120, 121.
- Noch heute *Apenfutt* in Werden bei Essen.
- Dittmaier: Rheinische Flurnamen, 81 s.v. *Futte.*
- *Fotze* und *Hundsfutt* sind häufig bei Dichtern des 18. Jhds.;
Goethe: Hanswursts Hochzeit: *Schnuckfözgen* als Nichte, *Fozzenhut, Hundsfutt* als Gastrolle. Weitere Belege bei Lessing, Heinse und Friedrich Müller, genannt Maler Müller.

Knipfen
knippen, knipfen 'mit den Fingern knipsen'. Wenn dies ehrenrührig sein soll, kann nur eine obszöne Geste gemeint sein: der Daumen zwischen Zeige- und Ringfinger, die sogen. *Feige.* Reiches Material dazu bei Rettenbeck: Feige; Derks: Schande, 537-539. ➧*Daumendreher*

Kujon
Kujon 'Schuft' wurde Ende des 16. Jhds. aus frz. *coion,* ital. *coglione* 'Memme, Feigling' < ital. *coglione* 'Hode, Hodensack' entlehnt (Schulz: Dt. Fremdwörterbuch I, 408) aus lat. *coleus* 'Hode'. - Lauremberg: Scherzgedichte, Nr. 3, V. 189: *Wol do ein Schlüngel was, de is nu ein Cojon.*

Laffe
'Tor, Narr', niederdeutsch *Lappe, läppisch.* - Goethe: Faust I, Nacht: *Zwar bin ich gescheiter als alle die Laffen.*
- Grimm: Dt. Wörterbuch XII, 56.

Laur, Lauer
'hinterhältiger Mensch, einer, der aus dem Hinterhalt lauert'.
- Grimm: Dt. Wörterbuch XII, 301-303 mit Belegen seit dem späten Mhd.

Lecker
hier wohl in obszöner Bedeutung. - Konrad von Würzburg: Partonopier, V. 4454: *der lecker uns gelogen hât.*
- Wittenwiler: Ring, V. 152: neben anderen obszönen Rufnamen auch *her Rüefli Lekdenspiss.*
- Goethe: Hanswursts Hochzeit: *Leckarsch.*

Mutter; auf die Mutter verweisen, die Mutter vexieren ➧ *Breuw*

Mutze
'weibliches Genital'. - Gregor Hayden: Salomon und Markolf (15. Jhd.), V. 243: *Wie mecht ein ding lustiger sein/ dann brawne mucz bei weissen pein!*
- Wittenwiler: Ring, V. 1565-1566: *Sei schawt ir weissen paine./ Do sach sei ir vil praunen mutzen;* V. 2221-2222 ein Zauberspruch zur Wiederherstellung der Jungfräulichkeit: *"Daz glük verhenge!" Die mutz die wirt dir enge.*
- Grimm: Dt. Wörterbuch XII, 2837-2838.

Nebberei
wohl niederdeutsch zu *neppen* 'betrügen', das nach
Avé-Lallemant: Gaunertum II, 167 und Wolf: Wörterbuch des Rotwelschen, 230 erst vom frühen 19. Jhd. an belegt ist.
In der Lautung *nappen* 'jemanden rupfen' weist Wolf das Wort für 1755 nach. Dann wäre die *Nebberey* aus Werl der älteste bislang bekannte Beleg. Die Etymologie ist unklar; vielleicht besteht Verwandtschaft mit *Hausnopper* als Kumpan der Diebe und Mörder Ingolstadt 1588 bei Schmeller: Bayerisches Wörterbuch I, 1751.

Prägger
hyperkorrekte hochdeutsche Schreibung von *breger* 'Bettler'. Der Liber Vagatorum, eine Warnschrift des 16. Jhds. über das Gaunertum und seine Sprache, die in einem Glossar zusammengestellt wird, ist in hoch- und niederdeutschen Fassungen erhalten. Er bietet hochdeutsch: *von den Bregern, das sind Betler; Breger betler;* ebenso niederdeutsch *van den bregern dat sind bedeler; breger bedeler.*

Vollständige Texte bei Avé-Lallemant: Gaunertum, hier I, 159, 174, 178, 193. - Wolf: WB des Rotwelschen, 62-63.
- Die Etymologie ist unklar; vielleicht zu ital. *brigante* 'Straßenräuber'; als Lehnwort bei Wittenwiler: Ring, V. 8083-8084: *Ze paiden tailen komen dar/ Von sakman und pregantenschar.*

Rekel
'großer Hund, Kerl, unfeiner Mensch, Flegel'.
- Schiller/Lübben: Mnd. Wörterbuch III, 455;
ten Doornkaat Koolman: WB der ostfries. Sprache III, 27.

Saufillersche
zu *fillen* 'das Fell abziehen, schinden', *filler* 'Abdecker'.
Lauremberg: Scherzgedichte, Nr. 4, V. 677 bei einer Gegenüberstellung des hoch- und niederdeutschen Sprachgebrauchs: *Ihr schindet ewer Aas, de Rackers unse villen.* - Grimm: Dt. Wörterbuch III, 1631.
➧ *Schinder, Schelm.*

Schebberei
zu *schebbern* 'keifen, schimpfen'.
- Grimm: Dt. Wörterbuch XIV, 2380.

Schelm
ahd. *skelmo,* mnd. mhd. *schelme* bedeutet bis zur frühen Neuzeit 'Kadaver, Aas' von Mensch und Tier und muß ein sehr übles Scheltwort in der Bedeutung 'verworfener Mensch, Betrüger' gewesen sein. Reiche Belege bei Grimm: Dt. Wörterbuch XIV, 2506-2510.
Erst in jüngerer Zeit bekommt das Wort einen spöttisch-herablassenden Ton: *armer Schelm* oder 'lockerer, neckischer Mensch'. ➧ *Schinder, Saufillersche.*

Schinder, Schinner
zu *schinden* 'die Haut abziehen', *Schinder* 'der Abdecker'.
Da dieser Berufsstand ähnlich wie der des Henkers als unehrlich galt, war das Wort als derbe Schelte geeignet.
➧ *Saufillersche, Schelm.*

Sodomit
juristischer und theologischer Begriff nach 1. Mose 19: 'einer, der widernatürliche Unzucht treibt', sei es Analverkehr mit einer Frau, mit einem Mann - bei homosexuellen Männern generell unterstellt - oder mit einem Tier.
So noch im Allgemeinen Landrecht für die Preußischen Staaten 1794, Teil II, Titel 20, §§ 1069-1072: *Sodomiterey.*

Erst nach der Straffreistellung der Tribadie (weibl. Homosexualität) und der Durchsetzung des neugebildeten Wortes *homosexuell* mit Ableitungen seit 1869 engte sich *Sodomie* auf 'Unzucht mit Tieren' ein. Derks: Schande, 22, 86ff, 102.
- Noch im 16. u. 17. Jhd. stand nach der Peinlichen Gerichtsordnung Kaiser Karls V. von 1532, der sogen. Carolina, Artikel 116, auf widernatürliche Unzucht der Tod auf dem Scheiterhaufen (Derks: Schande, 140ff) - so war die Bezichtigung als *Sodomit* lebensgefährlich.

Werwolf
ist belegt seit etwa 1000 bei Bischof Burkhart von Worms: Decretorum Libri XX, Buch XIX, c. 5 (Migne, Patrologia Latina 140, 971) zu ahd. **wer*, as. *wer* 'Mann' und meint einen Menschen, der sich unter zauberischem Einfluß in einen reißenden Wolf verwandelt.
Im späten Mittelalter und in der frühen Neuzeit wurden Werwolfs-Prozesse seitens der Kirche mit der gleichen Grausamkeit und Härte wie die Hexenprozesse betrieben.

Abkürzungen

ahd.	althochdeutsch
as.	altsächsisch
Jhd.	Jahrhundert
mhd.	mittelhochdeutsch
mnd.	mittelniederdeutsch
WB	Wörterbuch

Literatur

Avé-Lallemant, Friedrich Christian Benedict: Das deutsche Gaunertum in seiner sozialpolitischen, literarischen und linguistischen Ausbildung zu seinem heutigen Bestande. T. I.II. Wiesbaden o.J.

Derks, Paul: *Die Schande der heiligen Päderastie.* Homosexualität und Öffentlichkeit in der deutschen Literatur 1750-1850. Berlin 1990

Dittmaier, Heinrich: Rheinische Flurnamen. Bonn 1963

ten Doornkaat Koolman, J.: Wörterbuch der ostfriesischen Sprache. Bd. I-III, Wiesbaden ^{2}1965

Essen im Spiegel der Karten. Historische Karten und Stiche vom Mittelalter bis zur Neuzeit. Hg. v. Willi Bonczek. Essen 1975

Grimm, Jacob und Wilhelm: Deutsches Wörterbuch. Bd. I-XXXIII. München ^{2}1984

Hayden, Gregor: Salomon und Markolf. In: Narrenbuch. Hg. v. Felix Bobertag. Darmstadt ^{2}1964

Heinrich Julius Herzog von Braunschweig: Die Schauspiele. Hg. v. Wilhelm Ludwig Holland. Amsterdam ^{2}1967

Henkel, Gerhard: Die Wüstungen des Sintfeldes. Eine historisch-geographische Untersuchung zur Genese einer alten westfälischen Kulturlandschaft. Paderborn 1973

Henric van Veldeken: Eneide. Hg. v. Gabriele Schieb u. Theodor Frings. T. I-III. Berlin 1964.1965.1970

Karl Meinet. Zum ersten Mal hg. durch Adelbert von Keller. Amsterdam ²1971

Konrad von Würzburg: Partonopier und Melino. Hg. v. Karl Bartsch. B ²1970

Lauremberg, Johann: Niederdeutsche Scherzgedichte. 1652. Mit Einleitung, Anmerkungen und Glossar von Wilhelm Braune. Halle 1879

Lindener, Michael: Rastbüchlein und Katzipori. Hg. v. Franz Lichtenstein. Tübingen 1883

Neidhart: Die Lieder. Hg. v. Edmund Wießner. 3. Aufl. rev. v. Hanns Fischer. Tübingen ³1968

Rettenbeck, Lenz: Feige. Wort - Gebärde - Amulett. Ein volkskundlicher Beitrag zur Amulettforschung. München 1955

Schiller, Karl/Lübben, August: Mittelniederdeutsches Wörterbuch. Bd. I-VI. Schaan ³1981

Schmeller, Johann Andreas: Bayerisches Wörterbuch. 3. Neudruck der von G. Karl Frommann bearbeiteten 2. Ausgabe. Bd. I.II. Aalen 1973

Schulz, Hans: Deutsches Fremdwörterbuch. Bd. I. Berlin ²1974

Die Urbare der Abtei Werden a.d.Ruhr. Hg. v. Rudolf Kötzschke. Bd. A.B. Düsseldorf ²1978

Wittenwiler, Heinrich: Ring. Nach der Meininger Handschrift hg. v. Edmund Wiessner. Darmstadt ²1973

Wolf, Siegmund A.: Wörterbuch des Rotwelschen. Deutsche Gaunersprache. Mannheim 1956

Buchbesprechungen

Inventar des Stadtarchivs Warendorf, bearbeitet von Siegfried Schmieder, in: Landschaftsverband Westfalen-Lippe. Westfälische Quellen und Archivverzeichnisse, Band 16, Münster 1990, 589 Seiten mit Abb. im Text und Ansicht der Stadt Warendorf von 1826.

Mit dem vorliegenden Inventar des Archivs der Stadt Warendorf, Abteilungen A und B, ist der landesgeschichtlichen Forschung ein großer Dienst erwiesen worden. Nach den Bürgerbüchern, deren Publikation in Westfalen weit vorgedrungen ist, machen jetzt auch die kommunalen Archivverzeichnisse wesentliche Fortschritte. Nach Ahlen, Beckum, Berleburg, Telgte, Werne nun also Warendorf. Ein stattlicher Bestand von 1477 Urkunden seit 1232, im Original jedoch meist erst seit dem Stadtbrand von 1404 überliefert, 1179 Akten im Bestand A, der bis 1815 reicht, und Bestand B, der das 19. und 20. Jahrhundert bis zum Jahre 1928 aufgenommen hat. Bei allen gemachten Vorarbeiten verbirgt sich hinter diesen Zahlen ein gerütteltes Maß an Arbeit, für das dem Bearbeiter sehr zu danken ist. Dem Genealogen wird hiermit ein beträchtlicher Bestand an Informationen leicht zugänglich gemacht.

Der Inhalt des Archivs ist naturgemäß eine Sammlung der verschiedensten Angelegenheiten der Stadt und ihrer Bürger: Rechnungen, Schatzungen, Schulden, Ratsprotokolle, Einquartierungen, Armensachen, Prozesse, Versteigerungen, Grundbesitz und Markensachen im allgemeinen, Geburtsbriefe, Lehrverträge, Anstellungen von Beamten und Lehrern, Gildestreitigkeiten, Verkäufe, Schuldanerkenntnisse, Testamente, Erbteilungen, Geleit für Juden und vieles andere mehr. Für den Genealogen sind aus den Aktenbeständen wohl am interessantesten die Gildebücher, insbesondere die Aufnahmen in die Gilden, sowie die Lehrlings- und Gesellenbücher, die sich für ganz unterschiedliche Zeiträume erhalten haben und bisher wohl sehr wenig genutzt worden sind. Besonders wertvoll ist das Stadtbuch über Akte der freiwilligen Gerichtsbarkeit (A 238), weil es für die Jahre 1508 bis 1598 einen wesentlichen Teil der in diesen Zeitraum fallenden Schichtungen, Ehe- und Erbverträge, Testamente und Nachlaßinventare des vermögenderen Teils der Warendorfer Bürgerschaft enthält und daher ihre Famlienbeziehungen und Verwandtschaften, Vermögens- und Eigentumsverhältnisse, Haus- und Grundbesitz am besten widerspiegelt. Eine spezielle Aufnahme und Publikation wäre sehr zu empfehlen.

Zur Kritik wäre zu sagen, daß Satzfehler an manchen Stellen ins Auge springen. Auch Leseunsicherheiten sind häufiger festzustellen, als schon durch Fragezeichen kenntlich gemacht sind. Dazu einige Hinweise: U 38 von 1415 ist wohl unrichtig datiert, denn Hinrick Lodewig gt. Duvel (wohl Vater und Sohn) erscheint seit 1474 als Richter in Warendorf (vielleicht 1515?); U 205: Hilleke Rodelewe (statt N-); U 224 von 1514: Dem darin genannten Sassenberger Amtmann fehlt der Nachname. Aus dem weiteren Text ist zu entnehmen, daß er Caßman (Caessem) heißen muß; U 615 der Empfänger heißt Anton Honthum(b), seine Frau Clara Wedemhove; U 728 der Gograf zum Bakenfeld Osthoff (nicht -haus) (vgl. auch U 841). Beim Zusammenführen im Register müßten solche Abweichungen auffallen. So auch: U 1189 Ninnecker, statt Winicher. Die Frau de Reumont geb. von „Schwinderengeweiner“ in U 954 hat sicher einen anderen Namen geführt, ohne daß ein besserer Vorschlag gemacht werden könnte. U 1168 von 1725 spricht von Franz Brencke und Frau Eva Ulenberg und deren Tochter erster Ehe mit – hier erwartet man jetzt den Namen eines anderen Mannes, der offenbar Remmers heißen muß – er kommt aber nicht. U 631 das ‚testamentum Kritiani' betrifft die Armen- und Studienstiftung des münsterischen Weihbischofs Johannes Kridt (1550-77) von 1575 (ausführlich über ihn bei Adolf Tibus, Geschichtliche Nachrichten über die Weihbischöfe von Münster, 1862, S.65 - 128). Auch Inventare sind kein Evangelium, sondern nur mit gewisser Vorsicht zu benutzen.

Clemens Steinbicker

Wolfgang Weikert, Erbmänner und Erbmännerprozesse. Ein Kapitel Münsterscher Stadtgeschichte. Münster / New York (Waxmann Verlag) 1990, (8) + XVII + 211 S., ohne Abb., kart. DM 38,–.

Diese münsterische Dissertation befaßt sich mit dem Patriziat der Stadt Münster, den „Erbmännern“, und deren 160jährigen Kampf um ihre Zugehörigkeit zum stiftsmäßigen münsterländischen Adel (1557-1717). Weikert stellt die bisherigen Forschungsmeinungen zur Entstehung dieses Patriziates zusammen (S. 23-60), ohne sie aus Archivalien oder Urkunden zu überprüfen oder auf einzelne Familien einzugehen, und resümiert dann den „Forschungsstand zum Ursprung städtischer Führungsschichten“ (S. 61-87) in deutschen Bischofsstädten sowie in Soest und Dortmund. Mehr vermutend und ohne weitere Belege stellt er dann fest, daß man „für Münster einer Theorie gemischten Ursprungs des Patriziats folgen“ müsse (S. 86).

Die Stärke des Buches liegt in der Nacherzählung der Erbmännerprozesse, ab 1557 vor dem päpstlichen Gerichtshof, der „Rota“, um die Zulassung des Erbmanns Johann v. Schencking zum münsterischen Domkapitel (S. 102-139). Es wird deutlich, daß das Domkapitel trotz der für Schencking günstigen Urteile dessen Zulassung verhindern konnte, weil Papst, Kaiser und Kurbayern auf das Wohlwollen der Domherren bei der Bewahrung des katholischen Bekenntnisses im Fürstbistum angewiesen waren. Es folgten Prozesse vor dem Reichskammergericht, hier erzählt nach den reichhaltigen Prozeßakten und gedruckten Streitschriften (S. 140-196).

Weikerts Deutung des Prozesses (S. 197-201) ist dürftig. Eine „ungeheure Tragweite“ (S. 199) besaß der Prozeß wohl kaum, und auch das „geburtsständische Prinzip“ stand durchaus nicht auf dem Spiel (so S. 198). Es ging vielmehr um die Ausweitung der geburtsständisch eingeschränkten Teilhabe an der politischen Macht in Domkapitel, Ritterschaft und Landesverwaltung. Der Zugang zu diesen politischen Gremien galt als Eigentum der eingesessenen Adelsfamilien, als ein Gemeinschaftsbesitz, der z.B. durch die 16-Ahnenprobe verteidigt wurde. Daß sogar Sprößlinge alteingesessener Adelsgeschlechter (z.B. v. Althaus, v. Graes) ohne Ahnenprobe zum Landtag zugelassen wurden, obwohl sie erbmännische Vorfahren hatten, erfährt man nicht. Hier hätte das Archiv der münsterischen Ritterschaft, das nicht einmal im Quellennachweis erwähnt ist (vgl. S. I, S. 13), herangezogen werden müssen.

Für Genealogen trägt das Buch nichts aus; das Schlußkapitel über die „Entwicklung der münsterischen Erbmännerfamilen bis in die Gegenwart" (S. 202-211) zeichnet nur das Aussterben verschiedener Familien nach. Für ständegeschichtliche Untersuchungen wird das Buch einen gewissen Wert als Wegweiser zur älteren Literatur und zu den Reichskammergerichtsakten behalten.

Münster Gerd Dethlefs

Staatsarchiv Detmold: Nachlaß Heinrich Drake. Findbuch, bearbeitet von Theodor Helmert-Corvey, Detmold: Selbstverlag des Nordrhein-Westfälischen Staatsarchivs Detmold 1990 (Veröffentlichungen der Staatlichen Archive des Landes Nordrhein-Westfalen, Reihe F: Findbücher Nr. 3), 198 Seiten, 30,– DM.

Die Bestände des Nordrhein-Westfälischen Personenstandsarchivs Westfalen-Lippe bis 1874/75, bearbeitet von Günther Engelbert und Ilse Kötz, 2., neu bearbeitete Auflage von Arno Schwinger unter Mitarbeit von Karin Eickmeier und Gabriele Hamann, Detmold: Selbstverlag des Nordrhein-Westfälischen Staatsarchivs Detmold 1991 (Veröffentlichungen der Staatlichen Archive des Landes Nordrhein-Westfalen, Reihe B: Archivführer und Kurzübersichten, Heft 5), 130 Seiten, 8,– DM.

Auf zwei neue Veröffentlichungen aus der Reihe „Veröffentlichungen der Staatlichen Archive des Landes Nordrhein-Westalen" ist hinzuweisen: Das Staatsarchiv Detmold hat ein den Nachlaß Heinrich Drakes erschließendes Findbuch herausgegeben, das Theodor Helmert-Corvey bearbeitet hat. Heinrich Drake (1881-1970), nach dem 1. Weltkrieg Mitglied des Lippischen Landtages und bereits 1932 Präsident der Lippischen Landesregierung, war nach dem Dritten Reich Landespräsident von Schaumburg-Lippe und Lippe sowie von 1947-52 Regierungspräsident in Minden; darüber hinaus hat sich in seinem Nachlaß umfangreiches Material z.B. zu seinen Tätigkeiten als Abgeordneter der Landschaftsversammlung des Landschaftsverbandes Westfalen-Lippe und der Landesverbandsversammlung des Landesverbandes Lippe, als Aufsichtsratsvorsitzender und Mitglied des Aufsichtsrates der Elektrizitätswerke Wesertal GmbH und deren Tochtergesellschaften sowie als Ratsherr der Stadt Detmold vor allem aus der Nachkriegszeit erhalten. Die Erschließung erfolgte in 763 laufenden Nummern, die nach den einzelnen Funktionen, die Drake im öffentlichen Leben innehatte, gegliedert sind. Helmert-Corvey stellt die einzelnen Betreffe sehr ausführlich dar und erschließt sie in sich durch die Bildung von Korrespondenzserien. Damit wird er der Bedeutung dieses Nachlasses gerecht, dessen Benutzung durch einen ausführlichen Orts-, Personen- und Namens- sowie Sachindex erleichtert wird.

Die 2. Auflage des Verzeichnisses der Bestände des Nordrhein-Westfälischen Personenstandsarchivs Westfalen-Lippe bis 1874/75 lehnt sich eng an die 1975 erschienene, inzwischen vergriffene erste Auflage an. Ihr Umfang ist jedoch um 15 Seiten gewachsen, da die in den vergangenen Jahren bekanntgewordenen Ergänzungen eingearbeitet wurden. Dabei handelt es sich hauptsächlich um Rückvergrößerungen von Kirchenbuchfilmen des Bistumsarchivs Münster, die als Ersatz für im 2. Weltkrieg vernichtete Kirchen-buchduplikate dienen. Angenehm fällt auf, daß auf die getrennte Aufführung von evangelischen und katholischen Registern einerseits und Juden- und Dissidentenregistern andererseits verzichtet wurde, so daß man nun unter jedem Ortsnamen die Angaben über alle dort geführten Register findet.

Münster

Dieter Veldtrup

Wir weisen auf die Publikation eines unserer Mitglieder hin:
Hans Rustemeyer: Schwert und Strick. Die Geschichte der Feme, Verlag Siegfried Bublies, Koblenz 1991, 110 Seiten, mehrere Abbildungen, 19,80 DM, ISBN 3-926584-13-0.

„Dieses Buch bringt die Geschichte eines bis heute von Sagen und Lügen umwobenen Bundes, der während des Interregnums, ‚der kaiserlosen, der schrecklichen Zeit' (1254-1273), zum ersten Mal von sich reden machte. ‚In Westfalen griffen die rechtlichen Menschen zu dem verzweifelten Mittel von Femegerichten, die bald auf ganz Deutschland übergriffen.' (Joachim Fernau) Ein wenig bekanntes, dafür um so spannenderes Kapitel des Mittelalters findet seine Würdigung." (Vom rückseitigen Einband)

Westfälische Lebensbilder Band XV, hrsg. v. Robert Stupperich, Münster: Aschendorffsche Verlagsbuchhandlung 1990 (Veröffentlichungen der Historischen Kommission für Westfalen XVII A).

Zeitlich wie auch von den Tätigkeitsbereichen der behandelten Personen her breit gestreut zeigt sich der vorliegende Band der Lebensbilder. Heinrich von Ahaus (1369/71 - 1439) wird als derjenige gewürdigt, der maßgeblich an der Einführung der Devotio moderna in Westfalen und im Rheinland beteiligt war (K. Elm). Theologe war auch Theodor Fabricius aus Anholt (1501-1570), der sich frühzeitig der lutherischen Richtung anschloß. Vergebens bemühte er sich, die münsterischen Wiedertäufer zu mäßigen (R. Stupperich). Als bedeutendster Bildhauer der Barockzeit in Westfalen wird Johann Mauritz Gröninger (1651/52 - 1708) vorgestellt, der einer Paderborner Bildhauerfamilie entstammte und seine wichtigsten Werke in Münster schuf (G. Jaszai). Franz von Fürstenberg (1729-1810) ist wegen seiner Verdienste um das Fürstbistum Münster, dem er Jahrzehnte als leitender Minister vorstand, insbesondere auf dem Gebiet des Bildungswesens bekannt geworden (F. Keinemann). Ein Aufklärer ist auch Arnold Mallinckrodt (1768-1825) gewesen, der durch seine Zeitung, den Westfälischen Anzeiger, ähnlich wie Möser volksbildend tätig wurde (G. Luntowski). Auch Christoph Bernhard Wilhelm Natorp (1774-1846) gehört in diesen Kreis. Er machte sich als Schulreformer einen Namen (K.-E. Jeismann). Jurist und Historiker aus Neigung war Johann Suibert Seibertz (1788-1871). Aus seiner Feder stammen auch heute noch mit Gewinn heranzuziehende Werke, die ihn zu einem der Väter der westfälischen Landesgeschichte werden ließen (H. Klueting). Georg Freiherr von Vincke (1811-1875) galt zu seiner Zeit als größter deutscher Parlamentsredner, hat in der realen Politik aber nicht reussieren können (H.-J. Behr). Von anderer Natur war Hermann von Mallinckrodt (1821-1874), der als einer der Führer der Zentrumsfraktion und damit des politischen Katholizismus erheblichen Einfluß ausübte (F. G. Hohmann). Architekt war Arnold Güldenpfennig (1830-1908), der als Paderborner Diözesanbaumeister den Kirchenbau des östlichen Westfalens mit mehr als 100 Bauten entscheidend geprägt hat (N. Aleweld).

Die zehn Lebensbilder sind informativ geschrieben und gehen oft über die reine Lebensbeschreibung hinaus. Obwohl die Mehrzahl der behandelten Personen im religiös-kirchlich bestimmten Umfeld tätig waren, lassen sich Berührungen zwischen ihnen nur ausnahmsweise feststellen.

Dem Band beigegeben sind nach Möglichkeit Bildnisse der dargestellten Personen, ein Namensregister sowie eine Übersicht über die in den Westfälischen Lebensbildern bisher erschienenen Biographien.

W. Bockhorst

Rheinisch-Westfälische Wirtschaftsbiographien. Bd. 14 Bielefelder Unternehmer des 18. bis 20. Jahrhunderts, hrsg. von Jürgen Kocka und Reinhard Vogelsang, Münster: Aschendorffsche Verlagsbuchhandlung 1991, DM 69,–.

Nachdem bereits in den vorhergehenden Bänden 12 und 13 Kölner Unternehmer vorgestellt worden waren, wird auch in diesem Band durch die Konzentrierung auf den Bielefelder Raum eine Wirtschaftsregion faßbar.

Johann Adolph Havergo (1735-1811) steht für den Übergang vom Kaufmann zum Unternehmer. Aus einer Leinenhändlerfamilie stammend, ging er in die Leder- und Seifenfabrikation, wobei er sich sogar um die Produktionsweise kümmerte. (A. Flügel)

Michael Bozi (1775-1862) und insbesondere seine Söhne Carl (1809-1889) und Gustav (1812-1887) vollzogen den Schritt vom Garn- und Leinenhandel zur industriellen Textilproduktion. Während der Vater im Handel das Kapital erwarb, gründeten die Söhne mit der Spinnerei „Vorwärts" die erste Maschinenspinnerei in Bielefeld, die sie bis 1869 führten. Beachtlich ist das soziale Engagement der Familie. (H. Homburg und J. Mooser).

Aus einer in Bielefeld ansässigen, zur kaufmännischen Oberschicht gehörigen Familie entstammte Rudolph Delius (1802-1859). Seine Bedeutung liegt weniger in seinen industriellen Unternehmungen, als vielmehr in seinem politischen und gesellschaftlichen Engagement. (A. Flügel)

Auch Friedrich Wilhelm Möller (1805-1878) stieg ebenso wie Delius in das väterliche Geschäft, Kupferhammer und Lederfabrik, ein, das er in den vorgezeichneten Bahnen weiterführte. Das von ihm erwirtschaftete Kapital floß in die von seinen Söhnen Karl und Theodor errichtete Maschinenfabrik. (B. Hey)

Aus dem väterlichen Handwerksmilieu löste sich August Klasing (1809-1897), indem er sich für den Buchhandel entschied. Gemeinsam mit August Velhagen betrieb er in Bielefeld zunächst eine Buchhandlung, die um Lesezirkel, Druckerei und Verlag erweitert wurde und sich schließlich zum größten Buchhandelsunternehmen im deutschen Sprachraum entwickelte. (M. Tabaczek)

August Wilhelm Kisker (1812-1881) stammte aus Halle, wo seine Vorfahren mit Löwendlinnen handelten. 1837 wurde er Teilhaber einer Damast-Manufaktur in Bielefeld, die er 1860 übernahm. Führend war Kisker bei der Gründung der Ravensberger Spinnerei AG beteiligt, die ebenso wie die Spinnerei „Vorwärts" der Brüder Bozi den Übergang zur Industrialisierung im Textilbereich vollzog. (Th. Welskopp)

Bescheiden waren die Anfänge von Rudolf Rempel (1815-1868), der als Sohn eines früh verstorbenen Lehrers nicht der wohlhabenden Kaufmannschaft entstammte. Rempel betätigte sich zunächst im Leinenhandel, engagierte sich seit 1844 aber stark im politischen Bereich. Das Ergebnis der Revolution von 1848 enttäuschte den Demokraten, der sich wieder unternehmerischen Aktivitäten zuwandte, aber auch der Kommunalpolitik verbunden blieb. (K. Vogelsang und H. Wiethüchter)

Nicht Kaufmann oder Unternehmer, sondern Techniker und Manager war Ferdinand Kaselowsky (1816-1877). Er entsproß einer Handwerkerfamilie, löste sich aber aus diesen Verhältnissen, indem er die staatlichen Bildungseinrichtungen im Gewerbebereich besuchte, die ihn zum Aufbau und zur Führung von Industriebetrieben befähigten. Nach dem Aufbau einer Spinnerei in Schlesien kam er 1854 nach Bielefeld, wo er die Ravensberger Spinnerei plante, baute und bis 1871 leitete. Bis zu seinem Tod widmete er sich der Verbandstätigkeit. (P. Lundgreen)

Bäuerlicher und handwerklicher Herkunft war Heinrich (Nieder)Gassel (1817-1858), der ebenso wie Kaselowsky die staatlichen Ausbildungsmöglichkeiten ausschöpfte, sich aber nicht auf das Management beschränkte, sondern auch unternehmerisch tätig war. (G. Angermann)

Die Vettern Hermann Delius (1819-1894) und Carl Albrecht Delius (1827-1915) traten nach einer entsprechenden Ausbildung in die Leinenhandlung ihrer Väter ein. Hermann wurde die treibende Kraft zur Gründung der Ravensberger Spinnerei AG und war auch führend bei anderen Gemeinschaftsunternehmen der Bielefelder Leinenkaufleute beteiligt. Carl Albrecht wandte sich dem Seidengewerbe zu und erweiterte somit die Textilbranche in Bielefeld um einen wichtigen Gewerbezweig. (K. Ditt)

Theodor Calow (1828-1906) gründete 1863 in Bielefeld ein Maschinenbauunternehmen, das vom industriellen Aufstieg der Region profitierte. (F. W. Bratvogel)

Conrad Bertelsmann (1828-1901) und sein Bruder Gustav (1833-1909) gingen nicht wie ihr Vater in den Leinenhandel, sondern wichen von dem ihnen vorgezeichneten Weg ab. Während sich Carl zunächst in Westpreußen als landwirtschaftlicher Unternehmer niederließ, baute Gustav die erste Plüschweberei in Bielefeld auf. 1870 wurde Conrad auf Betreiben seines Bruders als Direktor der ins Trudeln geratenen Spinnerei Vorwärts eingestellt, die er bald wieder stabilisierte. Conrad stärker noch als Gustav engagierte sich verbandspolitisch. (F. W. Bratvogel)

In der Plüschproduktion war auch die jüdische Familie Wertheimer tätig, von der zwei Generationen behandelt werden. Josef (1838-1915) und Eduard (1839-1920) betrieben zunächst gemeinsam eine Firma, die jedoch 1893 geteilt wurde. Während Eduards neue Firma nur noch 18 Jahre existierte, wohl weil der einzige Sohn schon 1903 starb, gelang Josef mit seine Söhnen Eduard (1867-1942) und Paul (1872-1941) der Aufbau eines Familienunternehmens, das allerdings 1935 infolge der rassischen Verfolgung verkauft werden mußte. Eduard beging 1942 Selbstmord. Der nach London emigrierte Paul eröffnete dort ein Geschäft für Kleiderstoffe, das bis 1969 existierte. (M. Minninger)

Hermann Windel (1839-1894) stieg vom angestellten Bleichmeister zum selbständigen Unternehmer auf. Die von ihm aufgebaute Bleicherei und Appreturanstalt entwickelte sich unter seinem Sohn Gustav zu einer der größten Firmen in ihrer Art. (J. Altenberend)

Bedeutendster Nähmaschinenfabrikant Deutschlands wurde Nikolaus Dürkopp (1842-1918), der als Schlosser begann und 1867 eine Werkstätte eröffnete, die schon bald zur Fabrikation überging. 1885 wurde die Fahrradproduktion aufgenommen, etwa 15 Jahre später auch die Automobilherstellung. Das Unternehmen entwickelte sich zum größten Bielefelder Industriebetrieb, das 1918 6000 Mitarbeiter hatte. (A. Beaugrand u. R. Krull)

Nicht der Textilindustrie verbunden war Arnold Crüwell (1847-1935), sondern der eher im Bielefelder Hinterland ansässigen Tabakfabrikation. Auch Crüwell war wie viele Industriepioniere Bielefelds Erbe eines kleineren Unternehmens, das er unter Nutzung der vorhandenen technischen Möglichkeiten ausbaute. (N. Sahrhage)

Aus der Verbindung zwischen einem Kaufmann, Theodor Droop (1849-1806), und einem Ingenieur, Ernst Rein (1858-1953), entstand 1890 eine Werkzeugmaschinenfabrik, die auf die Fertigung von Sondermaschinen und schweren Maschinen spezialisiert war. Hier eröffnete sich ein zukunftsträchtiges Industriepotential, das die bisher traditionell vorherrschende Leinenindustrie ablöste. (D. Kerschbaumer u. J. Großewinkelmann)

Einer guten Idee und ihrer richtigen Vermarktung verdankte die Firma von Dr. August Oetker (1862-1918) ihren rasanten Aufstieg. Der Produktionsbereich, in dem Oetker tätig wurde, ergab sich aus der Herkunft als Sohn eines Bäckermeisters und dem erlernten Beruf des Apothekers. Ausgerechnet dieses Unternehmen der Nahrungsmittelbranche sollte sich zum größten Konzern der Stadt entwickeln. (S. Polland u. R. Möller)

Die verschiedenen Biographien zeigen recht gut den Vorrang, den die Textilindustrie in Bielefeld im 19. Jahrhundert besaß. Diese Industrie fußte auf dem traditionell starken Leinengewerbe. Erst am Ende des 19. Jahrhunderts kamen mit dem Maschinenbau und dem Nahrungsmittelbereich andere Industriezweige hinzu, die im 20. Jahrhundert die Führung übernahmen. Deutlich wird an den Unternehmerpersönlichkeiten die Wandlung des Kaufmanns zum Unternehmer und des Gewerbes zur Fabrikation. Insgesamt stellt der Band eine wertvolle Ergänzung zur Wirtschaftsgeschichte der Bielefelder Region dar.

W. Bockhorst

Alfred Bruns: Hallenberger Quellen und Archivverzeichnisse (Westfälische Quellen und Archivverzeichnisse, Band 17, Teil 1 und 2, Münster 1991, 947 S. in zwei Teilbänden, 78,00 DM.

In den beiden Reihen des Westfälischen Archivamtes „Westfälische Quellen und Archivverzeichnisse“ und „Inventare nichtstaatlicher Archive Westfalens“ erschienen bereits aus dem Bereich des ehemaligen Herzogtums Westfalen Inventare der Stadtarchive Brilon und Werl, denen mit dem hier angezeigten Inventar ein weiteres aus dem kurkölnischen Bereich folgt.

Diese zweibändige Veröffentlichung (mit durchgehender Seitenzählung) enthält jedoch nicht nur Bestandsverzeichnisse, sondern im ersten Band insgesamt 2.747 chronologisch aufeinanderfolgende Quellen. Diese sind sehr unterschiedlich bearbeitet. Teilweise handelt es sich um kurze Betreffe z.B. „Geburtsbrief Enchen Heinemans nach Dreysa“ (Nr. 645), teilweise aber auch um sehr ausführliche, teilweise wörtliche Wiedergaben von Quellentexten, so z.B. den Bericht des Medebacher Amtmanns Arnold von Viermunden an den Erzbischof von Köln über die Nutzungen im Amt Medebach (Nr. 311). Wörtliche Quellenwiedergaben werden kursiv gesetzt, jedoch nicht immer, Regesten in der Regel in Normalschrift.

Der erste Band enthält somit eine umfangreiche Quellenzusammenstellung mit Quellenexzerpten, wörtlichen Textwiedergaben und Regesten aus dem Zeitraum 1220 bis 1797.

Im zweiten Band folgen dann die Inventare der Bestände A bis 1802, B 1802 bis 1868 und C 1868 bis 1900. In den Inventaren sind die mit Sternchen versehenen Verzeichnungseinheiten ebenfalls in dem Quellenteil des ersten Bandes abgedruckt.

Für die spätmittelalterliche und frühneuzeitliche Geschichte Hallenbergs bietet das zweibändige Werk eine sehr ausführliche Darstellung der Quellen, die teilweise erheblich über die normale Regestierung hinaus gehen. Das 19. und 20. Jahrhundert in den Beständen B und C nimmt demgegenüber allerdings nur einen geringen Raum innerhalb der Publikation ein.

Der gemeinsame Index für Orte, Personen und Sachen am Schluß des zweiten Bandes erschließt daher vor allem die Bestände bis 1800.

Für die Stadtväter Hallenbergs dürfte diese Dienstleistung des Westfälischen Archivamtes willkommen sein, bereitet sie doch künftige stadtgeschichtliche Forschungen vor.

H. Walberg

Wilfried Reininghaus: Das Archiv der Familie und Firma Johann Caspar Harkort zu Hagen-Harkorten im Westfälischen Wirtschaftsarchiv Dortmund, Münster 1991, 359 Seiten mit Illustrationen (Inventare der nichtstaatlichen Archive Westfalens, Neue Folge Band 11)

Eine völlig ungeteilte Zustimmung hat inzwischen das Inventar des Archivs der Familie und Firma Johann Caspar Harkort in den Archiven und wissenschaftlichen Einrichtungen gefunden. Dieses Inventar setzt die erfolgreiche Arbeit des Westfälischen Wirtschaftsarchivs in Dortmund fort und wurde von dessen jetzigem Leiter, Herrn Hochschuldozent Dr. Wilfried Reininghaus, zum Abschluß gebracht. Seit 20 Jahren war das Westfälische Wirtschaftsarchiv um die Herausgabe dieses Inventares bemüht, und viele Förderer und Zuträger haben die Endfassung des Inventares ermöglicht.

Eine umfangreiche Einleitung des Bearbeiters stellt neben dem Forschungsstand die Geschichte der Familie Harkort und des Hauses Harkorten, die wirtschaftlichen Unternehmungen der Familie, das Harkort-Archiv und seine Geschichte sowie die Verzeichnung der Archivalien im Westfälischen Wirtschaftsarchiv selbst und Probleme der Buchhaltung auf Haus Harkorten dar. Die Einleitung geht ebenfalls quellenkritisch auf die verschiedenen Quellentypen ein und stellt die Ergänzungsüberlieferungen im Westfälischen Wirtschaftsarchiv, aber auch in anderen, insbesondere den staatlichen Archiven, vor. Verschiedene im Westfälischen Wirtschaftsarchiv deponierte Bestände sind in diesem Inventar vereinigt worden, die Klassifikation der Verzeichnungseinheiten ist in die Bereiche Familie, öffentliche Tätigkeit der Familie Harkort und Geschäftsschriftgut vorgenommen worden. Über das hier vorliegende Inventar hinaus existieren jedoch noch weitergehende intensive Erschließungen zu den Geschäftsbüchern des 18. Jahrhunderts und zur Korrespondenz nach 1810. Die hierfür vorhandenen Findmittel wurden aus Platzgründen nicht mit in das gedruckte Inventar übernommen, stehen allerdings im Westfälischen Wirtschaftsarchiv zur Verfügung.

Forschungen aus den Bereichen Sozial-, Wirtschafts- und Regionalgeschichte finden bereits seit längerem an den hier in einem Inventar zusammengestellten Beständen des Wirtschaftsarchives statt, jedoch wird die Veröffentlichung dieses ungewöhnlich dicht überlieferten Firmenarchivs über einen Zeitraum von mehreren hundert Jahren hinweg zu Handel und Gewerbe sicherlich weitere Forscher anziehen. Daneben profitiert allerdings auch die Orts- und Regionalgeschichte, für die der kombinierte Index für Personen, Orte und Sachen eine erhebliche Erleichterung der Benutzung darstellt.

H. Walberg